Lenguajes formales y teoría de autómatas

Juan Giró, Juan Vázquez, Brenda Meloni, Leticia Constable

Alfaomega

marcombo
ediciones técnicas

Lenguajes formales y teoría de autómatas
Juan Francisco Giró – Juan Vázquez – Brenda Meloni – Leticia Constable

 Primera edición: Alfaomega Grupo Editor Argentino, 2015

Primera edición: MARCOMBO, S.A. 2015

www.marcombo.com

ISBN: 978-84-267-2245-4

D.L.: B-14767-2015

Impreso en
Printed in Spain

Mensaje del editor

Los conocimientos son esenciales en el desempeño profesional, sin ellos es imposible lograr las habilidades para competir laboralmente. La universidad o las instituciones de formación para el trabajo ofrecen la oportunidad de adquirir conocimientos que serán aprovechados más adelante en beneficio propio y de la sociedad; el avance de la ciencia y de la técnica hace necesario actualizar continuamente esos conocimientos. Cuando se toma la decisión de embarcarse en una vida profesional, se adquiere un compromiso de por vida: mantenerse al día en los conocimientos del área u oficio que se ha decidido desempeñar.

Alfaomega tiene por misión ofrecerles a estudiantes y profesionales conocimientos actualizados dentro de lineamientos pedagógicos que faciliten su utilización y permitan desarrollar las competencias requeridas por una profesión determinada. Alfaomega espera ser su compañera profesional en este viaje de por vida por el mundo del conocimiento.

Alfaomega hace uso de los medios impresos tradicionales en combinación con las tecnologías de la información y las comunicaciones (TIC) para facilitar el aprendizaje.

Libros como éste tienen su complemento en una página Web, en donde el alumno y su profesor encontrarán materiales adicionales.

Esta obra contiene numerosos gráficos, cuadros y otros recursos para despertar el interés del estudiante, y facilitarle la comprensión y apropiación del conocimiento. Cada capítulo se desarrolla con argumentos presentados en forma sencilla y estructurada claramente hacia los objetivos y metas propuestas.

Los libros de Alfaomega están diseñados para ser utilizados dentro de los procesos de enseñanza-aprendizaje, y pueden ser usados como textos para diversos cursos o como apoyo para reforzar el desarrollo profesional.

Alfaomega espera contribuir así a la formación y el desarrollo de profesionales exitosos para beneficio de la sociedad.

Acerca de los autores

Juan Giró, Juan Vázquez, Brenda Meloni, Leticia Constable

Son docentes de la Cátedra de Sintaxis y Semántica de Lenguajes del Departamento de Ingeniería en Sistemas de Información de la Facultad Regional Córdoba de la Universidad Tecnológica Nacional (Ciudad de Córdoba, Argentina) y de materias afines en otras universidades del medio. Cumplen además tareas de investigación en diversas áreas de ingeniería y su actividad profesional está orientada a la resolución de problemas a través del desarrollo de software.

La combinación de docencia, investigación y actividad profesional contribuyen a un desempeño innovador por parte de los autores, que ha estimulado el abordaje de problemas tradicionales desde perspectivas novedosas, que se reflejan en la selección de los temas reunidos en este libro y en la forma en que los mismos son tratados.

Prólogo

La enseñanza de la Teoría de la Computación presenta muchos desafíos, el principal de ellos es despertar el interés de los alumnos en sus temas centrales, como único modo de que incorporen conceptos que en primera instancia parecen abstractos y poco atractivos. Por este motivo se procuran cubrir los aspectos teóricos con un nivel apropiado de justificación, evitando abrumar al lector con demostraciones que le hagan perder de vista la esencia de cada tema. Se trata de un libro para a un curso de nivel de grado de Ingeniería en Sistemas de Información, que fue escrito por ingenieros y destinado a estudiantes de ingeniería, por lo que sin dejar de reconocer la importancia de los fundamentos, se pone énfasis en mostrar la aplicación de los diferentes conceptos en la resolución de problemas concretos. La finalidad es contribuir a desarrollar el criterio lógico en los estudiantes, a la vez que ofrecer modelos compactos y eficaces de enorme utilidad en la resolución de los problemas clásicos del desarrollo de software.

Otro de los desafíos es lograr una adecuada selección de los temas a cubrir y del orden en que éstos son presentados. Para ello se propone una presentación unificada de los lenguajes y gramáticas según la jerarquía de Chomsky, para luego poner el foco en las máquinas abstractas, avanzando progresivamente desde las más simples hasta las más complejas. La unificación del tratamiento de los lenguajes y gramáticas formales en un capítulo inicial ofrece un enfoque novedoso, que busca posibilitar la posterior presentación de las máquinas abstractas de manera ininterrumpida y disponiendo de todos los conocimientos necesarios de la lingüística matemática. Además, para asegurar el necesario vínculo entre los temas tratados y la programación de computadoras, se incluye una presentación introductoria a los simuladores de máquinas abstractas, buscando estimular su implementación y uso.

Finalmente, el contenido presentado en este libro es una selección de material de clase que proviene del dictado de cursos de Teoría de la Computación a lo largo de muchos años, incluye los fundamentos teóricos de los temas tratados y propone numerosos ejercicios de aplicación, muchos de ellos resueltos, buscando asegurar el necesario enlace entre teoría y práctica.

Los autores

Contenido, orientación y organización del libro

Este libro, denominado Lenguajes formales y teoría de autómatas, comienza con una presentación unificada de los lenguajes y gramáticas según la jerarquía de Chomsky, para luego poner el foco en las máquinas abstractas, avanzando progresivamente desde las más simples hasta la de Turing, que es la más compleja. El libro está destinado a un curso de Teoría de la Computación de Ingeniería de Sistemas y con este fin se optó por un enfoque novedoso que unificó el tratamiento de los lenguajes y gramáticas formales en un capítulo inicial, haciendo entonces posible la posterior presentación de las máquinas abstractas de manera progresiva y continua, por disponerse ya de todos los conocimientos necesarios de la lingüística matemática.

Al definir el contenido y enfoque del tratamiento de los temas presentados, se buscó un equilibrio que contemplara: i) los conocimientos necesarios para cubrir los contenidos mínimos previstos habitualmente en los planes de estudio de las carreras de Ingeniería de Sistemas, ii) las previsiones normalmente establecidas en este campo al definir los estándares para la acreditación de las carreras afines, iii) el respaldo conceptual necesario para los temas abordados y iv) el tiempo disponible, que corresponde al de una materia cuatrimestral con una carga horaria de entre 60 y 90 hs reloj. Naturalmente, como siempre ocurre en estos casos, fue necesario llegar a una solución de compromiso en la que se beneficiaron algunos temas en perjuicio de otros. Aun así, es probable que en algunos temas el material presentado sea excesivo para un primer curso de Teoría de la Computación y queda a criterio del docente la selección del mismo. Además, en los desarrollos y ejemplos, se procuró dejar siempre "puertas abiertas" que estimulen al lector a ahondar sobre los temas tratados.

Así, este libro ha sido organizado de la siguiente manera: El Capítulo 1 hace una presentación introductoria de los conceptos de gramáticas formales, máquinas abstractas y el vínculo entre ellas. En el Capítulo 2, se introduce la Lingüística Matemática, se presentan las gramáticas formales según la tipificación de Chomsky, se desarrollan sus formas normales y se aprende a derivar lenguajes. El Capítulo 3 está destinado a las máquinas secuenciales y autómatas finitos, llegándose a presentar el autómata finito bidireccional que servirá luego de base para estudiar las máquinas de mayor capacidad. En el Capítulo 4, se presenta el concepto de no determinismo y la equivalencia entre los autómatas finitos no deterministas y deterministas, para finalmente estudiar el isomorfismo de estas máquinas con las gramáticas regulares y su aplicación en los analizadores léxicos. Avanzando un escalón en la jerarquía de las máquinas, se estudian los autómatas con pila en el Capítulo 5, para aplicarlos luego al desarrollo de analizadores sintácticos y establecer el isomorfismo con las gramáticas independientes de contexto. Se llega luego al tope de la jerarquía de máquinas con los autómatas linealmente acotados, las máquinas de Turing y sus variantes, que son estudiadas en el Capítulo 6. Para asegurar un vínculo entre los temas tratados y su programación, se incorporó un breve tratamiento de los simuladores de máquinas abstractas en el Capítulo 7. La intención es abrir un camino hacia el desarrollo e implementación de simuladores en actividades prácticas de laboratorio, ya que se considera muy importante que el alumno compruebe que las máquinas estudiadas a lo largo de este curso pueden materializarse a través de algún lenguaje de programación. Por último, se presenta, en el Capítulo 8, una introducción a la semántica de lenguajes, lo que completa la participación de las máquinas abstractas en el desarrollo de compiladores. Cabe aquí acotar que el alcance del libro y la mayor complejidad de la semántica obligan a darle a este capítulo un carácter claramente introductorio.

Más allá de su formalismo conceptual, las máquinas abstractas están destinadas a operar, a exhibir cierto comportamiento, por lo que su teoría debe estar necesariamente acompañada de su aplicación práctica y, para ello, se incluyen numerosos ejemplos. Luego, al final de cada capítulo, se presentan ejercicios con sus soluciones y otros a ser utilizados en actividades prácticas a desarrollarse en clase o a ser resueltos por los estudiantes.

Para completar el material se presenta al final un apéndice con una breve introducción a los compiladores. Esto es debido a que, dada la estrecha relación de las etapas de compilación con los temas tratados en este libro, las mismas son citadas con frecuencia y forman parte de numerosos ejemplos y ejercicios. Por esta razón, se consideró recomendable reunir los conceptos básicos referidos a este importante tema.

Se incluyen además otros apéndices con el alfabeto griego y la simbología utilizada. Por último, se presenta un detalle de la principal bibliografía disponible sobre la Teoría de la Computación que es compatible con la orientación con la que los temas son abordados.

Agradecimientos

A nuestras familias por su paciencia y comprensión.

Los autores

Contenido

Apoyo en la web

En la página del libro, que se encuentra en: **http://libroweb.alfaomega.com.mx** Encontrará simuladores de autómatas y las instrucciones para descargarlos y operarlos.

Introducción a la Teoría de la Computación

1

Máquinas abstractas y gramáticas formales

Al hablar aquí de *máquinas* se está haciendo referencia a autómatas, es decir, dispositivos formales capaces de exhibir conductas que han sido previamente determinadas. El calificativo de *abstractas* proviene del hecho que estas máquinas no necesariamente existen como objetos materiales. Son conceptualizaciones que se utilizan para el diseño, la implementación y evaluación de algoritmos, el análisis de su complejidad, la evaluación de los recursos necesarios para determinado cómputo, la simulación de su comportamiento sobre nuevos microprocesadores, inclusive todavía no construidos, y la identificación de eventuales conflictos en procesos concurrentes o paralelos, por citar algunos ejemplos típicos.

Por su parte, para hablar de *gramáticas formales* antes es necesario distinguir a los *lenguajes naturales* (castellano, inglés, etc.) de los *formales*, de los cuales los lenguajes de programación son un ejemplo. Los primeros evolucionan permanentemente según usos y costumbres de los pueblos y las épocas, con gramáticas que deben esforzarse para explicarlos y justificarlos. Por el contrario, los lenguajes formales son desarrollados a partir de gramáticas previamente establecidas y no admiten forma alguna de excepción o desviación. Los lenguajes de programación fueron propuestos como consecuencia de la presentación de los primeros computadores y de la necesidad de comunicarse con ellos de manera inequívoca, ya que se trata de un diálogo riguroso que no admite las excepciones ni los errores de interpretación que son provocados por las ambigüedades.

La teoría de los lenguajes y las gramáticas formales se vio revolucionada por el lingüista norteamericano Noam Chomsky en 1956, con la presentación de su trabajo *"Teoría de las Gramáticas Transformacionales".* Este autor estableció las bases de la lingüística matemática y proporcionó una herramienta que fue inmediatamente aprovechada en la formalización de los entonces incipientes lenguajes de computación. A partir de allí, los lenguajes de computación experimentaron gran rapidez en su evolución, hasta alcanzar un nivel de abstracción que hoy permite la especificación de los datos, funciones y su control en forma independiente de los computadores que tendrán a cargo la ejecución de los procesos. Estos son los denominados lenguajes de alto nivel y constituyen las herramientas cotidianas de desarrollo e implementación de sistemas. Entre las gramáticas formales y las máquinas abstractas, hay un fuerte vínculo que se estudiará en los sucesivos capítulos de este libro.

Volviendo ahora a las máquinas abstractas, se trata de sistemas reactivos que operan en respuesta a los sucesivos estímulos recibidos del exterior, que llevan a los mismos a adoptar condiciones características que son denominadas ***estados*** y eventualmente a enviar una respuesta al medio exterior. Por estas razones, los dispositivos de este tipo suelen también ser denominados *máquinas de estados* y son encuadrados como de *estímulo-respuesta*. Nótese así que la conducta de una de estas máquinas depende tanto del estímulo recibido como del estado en el que se encuentra en ese momento. Puede citarse el ejemplo del modelo de un ascensor, que al recibir como estímulo la orden de ir al piso seis se pondrá en marcha hacia arriba si se encuentra en planta baja o hacia abajo si está en un piso superior. El estado de esta máquina está asociado al piso en el que se encuentra y su respuesta dependerá de ese estado y la orden recibida que indica el destino deseado.

El concepto de máquina admitió a lo largo del tiempo sucesivas interpretaciones y formas de implementación según los recursos tecnológicos disponibles en cada época. La primera máquina sumadora de la historia desarrollada por Blaise Pascal (1640), precursora de las actuales calculadoras, era capaz de realizar operaciones tales como la adición y la sustracción mediante ingeniosos mecanismos de engranajes. Mucho más recientemente, Claude Shannon (1938) implementó centrales telefónicas con circuitos eléctricos que incluían dispositivos electromecánicos tales como contactores, relés y temporizadores. En la actualidad, los autómatas son implementados a través de software y en muchos casos deben comunicarse con el medio exterior, para lo que se valen de circuitos electrónicos integrados, sensores y actuadores. Puede citarse como ejemplo el caso de un equipo electrodoméstico, el horno de microondas, que: *i*) recibe estímulos del usuario a través de selectores o teclas y del sensor de apertura de puerta, *ii*) incorpora un reloj para medir intervalos de tiempo y *iii*) genera un campo electromagnético de variada intensidad con el fin de calentar los alimentos. El horno de microondas es un autómata que opera adoptando sucesivos estados a partir de estímulos recibidos del exterior y su conducta responde a una secuencia de opciones preestablecidas.

Alan Turing, precursor de la ciencia de la computación, propuso en 1936 una máquina abstracta que en la actualidad lleva su nombre, en una época en que la electrónica todavía no se había desarrollado y la materialización de estas ideas eran en ese momento impracticables. Poco tiempo antes, en 1931, el matemático alemán Kurt Gödel había impactado a la comunidad científica de la época al presentar su *Teorema de Incompleción*, con el que demostró que toda formulación axiomática consistente, capaz de contener la teoría de los números y la aritmética, contendría proposiciones que no se podrían demostrar ni negar. El teorema de Gödel fue un gran golpe a las esperanzas de los matemáticos de formalizar toda su disciplina a partir de un sistema axiomático general, tal como había sido propuesto por Hilbert en el primer cuarto del siglo XX.

La máquina de Turing fue un formalismo propuesto con la finalidad de disponer de una herramienta abstracta para estudiar la teoría de la computabilidad. En su trabajo de 1936, Alan Turing desarrolló las ideas de Gödel y demostró que existen problemas irresolubles, que son aquellos que están fuera del alcance de su máquina. En efecto, la máquina de Turing estaba en capacidad de resolver cualquier problema que tuviese solución. Aquí es necesario acotar que otros matemáticos, tales como Emil Post y Alonzo Church, presentaron en ese mismo año enfoques distintos pero con similares conclusiones, que más tarde pudo demostrarse que eran equivalentes al de Turing, aunque en el momento de su enunciación pasaron inadvertidos, no teniendo la repercusión que tuvo la propuesta de Turing.

Los trabajos de Gödel, Turing, Church y Post despertaron un gran interés por los métodos algorítmicos y los matemáticos comenzaron a desarrollar máquinas teóricas y autómatas, estudiando sus capacidades y limitaciones, a pesar de que, como ya se dijo, la tecnología no estaba aún suficientemente desarrollada como para posibilitar una implementación eficaz. En este contexto, se suma el ya mencionado aporte de Claude Shannon, que en su tesis de maestría en MIT (1938) demostró cómo el álgebra booleana se podía utilizar en el análisis y la síntesis de la conmutación y de los circuitos digitales. La tesis de Shannon es considerada como uno de los mayores aportes en la historia, al diseño de circuitos digitales y estimuló el estudio de teorías formalizadas de las máquinas secuenciales y de los autómatas finitos, mucho más simples que las máquinas de Turing.

Características y formalismos de las máquinas abstractas

Con la máquina presentada por Alan Turing (1936) y los autómatas finitos que estaban implícitos en las ideas de Claude Shannon (1938), se dispuso de las máquinas abstractas más complejas y las más sencillas que pueden ser construidas, quedando en el medio toda una familia de máquinas que surgen de introducir sucesivas limitaciones a la máquina de Turing o de incorporar nuevos recursos al autómata finito.

Aquí cabe acotar que, con anterioridad en 1907, Andréi Markov ya había planteado la idea de un proceso formalizado al presentar las cadenas que llevan su nombre. Posteriormente, en 1943, McCulloch y Pitts modelaron artificialmente el funcionamiento de una neurona a través de una máquina abstracta, que presenta gran similitud con los autómatas finitos.

El análisis de las características y propiedades específicas de las distintas máquinas, denominadas genéricamente *abstractas*, será el objeto de este libro. Para comenzar, puede anticiparse que todas ellas comparten las siguientes características comunes:

- Reconocen que el tiempo avanza y lo hace en forma discreta, es decir, de intervalo en intervalo.
- En cada uno de esos intervalos de tiempo una máquina se encuentra en un cierto y único estado. El conjunto de sus estados posibles es finito y está agrupado en un conjunto o *alfabeto de estados*.
- La máquina recibe información o estímulos del medio exterior, para lo cual se incorpora el concepto de una *cinta de entrada*. En cada intervalo de tiempo, la máquina lee un símbolo de la cinta de entrada y el conjunto de todos los símbolos reconocidos por la máquina es agrupado en un conjunto, llamado *alfabeto de entrada*.

- En algunos casos, las máquinas de estados actúan también sobre el medio exterior, grabando símbolos sobre una cinta de salida. Estos símbolos pertenecen a un *alfabeto de salida* y según el tipo de máquina, la cinta de salida puede ser la misma que la de entrada o un medio distinto.
- Las lecturas y grabaciones en cinta son realizadas en cada intervalo de tiempo por *cabezales* apropiados. Estos cabezales se van desplazando sobre los medios de entrada y salida, distinguiéndose las diferentes máquinas según los cabezales se muevan siempre secuencialmente en un mismo sentido o sea posible gobernar el sentido de su próximo movimiento.
- Las aptitudes de las máquinas, y en definitiva su propia esencia, están reunidas en lo que se denomina la función de transición. En esta función, se define, para cada símbolo de entrada y para cada estado posible, el próximo estado a ser adoptado. Además, en el caso en que la máquina gobierne el cabezal, esta función debe también definir el sentido de su movimiento, que lo llevará a desplazarse sobre la cinta una posición a la izquierda o una posición a la derecha. Finalmente, si la máquina tiene salida, en la función de transición, debe definirse el símbolo a ser grabado en la cinta correspondiente.

Aquí es oportuno comentar la adopción de *cintas* como medios de entrada y salida de las máquinas abstractas. Al igual que en la máquina de Turing, en las primeras épocas de la computación las cintas (inicialmente de papel perforado y posteriormente magnéticas) fueron el medio habitual para leer y grabar datos, acciones que estaban a cargo de cabezales sobre los que se desplazaban las cintas. En realidad, estas *cintas* que son utilizadas como medios genéricos de entrada y salida, podrían estar representando teclados, tarjetas *chip*, puertos de comunicaciones, pantallas o medios magnéticos más modernos, como pueden ser las tarjetas de identificación o los discos rígidos. Es así que, más allá de su implementación práctica, las cintas representan la posibilidad de que una máquina abstracta lea datos del medio exterior y genere salidas sobre el mismo, sin entrar en detalles tecnológicos.

Otro aspecto que debe ser comentado es el de la función de transición. Si tal como se dijo arriba, esta función definiera el próximo estado de la máquina para cada símbolo de entrada y para cada estado posible, se trataría de una función total o completa. Es decir, para cada elemento del dominio representado por el producto cartesiano de las entradas y los estados, está definido el correspondiente elemento del codominio, que es un próximo estado. Sin embargo, en muchos casos, esto no es práctico, ya que resulta innecesario definir la función de transición para condiciones en las que la máquina de estados no se va a encontrar nunca y, por este motivo, se admite que se trate de una función parcial. Se recuerda que una función es parcial cuando no todos los elementos del alcance están asociados con algún elemento del rango (el alcance no coincide con el dominio). Esto significa que hay condiciones de operación en las que la máquina abstracta no tiene definido el próximo estado de operación y en el hipotético caso de que llegara a una de estas condiciones se detendría. Las posibles condiciones de detención de las máquinas de estados se analizan con más detalle en los capítulos respectivos.

El hecho de que aquí se admita que las funciones de transición de todas las máquinas abstractas sean parciales es un punto muy importante y debe ser comentado, ya que este no es un criterio unánime en la literatura. En efecto, hay algunos autores que le atribuyen a la máquina de Turing una función de transición parcial y al autómata finito le asignan una función de transición completa, lo que además de plantear una inconsistencia, impone a la definición de los autómatas finitos una complicación innecesaria. La aclaración es conceptualmente importante, pero operativamente el problema es poco trascendente, ya que nada impide que a todas las condiciones no definidas de una función de transición parcial se les asigne un estado de error, lo que convierte a la función de transición en completa.

Aclarado este tema, es necesario reconocer que las máquinas de estados admiten diferentes clasificaciones, las que se plantean a partir de sus características operativas o de los recursos que tienen disponibles. Si bien hay numerosos criterios de clasificación, se describen a continuación los que son tratados en este libro por ser los más habituales:

Máquinas traductoras y máquinas reconocedoras

Se denominan *máquinas traductoras* a aquellas que establecen una relación entre las cadenas de entrada y las cadenas de salida. Por el contrario, hay máquinas cuya misión es validar o aceptar ciertas cadenas de entrada, arribando a estados finales definidos como ***de aceptación***, sin producir ninguna cadena de salida. Las máquinas abstractas de este tipo llevan el nombre de *reconocedoras*.

Autómatas finitos y máquinas secuenciales

Los *autómatas finitos* comienzan su operación en un estado conocido, que es denominado *estado inicial*, y completan su ciclo arribando a un *estado de aceptación* que ha sido oportunamente identificado. En esta tarea, emplean una cantidad finita de intervalos de tiempo, por lo que su comportamiento es algorítmico. Por el contrario, las *máquinas secuenciales* no tienen previsto estados de aceptación y en algunos casos, tampoco tienen definidos estados de inicio de su operación. Esto significa que las *máquinas secuenciales* operan en forma ininterrumpida, sin reconocer condiciones específicas para iniciar y terminar su actividad.

Autómatas deterministas y no deterministas

Las funciones de transición de los *autómatas deterministas* contemplan un único próximo estado a partir de cada estado posible y cada símbolo del alfabeto de entrada. Es decir, la conducta del autómata está completamente determinada, y de allí su nombre. Por el contrario, en los *autómatas no deterministas* la función de transición puede prever más de un próximo estado para cierta condición de estado y entrada, lo que provoca una indeterminación en el funcionamiento de la máquina. Otro rasgo que puede diferenciar a los *autómatas no deterministas* es la posibilidad de realizar transiciones de un estado a otro sin necesidad de leer ningún símbolo de entrada.

Según el criterio adoptado, un *autómata finito* cuyo próximo estado está indefinido en alguna condición de operación, está representado por una función de transición parcial y es determinista. En efecto, llegado a esta condición el autómata inevitablemente se detendrá. Aquí tampoco hay un criterio unánime en la literatura y hay autores que consideran que si un *autómata finito* tiene una función de transición parcial es no determinista.

Tal como fueron definidos, es fácil advertir que los *Autómatas Finitos Deterministas* (AFD) son un caso particular de los *Autómatas Finitos No Deterministas* (AFND). Otro aspecto a considerar es que, en algunos casos, el comportamiento de los autómatas no deterministas puede ser representado por autómatas deterministas, llamados equivalentes, mientras que con algunos otros tipos de autómatas esto no es posible. Así, todo *autómata finito no determinista* tiene siempre un *autómata finito determinista* equivalente, mientras que en el caso de los *autómatas con memoria de pila* esta equivalencia no necesariamente existe.

Automatismos y autonomía

Llegado a este punto, en que se ha hecho una descripción introductoria y general de las máquinas abstractas, es conveniente avanzar sobre los conceptos de autómata o automatismo y de autonomía, que con frecuencia son confundidos.

Los autómatas exhiben comportamientos automáticos, es decir que han sido establecidos con anticipación al momento de su diseño y construcción, y su modificación está fuera del alcance del propio autómata. Son automatismos que para ser dotados de un comportamiento diferente deben ser rediseñados. En otras palabras, en la conducta de un sistema automático no habrá nada que no haya sido oportunamente previsto por su creador.

Por el contrario, autonomía implica la capacidad de alterar por sí solo el propio comportamiento y esto surge de la interacción del sistema con su entorno. Los sistemas autónomos comienzan a operar como automáticos y se distinguirán de estos últimos de manera progresiva, a lo largo de su operación. Para que una máquina de estados tenga comportamiento autónomo debe ser capaz de alterar su función de transición para incorporar nuevas conductas en forma dinámica, o más aún, para incorporar el reconocimiento de nuevos estímulos. Es decir, ampliar su alfabeto de entrada. Las máquinas que exhiban autonomía pueden ser calificadas como *inteligentes*.

A partir de lo expuesto, se rescatan tres ideas centrales: i) el comportamiento de los sistemas automáticos está completamente predeterminado, ii) para que un sistema sea autónomo debe ser antes automático y iii) en los sistemas autónomos el comportamiento es una propiedad emergente de la interacción del sistema y su ambiente. En la Teoría de la Computación, y en este libro, se tratan autómatas que exhiben comportamiento automático mientras que el estudio de los sistemas autónomos pertenece al campo de la Inteligencia Artificial.

Jerarquía de máquinas y gramáticas

Hasta aquí se ha discutido brevemente lo que se entiende por máquinas abstractas y se han descrito, en forma muy general, algunas de sus principales clasificaciones. Para continuar, se identificarán las principales máquinas a ser estudiadas y luego se tratará el vínculo entre estas máquinas y las diferentes gramáticas reconocidas por la jerarquía de Chomsky.

Como ya fue anticipado, los *autómatas finitos* y la *máquina de Turing* representan los dos extremos de una jerarquía creciente en complejidad y capacidad. Si se comienza por el *autómata finito* se puede incrementar su capacidad de cómputo incorporándole una memoria *LIFO*, obteniéndose el *autómata con pila*. Como alternativa, pueden lograrse soluciones más eficientes permitiendo el movimiento del cabezal de entrada en dos sentidos con el *autómata finito bidireccional*. Esta máquina, a su vez, mejorará su capacidad de cómputo al poder grabar sobre el medio de entrada, dando lugar al *autómata linealmente acotado*. Finalmente, esta evolución conduce a la *máquina de Turing* al liberarse los extremos de la cinta y hacerla infinita, todo lo cual se representa en la Figura 1.1. Nótese que la *máquina de Turing* es capaz de resolver todo problema que tenga solución y, por lo tanto, representa el límite natural de lo computable.

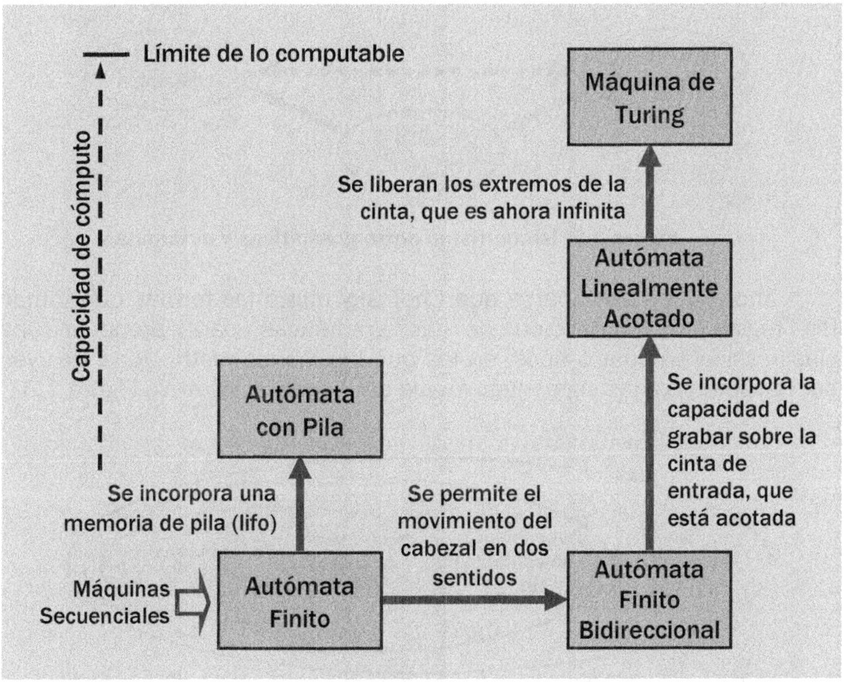

Figura 1.1: Jerarquía de máquinas abstractas.

Al remitirse a su historia se comprueba que las máquinas abstractas presentadas hasta ahora tuvieron como objetivo inicial el análisis de la computabilidad de funciones, así como el cálculo y evaluación de la complejidad de algoritmos. Con posterioridad, el interés se orientó hacia el estudio de la potencialidad de las máquinas como reconocedoras de lenguajes, lo que estuvo estimulado por el desarrollo de compiladores.

Es en esta última aplicación que importa precisar el diferente rol que tienen las gramáticas y las máquinas o autómatas: las primeras son metalenguajes destinados a la generación de los lenguajes formales y las últimas son modelos de entidades reconocedoras de esos lenguajes. El lenguaje es el vínculo que establece un isomorfismo entre ambos, como se muestra en la Figura 1.2.

Recuérdese que se habla de isomorfismo entre dos estructuras cuando el estudio de cada una puede reducirse al de la otra, lo que brinda dos puntos de vista diferentes sobre una misma cuestión. El concepto matemático de isomorfismo (del griego iso-morfos: igual forma) transmite la idea de estructuras equivalentes.

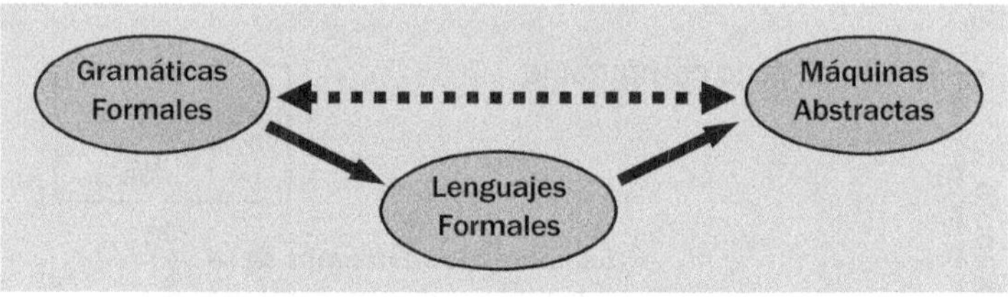

Figura 1.2: Isomorfismo entre gramáticas y autómatas.

Ahora debe anticiparse que Chomsky utilizó las formas que toman las reglas de producción de las gramáticas para proponer una clasificación en cuatro tipos, en las que las menos restringidas incluyen sucesivamente a las siguientes, lo que queda resumido en la Figura 1.3.

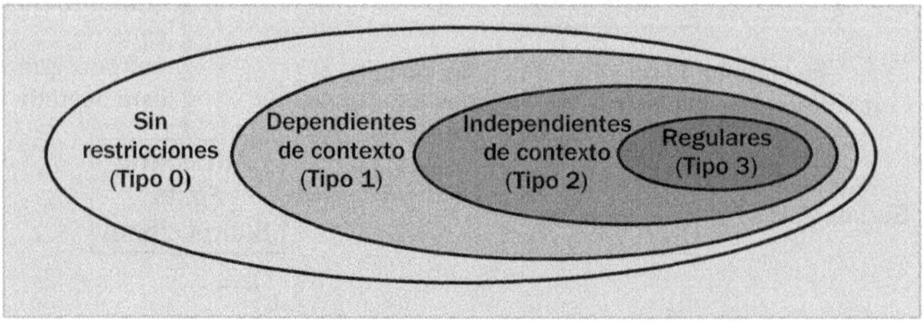

Figura 1.3: Jerarquía de gramáticas de Chomsky.

Es interesante comprobar que en los diez años que siguieron a la presentación de las *Gramáticas Generativas* (1956) se completó el vínculo entre la jerarquía de Chomsky y la familia de máquinas abstractas, que se representa en la Figura 1.4 y que se describe a continuación.

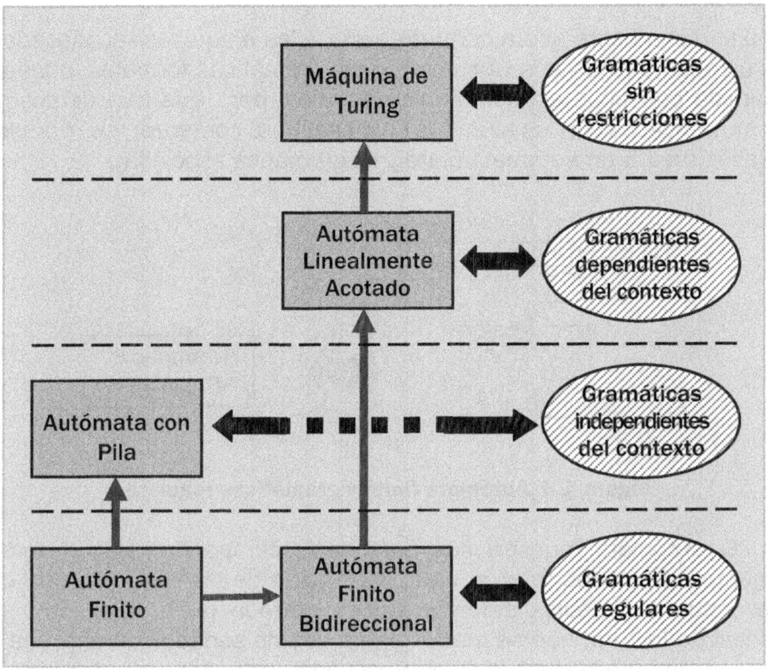

Figura 1.4: Relaciones entre las máquinas y los tipos de gramáticas según la jerarquía de Chomsky.

En 1958, el propio Chomsky y Miller comprobaron que las *gramáticas regulares* (Tipo 3) están directamente relacionadas con los autómatas finitos; luego un año después Chomsky estableció la equivalencia entre las *gramáticas sin restricciones* (Tipo 0) y las máquinas de Turing. Hubo que esperar hasta 1963 para que se demostrara el vínculo entre las *gramáticas independientes del contexto* (Tipo 2) y los autómatas con pila, por Chomsky y Schutzenberger y, por último, Kuroda, en 1964, descubrió que los lenguajes generados por las *gramáticas dependientes del contexto* (Tipo 1) son reconocidos por los autómatas linealmente acotados.

Resumen del vínculo entre máquinas y gramáticas

Todo lo dicho hasta ahora con referencia a las máquinas reconocedoras, sus características y sus vínculos con las gramáticas formales, puede ser resumido con unos esquemas muy simples, pero que han demostrado ser muy eficaces con los alumnos en clase. Para comenzar, se representa en la Figura 1.5 un autómata finito y su gramática asociada.

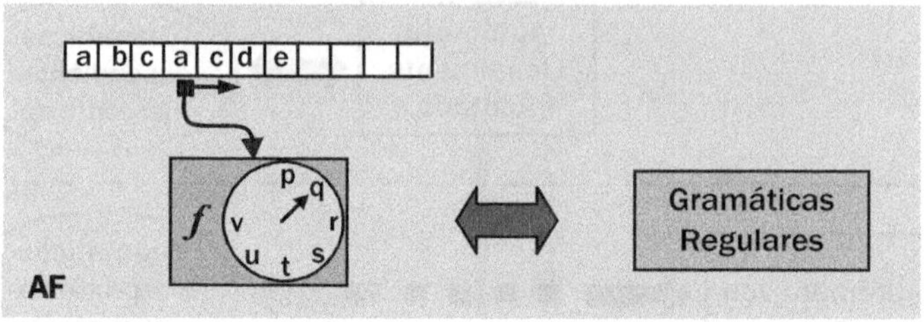

Figura 1.5: Autómata finito y gramáticas regulares.

El autómata muestra sus principales componentes, que son: un conjunto de estados (p, q, r, etc.), su función de transición ***f***, una cinta que contiene símbolos del alfabeto de entrada (a, b, c, d, etc.) y su cabezal de lectura, que se mueve en un mismo sentido con el fin de leer secuencialmente la cadena a ser procesada.

Incorporando al autómata finito una memoria *LIFO* (*Last In First Out*, es decir, lo último que ingresa es lo primero que sale) se obtiene un nuevo autómata denominado *con pila*. Al proponer este autómata es necesario definir el alfabeto vinculado a la pila, que puede tener símbolos en común con el alfabeto de entrada, y en el que se debe identificar un símbolo destinado a señalar el fondo de la pila (en el ejemplo de la figura, se utiliza el **#**). Naturalmente, la función de transición debe ser ampliada para incorporar como argumento el símbolo leído de la pila y para prever la salida sobre ella. El autómata con pila está relacionado con las gramáticas independientes (o libres) del contexto y es representado en la Figura 1.6.

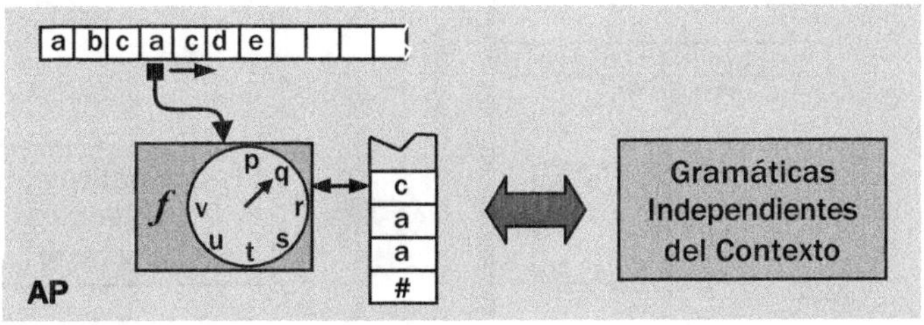

Figura 1.6: Autómata con pila y gramáticas independientes del contexto.

Una opción para desarrollar nuevos autómatas es volver al autómata finito de la Figura 1.5 y posibilitar que el sentido del movimiento del cabezal de entrada sea controlado por la propia máquina, obteniéndose el *autómata finito bidireccional*. Obviamente, también aquí la función de transición debe ser ampliada para incorporar la definición del movimiento del cabezal. Además, la cadena de datos a ser procesada es contenida entre dos símbolos especiales (⊢ y ⊣) destinados a limitar el movimiento del cabezal sobre la cinta.

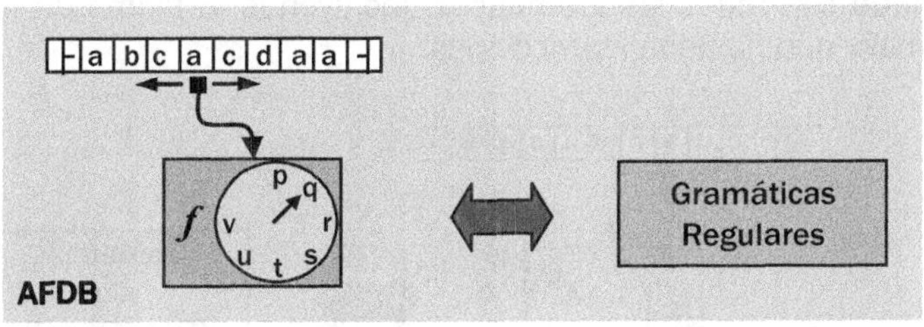

Figura 1.7: Autómata finito bidireccional y gramáticas regulares.

Sin embargo, a pesar de esta mejora, el autómata finito bidireccional no incrementa su capacidad y se mantiene vinculado a las gramáticas regulares, tal como se muestra en la Figura 1.7.

El próximo recurso a ser considerado es la posibilidad de grabar sobre la misma cinta de entrada, con lo que se obtiene una nueva máquina que incrementa notablemente su capacidad y es denominado *autómata linealmente acotado*. Esto implica ampliar nuevamente la función de transición para incorporarle la definición del símbolo que es grabado en cada caso. Es decir que esta función ahora define el próximo estado, el símbolo grabado y el sentido del movimiento del cabezal. Este nuevo autómata está relacionado con las gramáticas dependientes del contexto y es representado en la Figura 1.8.

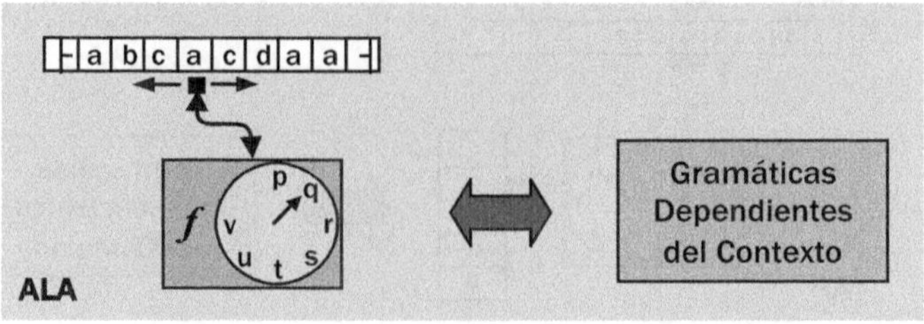

Figura 1.8: Autómata linealmente acotado y gramáticas dependientes de contexto.

El último paso en esta progresiva búsqueda de autómatas de mayor capacidad, consiste en eliminar los límites en los extremos de la cinta de entrada / salida, permitiendo el acceso a un espacio ilimitado que puede ser usado como un área auxiliar de almacenamiento. Se llega así a la *máquina de Turing*, mostrada en la Figura 1.9, que como ya se dijo con anterioridad es capaz de resolver cualquier problema que tenga solución, es decir que sea computable. Como es de esperar, esta máquina está relacionada con todas las gramáticas, incluyendo la última en la escala de Chomsky que no tiene restricciones.

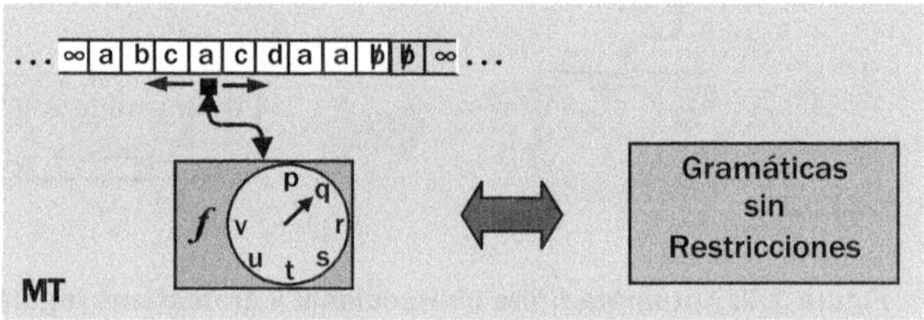

Figura 1.9: Máquina de Turing y gramáticas sin restricciones.

¿Para qué sirven las máquinas abstractas?

Invariablemente, a poco de que la primer máquina abstracta es presentada en clase, surge de parte de los alumnos una pregunta tan básica como fundamental: ¿... y eso para qué sirve? Sin ánimo de agotar las posibles respuestas, se brindan a continuación algunos de los motivos que justifican el estudio de las máquinas abstractas, dando prioridad a aplicaciones de interés de la ingeniería de software y en sistemas de información.

Construcción de compiladores

Los *compiladores* están destinados a convertir programas escritos en algún lenguaje de nivel superior en otros programas en lenguaje máquina. En los inicios de la computación, los programas eran escritos directamente en lenguaje máquina, pero rápidamente se advirtió la necesidad de hacerlo en lenguajes con mayor poder expresivo, más acordes a la naturaleza del razonamiento humano. Se inventaron así los primeros lenguajes superiores de programación e inmediatamente debieron desarrollarse los conversores para llevarlos al nivel de las máquinas. Nótese que no se trata de una traducción de un lenguaje a otro, sino de una verdadera conversión por existir una importante diferencia en las capacidades de abstracción de los lenguajes. Esta conversión implica el entendimiento y validación del programa superior, llamado programa fuente, y su reescritura en el lenguaje de máquina, llamado programa objeto, el cual debe ser semánticamente equivalente al programa fuente (debe hacer lo mismo).

Este desafío de disponer de una alternativa más eficiente que la del lenguaje ensamblador para programar computadoras llevó a John Backus a proponer el lenguaje **Fortran** (***For**mula **Tran**slation*) y desarrollar su compilador entre los años 1953 y 1957. Nació así el primer lenguaje superior de programación de la era de la computación.

Para la época en la que Backus desarrollaba el Fortran, aparece un aporte inesperado del campo de la lingüística: las gramáticas generativas de Noam Chomsky, que si bien estaban destinadas al tratamiento de los lenguajes naturales (inglés) rápidamente fueron adoptadas para la formalización de los lenguajes de computación. Estas nuevas ideas enriquecieron el formalismo que venía utilizando Backus basado en las producciones de Emil Post y se aplicaron en el desarrollo del siguiente lenguaje superior, que fue el Algol (***Algo**rithmic **L**anguage*, 1960). Estos novedosos progresos en el campo de las gramáticas estimularon y favorecieron el desarrollo progresivo de nuevos lenguajes de programación, hasta llegar a los que hoy se usan habitualmente.

¿Y qué tiene esto que ver con las máquinas abstractas? Bien, para la identificación de los componentes (palabras) del lenguaje se utilizan autómatas finitos, que toman la forma de analizadores léxicos. Para su validación gramatical (sintáctica), se utilizan analizadores sintácticos, que son implementados a través de autómatas con pila que operan a partir de las gramáticas de los lenguajes estudiados. Finalmente, para la verificación de consistencia (semántica), hay diferentes enfoques, algunos de los cuales están también a cargo de autómatas con pila. Así, los autómatas finitos y autómatas con pila son una parte de las máquinas abstractas que serán estudiadas en detalle en los siguientes capítulos y que encuentran en el desarrollo e implementación de compiladores algunas de sus más importantes aplicaciones.

Procesamiento del lenguaje natural

El procesamiento del lenguaje natural consiste en el análisis e interpretación de los aspectos lingüísticos de un mensaje a través de programas informáticos. Algunas de las principales aplicaciones son la traducción automática, los correctores ortográficos en los procesadores de textos, la comunicación hombre-máquina, la enseñanza asistida por computadora, la recuperación de información, el procesamiento del habla, la elaboración automática de resúmenes de documentos y la generación automática de índices. La actividad en este amplio campo se inició tan pronto se dispuso de los primeros computadores, involucrando a los ya conocidos Alan Turing, Claude Shannon y Noam Chomsky entre otros, y continúa siendo objeto de intensa investigación en nuestros días.

Según María Felisa Verdejo, prestigiosa investigadora de este campo, el lenguaje natural se distingue de los lenguajes artificiales en cinco aspectos fundamentales: *i*) riqueza en vocabulario y construcciones, *ii*) flexibilidad al admitir reglas con múltiples excepciones, *iii*) ambigüedad, pudiendo darse diversos significados a una palabra o a una frase según el contexto, *iv*) indeterminación, permitiendo referencias y elipsis, y *v*) posibles interpretaciones del sentido literal según la situación en la que se produce el mensaje. Lo que son ventajas para la comunicación humana se convierten en problemas a la hora de un tratamiento computacional, ya que implican conocimiento y procesos de razonamiento que son muy difíciles de formalizar.

En la actualidad, el campo del procesamiento del lenguaje natural lleva el nombre de *Lingüística Computacional* y reconoce la imposibilidad de analizar e interpretar una frase sin comprenderla, concepto universalmente admitido hoy. De esta manera, se llega así a un enfoque sintáctico-semántico donde, una vez analizada su estructura (sintaxis), se efectúa una interpretación semántica en un tratamiento integral que se denomina *teoría de la dependencia conceptual*. Al igual que en el caso de los compiladores, las máquinas abstractas constituyen el núcleo de los sistemas de la lingüística computacional, tomando la forma de analizadores morfológicos o léxicográficos, analizadores sintácticos y analizadores semánticos.

Modelado de sistemas

La construcción de modelos es una actividad fundamental en el desarrollo de buen software y tiene numerosas finalidades: comprender mejor el problema que se desea resolver, especificar un comportamiento deseado, comunicar una estructura y descubrir oportunidades de simplificación y reutilización, entre otras. Un modelo es una simplificación de la realidad, que será capaz de cumplir su finalidad en la medida que rescate las características esenciales del objeto estudiado. Por ello, al desarrollarse un modelo se debe trabajar en sus tres dimensiones ortogonales, que son: funcional, estática y dinámica.

En la actualidad, el lenguaje estándar universalmente aceptado para el modelado de sistemas es el UML (*Unified Modeling Language*) que, entre otras herramientas, prevé: *i*) *Casos de Uso* para describir la dimensión funcional, *ii*) *Diagramas de Clases* para la dimensión estática y *iii*) *Diagramas de Secuencia* y *Diagramas de Estados* para cubrir la dimensión dinámica. Los *diagramas de secuencia* describen las interacciones entre objetos ordenadas en una secuencia temporal y los *diagramas de estados* describen el comportamiento de un objeto individual, es decir, las sucesivas condiciones (estados) en las que puede encontrarse un cierto objeto y las acciones que provocan las transiciones de uno a otro de esos estados.

Estos diagramas de estados previstos por UML son, con algunas variantes, la expresión gráfica de algunas de las máquinas abstractas, máquinas secuenciales y autómatas finitos, a las que ya se hizo referencia y que serán tratadas en profundidad en este libro. Cabe acotar que UML incorpora variantes a las máquinas de estados, entre las que se destacan: *i*) los estados jerarquizados o estados compuestos, que contienen a su vez estructuras internas en niveles inferiores que pueden ser arbitrariamente complejas, *ii*) las llamadas *regiones ortogonales*, que se utilizan cuando un comportamiento es fragmentado en conductas independientes, pero que a su vez son concurrentes, y *iii*) su representación gráfica. Sería muy interesante y útil hacer un análisis comparativo entre ambas, pero esto queda fuera del alcance de este libro.

Implementación de algoritmos

Parece natural que, si el comportamiento de un objeto ha sido descripto a través de una máquina de estados, a la hora de programar este desempeño, es decir convertir el comportamiento deseado en código, se implemente esta misma máquina. Más aún, las máquinas de estados son siempre una opción conveniente en la implementación de algoritmos, prescindiendo de las técnicas utilizadas en su análisis y diseño. Esto es debido a que las máquinas de estados representan una forma muy compacta de representar conjuntos complejos de reglas y condiciones que deben responder a variadas condiciones de entrada. Además, permiten una importante reducción en la demanda de recursos y el código resultante queda autodocumentado.

Un buen programa debe ser un producto de calidad y los atributos de la calidad no son fáciles de alcanzar: corrección, confiabilidad, integridad, eficiencia, facilidad de uso, entre otros. Además, un nuevo programa deberá ser testeado antes de entrar en servicio y mantenido con posterioridad, acciones ambas que son definitivamente dependientes de la claridad con la que ha sido expresado el código. Sin lugar a dudas, las máquinas de estados son una opción muy conveniente, en algunos casos indispensables, para alcanzar todos estos atributos que distinguen un buen software.

Sistemas embebidos

Los sistemas embebidos están destinados a fines muy específicos, son programados en lenguajes de bajo nivel o nivel intermedio, operan normalmente en ausencia de sistemas operativos y se orientan a aplicaciones de tiempo real. La ausencia del sistema operativo requiere que el software de aplicación opere directamente sobre los recursos del hardware: bancos de registros, niveles de interrupción y puertas de entrada/salida. Las características ya señaladas en el punto anterior referidas a códigos compactos, muy eficientes y de baja demanda de recursos hacen que las máquinas de estados sean preferidas en la implementación de este tipo de aplicaciones.

Identificación de patrones y virus informáticos

La identificación de patrones admite diferentes enfoques, entre ellos, el sintáctico. Éste se basa en utilizar la teoría de lenguajes formales para encontrar similitudes en las relaciones estructurales que guardan los objetos de estudio. El objetivo es construir una gramática que describa la estructura del universo de objetos y una máquina abstracta que reconozca esos lenguajes.

Entre las muchas aplicaciones de la identificación de patrones pueden citarse: *i*) la identificación del idioma que corresponde a determinado texto, *ii*) el agrupamiento de noticias según las distintas secciones de un diario, *iii*) la identificación de transacciones telefónicas o de tarjetas de crédito sospechosas de fraude, *iv*) el análisis de la efectividad de las campañas de márketing o *v*) la comprobación de la presencia de virus informáticos.

Los virus informáticos merecen un comentario aparte. A mediados del siglo pasado, John von Neumann trabajó en la demostración de la factibilidad de la autoréplica (autorreproducción) de elementos no biológicos, es decir que elementos artificiales puedan multiplicarse por sí mismos, sin perder sus cualidades ni degradarse. Para estos estudios, von Neumann utilizó máquinas de Turing y autómatas celulares, pero murió antes de completar sus demostraciones. Es sorprendente comprobar lo cerca que estuvo de anticipar conceptualmente, a través de sus teorías, los elementos de la célula que muchos años después serían revelados como el código genético. Obviamente, en esa época, poco se sabía sobre el ADN. Posteriormente, en los años setenta, en los laboratorios Xerox PARC (*Palo Alto Research Center*), se confirmaron las predicciones de von Neumann al ser autorreplicado por primera vez un elemento no biológico, en este caso una pieza de software. Este enorme progreso en el campo de la Ciencia de la Computación tuvo una consecuencia inesperada: orientó el futuro desarrollo de los virus informáticos.

Sistemas industriales

Las máquinas secuenciales y los autómatas finitos tienen una amplia aplicación en el campo industrial. Numerosos sistemas en la industria tienen a estas máquinas como modelo de diseño y sus conductas están, por lo tanto, regidas por ellas. Es así que se encuentran máquinas abstractas tanto en productos industriales como así también en dispositivos de montaje y en herramientas de producción. Como ejemplos típicos de los primeros, se encuentran los equipos electrodomésticos, tales como los lavarropas y los hornos de microondas.

Entre los últimos, pueden mencionarse los robots manipuladores, máquinas herramientas, cintas transportadoras, elevadores, máquinas envasadoras, balanzas automáticas, hornos industriales y un sinnúmero de otros dispositivos que asocian su comportamiento a condiciones de operación, o estados, los que son inmediatamente asimilables a máquinas abstractas y permiten definir secuencias de trabajo tan complejas como sean necesarias.

Para ello, estas máquinas adoptarán sucesivos estados y transitarán de uno a otro estado según los estímulos o señales recibidas del entorno que los rodea. Estos estímulos provienen de pulsadores instalados en las consolas de comando y de sensores de presencia de diversos tipos, tales como es el caso de las barreras luminosas o sensores magnéticos de proximidad. A su vez, las salidas de estas máquinas son señales de control de los procesos.

Debe recordarse que ya se distinguieron con anterioridad los conceptos de automatismo y autonomía, y aquí cabe reafirmar que todos los dispositivos industriales citados, tales como las balanzas o los robots manipuladores, deben ser reconocidos como autómatas. Es decir, exhiben conductas definidas con anticipación y su alteración está fuera del alcance del propio dispositivo.

Gramáticas y lenguajes formales

2

Introducción a los lenguajes

Para iniciar el estudio de la Teoría de la Computación, se debe comenzar por los lenguajes ya que son éstos los que permiten describir y formular problemas. Más aún, tanto más precisa será la formulación de problemas cuanto más sistemática y rigurosa sea la definición de los lenguajes con que se los describe.

El concepto de lenguaje es muy amplio, abarcando mucho más de lo que intuitivamente se reconoce como tal y trascendiendo la comunicación oral y escrita de las personas. Todas las comunidades de seres vivos adoptan alguna forma de lenguaje para intercomunicarse, aunque el interés en este capítulo estará centrado, como se verá más adelante, en un tratamiento muy particular de este tema. Eso sí, no debe confundirse al propio lenguaje con los códigos y medios usados en su representación. Un mismo lenguaje, por ejemplo el español, admite una representación oral, escrita, de código Morse y otras. Sin embargo, debe reconocerse que algunos lenguajes son relativamente independientes de los medios empleados y otros, por el contrario, están fuertemente ligados a ellos (lenguaje de las manos, lenguaje naval de banderas, etcétera).

Para comenzar, puede definirse el lenguaje como el conjunto de signos (o palabras) y de reglas que los organizan. El signo es, a su vez, un concepto abstracto que permite hacer referencia a objetos. Como ejemplos: clavel es un signo de tipo de flor, el semáforo verde es un signo de paso libre, etc. El proceso por el cual se toma un objeto como signo de algo se denomina interpretación. La interpretación determina que el signo actúe como tal, ya sea porque permite relacionar al signo con su objeto o bien porque el signo se asocia a una idea o pensamiento. Fundamentalmente, interesa destacar que sin interpretación no hay signo. Si bien pueden ser tomados como sinónimos, un ***símbolo*** es un signo creado convencionalmente.

Ampliando estos conceptos, se llama ***denotado*** al objeto al que se refiere el signo y ***designado*** a las características o propiedades a las que se remite el signo. Por ejemplo: el signo *vaso* designa a un objeto con forma de recipiente destinado a contener líquidos y denota a todos los objetos a los que es aplicable el signo, es decir a todos los vasos. El designado de un signo se determina por medio de la definición. Por otra parte, el hecho de que un signo tenga más de un designado se denomina ambigüedad.

Se definió al lenguaje como el conjunto de signos y de reglas que organizan esos signos. Es decir que no basta con reunir algunos signos para obtener un lenguaje, ya que hace falta además establecer las relaciones entre ellos. Estas reglas destinadas a establecer las relaciones entre los signos de un lenguaje son de tres tipos: sintácticas, semánticas y pragmáticas. Las reglas sintácticas establecen el orden y relación entre los signos. Las reglas semánticas por su parte relacionan los signos y sus significados. Por último, las reglas pragmáticas vinculan los signos con sus usuarios. La existencia y respeto por estas reglas es la que hace posible la comunicación.

Al establecer el orden y la relación entre los signos, las reglas sintácticas permiten combinar las palabras para formar frases correctas. De la forma que toman las palabras se ocupa la morfología y de su expresión oral se ocupa la fonética. La morfología, la sintaxis y la fonética componen la gramática de los lenguajes.

El lenguaje, medio esencial de comunicación entre miembros de una misma especie, adquiere una nueva proyección al posibilitar el diálogo hombre-máquina a partir del desarrollo del ordenador. Es así que la Teoría de los Lenguajes y las Gramáticas se ve revolucionada cuando, en la década del cincuenta, el lingüista norteamericano Avram Noam Chomsky presenta su "Teoría de las Gramáticas Transformacionales", que estableció las bases de la Lingüística Matemática y que proporcionó una herramienta que no solo era aplicable a los lenguajes tradicionales (naturales), sino que además iba a ser inmediatamente aprovechada en la formalización de los entonces incipientes lenguajes de computación.

Como se señaló anteriormente, los lenguajes pueden dividirse en *naturales* y *formales*. Los lenguajes de programación de computadores pertenecen a la segunda clase, son desarrollados a partir de gramáticas propuestas y no admiten forma alguna de excepción o desviación en su uso. Por ello, los lenguajes formales son los apropiados para la interpretación inequívoca de mensajes, que es requisito primordial en el desarrollo de compiladores y, en general, de todas las aplicaciones informáticas que incluyen alguna forma de comunicación.

Inclusive las técnicas y herramientas desarrolladas para el estudio y manipulación de los lenguajes formales, constituyen el abordaje primario para el tratamiento computarizado de los lenguajes naturales, tanto en la *traducción automática*, en la *interpretación de significados*, y en el *diálogo con sistemas expertos*, entre muchas otras aplicaciones. Como ya se indicó, hoy se reconoce como necesario *entender* el significado de una frase antes de poder traducirla correctamente o transformarla en una orden, por lo cual su tratamiento debe ser tanto sintáctico como semántico.

El objetivo de este capítulo es el tratamiento de los lenguajes y gramáticas formales desde la óptica de la propuesta de Chomsky, con el fin de sentar bases que serán más adelante utilizadas en la Teoría de Autómatas. Es necesario señalar que la Teoría de los Lenguajes Formales es muy amplia y es una disciplina independiente. Por lo tanto, la presentación que se hace aquí debe reconocerse como introductoria ya que solo avanzará en su formalismo, en la medida de lo necesario para los fines enunciados.

Lingüística matemática

Con *lingüística matemática*, suele hacerse referencia al estudio de los lenguajes utilizando conceptos, técnicas y herramientas cercanos a la Matemática Discreta y al Álgebra.

Se asumirá que los conceptos matemáticos básicos tales como lógica, conjuntos, relaciones, funciones, inducción matemática, definiciones recursivas y otros, son ya conocidos, por lo que aquí no nos ocuparemos de su estudio, sino de su aplicación a nuestro campo.

Símbolos, alfabetos y palabras

Las computadoras actuales y todos los dispositivos digitales, solo almacenan dos señales diferentes: cero-uno, norte-sur, monte-valle, prendido-apagado, si-no.

Con solo dos señales y una adecuada codificación (UNICODE, ASCII, EBCDIC son algunos códigos usuales hoy en computación), puede representarse cualquier conjunto de símbolos, tales como:

- letras de algún alfabeto humano (o aun de varios de ellos como sucede con UNICODE),
- caracteres especiales de control de dispositivos electrónicos (salto de página, escape, nueva línea, alarma, limpieza de pantalla, apagado),
- dígitos y símbolos especiales (0, 1, 2, ..., 9, arroba, punto y coma, pesos, euro, más, menos, por, barra),

o cualquier otro (piezas de ajedrez, instrucciones de un lenguaje de programación, acciones posibles de un robot, operadores y variables de un álgebra dada, símbolos viales, etcétera) utilizado para modelar un problema bajo estudio o un sistema y su comportamiento.

Sin importar lo que estén denotando los símbolos que se utilicen, al menos se debería tener uno y, en caso de ser más de uno, deberían ser finitos en número, ya que no podríamos distinguir (¡y ni que hablar recordar!) infinitos símbolos.

Alfabeto

Se denomina ***alfabeto*** *a cualquier conjunto finito y no vacío de símbolos.* Se usarán en adelante para denotarlos, las letras griegas mayúsculas Σ, Γ, Λ, Ω, ..., con o sin subíndices.

Ejemplo 2.1

Algunos ejemplos de alfabetos son:

$\Sigma_1 = \{a\}$ alfabeto unitario compuesto de un único símbolo **a**.

$\Sigma_2 = \{0, 1\}$ alfabeto binario con dos símbolos distintos **0** (cero) y **1** (uno).

$\Sigma_3 = \{a, b, c, ..., z\}$ alfabeto de letras minúsculas españolas.

Γ = {torre, caballo, alfil, rey, reina, peón}
alfabeto de símbolos para el juego de ajedrez.

Ω = { int, char, float, double, struct, union, long, short, unsigned, auto, extern, register, typedef, static, goto, return, if, else, sizeof, break, continue, for, do, while, switch, case, default, entry } alfabeto de palabras clave del lenguaje C.

En este contexto, los símbolos de un alfabeto suelen llamarse también letras o caracteres del alfabeto, pero no debemos confundirnos con el sentido corriente que se tiene de estos términos en los lenguajes naturales. Por ejemplo, "torre" es una secuencia de cinco símbolos yuxtapuestos (escritos uno a continuación del otro) vistos desde la perspectiva del alfabeto Σ_3 del Ejemplo 2.1, pero es un único símbolo pensado como parte del alfabeto Γ, representando a la pieza del mismo nombre del juego de ajedrez.

Lo mismo ocurre con Ω del Ejemplo 2.1. El manual de consulta presentado por Kernighan y Ritchie en el apéndice del libro *El Lenguaje de Programación C*, indica los elementos de Ω como las palabras clave del lenguaje, esto es, palabras que tienen un significado especial para un compilador C y que no pueden ser utilizadas como identificadores (reservadas). En la fase de análisis léxico (véase el Apéndice A referido a Compiladores e Intérpretes), el compilador detectará estas palabras como cadenas construidas con símbolos del alfabeto inglés {a, b, ..., y, z}, pero durante el análisis sintáctico serán tomadas como símbolos, por lo que en esta fase el compilador usará algún alfabeto que incluya al alfabeto Ω.

Como se trata de conjuntos:

- *Dos alfabetos son* ***iguales*** *si y solo si tienen exactamente los mismos símbolos*, sin considerar el orden de presentación de los mismos o las repeticiones que pudieran mostrarse.
- Si todos los símbolos de un alfabeto Ω_1 están también en otro alfabeto Ω_2, se dice que *el primero está* ***incluido*** *en el segundo* y se lo denota $\Omega_1 \subseteq \Omega_2$ (*inclusión amplia*); también se dice que Ω_1 es un *subconjunto* de Ω_2. Si además, el segundo alfabeto posee al menos un símbolo que el primero no tiene, se dice que *el primero está* ***estrictamente incluido*** *en el segundo*, denotándose en este caso $\Omega_1 \subset \Omega_2$ (*inclusión estricta*); se expresa en este caso que Ω_1 es un *subconjunto propio* de Ω_2.
- El ***cardinal*** de un alfabeto dado Ω, denotado $|\Omega|$, es *la cantidad de símbolos que el mismo posee* y siempre será, por definición, un número entero positivo.

Es particularmente útil e importante la idea de combinar símbolos de un alfabeto, escribiendo uno luego del otro *concatenándolos* (o *yuxtaponiéndolos*), para formar nuevos objetos.

Palabra, cadena, tira o string

Una ***palabra definida sobre un alfabeto*** Σ *es cualquier secuencia finita de símbolos de* Σ, escritos uno a continuación del otro. Se usarán letras griegas minúsculas α, β, γ, δ, ω, ..., con o sin subíndices para nombrarlas.

Las palabras (*cadenas, tiras* o *strings*) formadas con símbolos de algún alfabeto, pueden a su vez concatenarse entre ellas para formar nuevas palabras. Si **α=casa** y **β=blanca** son palabras definidas sobre el alfabeto Σ_3 de las letras minúsculas españolas (Ejemplo 2.1), entonces ***casablanca*** es otra palabra sobre el mismo alfabeto obtenida al concatenar α y β en ese orden (la concatenación de palabras claramente no es conmutativa pero sí es asociativa). Se indica el resultado de esta operación entre palabras con $\alpha \circ \beta$ o sencillamente $\alpha\beta$, donde se omite el símbolo de operación y quedan yuxtapuestas las palabras en el orden indicado.

Ejemplo 2.2

Sobre el alfabeto Σ_3 = {a, b, c, ..., z}, se construyen las siguientes palabras y se ejemplifican algunas concatenaciones:

α = casa, β = blanca	→	$\alpha \circ \beta$ = casablanca	
	→	$\beta \circ \alpha$ = blancacasa	
	→	$\boldsymbol{\alpha \circ \beta \neq \beta \circ \alpha}$	(no conmutativa)
α = torre, β = rey	→	$\alpha\beta$ = torrerey	
	→	$\alpha\alpha = \alpha^2$ = torretorre	
α = abra, β = cadabra	→	$(\alpha \circ \beta) \circ \alpha$ = abracadabra $\circ\, \alpha$ = abracadabraabra	
	→	$\alpha \circ (\beta \circ \alpha) = \alpha \circ$ cadabraabra = abracadabraabra	
	→	$\boldsymbol{(\alpha \circ \beta) \circ \alpha = \alpha \circ (\beta \circ \alpha)}$	(asociativa)
$\alpha = a = a^1$	→	$\alpha \circ \alpha = aa = a^2$	
	→	$(\alpha \circ \alpha) \circ \alpha = aa \circ \alpha = aaa = a^3$	
	→	$((\alpha \circ \alpha) \circ \alpha) \circ \alpha = aaa \circ \alpha = aaaa = a^4$	(potenciación de símbolos)
α = a, β = b	→	$(\alpha \circ \alpha) \circ \beta = aa \circ \beta = aab = a^2b^1$	
	→	$((\alpha \circ \alpha) \circ \beta) \circ \beta = aab \circ \beta = aabb = a^2b^2$	

El ejemplo anterior, muestra una notación alterna para escribir una palabra que se forma como la concatenación de un símbolo consigo mismo; se llama a esto ***potenciación de símbolos de un alfabeto*** y se lo define recursivamente de la siguiente forma:

$$a^n = \begin{cases} \lambda & , \text{si } n = 0 \\ a \circ a^{n-1} & , \text{si } n > 0 \end{cases}$$

donde **a** es un símbolo del alfabeto, **n**$\in \mathbb{N}$ es un número natural y λ denota a la cadena sin símbolos (ver luego, cadena vacía).

Longitud de una palabra

La cantidad de símbolos que conforman una palabra es llamada su ***longitud*** o ***largo*** y se denota con el nombre de la cadena entre barras verticales.

Ejemplo 2.3

Sobre el alfabeto $\Sigma_3 = \{a, b, c, ..., z\}$, se pueden ejemplificar:

α = casa	→	$\|\alpha\| = 4$
β = blanca	→	$\|\beta\| = 6$
$\alpha \circ \beta$ = casablanca	→	$\|\alpha \circ \beta\| = \|\alpha\| + \|\beta\| = 10$
χ = torre	→	$\|\chi\| = 5$
δ = rey	→	$\|\chi\| = 3$
$\chi \circ \delta$ = torrerey	→	$\|\chi \circ \delta\| = 8$
a^3b^4 = aaabbbb	→	$\| a^3b^4 \| = \|$ aaabbbb $\| = 7$

Sobre el alfabeto Γ = {torre, caballo, alfil, rey, reina, peón}:

χ = torre	→	$\|\chi\| = 1$
δ = rey	→	$\|\delta\| = 1$
$\chi \circ \delta$ = torrerey	→	$\|\chi \circ \delta\| = 2$

Debe notarse que *torre* y *rey* representan en este último caso a un solo símbolo de Γ.

Cadena vacía

Como se anticipó, se denota con λ (lambda) a la ***palabra vacía***, *palabra que no tiene símbolos* y cuyo largo es cero: $|\lambda| = 0$.

¿Le parece extraño el concepto de palabra vacía?

Piense que cada vez que se define un concepto, por regla general, resulta interesante pensar en los límites del mismo. Si hablamos de conjuntos, llamamos vacío, denotado $\varnothing = \{\}$, al conjunto que no tiene elementos. Si hablamos de números naturales, llamamos cero (**0**) a aquel número que no tiene unidades; en el mismo sentido, llamamos palabra vacía (λ) a aquella que no tiene símbolos. Seguramente, usted conoce cómo funciona la instrucción iterativa **for** de C++ o Java, y debe entender lo que hace el fragmento de código:

```
for (int k=0; k < 10; k++);
```

Bien, piense ¿cuál es el cuerpo de esta instrucción **for**?

La palabra vacía resulta ser así, *elemento neutro* respecto de la operación de concatenación entre palabras, cualquiera sea el alfabeto sobre el cual las palabras estén definidas. En símbolos:

$$\forall\Sigma: \forall\alpha \text{ definida sobre } \Sigma: \alpha \circ \lambda = \lambda \circ \alpha = \alpha$$

Puede demostrarse además, que λ es la *única* palabra con estas propiedades (matemáticamente, el conjunto de todas las cadenas de símbolos de Σ junto a la operación de concatenación, conforman un semigrupo con elemento neutro λ).

La concatenación de una palabra consigo misma (ver Ejemplo 2.2) permite definir, en la misma forma que se ha hecho para símbolos, la ***potencia enésima de una palabra*** como *la concatenación **n** veces de la palabra consigo misma*; recursivamente se puede decir que si α es una palabra definida sobre algún alfabeto Σ y $n \in \mathbb{N}$ es un número natural, entonces su potencia enésima es:

$$\alpha^n = \begin{cases} \lambda & , \text{si } n = 0 \\ \alpha \circ \alpha^{n-1} & , \text{si } n > 0 \end{cases}$$

Si bien la potenciación de palabras está definida para números naturales, se acepta la notación α^{-1} para denotar a la ***palabra refleja de una cadena*** α, obtenida escribiendo los símbolos de α en orden inverso.

Ejemplo 2.4

Sobre el alfabeto Σ_3={a, b, c, ..., z}, consideremos la palabra α=**casa**. Entonces, podemos formar:

$\alpha^0 = \lambda$

α^1 = casa

α^{-1} = asac

$\alpha^1\alpha^{-1}$ = casaasac

α^2 = casa**casa**

α^3 = casa**casa**casa

α^4 = casa**casa**casa**casa**

α^5 = casa**casa**casa**casa**casa

Debe notarse que α^{-1} no es una potencia de α, sino solo una notación para la palabra refleja de α.

¿Qué es una palabra en programación?

Como lo indica su definición, una palabra, sobre algún alfabeto, es una secuencia finita de símbolos tomados del mismo. Pero ¿cómo sabemos, y en especial, cómo saben una computadora y nuestros programas, dónde empieza y termina una palabra?

Escrita sobre una hoja de papel el problema resulta casi trivial: la palabra **superfragilísticoespiralidoso** inicia con una letra **s**, termina con una **o** y está compuesta de 29 letras; nos damos cuenta de esto porque hay un espacio en blanco antes y después de la palabra delimitándola.

En algunos lenguajes de programación de computadoras, existe un tipo de datos ***string*** para definir palabras; en otros, las palabras se representan como arreglos de símbolos. Pero para su definición, almacenamiento y tratamiento existen básicamente dos formas de definir una palabra.

a) Se conoce su posición inicial (la dirección en la memoria de su primera letra, normalmente asociada al nombre de la variable que la contiene) y su longitud:

α = (2F8, 29) y en la dirección 2F8 estará **superfragilísticoespiralidoso**

b) Se conoce su posición inicial y existe un símbolo especial (*fin de cadena*, no perteneciente al alfabeto de símbolos sobre el cual se define la palabra) que marca su fin:

α = (2F8) y en la dirección 2F8 estará **superfragilísticoespiralidosoFDC**

Aquí FDC es un carácter especial que marca el final de la cadena (el lenguaje de programación C por ejemplo, utiliza el byte hexadecimal 00 para esto, denotado **\0**).

El diseñador de un lenguaje de programación de computadoras (y el constructor de su compilador), deberá tomar una decisión y optar por una de las formas de representar las palabras, para que los programas escritos con el mismo puedan utilizarlas.

Aquellas palabras que son iguales a sus reflejas se denominan *palíndromos*, como por ejemplo *neuquen, 1234321, ala, orejero* y *rotor*; estas palabras se leen igual de izquierda a derecha y de derecha a izquierda. Si los símbolos son dígitos, suele también llamarse *capicúas* a los números que se leen igual en ambos sentidos.

Partes de una palabra

Por supuesto, si dos palabras pueden "juntarse" por concatenación, una palabra cualquiera puede dividirse en sus símbolos constituyentes y hasta en subpalabras. Supongamos que una cadena puede escribirse como concatenación de otras tres, digamos $\omega=\alpha\chi\beta$; entonces decimos que α es un ***prefijo*** de ω (primera parte de omega), que β es un ***sufijo*** de ω (última parte de omega) y que χ es una ***subpalabra*** de ω (una parte de omega). Aquí, cualquiera de las tres cadenas α, χ o β pueden ser vacías. De un sufijo o prefijo de una palabra se dice que es ***propio*** si no es la misma palabra en cuestión o la palabra vacía.

Ejemplo 2.5

Sea Σ_3 = {a, b, c, ..., z} el alfabeto de las letras minúsculas españolas y considérese la palabra ω=**prueba** definida sobre él. Sus prefijos y sufijos son mostrados en la Tabla 2.1. Además, tanto los prefijos como los sufijos indicados son subpalabras de ω y también lo son cadenas intermedias como **ru, rue, rueb, r, u, e, b, eb, ueb, ue.**

	Prefijos de ω	Sufijos de ω	
	λ	λ	
Propios	p	a	Propios
	pr	ba	
	pru	eba	
	prue	ueba	
	prueb	rueba	
	prueba	prueba	

Tabla 2.1: Prefijos y sufijos.

Nótese que para una palabra cualquiera de largo **n**, siempre se tienen (**n+1**) sufijos y (**n+1**) prefijos debido a que la palabra vacía siempre puede considerarse concatenada a izquierda o derecha por ser λ elemento neutro de esta operación.

Operaciones con alfabetos

Retomando el tema de alfabetos, como conjuntos que son, los mismos pueden unirse $\Sigma_1 \cup \Sigma_2$={todos los símbolos comunes y no comunes de ambos alfabetos}, intersecarse $\Sigma_1 \cap \Sigma_2$={todos los símbolos comunes a ambos alfabetos}, restarse $\Sigma_1 - \Sigma_2$={todos los símbolos del primer alfabeto que no estén en el segundo} (también se dice que este conjunto es el complemento relativo del Σ_2 respecto de Σ_1) y complementarse $\overline{\Sigma_1}$ (en este caso, deberemos definir el universal contra el cual complementar).

También pueden operarse con el producto cartesiano para obtener pares ordenados de símbolos, operación que, en general, no tiene mayor interés; pero pensando en obtener *palabras* en lugar de *tuplas* ordenadas, se quiere proponer algo similar al producto cartesiano, una nueva operación: *dados dos alfabetos Σ_1 y Σ_2, la* ***concatenación de*** *Σ_1 y Σ_2, denotada $\Sigma_1 \circ \Sigma_2$ o simplemente $\Sigma_1\Sigma_2$, es el conjunto de palabras formadas por la concatenación de cada símbolo de Σ_1 con cada uno de Σ_2, en ese orden.*

Debe notarse que lo obtenido al concatenar dos alfabetos, no es generalmente un nuevo alfabeto, sino un conjunto de palabras; el alfabeto mismo puede ser pensado como un conjunto de palabras de longitud uno, con lo cual podemos extender esta operación para concatenar más de dos alfabetos e inclusive cualquier par de conjuntos de palabras, con solo cambiar "*símbolo de*" por "*palabra sobre*", en la anterior definición.

Ejemplo 2.6

Sean los alfabetos Σ_2 = {0, 1} y Σ_5 = {a, b, c}. Entonces:

$$\Sigma_2 \circ \Sigma_5 = \{0a, 0b, 0c, 1a, 1b, 1c\}$$

$$\Sigma_5 \circ \Sigma_2 = \{a0, b0, c0, a1, b1, c1\}$$

Extendiendo esta idea, ahora se podrían concatenar dos o más alfabetos haciendo: $\Sigma_5 \circ \Sigma_2 \circ \Sigma_5$ = {a0a, b0a, c0a, a1a, b1a, c1a,

a0b, b0b, c0b, a1b, b1b, c1b,

a0c, b0c, c0c, a1c, b1c, c1c}

donde a cada palabra de ($\Sigma_5 \circ \Sigma_2$) se le agrega al final por concatenación un símbolo de Σ_5 obteniéndose un nuevo conjunto de palabras.

Ejemplo 2.7

Es interesante observar lo que ocurre al concatenar un alfabeto consigo mismo. Tomemos el alfabeto binario $\Sigma_2 = \{0, 1\}$; al concatenarlo consigo mismo se obtiene:

$$\Sigma_2 \circ \Sigma_2 = \{0, 1\} \circ \{0, 1\} = \{00, 01, 10, 11\}$$

que constituye el conjunto de todas las palabras de largo dos (**2**) que pueden formarse con los símbolos **0** y **1** del alfabeto; denotemos Σ_2^2 a este resultado, correspondiendo el exponente simultáneamente a la cantidad de alfabetos concatenados y al largo de las palabras obtenidas. Claramente, sin símbolos solo podrá formarse la palabra vacía y con solo un símbolo (los del alfabeto sin combinar), se podrán formar tantas palabras de largo uno como símbolos tenga el alfabeto. Así, puede escribirse:

$$\Sigma_2^0=\{\lambda\} \qquad \Sigma_2^1=\{0,1\} \qquad \Sigma_2^2=\Sigma_2^1\circ\Sigma_2^1=\{0,1\}\circ\{0,1\}=\{00,01,10,11\}$$

$$\Sigma_2^3=\Sigma_2^1\circ\Sigma_2^2=\{0,1\}\circ\{00,01,10,11\}=\{000,001,010,011,100,101,110,111\}$$

...

$$\Sigma_2^n=\Sigma_2^1\circ\Sigma_2^{n-1}=\{0,1\}\circ\{\text{palabras de largo } \mathbf{n-1} \text{ formadas con ceros y unos}\}$$
$$=\{\text{palabras de largo } \mathbf{n} \text{ formadas con ceros y unos}\}$$

Se define recursivamente la ***potenciación de un alfabeto*** (lo que permite obtener conjuntos de palabras de largo **n** formadas con los símbolos del mismo), de la siguiente forma:

$$\Sigma^n = \begin{cases} \{\lambda\} & ,\text{si } n=0 \\ \Sigma\circ\Sigma^{n-1} & ,\text{si } n>0 \end{cases}$$

Se denomina además, **universo de discurso de un alfabeto Σ**, al conjunto de todas las palabras que pueden formarse con sus símbolos, sean del largo que sean. Este conjunto, también llamado lenguaje universal de Σ, suele denotarse **W(Σ)** y con mayor frecuencia Σ^* (que se lee sigma estrella o estrella de Kleene[1] de Σ). Usando las potencias

---

[1] En honor a Stephen Kleene, lógico que introdujo esta operación a mediados del siglo XX.

sucesivas del alfabeto Σ, el universo de discurso está compuesto por todas las cadenas de símbolos de sigma de largo cero (Σ^0), todas las de largo uno (Σ^1), todas las de largo dos (Σ^2), ... y así sucesivamente. Se puede escribir entonces:

$$\Sigma^* = \Sigma^0 \cup \Sigma^1 \cup \Sigma^2 \cup \ldots \cup \Sigma^i \cup \ldots$$

o resumidamente:

$$\Sigma^* = \bigcup_{i=0}^{\infty} \Sigma^i$$

Por sus propiedades, la estrella de Kleene de un alfabeto también recibe el nombre de ***cierre*** o ***clausura*** (reflexiva y transitiva) del alfabeto; si se quita de la unión la potencia cero, esto es, se elimina la palabra vacía del conjunto Σ^*, se obtiene:

$$\Sigma^+ = \bigcup_{i=1}^{\infty} \Sigma^i$$

$$\Sigma^+ = \bigcup_{i=0}^{\infty} \Sigma^i - \Sigma^0$$

$$\Sigma^+ = \Sigma^* - \{\lambda\}$$

el conjunto de todas las palabras de símbolos de Σ de largo uno o mayor, que es denominado cierre positivo del alfabeto Σ.

Ejemplo 2.8

Usando nuevamente el alfabeto Σ_2 = {0, 1}, su cierre positivo y clausura pueden presentarse como:

Σ_2^+= {0, 1, 00, 01, 10, 11, 000, 001, 010, 011, 100, 101, ... }

Σ_2^*= $\Sigma_2^+ \cup \{\lambda\}$

= {λ, 0, 1, 00, 01, 10, 11, 000, 001, 010, 011, 100, 101, ... }

Por otro lado, si se piensa en el alfabeto de las letras minúsculas y mayúsculas españolas Σ_e={a, b, ..., z, A, B, ..., Z}, salvo acentos y diéresis, todas las palabras del español incluidas en el diccionario, constituyen un subconjunto del universo de discurso de Σ_e^*, que además contendrá como secuencias de símbolos, palabras sin significado para el idioma.

Lenguajes y operaciones

Se ha estado tratando con conjuntos de palabras obtenidos como concatenaciones y potencias de alfabetos; estos conjuntos no son alfabetos ya que no tienen símbolos sino palabras como elementos.

Estos conjuntos, aún desprovistos de un nombre particular, conformarán un concepto fundamental de nuestro estudio de la lingüística matemática.

Lenguaje

La idea más general, y a la vez la más sencilla de lenguaje, puede expresarse como sigue: un **lenguaje** definido sobre un alfabeto, es un conjunto de palabras construidas con los símbolos de ese alfabeto.

En símbolos, si Σ es un alfabeto y **L** es un lenguaje definido sobre Σ, entonces:

$$L \subseteq \Sigma^*$$

Al ser los lenguajes conjuntos de palabras, puede aplicarse toda la teoría de conjuntos a ellos. Algunos conceptos de conjuntos adaptados al contexto de lenguajes son los que siguen:

- Un lenguaje L_1 definido sobre Σ es subconjunto de otro L_2 si toda palabra de L_1 es también palabra de L_2:

$$L_1 \subseteq L_2 \Leftrightarrow \forall\alpha\in\Sigma^*: \alpha\in L_1 \rightarrow \alpha\in L_2$$

- Un lenguaje L_1 definido sobre Σ es subconjunto propio de otro L_2 si toda palabra de L_1 es también palabra de L_2 y existe al menos una palabra del segundo que no es elemento del primero:

$$L_1 \subset L_2 \Leftrightarrow (\forall\alpha\in\Sigma^*: \alpha\in L_1 \rightarrow \alpha\in L_2) \wedge (\exists\beta\in\Sigma^* / \beta\in L_2 \wedge \beta\notin L_1)$$

- Un lenguaje L_1 definido sobre Σ es igual a otro lenguaje L_2 si tienen exactamente las mismas palabras:

$$L_1 = L_2 \Leftrightarrow [\forall\alpha\in\Sigma^*: \alpha\in L_1 \leftrightarrow \alpha\in L_2]$$

$$\Leftrightarrow [L_1 \subseteq L_2 \wedge L_2 \subseteq L_1]$$

- El conjunto vacío $\varnothing$ es un lenguaje llamado lenguaje vacío, tiene cardinalidad cero y es el único con esta propiedad, independiente del alfabeto sobre el cual esté definido.

- $\{\lambda\}$, el conjunto cuyo único elemento es la cadena vacía, es también un lenguaje único e independiente del alfabeto de definición. Debe notarse que su cardinalidad es uno, por lo cual es bien distinto del lenguaje vacío definido anteriormente.

Operaciones con lenguajes

Si $\mathbf{L_1}$ y $\mathbf{L_2}$ son lenguajes definidos sobre el alfabeto Σ, entonces también lo son la unión $\mathbf{L_1 \cup L_2}$, intersección $\mathbf{L_1 \cap L_2}$, resta $\mathbf{L_1 - L_2}$, concatenación $\mathbf{L_1 \circ L_2}$ y el complemento $\overline{L_1}$, definidos de la siguiente forma:

$L_1 \cup L_2 = \{\alpha \,/\, \alpha \in L_1 \vee \alpha \in L_2\}$

= {palabras pertenecientes al menos a uno de los dos lenguajes}

$L_1 \cap L_2 = \{\alpha \,/\, \alpha \in L_1 \wedge \alpha \in L_2\}$

= {palabras comunes a ambos lenguajes}

$L_1 - L_2 = \{\alpha \,/\, \alpha \in L_1 \wedge \alpha \notin L_2\}$

= {palabras del primer lenguaje que no están en el segundo}

$L_1 \circ L_2 = \{\mu = \alpha\beta \,/\, \alpha \in L_1 \wedge \beta \in L_2\}$

= {palabras obtenidas al concatenar cada una de las palabras del primer lenguaje con cada una de las del segundo, en ese orden}

$\overline{L_1} = \{\alpha \,/\, \alpha \in \Sigma^* \wedge \alpha \notin L_1\}$

= {todas las palabras del universo de discurso de Σ que no estén en el lenguaje L_1}

Si los lenguajes no tuvieran alfabetos comunes, esto es $\mathbf{L_1}$ está definido sobre Σ_1 y $\mathbf{L_2}$ sobre Σ_2, siempre se puede pensar en la unión $\Sigma_1 \cup \Sigma_2$ como un alfabeto común a ambos, sobre el cual estarán definidos los lenguajes compuestos como resultado de operar entre $\mathbf{L_1}$ y $\mathbf{L_2}$.

Ejemplo 2.9

Considérense los siguientes lenguajes, definidos sobre el alfabeto de dígitos decimales Σ_{dec} = {0, 1, 2, 3, 4, 5, 6, 7, 8, 9}:

L_1 = {10, 11, 12, 13,..., 98, 99}

L_2 = {numerales de los números naturales de dos dígitos}

L_3 = {10, 11, 12, 13, 14, 15, 16, 17, 18, 19}

L_4 = {0, 1, 2, 3, 4, 5, 6, 7, 8, 9, 10}

Entonces, se verifica lo siguiente:

a) $L_1 = L_2$ ya que, si bien las definiciones de ambos lenguajes son distintas, se están refiriendo al mismo conjunto de cadenas.

b) $L_3 \subseteq L_1$ porque las diez cadenas del primer lenguaje también son elementos del segundo lenguaje. Inclusive puede afirmarse que $L_3 \subset L_1$ porque además L_1 tiene cadenas que no están en L_3.

c) $L_3 \cup L_4$ = {0, 1, 2, 3, 4, 5, 6, 7, 8, 9, 10, 11, 12, 13, 14, 15, 16, 17, 18, 19} esto es, todas las cadenas comunes y no comunes a ambos lenguajes.

d) $L_3 \cup L_1 = L_1$ porque el primer lenguaje está incluido en el segundo.

e) $L_3 \cap L_2 = L_3$ ya que el primer lenguaje está incluido en el segundo.

f) $L_4 \cap L_2$ = {10}, 10 es la única cadena común a ambos lenguajes.

g) $L_1 - L_2$ = {} ya que siendo iguales los lenguajes, al quitar todas las cadenas del segundo lenguaje a las del primero, se obtiene el conjunto vacío.

h) $L_4 - L_3$ = {0, 1, 2, 3, 4, 5, 6, 7, 8, 9} se quita del primer lenguaje la única cadena común a ambos: 10.

i) $L_3 - L_4$ = {11, 12, 13, 14, 15, 16, 17, 18, 19}, ídem anterior.

j) $L_4 \circ L_3$ = {010, 011, 012, 013, 014, 015, 016, 017, 018, 019,
110, 111, 112, 113, 114, 115, 116, 117, 118, 119,
210, 211, 212, 213, 214, 215, 216, 217, 218, 219,
310, 311, 312, 313, 314, 315, 316, 317, 318, 319,
410, 411, 412, 413, 414, 415, 416, 417, 418, 419,
510, 511, 512, 513, 514, 515, 516, 517, 518, 519,
610, 611, 612, 613, 614, 615, 616, 617, 618, 619,
710, 711, 712, 713, 714, 715, 716, 717, 718, 719,
810, 811, 812, 813, 814, 815, 816, 817, 818, 819,

910, 911, 912, 913, 914, 915, 916, 917, 918, 919, 1010, 1011, 1012, 1013, 1014, 1015, 1016, 1017, 1018, 1019}

Si se considera el universo de discurso Σ^*_{dec}, esto es, todas las posibles cadenas de dígitos decimales, entonces:

k) $\overline{L_1}$ = {todas las cadenas de dígitos decimales de longitud $\neq 2$}
$= \{\alpha \in \Sigma^*_{dec} / \mid \alpha \mid \neq 2\}$

Procediendo en forma similar a lo hecho con alfabetos y usando la concatenación de un lenguaje **L** consigo mismo, se puede definir la ***potenciación*** de lenguajes recursivamente, de la siguiente forma:

$$L^n = \begin{cases} \{\lambda\} & \text{, si } n = 0 \\ L \circ L^{n-1} & \text{, si } n > 0 \end{cases}$$

Además pueden extenderse a lenguajes los operadores estrella de Kleene y cierre positivo basados en potenciación y unión, haciendo:

$$L^* = \bigcup_{i=0}^{\infty} L^i$$

conjunto denominado estrella de Kleene del lenguaje **L** o también cierre o clausura (reflexiva y transitiva); si se quita de la unión la potencia cero se obtiene:

$$L^+ = \bigcup_{i=1}^{\infty} L^i$$

Debe notarse que, a diferencia de lo visto con alfabetos, en general, se tiene:

$$L^+ \neq \bigcup_{i=0}^{\infty} L^i - L^0$$

$$L^+ \neq L^* - \{\lambda\}$$

ya que si originariamente el lenguaje **L** tuviera como elemento a la cadena vacía ($\lambda \in$ **L**), entonces la primer potencia de L también la tendría como elemento. Sin embargo, siempre podremos decir que la clausura se obtiene agregando la cadena vacía al cierre positivo:

$$L^* = L^+ \cup \{\lambda\}$$

Ejemplo 2.10

Sea L = {mar, casa} un lenguaje de solo dos palabras y veamos cómo se opera con la potenciación antes definida. Se tienen para las primeras potencias:

L^0 = {λ}

L^1 = {mar, casa}

L^2 = {marmar, marcasa, casamar, casacasa }

L^3 = {marmarmar, marmarcasa, casacasamar, casacasacasa,
marcasamar, marcasacasa, casamarmar, casamarcasa}

L^4 = {marmarmarmar, marmarmarcasa, marmarcasamar, marmarcasacasa, casacasamarmar, casacasamarcasa, casacasacasamar, casacasacasacasa, marcasamarmar, marcasamarcasa, marcasacasamar, marcasacasacasa, casamarmarmar, casamarmarcasa, casamarcasamar, casamarcasacasa}

y así sucesivamente. Nótese que **L*** se formará de la unión de todos estos conjuntos y siguiendo hasta el infinito (conjunto de infinitas cadenas finitas), conteniendo la cadena vacía. **L⁺** será el mismo conjunto pero sin la potencia cero (la cadena vacía).

Descripción de lenguajes

Se estableció el concepto más general y simple de lenguaje como un conjunto de palabras. Como todo conjunto, un lenguaje puede definirse o determinarse:

- Por ***extensión*** o ***enumeración***, indicando una por una todas las palabras que son elementos del mismo, o
- Por ***comprensión***, explicitando propiedades de las cadenas definidas sobre algún alfabeto, que solo las palabras del lenguaje verificarán.

La determinación por extensión es simple y clara, pero solo es útil para lenguajes finitos y que tengan un reducido número de elementos, ya que hay que escribir *todas* las palabras del lenguaje.

Ejemplo 2.11

Los siguientes lenguajes están determinados por extensión:

L_1 = {espn, sports, espnmas, teledeportes}; sobre $\sum_3$ de letras minúsculas españolas.

L_2 = {00, 01, 10, 11}; sobre $\sum_2 = \{0, 1\}$.

L_3 = {torre, caballo, alfil, rey, reina, peón}; sobre $\sum_3$ de letras minúsculas españolas.

En la definición por comprensión, la especificación de las propiedades que deben tener las palabras del lenguaje, puede hacerse de diversas formas: coloquialmente, por fórmulas, por conjunto con una propiedad, y de muchas otras maneras.

Ejemplo 2.12

Coloquialmente: propiedades explicitadas en lenguaje natural.

T = {usuarios de números de teléfono fijo válidos en la ciudad de Córdoba, Argentina, al 31/12/2012}

P = {programas correctos escritos en lenguaje C}

Conjunto con una propiedad: propiedades dadas en símbolos.

$L_2 = \{\alpha \,/\, \alpha \in \{0,1\}^* \wedge |\alpha| = 2\}$

$A = \{\alpha \,/\, \alpha \in \{0,1\}^+ \wedge |\alpha| = 3 \wedge \alpha = \beta 00 \delta \wedge \beta, \delta \in \{0,1\}^*\}$

Fórmula lingüística o algebraicamente: propiedad expresada utilizando potenciaciones, uniones, intersecciones, concatenaciones, etcétera.

$B = \{\alpha = a^n b c^m \,/\, n \geq 1, 0 < m < 4\}$

$C = \{\alpha = Begin^n x^m End^n \,/\, n \geq 1, m \geq 0\}$
(*Begin* y *End* son tomados como un solo símbolo cada uno)

El lenguaje **T** del Ejemplo 2.12, es un lenguaje finito, como lo demuestra la existencia de una guía telefónica para la ciudad indicada en la fecha establecida, pero claramente su determinación por comprensión es la más indicada para ser incluida aquí. La definición del lenguaje **A,** describe en símbolos las cadenas de ceros y unos de largo tres que tengan al menos una subpalabra **00** (esto es, el lenguaje {001, 100}), mientras que las cadenas de los lenguajes **B** y **C**, se especifican utilizando patrones que se conforman apelando a la concatenación y la potenciación de símbolos.

Con estas notaciones, se pueden determinar infinitos lenguajes, y según el objetivo con el que se lo esté haciendo, será más útil expresar el lenguaje en una de ellas que hacerlo con otra.

Considérese ahora el conjunto **P** del anterior ejemplo, de *todos los programas correctos escritos en lenguaje C*; su descripción coloquial parece concisa y clara a primera vista, pero el conjunto ¿está bien definido? Primero debe preguntarse ¿qué se entiende por *programa correcto*?; y aun suponiendo que se llega a un acuerdo sobre esto (por ejemplo, solo pidiendo que no tenga errores, sin tener en cuenta su objetivo o funcionamiento) luego aparece el interrogante: ¿cómo se determina si un programa fuente escrito en lenguaje C pertenece o no al conjunto **P**?

Lo primero que se piensa es pasar el programa fuente por el procesamiento de algún compilador C que se tenga a la mano, y si al finalizar dice ***0 errors - 0 warnings*** o algo por el estilo, diremos que el programa está en el conjunto **P**. De acuerdo, pero ahora debemos preguntarnos ¿cómo sabe el compilador que el programa es correcto?, esto es, que no tiene errores según el anterior convenio.

Un programa fuente, es una larga tira de símbolos formada por la concatenación de caracteres definidos como válidos para el lenguaje de programación (*el alfabeto del lenguaje*); pero no cualquier cadena de caracteres válidos constituye un programa fuente; hay reglas que cumplir que son establecidas en los manuales del lenguaje por sus diseñadores y son ellas las que definen qué es un programa correcto y qué no lo es; estas reglas deben ser conocidas por el compilador y, claro está, por todos aquellos que deseen escribir programas en C.

El compilador es un programa de computación que necesita para hacer su trabajo, poder determinar si una cadena (*el programa fuente*) cumple las reglas definidas por el lenguaje fuente y, para ello, requiere una descripción bastante más precisa y detallada de lo que es un programa C correcto, que la que pueden dar las anteriores notaciones.

Debe utilizarse algo *más expresivo* que la descripción coloquial, la dada por fórmulas o por un grupo sencillo de propiedades. Además, estamos fuertemente interesados en alguna herramienta descriptiva que no solo ayude a determinar la pertenencia o no pertenencia de una cadena a un lenguaje, sino que permita generar procedimientos automáticos para la tarea de determinar la corrección de un programa fuente. Para elaborar esta nueva forma de determinar un conjunto de cadenas, se deberán primero establecer algunos nuevos conceptos, centrales a la Teoría de Lenguajes Formales.

Gramáticas formales

Reglas de reescritura o producciones

Se iniciará el estudio, con un operador que trabaja sobre cadenas para generar nuevas cadenas al aplicarlo convenientemente.

Para un alfabeto Σ dado, diremos que una ***producción*** o ***regla de reescritura*** es un par ordenado de palabras (α, β) definidas sobre Σ. Escribiremos las producciones utilizando una notación similar a la denominada BNF[2] de la siguiente forma:

$$\alpha := \beta$$

y diremos que la cadena α es el lado izquierdo de la producción, := el símbolo de producción, la cadena β su lado derecho y la leeremos *alfa produce beta* o también *alfa puede reescribirse como beta*.

Puede pensarse en β como una redefinición del concepto α, que muchas veces tomará el formato de una definición recursiva.

En su forma más general, una producción $\alpha := \beta$ constituye un *operador unario* que puede ser aplicado a una palabra $\delta = \omega\alpha\rho$, si y solo si el lado izquierdo de la producción (la cadena α) coincide con una subpalabra de δ; el efecto de aplicar la producción $\alpha := \beta$ a la palabra δ es el reemplazo o sustitución de α por β en δ para obtener una nueva palabra $\varphi = \omega\beta\rho$. Veremos luego que esta forma general de producción se restringe para que el lado izquierdo contenga un solo símbolo que se reemplaza por el lado derecho, dentro de un contexto o sin él.

Uso de las producciones

Se llama derivación directa a la operación que aplica una sola producción a una palabra obteniendo una nueva palabra y se simboliza:

$$\delta \rightarrow \varphi$$

---

[2] John Backus, quien dirigía el grupo que creó el lenguaje ALGOL en la década del cincuenta, fue quien utilizó esta notación para describir la sintaxis del lenguaje. Peter Naur, que escribió un influyente informe sobre ALGOL en 1963, llamó a la notación BNF por *Forma Normal de Backus*. Debido a una recomendación posterior de Donald Knuth (autor de la obra clásica *The Art of Computer Programming*), se cambió su significado a *Forma de Backus-Naur*. Luego, en este capítulo, se describirá BNF con más detalle.

Se dice que δ se deriva directamente en φ, o que φ se obtiene por derivación directa desde δ, por la aplicación de una producción.

Ejemplo 2.13

Sea **δ=casablanca** una cadena definida sobre el alfabeto de letras minúsculas españolas y **blanca:=negra** una producción dada. Como el lado izquierdo de la producción (*blanca*), coincide, en este caso, con un sufijo de la cadena δ, entonces puede escribirse:

casablanca → casanegra

donde la cadena **casablanca** se deriva directamente en **casanegra** por la aplicación de la producción. Si además, existiera otra producción **a:=e** disponible junto con la anterior, se podrían efectuar en secuencia, las siguientes derivaciones directas:

casablanca → casanegra → cesanegra → cesenegra → cesenegre

donde se han aplicado la primera producción una vez y luego, la segunda producción tres veces consecutivas.

Cada aplicación de una producción en el ejemplo anterior, constituye una derivación directa que transforma una cadena en otra, pero claramente la cadena inicial **casablanca** se ha transformado en una nueva cadena **cesenegre** al final del proceso.

Ejemplo 2.14

Muchas frases del idioma español, denominadas bimembres, tienen dos miembros principales denominados *sujeto* y *predicado*: el predicado es *lo que se dice* en la frase y el sujeto es *de quién se dice* lo que expresa el predicado. Hay muchas formas en español para cada una de estas construcciones sintácticas; sin pretender ser riguroso ni exhaustivo al respecto, y solo a modo de ejemplo, se presenta una sencilla muestra utilizando el concepto de producciones:

<Frase>	:=	<Sujeto> <Predicado>
<Sujeto>	:=	<Artículo> <Sustantivo>
<Predicado>	:=	<Verbo> <ObjetoDirecto>
<ObjetoDirecto>	:=	<Preposición> <Artículo> <Sustantivo>
<ObjetoDirecto>	:=	<Artículo> <Sustantivo>
<ObjetoDirecto>	:=	<Sustantivo>
<Artículo>	:=	la
<Artículo>	:=	el
<Sustantivo>	:=	gato
<Sustantivo>	:=	rata

<Verbo> := corre
<Verbo> := come
<Preposición> := a
<Preposición> := con

En las anteriores producciones, todas las palabras son consideradas símbolos individuales y no concatenaciones de letras. Entre estos símbolos, pueden distinguirse claramente dos tipos distintos a saber:

- Aquellos que se encuentran entre corchetes angulares, que como puede verse se reescriben de distintas formas según las producciones que los tienen en su lado izquierdo (se denominan símbolos auxiliares o no terminales) y
- Los símbolos que no están entre corchetes angulares y para los cuales no hay reglas de reescritura que los tengan en su lado izquierdo (se denominan símbolos terminales).

Con solo las producciones dadas, pueden derivarse desde el símbolo inicial <Frase> una cantidad de palabras distintas. Por ejemplo:

<Frase> → <Sujeto> <Predicado> →

... → <Artículo> <Sustantivo> <Predicado> →

... → el <Sustantivo> <Predicado> → el gato <Predicado> →

... → el gato <Verbo> <ObjetoDirecto> →

... → el gato corre <ObjetoDirecto> →

... → el gato corre <Artículo> <Sustantivo> →

... → el gato corre la <Sustantivo> → **el gato corre la rata**

En resumen, el símbolo ***<Frase>*** se ha transformado en la palabra ***el gato corre la rata*** aplicando en secuencia algunas de las producciones posibles.

También se podrían haber derivado otras muchas frases de símbolos terminales: *el gato come la rata, el gato corre a la rata, la rata corre el gato,* etcétera, y démonos cuenta de que todas las palabras intermedias que contienen tanto símbolos terminales como no terminales, también son derivadas desde el símbolo inicial **<Frase>**.

Se llama sencillamente ***derivación***, a la operación de aplicar una secuencia finita de producciones a una cadena δ dada para obtener otra cadena φ, y se la simboliza:

$$\delta \rightarrow^* \varphi$$

que se lee $\boldsymbol{\delta}$ *se deriva en* $\boldsymbol{\varphi}$, o $\boldsymbol{\varphi}$ *se deriva de* $\boldsymbol{\delta}$. Esto equivale a decir que existen cadenas $\boldsymbol{\alpha_0, \alpha_1, \ldots, \alpha_{n-1}, \alpha_n}$ tales que:

$$\delta = \alpha_0 \rightarrow \alpha_1 \rightarrow \ldots \rightarrow \alpha_{n-1} \rightarrow \alpha_n = \varphi$$

Usualmente, se trabajará con varias producciones que se podrán aplicar a distintas cadenas; por ello, a veces será esclarecedor enumerar las producciones de que se dispone, no para ordenarlas sino al solo fin de etiquetarlas, para luego indicar efectivamente cómo se hizo la derivación indicando en cada derivación directa, la regla que se utilizó para transformar una cadena $\boldsymbol{\alpha_i}$ en la siguiente $\boldsymbol{\alpha_{i+1}}$.

Ejemplo 2.15

Supóngase tener a disposición las siguientes producciones:

1) blanca := negra   2) a := e   3) casa := cosa

Entonces, puede efectuarse la siguiente derivación:

casablanca $\rightarrow^*$ *cosanegre*

resultado de aplicar las producciones en cierto orden a la cadena ***casablanca***. Algunas posibles secuencias podrían ser:

$$\textit{casablanca} \overset{1}{\rightarrow} \textit{casanegra} \overset{2}{\rightarrow} \textit{casanegre} \overset{3}{\rightarrow} \textit{cosanegre}$$

$$\textit{casablanca} \overset{3}{\rightarrow} \textit{cosablanca} \overset{1}{\rightarrow} \textit{cosanegra} \overset{2}{\rightarrow} \textit{cosanegre}$$

donde los números que etiquetan las flechas indican qué producción se utilizó para efectuar cada una de las derivaciones directas indicadas.

Si se dispone de varias producciones entre las cuales optar para efectuar derivaciones de cadenas, suele ocurrir que más de una producción es aplicable a una cadena dada en cada paso del proceso, por lo cual se debe decidir qué producción aplicar primero y cuál después.

El Ejemplo 2.15 muestra que, gracias a esto, pueden existir distintos caminos a seguir para obtener una cadena por derivación desde otra; en particular, pueden existir caminos sin salida, esto es, una secuencia de derivaciones directas que no lleve a la cadena final buscada, por lo que la derivación de cadenas se convierte en un proceso de búsqueda de las producciones a aplicar y del orden en el cual hacerlo, para lograr obtener una cadena a partir de otra.

Si durante el proceso de derivación, cada vez que puede optarse por una producción a aplicar se efectúa el reemplazo posible más a la derecha en la cadena, se dice que se ha efectuado una ***derivación por la derecha***. Si el reemplazo que siempre se elige es el de más a la izquierda posible, se dice que se ha hecho una ***derivación por la izquierda***. En los casos en los que las opciones se toman mezcladas, la derivación puede denominarse ***mixta***.

Ejemplo 2.16

Consideremos las siguientes producciones (donde se consideran como símbolos a **Número** y a **Dígito**) que especifican cómo escribir el numeral de un número entero sin signo.[3]

1) Número := Dígito	7) Dígito := 4
2) Número := Dígito Número	8) Dígito := 5
3) Dígito := 0	9) Dígito := 6
4) Dígito := 1	10) Dígito := 7
5) Dígito := 2	11) Dígito := 8
6) Dígito := 3	12) Dígito := 9

Para transformar el símbolo **Número** en la cadena **272**, se puede proceder a efectuar las siguientes derivaciones:

Por derecha: **Número** → Dígito Número → Dígito Dígito Número → ...
... → Dígito Dígito Dígito → Dígito Dígito 2 → Dígito 72 → **272**

Por izquierda: **Número** → Dígito Número → 2 Número → ...
... → 2 Dígito Número → 27 Número → 27 Dígito → **272**

Mixta: **Número** → Dígito Número → 2 Número → ...
... → 2 Dígito Número → 2 Dígito Dígito → 27 Dígito → **272**

Queda como ejercicio colocar el número de la producción usada sobre cada una de las flechas en las anteriores derivaciones.

---

3 Usando BNF se escribirían estas producciones luego en una forma mucho más concisa, utilizando: <Número>:=<Dígito>|<Dígito> <Número>, <Dígito> := 0|1|2|3|4|5|6|7|8|9.

En ocasiones, es necesario y muy productivo proceder al revés de como se lo ha estado haciendo; desde una cadena dada, se pueden "desandar" los posibles pasos efectuados para derivarla desde otra, haciendo lo que se denominan *reducciones*. Se llama ***reducción directa*** a la operación inversa de una derivación directa. Así, se dice que φ *puede reducirse a* δ, si existe una producción que aplicada a δ la transforma en φ, y se simboliza:

$$\delta \leftarrow \varphi$$

Si lo que se hacen son múltiples reducciones directas para descubrir o revertir una derivación completa, simplemente se dice que se hizo una ***reducción*** y se la denota:

$$\delta \;{}^{*}\!\!\leftarrow \varphi$$

que equivale a decir que existen cadenas $\alpha_0, \alpha_1, \ldots, \alpha_{n-1}, \alpha_n$ tales que:

$$\delta = \alpha_0 \leftarrow \alpha_1 \leftarrow \ldots \leftarrow \alpha_{n-1} \leftarrow \alpha_n = \varphi$$

Estamos ahora en condiciones de comprender una nueva forma de especificar lenguajes, más expresiva que las anteriormente vistas y capaz de inducir algoritmos para la detección de cadenas correctamente escritas según sus especificaciones.

Gramática formal

En 1956, el lingüista norteamericano Noam Chomsky presentó su Teoría de las Gramáticas Transformacionales-Generativas donde, de alguna forma, puede decirse que *aritmetizó la lengua*, en el mismo sentido que George Boole cien años antes lo había hecho con la lógica.

Chomsky propuso una nueva forma de estudiar lenguajes usando símbolos y notaciones *al estilo matemático* (usando los sistemas de producción desarrollados anteriormente por Emil Post), construyendo un álgebra para el tratamiento de los lenguajes; si bien inicialmente su trabajo trataba sobre los lenguajes naturales (en particular el inglés), sus ideas fueron rápidamente adaptadas y utilizadas por los diseñadores de lenguajes de computadoras, como John Backus y Peter Naur que en la misma época desarrollaban los primeros lenguajes de programación de computadoras de alto nivel: Fortran y Algol.

Una ***gramática formal G*** es una cuádrupla **(Σ_T, Σ_N, S, P)**, en la cual sus cuatro componentes representan:

- Σ_T es el alfabeto de los símbolos que formarán las cadenas del lenguaje que se está describiendo y es denominado ***alfabeto de símbolos terminales***,
- Σ_N es un conjunto de variables o símbolos auxiliares llamado ***alfabeto de símbolos no terminales***,
- **$S \in \Sigma_N$** es un símbolo no terminal distinguido denominado ***axioma*** o ***símbolo inicial*** de la gramática, y
- **P** es un ***conjunto de producciones*** de la forma α:=β donde ambas palabras están compuestas de símbolos terminales y símbolos no terminales, pero en α al menos debe encontrarse un símbolo no terminal.

Este formalismo requiere algunas aclaraciones. En primer lugar, el orden en el que se expresan los cuatro componentes de una gramática no es importante, aunque una vez establecido debe respetarse en todas las definiciones que se hagan de una gramática en particular, para evitar confusiones. Siempre se seguirá en este texto el orden antes indicado (alfabeto de símbolos terminales, alfabeto de símbolos no terminales, axioma y conjunto de producciones) con este fin.

Refiriéndonos ahora a sus componentes, el alfabeto de símbolos terminales es fundamental ya que todas las cadenas descriptas por la gramática estarán construidas, como se indicó, con estos símbolos. Por su lado, los símbolos no terminales son también llamados *auxiliares* ya que sirven para armar las producciones pero nunca aparecerán en las cadenas del lenguaje definido por la gramática. Por ello, se exige que el alfabeto de símbolos no terminales sea disjunto con el de terminales:

$$\Sigma_T \cap \Sigma_N = \varnothing$$

Para un mismo lenguaje puede existir más de una gramática que lo describa, posiblemente con distintos símbolos no terminales, axioma y producciones, pero todas estas descripciones tendrán exactamente los mismos símbolos terminales.

En un lenguaje cuidadosamente diseñado, los símbolos no terminales suelen representar *categorías sintácticas* bien definidas que, en forma conjunta con las producciones, forman la estructura gramatical del lenguaje.

Las producciones del conjunto **P** son las reglas que permiten, a partir de derivaciones desde el símbolo inicial **S** de la gramática, generar las palabras del lenguaje descripto. En el contexto de las gramáticas formales de Chomsky, las producciones siempre deben tener en el lado izquierdo al menos un símbolo no terminal, porque es ese símbolo el que se reescribe o remplaza en general, en una derivación directa.

BNF

La forma de Backus-Naur es una notación para describir, con cierta economía, la sintaxis de los lenguajes formales (en particular, los llamados libres o independientes del contexto) y consiste de las siguientes reglas sencillas:

a) Una producción se escribe como un símbolo no terminal **A** en el lado izquierdo encerrado entre corchetes angulares, el símbolo de producción y una cadena **β** de terminales y no terminales de cualquier largo como lado derecho:

<A> := β

b) En caso de existir varias producciones con el mismo lado izquierdo <A>:=β_1, <A>:=β_2,..., <A>:=β_n y distintos lados derechos, se las escribe todas juntas utilizando la barra vertical como separador:

<A> := β_1 | β_2 | ... | β_n

y se la lee como **A** produce $\boldsymbol{\beta_1}$ o bien $\boldsymbol{\beta_2}$ o bien ... $\boldsymbol{\beta_n}$. Recuérdese que siguen siendo **n** producciones, solo se las ha escrito en una forma más conveniente.

Siempre que sea posible se utilizará la notación BNF (descripta brevemente en el cuadro anterior) para la escritura de las producciones de una gramática y, en caso de no producir confusiones, se omitirán por claridad los corchetes angulares utilizando letras minúsculas **a, b, c, ..., z,** dígitos **0, 1, 2, ..., 9** y símbolos especiales necesarios como **+, /, *, ...** para representar los símbolos terminales, y letras mayúsculas **A, B, C, ..., Z** o palabras descriptivas del concepto, para los símbolos no terminales.

Lenguaje generado

Pero ¿en qué forma describe la gramática formal un lenguaje? y ¿cómo se determina que una palabra pertenece o no pertenece al lenguaje descripto? La idea es sencilla y se explica a continuación.

Se tiene en la gramática un símbolo no terminal especial y distinguido, el axioma **S**, y un conjunto de producciones que permiten transformar unas cadenas en otras a través de derivaciones. Si se aplica alguna producción al axioma para transformarlo en una cadena de símbolos terminales y no terminales, y luego al resultado obtenido se le vuelve a aplicar una producción reescribiendo algún no terminal como una cadena de terminales y no terminales y se sigue con este proceso hasta que todos los símbolos que queden sean terminales (que no pueden ser reescritos ya que no pueden existir producciones únicamente con terminales en el lado izquierdo), se obtiene una cadena de terminales como una derivación desde el axioma. Todas las combinaciones y órdenes posibles de aplicación de producciones crearán de esta forma, un conjunto de cadenas de símbolos terminales bien definido.

Dada una gramática formal **G = (Σ_T, Σ_N, S, P)**, se llama ***lenguaje formal generado por*** G *al conjunto de todas las cadenas de símbolos terminales que puedan derivarse desde el axioma* **S** *utilizando las reglas de producción de* **P**. En símbolos:

$$L(G) = \{ \alpha \in \Sigma_T^* \ / \ S \rightarrow^* \alpha \}$$

Durante la derivación de una cadena del lenguaje descripto por **G**, se generarán eventualmente cadenas intermedias. Se denomina ***forma sentencial*** o ***metapalabra*** a una cadena de terminales y no terminales $\alpha \in (\Sigma_T \cup \Sigma_N)^*$ que puede derivarse desde el axioma de la gramática. La cadena final de terminales a la que se arriba con la derivación desde el axioma, pertenece al lenguaje generado por la gramática y recibe también el nombre de ***sentencia*** o ***palabra generada*** por la gramática.

Ejemplo 2.17

Considérense nuevamente las producciones del Ejemplo 2.16, para crear una gramática basada en ellas que describa los numerales de los números enteros sin signo (recuérdese que **Número** y **Dígito** son, en este caso, considerados como un símbolo, específicamente como símbolos no terminales):

G_{ess} = ({0, 1, 2, 3, 4, 5, 6, 7, 8, 9}, {Número, Dígito}, Número, P_{ess})

donde:

P_{ess} = {Número:=Dígito | Dígito Número, Dígito:=0 | 1 | 2 | 3 | 4 | 5 | 6 | 7 | 8 | 9}

Los números enteros sin signo se construyen utilizando solo los dígitos del cero al nueve, por lo que estos símbolos constituyen el alfabeto de símbolos terminales.

Las producciones del conjunto **P** indican que se necesitan dos símbolos no terminales o auxiliares: **Número** y **Dígito**. Claramente, en ningún número entero sin signo (sentencias), deben aparecer los símbolos **Número** o **Dígito** sino solo los dígitos del cero al nueve, y si lo hacen no son sentencias sino solo formas sentenciales intermedias.

Las producciones para el símbolo no terminal **Número**, dicen que un número entero sin signo es o solo un dígito, o un número al cual se le antepone un dígito; las producciones para **Dígito** dicen que solo se consideran como dígitos los diez símbolos 0, 1, 2, ..., 9.

El axioma de esta gramática es el símbolo no terminal **Número**.

Usando la gramática entonces, se pueden derivar:

Número → Dígito → 0
Número → Dígito → 1
...
Número → Dígito → 9
Número → Dígito Número → Dígito Dígito → Dígito 0 → 10
Número → Dígito Número → Dígito Dígito → Dígito 1 → 11
...

Así puede generarse el numeral de cualquier número entero sin signo y el conjunto de todos ellos constituye el lenguaje generado por la gramática G_{ess}:

$$L(G_{ess}) = \{0, 1, 2, ..., 9, 10, 11, ...\}$$

Nótese que esta gramática también generará 00, 01,... y otras infinitas palabras con uno o más ceros como prefijo, cadenas que no constituyen la forma usual de escribir un entero no negativo, aunque son válidas en la mayoría de los lenguajes de programación. Se deja como ejercicio, la modificación de esta gramática para evitar que se generen estas formas no usuales de escribir enteros.

Debería notarse en el Ejemplo 2.17, que no es importante cuál es el nombre o la forma de los símbolos no terminales, sino solo que se necesitan dos distintos; esto refuerza las denominaciones de *variables* o *auxiliares* que también reciben los símbolos no terminales. Si por ejemplo se cambian los símbolos no terminales *Número* por **N** y *Dígito* por **D,** y modificamos las producciones en forma acorde:

$$P'_{ess} = \{N := D \mid DN, D := 0 \mid 1 \mid 2 \mid 3 \mid 4 \mid 5 \mid 6 \mid 7 \mid 8 \mid 9\}$$

obtenemos otra gramática distinta:

$$G'_{ess} = (\{0, 1, 2, 3, 4, 5, 6, 7, 8, 9\}, \{N, D\}, N, P'_{ess})$$

que genera exactamente el mismo lenguaje. Aún más, se puede formular un conjunto de producciones distinto, usando por ejemplo tres símbolos no terminales y aun así, seguir generando las mismas cadenas, esto es, el mismo lenguaje:

{N := D | A, A := DA | D, D := 0 | 1 | 2 | 3 | 4 | 5 | 6 | 7 | 8 | 9}

Esto brinda, por un lado, flexibilidad y cierta riqueza a la teoría de lenguajes pero, por otro, muestra que gramáticas muy distintas podrían utilizarse para describir exactamente lo mismo.

Equivalencia de gramáticas

Surgen así varias cuestiones de interés: en primer lugar, poder determinar cuándo dos gramáticas distintas sirven para describir el mismo lenguaje y luego, cómo es posible transformar una gramática en otra que genere el mismo lenguaje, pero que presente algunas propiedades deseables prefijadas (menor número de no terminales, menor número de producciones, producciones fácilmente utilizables en derivaciones, etc.). Al respecto, se verán luego algunas transformaciones útiles de las gramáticas *independientes del contexto*, con cierto detalle.

Digamos por ahora que *dos gramáticas* $G_1=(\Sigma_{T1}, \Sigma_{N1}, S_1, P_1)$ y $G_2=(\Sigma_{T2}, \Sigma_{N2}, S_2, P_2)$ *son* ***equivalentes*** *si y solo si generan exactamente el mismo lenguaje*. En símbolos:

$$G_1 \equiv G_2 \iff L(G_1) = L(G_2)$$

Claramente, para que esto ocurra, los alfabetos de símbolos terminales Σ_{T1} y Σ_{T2} deben ser iguales. Nótese que basada en la igualdad de lenguajes, la equivalencia de gramáticas es reflexiva, simétrica y transitiva, una relación de equivalencia bien definida.

Ejemplo 2.18

Una gramática sencilla para las cadenas de paréntesis apareados, esto es, palabras formadas solamente por paréntesis abiertos y cerrados, en las que a una cantidad de paréntesis abiertos le sigue la misma cantidad de paréntesis cerrados (como se usan en expresiones aritméticas), es $G_{(1)} = (\{(,)\}, \{S, A\}, S, \{S := (A) \mid \lambda, A := (A) \mid \lambda\})$.

Veamos cómo genera cadenas esta gramática:

$S \rightarrow \lambda$	Se aplica la segunda producción.
$S \rightarrow (A) \rightarrow (\,)$	Se aplica la primera y luego la cuarta.
$S \rightarrow (A) \rightarrow ((A)) \rightarrow ((\,))$	Se aplica la primera producción, luego la tercera y finalmente la cuarta.

$S \rightarrow (A) \rightarrow ((A)) \rightarrow (((A))) \rightarrow (((\,)))$

$S \rightarrow (A) \rightarrow ((A)) \rightarrow (((A))) \rightarrow ((((A)))) \rightarrow (((( ))))$

...

$S \rightarrow (A) \rightarrow ((A)) \rightarrow (((A))) \rightarrow \ldots \rightarrow (^n)^n$

Es claro en las últimas derivaciones que el axioma se transforma en una forma sentencial usando la primera producción y luego se aplica la tercera regla de reescritura tantas veces como se quiera para generar capas apareadas de paréntesis abiertos y cerrados. Cuando se quiere cortar el ciclo para obtener la cadena resultante (sentencia), se utiliza la cuarta producción que elimina el no terminal **A** al cambiarlo por la cadena vacía. Pueden eliminarse el símbolo **A** y sus producciones cambiando las reglas de **S** como sigue, para generar exactamente el mismo lenguaje:

$$G_{(2)} = (\{(,\ )\},\ \{S\},\ S, \{S := (S) \mid \lambda\})$$

donde se aplicará la primera producción tantas veces como se quiera para generar la cadena de paréntesis apareados deseada y se cortará el ciclo recursivo aplicando finalmente la segunda producción.

Como $\mathbf{L(G_{(1)}) = L(G_{(2)})}$, las gramáticas resultan ser equivalentes aunque los alfabetos de no terminales y las producciones sean distintas.

Jerarquía de Chomsky

Se han llamado *lenguajes formales*, a aquellos que pueden ser generados por gramáticas formales. En su trabajo, Chomsky estableció que todos los lenguajes formales podían clasificarse en cuatro tipos (denominados *lenguajes tipo 0, 1, 2 y 3*) que solo se distinguen por el formato de las producciones de las gramáticas que los generan. Mientras más restricciones se le ponen a las producciones, en cuanto al formato de las cadenas de sus lados derecho e izquierdo, menos lenguajes pueden describir, por lo que la clasificación es inclusiva.

Clasificación de gramáticas y lenguajes formales

Las cuatro gramáticas, y sus respectivos lenguajes, conforman la jerarquía de Chomsky y tienen, además de su número de tipo, nombres especiales que describen características específicas de los conjuntos de cadenas que los constituyen y de los formatos de las producciones que los generan.

TIPO	DENOMINACIÓN
0	Estructurados por frases o recursivamente enumerables.
1	Dependientes del contexto o sensibles al contexto.
2	Independientes del contexto o de contexto libre.
3	Regulares o lineales.

Tabla 2.2: Gramáticas y lenguajes de la Jerarquía de Chomsky.

Como se dijo, las gramáticas mismas toman los nombres y tipo de los lenguajes que generan. Así, los lenguajes tipo 0, 1, 2, 3 se dice que son generados por gramáticas tipo 0, 1, 2 y 3, respectivamente.

Tipo 0: Lenguajes estructurados por frases

También denominados lenguajes *recursivamente enumerables*, los lenguajes tipo 0 son los más generales en la jerarquía de Chomsky y están descriptos por las reglas de reescritura menos restrictivas, por lo que a veces también se dice que son *lenguajes irrestrictos*.

Las producciones pueden contener cualquier cadena de terminales y no terminales tanto en lado izquierdo como en el lado derecho, con al menos un símbolo no terminal en el lado izquierdo. En símbolos:

$$\alpha := \gamma \quad \alpha \in (\Sigma_T \cup \Sigma_N)^* \Sigma_N (\Sigma_T \cup \Sigma_N)^*,\ \gamma \in (\Sigma_T \cup \Sigma_N)^*$$

Otra forma de describir el hecho de que el lado izquierdo deba tener al menos un símbolo no terminal, es la siguiente:

$$\alpha A \beta := \gamma \quad \alpha, \beta, \gamma \in (\Sigma_T \cup \Sigma_N)^*,\ A \in \Sigma_N$$

Tipo 1: Lenguajes dependientes del contexto

O *sensibles al contexto*, son lenguajes que permiten el reemplazo *contextual* de símbolos no terminales. Sus producciones tienen la forma:

$$S := \lambda \ \text{ ó } \ \alpha A \beta := \alpha \gamma \beta \quad \alpha, \beta \in (\Sigma_T \cup \Sigma_N)^*,\ A \in \Sigma_N,\ \gamma \in (\Sigma_T \cup \Sigma_N)^+$$

Esto dice que el símbolo no terminal **A**, solo puede ser reemplazado por la cadena γ de terminales y no terminales si se encuentra flanqueada por α a la izquierda y por β a la derecha, es decir, en el *contexto alfa-beta*.

Debe notarse que la cadena γ debe por lo menos tener largo unitario (pertenece a la cerradura positiva de la unión de alfabetos de terminales y no terminales), por lo cual en estas reglas siempre la cadena del lado izquierdo es de largo igual o menor que la cadena del lado derecho (*reglas no compresoras*); sin embargo, el lenguaje podría contener como palabra a la cadena vacía, por lo cual ésta debe poder ser generada por la gramática. Por esto, se permite la *regla lambda* **S := λ**, como única regla compresora permitida.

Tipo 2: Lenguajes independientes del contexto

O *de contexto libre*, son los lenguajes sobre los que más esfuerzo e investigación se ha efectuado a la fecha, ya que la sintaxis de la gran mayoría de los lenguajes de programación de computadoras se describe con *gramáticas independientes del contexto*. Sus producciones pueden adoptar las siguientes formas:

$$S := \lambda \quad ó \quad A := \alpha \qquad A \in \Sigma_N,\ \alpha \in (\Sigma_T \cup \Sigma_N)^+$$

Puede verse que el símbolo no terminal **A**, puede ser reemplazado por la cadena α de terminales y no terminales en cualquier lugar donde aparezca durante el proceso de derivación, *sin tener en cuenta el contexto* donde se encuentra, y de allí el nombre del lenguaje. Nótese que estas reglas son también no compresoras, salvo la regla lambda que tiene idéntica justificación que en el tipo 1.

Tipo 3: Lenguajes regulares o lineales

Son los lenguajes que tienen producciones más restringidas dentro de la jerarquía de Chomsky, pero de ninguna forma son por ello menos útiles. Los elementos de los que se compone un lenguaje de programación (identificadores, constantes, palabras clave, operadores, etc.) conforman lenguajes regulares y pueden ser especificados utilizando *gramáticas regulares* (y expresiones regulares que luego se discutirán); además, éstas describen en forma sencilla importante cantidad de patrones por lo que se las utiliza ampliamente en herramientas de desarrollo de sistemas y para, por ejemplo, las operaciones de administración de los sistemas operativos.

Las producciones de las gramáticas que generan estos lenguajes tienen un solo símbolo no terminal del lado izquierdo (como las *tipo 2* anteriores), pero su lado derecho está compuesto por un solo símbolo terminal, o por un símbolo terminal y un símbolo no terminal, aparte de poder tener la regla lambda.

Este formato de reglas de reescritura puede presentarse de dos formas, totalmente equivalentes:

Regular por derecha: $S:=\lambda$ ó $A:=aB$ ó $A:=a$ $A, B\in\Sigma_N$, $a\in\Sigma_T$

Regular por izquierda: $S:=\lambda$ ó $A:=Ba$ ó $A:=a$ $A, B\in\Sigma_N$, $a\in\Sigma_T$

Los formatos derecho e izquierdo no pueden mezclarse en una misma gramática y seguir siendo regular (sería en este caso una gramática de *tipo 2*). Pero puede demostrarse que *para cada formulación de una gramática regular por derecha, existe una gramática regular por izquierda equivalente* (esto se verá en el capítulo 4).

Jerarquía inclusiva

Si se revisa cuidadosamente la estructura de las producciones de cada tipo de gramática, se verá claramente que las gramáticas regulares resultan ser un caso particular de las gramáticas independientes del contexto, éstas un caso particular de las dependientes del contexto y finalmente, todas son casos especiales de las gramáticas irrestrictas *tipo 0*. Los lenguajes generados (o sus gramáticas) mostrados en un diagrama de Venn, deben verse por lo tanto como subconjuntos propios.

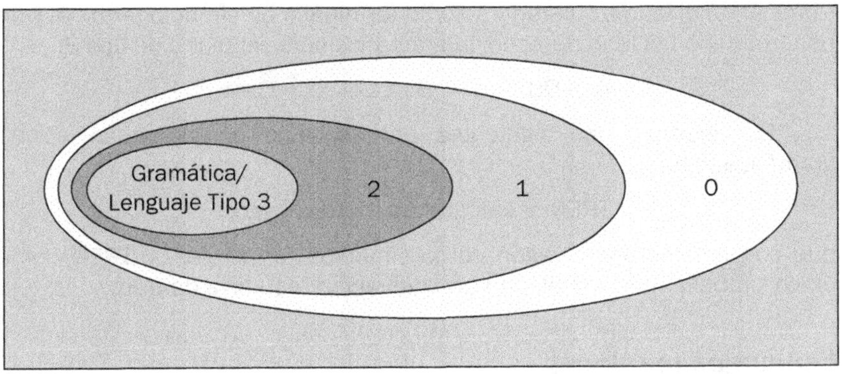

Figura 2.1: Jerarquía de Chomsky: $L_3\subset L_2\subset L_1\subset L_0$.

Las gramáticas de Chomsky se diferencian entonces, unas de otras, solo por el formato de sus producciones.

Ejemplo 2.19

Si en una gramática existe al menos una producción $\alpha:=\beta$, siendo la cadena del lado izquierdo α de mayor longitud que la del lado derecho β (*regla compresora*), entonces la gramática será **tipo 0** (salvo la excepción de la regla lambda **$S:=\lambda$**, que es siempre permitida). Por ejemplo:

AZBj := ABj

Si por el contrario, todas las producciones son no compresoras (salvo la regla lambda) y en ellas siempre un símbolo no terminal del lado izquierdo puede ser reemplazado por una cadena no vacía del lado derecho (dentro o fuera de un contexto), entonces la gramática es dependiente del contexto o **tipo 1**:

A**B**j := A**ZB**j o A**B**C := A**Z**C

La primera regla dice que el símbolo no terminal **B** puede reescribirse como **ZB** siempre que se encuentre en el contexto **A-j**; la segunda que **B** se puede reemplazar por **Z** en el contexto **A-C**.

Si en una gramática, el lado izquierdo de *todas* las producciones solo tiene un símbolo no terminal, la gramática es **tipo 2** o de contexto libre.

A := AZBj o B := AZB o B := x

Finalmente, si todas las producciones de la gramática tienen un no terminal en el lado izquierdo y solo un terminal o un símbolo terminal y un no terminal en el lado derecho, la gramática será regular o de **tipo 3**:

A := 0B o B := 1A o C:=1

Por ejemplo, las siguientes producciones corresponden a una gramática regular:

TREN := locomotora | TREN vagón

que con **locomotora** y **vagón** como símbolos terminales, y **TREN** como único símbolo no terminal, dan una definición recursiva de tren.

Lenguajes regulares

Como se señaló, éstos son los lenguajes más restringidos en la jerarquía de Chomsky pero ampliamente utilizados en informática. Son necesarios durante la etapa de análisis léxico de los compiladores (para estudiar la morfología del lenguaje), que tiene como tarea agrupar símbolos que tienen en conjunto un significado colectivo para el lenguaje, separando al programa fuente en *componentes léxicos o tokens*: ***1959*** es una secuencia de cuatro dígitos que tiene el significado de *número entero*, ***importe*** es el nombre de una posible variable (*identificador*) válida en la mayoría de los lenguajes de programación. Todos los números de punto flotante constituyen un lenguaje regular, lo mismo que todas las palabras clave de un lenguaje de programación y todos los símbolos de puntuación del mismo.

Una palabra o conjunto de palabras con un patrón común (por ejemplo, nombres de archivo que terminen con ***.temp***) que suelen ser buscadas en un archivo de texto por utilitarios de línea de comando como *grep, find, dir, ls, vi,* etcétera, conforman un lenguaje regular. Son infinitos los ejemplos.

Lenguaje regular

Los lenguajes regulares admiten la siguiente definición recursiva:

a) Cualquier lenguaje ***finito*** (con un número natural de cadenas) L_1 definido sobre algún alfabeto Σ, es regular.

b) Si L_1 y L_2 son lenguajes regulares, entonces también lo son *su unión* $L_1 \cup L_2$ y *su concatenación* $L_1 \circ L_2$.

c) Si L_1 es un lenguaje regular, entonces *su estrella de Kleene* L_1^*, también es un lenguaje regular.

d) Solo son lenguajes regulares, los construidos con **a)**, **b)** y **c)**.

Ésta es una definición útil y constructiva. Dado un alfabeto, nos permite a partir de bloques constructivos sencillos (símbolos y palabras sobre el alfabeto), construir palabras más complejas que formarán parte del lenguaje.

Además, se han formulado otras diversas representaciones para los lenguajes regulares con el objetivo de utilizarlas en distintos momentos y con distintos objetivos: definición recursiva, definiciones usuales de conjuntos, gramáticas regulares, de tipo 3 o lineales (ya sea por la derecha o por la izquierda), máquinas abstractas (autómatas finitos deterministas, no deterministas y bidireccionales) y expresiones regulares. Todas estas formas de expresar lenguajes regulares son equivalentes y existen teoremas y procedimientos que permiten transformar una en otra para un mismo lenguaje descripto. Se discutirán oportunamente.

Expresiones regulares

Solo se quiere avanzar aquí brevemente, sobre un formalismo denominado *expresiones regulares* que es una forma aún más compacta de especificar lenguajes regulares que las gramáticas tipo 3 de Chomsky ya citadas. Constituyen una notación elegante, concisa y cómoda para denotar lenguajes regulares.

Se definen las ***expresiones regulares*** recursivamente como sigue:

<u>Base de recursión</u>: Sea **Σ** un alfabeto; entonces:

a) **∅** es una expresión regular que denota al lenguaje vacío (sin palabras): **L(∅) = ∅**.

b) **λ** es una expresión regular que denota al lenguaje cuyo único elemento es la cadena vacía: **L(λ) = {λ}**.

c) Cualquier símbolo **a** del alfabeto **Σ** es una expresión regular que denota al lenguaje cuya única palabra es la de largo unitario formada por ese símbolo: **L(a) = {a}**.

<u>Paso recursivo</u>: Si **E** y **F** son expresiones regulares, entonces

d) **E+F** es una expresión regular que denota al lenguaje *unión* de los lenguajes denotados por **E** y por **F**: **L(E+F) = L(E) ∪ L(F)**.

e) **E.F** (o sencillamente **EF**) es una expresión regular que denota al lenguaje *concatenación* de los lenguajes denotados por **E** y por **F**: **L(EF) = L(E) ∘ L(F)**.

f) **E*** es una expresión regular que denota al lenguaje formado por la *estrella de Kleene* del lenguaje denotado por **E**: **L(E*) = [L(E)] ***.

g) **(E)** es una expresión regular que denota al mismo lenguaje denotado por **E**: **L((E))=L(E)**.

h) Solo son expresiones regulares las construidas con los pasos **a)** al **g)**.

Esta notación puede ser expandida de varias formas. Comandos de búsqueda de patrones en archivos como *grep*, *fgrep*, *egrep* del sistema operativo UNIX tienen su propia notación extendida para expresiones regulares; el procesador de línea de comandos de los sistemas Windows (*command*) y LINUX (*shell*), expanden sus entradas entendiendo ciertas expresiones regulares.

Ejemplo 2.20

Sea $\Sigma_2 = \{0, 1\}$ el alfabeto binario. El lenguaje que denota la expresión regular **(01+1)***, puede determinarse aplicando la definición paso por paso:

$$
\begin{aligned}
L((01+1)^*) &= [\, L((01+1))\,]^* && \text{; por f} \\
&= [\, L(01+1)\,]^* && \text{; por g} \\
&= [\, L(01) \cup L(1)\,]^* && \text{; por d}
\end{aligned}
$$

$= [\ (L(0) \cdot L(1)) \cup L(1)\ ]^*$; por e

$= [\ (\{0\} \cdot \{1\}) \cup \{1\}\ ]^*$; por c

$= [\ \{01\} \cup \{1\}\ ]^*$; concatenación

$= [\ \{01,1\}\ ]^*$; unión

$= \{01,1\}^0 \cup \{01,1\}^1 \cup \{01,1\}^2 \cup \ldots$; * de Kleene

$= \{\lambda, 01, 1, 0101, 011, 101, 11, \ldots\}$; unión

Reordenando: $= \{\lambda, 1, 01, 11, 011, 101, 0101, \ldots\}$

Nótese en el anterior ejemplo, que con **(01+1)***, en una sola línea de texto se expresa un lenguaje de infinitas cadenas. La conveniencia de esta notación ha hecho que se utilice en la mayoría de las herramientas de software de construcción de compiladores (como *lex, yacc, flex, bison, jflex, cup* y otros) para describir los componentes léxicos de los lenguajes de programación.

Ejemplo 2.21

Sea nuevamente $\Sigma_2 = \{0, 1\}$ el alfabeto binario. Se puede describir el lenguaje de todas las cadenas binarias de longitud par de las siguientes formas:

$$(00 + 01 + 10 + 11)^* \quad \text{o} \quad ((0 + 1) (0 + 1))^*$$

Tomando la primera de ellas:

$L((00+01+10+11)^*) =$

$= [L((00+01+10+11))]^*$; por f

$= [L(00+01+10+11)]^*$; por g

$= [L(00) \cup L(01) \cup L(10) \cup L(11)]^*$; por d

$= [(L(0)L(0)) \cup (L(0)L(1)) \cup (L(1)L(0)) \cup (L(1)L(1))]^*$; por e

$= [\{0\}.\{0\} \cup \{0\}.\{1\} \cup \{1\}.\{0\} \cup \{1\}.\{1\}]^*$; por c

$= [\{00\} \cup \{01\} \cup \{10\} \cup \{11\}]^*$; concatenac.

$= \{00, 01, 10, 11\}^*$; por unión

$= \{00, 01, 10, 11\}^0 \cup \{00, 01, 10, 11\}^1 \cup \{00, 01, 10, 11\}^2 \cup \ldots$
; * de Kleene

$= \{\lambda, 00, 01, 10, 11, 0000, 0001, 0010, 0011, 0100, 0101, 0110, 0111, 1100, 1101, 1110, 1111, \ldots \}$

Se deja como ejercicio mostrar que con la segunda expresión se generan las mismas cadenas del lenguaje indicado.

Lenguajes Independientes del Contexto (LIC)

Como ya se señaló, las gramáticas independientes del contexto son particularmente importantes para las ciencias informáticas porque describen la sintaxis de los lenguajes de programación. Por esto mismo, desde la década del sesenta, se ha invertido mucho esfuerzo en el estudio y la investigación de las características de estas gramáticas y en el desarrollo de procedimientos para el tratamiento algorítmico de los lenguajes que generan. Con estos fines, se han especificado y definido gran cantidad de conceptos que se aplican especialmente a los lenguajes independientes del contexto (LIC) y a sus gramáticas (GIC).

Se introducirán en lo que sigue, algunos de ellos; durante el desarrollo, siempre se estará hablando de una gramática independiente del contexto **G = (Σ_T, Σ_N, S, P)**.

Gramática limpia

Cuando una gramática es diseñada por un especialista, es de esperar que no tenga reglas o símbolos inútiles; si se incluyeron en la gramática por algo habrá sido, eran necesarios para la descripción del lenguaje que se estaba definiendo. Sin embargo, en muchos casos las producciones de la gramática de un lenguaje han sido recuperadas automáticamente por un algoritmo desde algún otro dispositivo formal o deducidas desde un conjunto de cadenas dado, por lo que pueden aparecer impurezas y desviaciones. Es entonces menester limpiar las gramáticas de esas impurezas que solo llevan a confusiones y ocupan lugar en la memoria y tiempo de procesamiento, durante su uso y análisis.

Por supuesto, en cada depuración efectuada debe asegurarse que la gramática resultante sea equivalente a la original, esto es, que genere exactamente las mismas cadenas, ni una más, ni una menos.

Se llama ***regla innecesaria*** a una regla del tipo **A:=A** en la que únicamente aparece a ambos lados del símbolo de producción un mismo no terminal. Claramente, si una producción como esta aparece en una gramática, la misma no aporta ningún conocimiento adicional sobre el lenguaje que se está describiendo, ni sobre ninguna de sus cadenas. Aplicada durante una derivación se obtendría nuevamente la misma forma sentencial a la que ya se había arribado, desperdiciándose esfuerzo en este paso.

Por lo anterior, esta regla ***puede eliminarse del conjunto*** **P** de producciones de cualquier gramática, sin ningún cambio adicional en la misma, obteniendo con ello una gramática totalmente equivalente. Debe notarse que, siendo el conjunto **P** de producciones finito, una regla innecesaria siempre puede detectarse por simple inspección secuencial de los elementos del conjunto **P**.

Ejemplo 2.22

La siguiente gramática genera un lenguaje con cadenas de la forma $\mathbf{a^n c b^n}$ para cualquier entero positivo **n**:

$$G_{(22.1)} = (\{a, b, c\}, \{S, A\}, S, \{S := aAb, A := A \mid aAb \mid c\})$$

Nótese que la regla **A:=A** no aporta absolutamente nada al proceso de generación de estas cadenas; al eliminarla se obtiene:

$$G_{(22.2)} = (\{a, b, c\}, \{S, A\}, S, \{S := aAb, A := aAb \mid c\})$$

que es equivalente a la anterior ya que $\mathbf{L(G_{(22.1)}) = L(G_{(22.2)})}$.

Por otra parte, puede darse el caso de que alguno de los símbolos terminales o no terminales de la gramática, no pueda ser alcanzado desde el axioma por ninguna derivación válida; esto significa que usando las producciones de la gramática y partiendo desde el axioma, no hay manera de derivar una forma sentencial que lo contenga. Diremos en este caso que el símbolo $x \in (\Sigma_T \cup \Sigma_N)$ es ***inaccesible***. En símbolos:

$$x \text{ es } \textit{inaccesible} \Leftrightarrow \nexists\ (S \rightarrow^* \alpha x \beta) \text{ con } \alpha, \beta \in (\Sigma_T \cup \Sigma_N)^*$$

Si esto ocurre, el símbolo **x** no intervendrá en la derivación de ninguna cadena del lenguaje generado por la gramática, por lo que si se lo quita, y junto con él todas las producciones que lo contengan, no se alterará el lenguaje descripto.

Ejemplo 2.23

Si la gramática $G_{(22.2)}$ del ejemplo anterior hubiera tenido más terminales y/o no terminales en sus alfabetos, como por ejemplo:

$$G_{(23.1)} = (\ \{a, b, c, d\}, \{S, A, X\}, S, \{S := aAb, A := aAb \mid c\}\ )$$

pero con las mismas producciones, claramente seguiría generando el mismo lenguaje con cadenas de la forma $a^n cb^n$ con $n>0$.

Debe notarse que el símbolo no terminal **X** y el terminal **d** son, en este caso, símbolos inútiles porque nunca intervienen en ninguna derivación, ya que no están en las producciones: ***son inaccesibles*** desde el axioma. Entonces, se los puede quitar sin más trámite de los alfabetos, para volver a obtener una gramática equivalente:

$$G_{(23.2)} = (\ \{a, b, c\}, \{S, A\}, S, \{S := aAb, A := aAb \mid c\}\ )$$

La Tabla 2.3 aplicada en este ejemplo, muestra un procedimiento posible para detectar símbolos inaccesibles:

	S	A	X	a	b	c	d
S := aAb	•	•		•	•		
A := aAb		•		•	•		
A := c						•	

Tabla 2.3: Determinación de símbolos inaccesibles del Ejemplo 2.23.

1. Se construye una tabla con tantas filas como producciones tenga la gramática (etiquetando cada fila con una producción, iniciando con las reglas del axioma) y tantas columnas como símbolos de $\Sigma_N \cup \Sigma_T$, etiquetando cada columna con un símbolo no terminal o terminal.
2. Se marca con un punto el axioma en la primera casilla de la tabla.
3. Para cada producción del axioma **S**, se marca con un punto la celda correspondiente a los símbolos terminales y no terminales que componen el lado derecho de la misma.
4. Para cada no terminal marcado en el paso anterior (salvo el axioma), se inspeccionan todas sus producciones, marcando en la tabla los símbolos que conforman el lado derecho de las mismas.
5. Se repite el paso 4, hasta que no quede ningún símbolo no terminal marcado por analizar. Al finalizar, las columnas sin ninguna marca indican cuáles son los símbolos inaccesibles.

Por otro lado, se sabe que el lenguaje formal generado por una gramática es un conjunto de cadenas de símbolos terminales derivables desde el axioma; si existiera algún símbolo no terminal en la gramática desde el cual nunca se pudiese llegar a una cadena de terminales utilizando producciones válidas, ese símbolo no terminal no solo sería inútil, sino nocivo para cualquier proceso de derivación que lo utilizare ya que generaría caminos sin salida. Se denomina ***símbolo superfluo*** a un símbolo no terminal que no permite generar desde él al menos una cadena vacía o de solo símbolos terminales:

$$X \text{ es } \textit{superfluo} \Leftrightarrow \nexists\, (X \to^{*} \alpha) \text{ con } \alpha \in \Sigma_T^{*}$$

Para eliminar estos símbolos inútiles, tanto inaccesibles como superfluos, debe quitárselos del alfabeto respectivo y eliminar todas las producciones del conjunto **P** que los contengan, obteniendo una nueva gramática equivalente a la anterior.

Considere una gramática, en la cual para el símbolo no terminal **X** solo se dispone de producciones del tipo $X{:}{=}\alpha X\beta$ (veremos luego que este tipo de producciones recibe el nombre de *recursivas*. Inclusive podría pensarse en recursión en más de un paso) con alfa y beta cadenas de terminales y no terminales de cualquier largo. Entonces, si se llegase desde el axioma a alguna forma sentencial que lo contenga, $S \to^{*} \gamma X \delta$, esta derivación no podría llegar nunca a una sentencia, ya que todas las producciones de **X** lo contienen, restituyéndolo en la forma sentencial.

Este símbolo superfluo, siempre que no sea el axioma, junto a todas las producciones que lo contengan, pueden entonces eliminarse de la gramática sin cambiar las cadenas de terminales generadas, esto es, el lenguaje generado.

Ejemplo 2.24

Analícese la siguiente gramática:

$G_{(24.1)}$ = ({a, b}, {S, A, B}, S,{S := aAb, A := aAb | ab | aB, B := aBb})

El no terminal **B** resulta superfluo, ya que desde **B** es imposible derivar una cadena de terminales. Puede entonces eliminárselo del conjunto de no terminales y quitar las dos producciones que lo contienen, obteniendo la gramática equivalente:

$G_{(24.2)}$ = ({a, b}, {S, A}, S,{S:=aAb, A:= aAb | ab})

La Tabla 2.4 muestra cómo identificar los símbolos superfluos y sus producciones:

	1	2
S := aAb		•
A := aAb		•
A := ab	•	
A := aB		
B := aBb		

Tabla 2.4: Determinación de símbolos superfluos del Ejemplo 2.24.

1. Se construye una tabla con tantas filas como producciones tenga la gramática (etiquetando cada fila con una producción, iniciando por las del axioma) y tantas columnas como iteraciones hagan falta (etiquetadas con el número de iteración), lo que se verá durante el procedimiento.
2. En la primera iteración, se marcan en la primera columna, aquellas producciones donde un no terminal produce solo símbolos terminales, cadenas de terminales o la cadena vacía λ.
3. En la siguiente iteración, se marcan en la siguiente columna, aquellas producciones que tengan en su lado derecho, solo no terminales del lado izquierdo de las producciones marcadas en la columna anterior.
4. Repitiendo el paso 3 hasta que no puedan marcarse nuevas producciones, quedan finalmente sin marcar las producciones que deben eliminarse y los símbolos superfluos que son los no terminales que figuran en el lado izquierdo de las producciones que nunca fueron marcadas en iteraciones anteriores.

Se dice que una gramática independiente del contexto **está limpia** si y solo si no tiene reglas innecesarias, ni símbolos inaccesibles, ni símbolos superfluos.

Ejemplo 2.25

Se trabajará con la siguiente gramática, analizando los distintos aspectos que determinan si la misma está limpia o no:

$G_{(25.1)}$ = ({a, b, c, d}, {A, B, C, D, E}, A , $P_{(25.1)}$), con:

$P_{(25.1)}$ = {A:=Da | Eba | λ, B:=bCd | d, C:=C, D:=bA, E:=aE | cE}

Reglas innecesarias: claramente la regla **C:=C** es innecesaria, por ello debe quitarse directamente del conjunto de producciones $P_{(25.1)}$, obteniendo la gramática equivalente:

$G_{(25.2)}$ = ({a, b, c, d}, {A, B, C, D, E}, A , $P_{(25.2)}$), donde:

$P_{(25.2)}$ = {A := Da | Eba | λ, B := bCd | d, D := bA, E := aE | cE}

Símbolos inaccesibles: primero nótese que desde el axioma **A** de la gramática, siguiendo la primera producción podemos llegar a **D** y siguiendo la segunda a **E**; estos dos no terminales se reescriben con cadenas que involucran nuevamente **A** y **E**, pero no hay forma de utilizar el no terminal **B** o el **C**. Resultan ser entonces **B** y **C** no terminales inaccesibles y deben, por lo tanto, quitarse del conjunto de no terminales y quitar sus producciones que nunca serán utilizadas en derivaciones desde el axioma:

$G_{(25.3)}$ = ({a, b, c, d}, {A, D, E}, A , $P_{(25.3)}$), donde:

$P_{(25.3)}$ = {A := Da | Eba | λ, D := bA, E := aE | cE}

	A	B	C	D	E	a	b	c	d
A := Da	•			•		•			
A := Eba					•	•	•		
A := λ									
B := bCd									
B := d									
D := bA	•						•		
E := aE					•	•			
E := cE					•			•	

Tabla 2.5: Determinación de símbolos inaccesibles del Ejemplo 2.25.

En esta nueva gramática, el símbolo terminal **d** ya no puede encontrarse en ninguna producción, por lo cual nunca va a ser utilizado en una derivación desde el axioma; se concluye que es inaccesible y entonces puede ser eliminado del conjunto Σ_T, sin que sea necesario alterar el conjunto de producciones:

$$G_{(25.4)} = (\{a, b, c\}, \{A, D, E\}, A , P_{(25.4)}), \text{ donde:}$$

$$P_{(25.4)} = \{A := Da \mid Eba \mid \lambda, D := bA, E := aE \mid cE\} = P_{(25.3)}$$

Ahora los símbolos **a, b, D, E** son accesibles desde el axioma con solo una derivación directa aplicando la primera o segunda producción; **c** es accesible con una derivación en dos pasos usando la segunda y luego la sexta producción.

Símbolos superfluos: mírense las producciones del símbolo no terminal **E**; desde **E** solo pueden obtenerse formas sentenciales que volverán a tener como integrante al símbolo **E**, por lo cual no podremos llegar nunca a una cadena de terminales:

$$A \rightarrow Eba \rightarrow aEba \rightarrow acEba \rightarrow \ldots \rightarrow \alpha E\beta$$

Resulta ser **E** un *símbolo superfluo* y debemos eliminarlo junto con todas las producciones que lo contengan (ver Tabla 2.6):

$$G_{(25.5)} = (\{a, b, c\}, \{A, D\}, A , P_{(25.5)}), \text{ donde:}$$

$$P_{(25.5)} = \{A := Da \mid \lambda, D := bA\}$$

En esta nueva gramática equivalente, al eliminar las producciones del no terminal **E**, se ha vuelto *símbolo inaccesible* el símbolo terminal **c**, por lo cual debe ser eliminado del correspondiente alfabeto:

$$G_{(25.6)} = (\{a, b\}, \{A, D\}, A , \{A := Da \mid \lambda, D := bA\})$$

	1	2	3
A := Da			•
A := Eba			
A := λ	•		
D := bA		•	
E := aE			
E := cE			

Tabla 2.6: Determinación de símbolos superfluos del Ejemplo 2.25.

Hemos llegado así a una gramática equivalente a la primera, que no tiene reglas innecesarias, ni símbolos inaccesibles, ni superfluos, por lo que **$G_{(25.6)}$** ***está limpia***.

Gramática bien formada

Según la jerarquía de Chomsky de los lenguajes formales, el formato de las reglas de una gramática independiente del contexto indica que no pueden existir reglas de reescritura compresoras, esto es, producciones con lado derecho de menor longitud que el lado izquierdo.

En particular, una regla del tipo **A:=λ**, no siendo **A** el axioma de la gramática, es una regla compresora denominada ***regla no generativa***. Si es el axioma el que produce la cadena vacía, **S:=λ**, la regla se permite como excepción y ya sabemos que se denomina *regla lambda*.

Si el lenguaje generado por la gramática contiene como elemento la cadena vacía, el lenguaje debe poder derivar desde el axioma esta cadena, por lo cual una regla lambda no puede quitarse de una gramática sin modificar el lenguaje generado. Sin embargo, sí resulta factible, y en ocasiones deseable, eliminar las reglas no generativas de una gramática.

Pero una regla no generativa no puede eliminarse sin más trámite; se analizará el siguiente caso:

G = ({a, b}, {S, A}, S, {S := aAb, A := aAb | λ})

Las cadenas generadas por estas producciones son: ab, aabb, aaabbb, ..., $a^n b^n$, ..., un conjunto infinito de palabras. Si se eliminara la producción no generativa **A:=λ**, con las dos producciones que quedan no se podría derivar ninguna cadena, ya que el símbolo **A** pasaría a ser superfluo y al eliminarlo, el conjunto de producciones quedaría vacío, es decir que el lenguaje generado pasa de **$L(G) = \{a^n b^n / n > 0\}$** teniendo en cuenta **A:=λ**, a **L(G)=∅** en caso de no tenerla en cuenta.

Para poder quitar una regla no generativa **A:=λ**, debe procederse de la siguiente forma:

a) Para cada producción **X:=αAβ** que contenga el no terminal **A** en el lado derecho, agregar la regla de reescritura **X:=αβ** que se obtiene de reemplazar **A** por la cadena vacía.

b) Luego eliminar del conjunto de producciones **A:=λ**, ya que todos los efectos que produciría la misma, han sido incluidos explícitamente como producciones en el paso anterior.

Ejemplo 2.26

Se eliminará la regla no generativa **A:=λ** de la gramática:

$$G_{(26.1)} = (\{a, b\}, \{S, A\}, S, \{S := aAb, A := aAb \mid \lambda\})$$

Para ello, notamos que **A** existe en el lado derecho de dos reglas de reescritura, por lo cual debemos analizarlas:

a) **S:=aAb**, esto hace que agreguemos **S:=ab** al conjunto de producciones, donde se ha reemplazado **A** por la cadena vacía.

b) **A:=aAb**, para explicitar la posibilidad de **A:=λ** agregamos la producción **A:=ab**.

Luego de estos cambios puede eliminarse la regla no generativa y se obtiene la gramática equivalente:

$$G_{(26.2)} = (\{a, b\}, \{S, A\}, S, \{S := aAb \mid ab, A := aAb \mid ab\})$$

Pasemos a otro posible problema. En los lenguajes naturales como el español, existe lo que se llama *sinonimia* y *polisemia*. Decimos de dos palabras distintas que significan lo mismo (o casi lo mismo, significados semejantes) que son *sinónimos*, palabras que, en general, pueden intercambiarse en un discurso sin cambiar el sentido del mismo; algunos ejemplos podrían ser *alegre/contento*, *marido/esposo*, *regreso/retorno*, *cerdo/puerco/chancho* y muchos otros. Los sinónimos suelen utilizarse para seguir tratando un mismo tema y no ser reiterativo.

Por otro lado, también en los lenguajes naturales existen palabras que pueden tener más de un significado y en este caso decimos que se produce *polisemia*; por dar un caso, *sierra* puede referirse tanto a un tipo de formación montañosa (en geografía), como a la herramienta que sirve para cortar madera o caños, e inclusive a nombres propios de pueblos y personas. El significado específico con el que se usa, suele determinarse según el contexto en el que aparece.

Tanto la sinonimia como la polisemia, le dan al lenguaje natural gran flexibilidad y la capacidad de expresar las mismas ideas de maneras muy distintas, lo que en general es considerado como una característica positiva del lenguaje. Sin embargo, si se mezclan ambas características (una palabra sinónimo de otra que tiene varios significados) podrían presentarse problemas para determinar claramente el significado luego de alguna secuencia de reemplazos.

La situación descripta podría reproducirse en un lenguaje formal generado por una gramática, si tenemos producciones del tipo **A:=B** donde **A** y **B** son símbolos no terminales; esta producción, llamada ***regla***

de redenominación dice que el no terminal **A** puede ser reescrito como **B** en cualquier contexto donde se encuentre (algo así como sinónimos en el lenguaje natural). Sin embargo, **A** puede tener otras reglas que indiquen reescritura (y así tener distintas definiciones del mismo símbolo) y lo mismo puede ocurrir con **B**, pudiéndose generar sinonimia y polisemia simultáneamente. Además, el par de producciones **A:=B** y **B:=A** podrían confundir a no pocas rutinas de análisis sintáctico que las analicen, generando posibles lazos infinitos.

En un lenguaje formal, sobre todo en lenguajes que determinan secuencias específicas de acciones para explicitar procedimientos, como nuestros lenguajes de programación de computadoras, es absolutamente necesario poder determinar sin lugar a dudas:

a) Si una cadena está correctamente escrita (***sintaxis***), esto es que pueda derivarse desde el axioma de la gramática del lenguaje usando las producciones definidas, y

b) El significado de la cadena (***semántica***), qué acciones implica y en qué orden deben realizarse.

Por lo anterior, en general se considera necesario eliminar estas reglas de redenominación de las gramáticas. Como en el caso de las reglas no generativas, para poder quitarlas debemos primero efectuar otros cambios en la gramática, haciendo que el resultado obtenido sea una gramática equivalente. Si se desea eliminar la regla **A:=B** de una gramática, deberemos:

a) Por cada regla **B:=**α existente en la gramática, agregar una regla **A:=**α, lo cual hace explícita como producción la posible derivación en dos pasos **A** $\rightarrow$ **B** $\rightarrow$ α.

b) Luego puede eliminarse **A:=B** del conjunto de producciones y la gramática obtenida será equivalente a la original.

Ejemplo 2.27

Consideremos la gramática:

$$G_{(27.1)} = (\{0, 1\}, \{S, T\}, S, \{S := 0S \mid S1 \mid T, T := 01 \mid 0T\})$$

Esta gramática tiene la regla de redenominación **S:=T**. Por ello, debemos agregar al conjunto de producciones de la gramática **S:=01** y **S:=0T**, para recién poder quitar la producción no deseada. Luego:

$$G_{(27.2)} = (\{0, 1\}, \{S, T\}, S, \{S := 0S \mid S1 \mid 01 \mid 0T, T := 01 \mid 0T\})$$

es equivalente a $G_{(27.1)}$, pero sin reglas de redenominación.

Se dice que una gramática independiente del contexto está **bien formada**, si y solo si, está limpia y no tiene reglas no generativas ni de redenominación.

Ejemplo 2.28

Se desea obtener una gramática bien formada, que describa el mismo lenguaje que genera la siguiente:

$G_{(28.1)}$ = ({0, 1, 2}, {S, A, B, C}, S, $P_{(28.1)}$), donde

$P_{(28.1)}$ = {S := AB | A, A := 0AS | A0 | C0 | λ, B := B1 | 1, C:=C0}

Se analiza primero, si está limpia:

Reglas innecesarias: no tiene producciones del tipo **X:=X**.

Símbolos inaccesibles: ninguna regla hace referencia al terminal **2**, por lo que el mismo es innecesario y debe ser quitado del alfabeto de símbolos terminales:

$G_{(28.2)}$ = ({0, 1}, {S, A, B, C}, S, $P_{(28.2)}$), con $P_{(28.2)}$ = $P_{(28.1)}$

Símbolos superfluos: el símbolo no terminal **C** tiene una única regla recursiva que no permite obtener cadenas de terminales desde él, por lo cual es superfluo y debe eliminarse junto a todas las producciones que lo tengan en la parte derecha o izquierda.

$G_{(28.3)}$ = ({0, 1}, {S, A, B}, S, $P_{(28.3)}$), donde

$P_{(28.3)}$ = {S := AB | A, A := 0AS | A0 | λ, B := B1 | 1}

Esta gramática está ahora ***limpia.***

Reglas no generativas: la regla no generativa **A:=λ** debe eliminase, pero antes debemos agregar S:=B, S:=λ, A:=0S y A:=0 con lo cual se hicieron explícitos los efectos de la misma. Luego:

$G_{(28.4)}$ = ({0, 1}, {S, A, B}, S, $P_{(28.4)}$), siendo

$P_{(28.4)}$ = {S := AB | A | B | λ, A := 0AS | A0 | 0S | 0, B := B1 | 1}

S:=λ está permitida porque **S** es el axioma (regla lambda). Esta nueva gramática está limpia y sin reglas no generativas pero tiene ahora dos reglas de redenominación: **S:=A** y **S:=B**.

Reglas de redenominación: para eliminar **S:=A**, es necesario hacer que **S** produzca todo lo que produce **A**, agregando **S:=0AS|A0|0S|0**. Para eliminar **S:=B**, se deben agregar **S:=B1|1** haciendo que **S** produzca todo lo que produce **B**.

Luego, la ***gramática bien formada*** resultante es:

$G_{(28.5)}$ = ({0, 1}, {S, A, B}, S, $P_{(28.5)}$), con

$P_{(28.5)}$ = {S:=AB|0AS|A0|0S|B1|1|0|λ, A:=0AS|A0|0S|0, B:=B1|1}

Análisis sintáctico

¿ α ∈ L(G) ?

Las gramáticas formales **G = (ΣT, ΣN, S, P)** son herramientas que sirven para describir lenguajes formales; constituyen una notación que permite crear una especificación de un lenguaje determinado, pero de ninguna manera conforman en sí mismas un procedimiento. Es el proceso de derivación el que permite obtener las cadenas del lenguaje **L(G)** descripto por la gramática y, en ese sentido, decimos que la gramática genera el lenguaje.

Surge entonces como un problema central en la teoría de los lenguajes formales, el de determinar si una cadena **α** dada de símbolos terminales, puede o no puede ser generada por una gramática. En otras palabras, podemos preguntarnos si la cadena en cuestión está escrita de acuerdo con las reglas de la gramática (*¿está bien escrita?*), es decir:

¿ α ∈ L(G) ?

La forma que conocemos hasta ahora de lidiar con este problema y responder la pregunta anterior es:

SI) Encontrar una derivación ***S→*α*** que, aplicando una cantidad finita de producciones de la gramática, logre transformar el axioma de la misma en la cadena de terminales bajo análisis, o

NO) Demostrar que tal derivación no existe.

Se llama **análisis sintáctico** de la cadena **α**, al proceso de búsqueda de esta derivación.

El análisis sintáctico de una cadena puede hacerse manualmente probando distintas derivaciones desde el axioma, aplicando sucesiva y alternativamente una u otra regla de reescritura, para determinar si alguna secuencia llega a generar la cadena en cuestión; si no se llega, se reinicia el proceso con otra secuencia de producciones y se sigue probando hasta agotar todas las posibilidades. Según el tamaño de la gramática (cantidad de símbolos terminales, símbolos no terminales y producciones) y el largo de la cadena bajo análisis, el proceso de análisis sintáctico llevado a cabo de esta forma puede ser corto e inclusive obvio, o extremadamente largo y tedioso, por lo que un abordaje por prueba y error suele ser inadecuado, salvo en ejemplos muy sencillos.

Árbol de derivación

Se necesitan entonces procedimientos claros y repetibles que, de manera sistemática, permitan responder si una cadena pertenece o no, a un lenguaje independiente del contexto. En ese camino, se define una forma pictórica de representar una derivación: ***el árbol de derivación*** o ***árbol de análisis sintáctico*** de la cadena.

Al derivar una cadena de un lenguaje generado por una gramática, siempre debe iniciarse el proceso partiendo del axioma, aplicando al mismo una producción que lo tenga como lado izquierdo.

Éste puede entonces ser reescrito, como una cadena solo de terminales, solo de no terminales, o de símbolos terminales y no terminales según sea el lado derecho de la producción: $\mathbf{S := a_1a_2...a_n}$.

Podemos graficar esto como un árbol con nodo raíz **S** y **n** nodos hijos ordenados de izquierda a derecha $a_1, a_2, ..., a_i, ..., a_n$ (Fig. 2.2). Si el símbolo a_i fuera un no terminal, existirá alguna producción en la gramática $a_i := b_1b_2...b_m$ que lo tenga como lado izquierdo, con lo que al aplicarla y representar esto en el árbol, se generarían **m** hijos para este nodo a_i (Fig. 2.3).

Por otro lado, si a_i era un símbolo terminal, entonces no podrá tener hijos y será una hoja del árbol de análisis sintáctico. Cuando todos los nodos hoja correspondan a símbolos terminales, entonces la cadena generada por la derivación podrá leerse en las hojas del árbol de izquierda a derecha.

En resumen, el árbol de análisis sintáctico tendrá:

a) El axioma **S** de la gramática como raíz.

b) Símbolos no terminales de Σ_N como nodos internos.

c) Para el nodo interno del no terminal **A**, si $\mathbf{A:=a_1a_2...a_k}$ es la producción usada, se tendrán **k** nodos hijos etiquetados con los símbolos del lado derecho en el orden en el que aparecen.

d) Símbolos terminales de Σ_T como hojas.

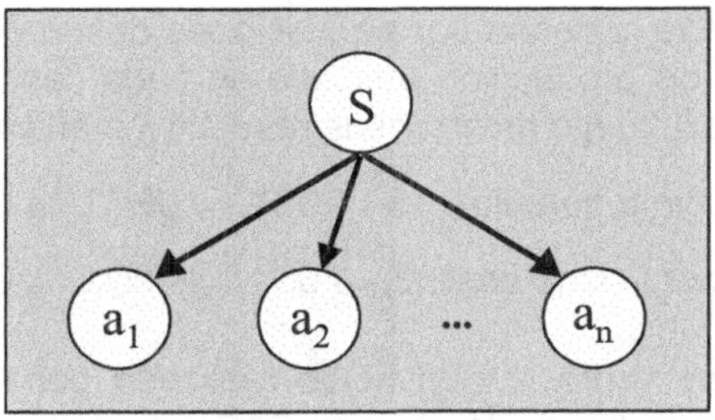

Figura 2.2: Árbol de derivación, paso 1.

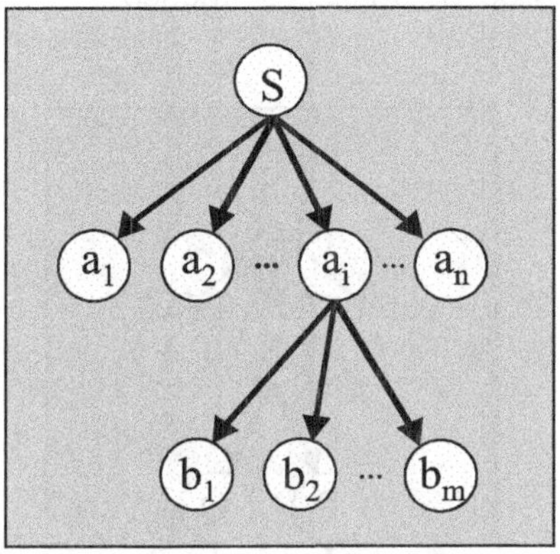

Figura 2.3: Árbol de derivación, paso 2.

Para cada derivación de una cadena en la gramática, se puede generar su correspondiente árbol de análisis sintáctico, por lo que el problema de análisis sintáctico se puede reformular diciendo que: *una cadena α de símbolos terminales pertenece al lenguaje* **L(G)** *generado por la gramática* **G,** *si y solo si, es posible construir su árbol de análisis sintáctico, con el axioma* **S** *como raíz y la cadena α leída en las hojas de izquierda a derecha.*

Ejemplo 2.29

Con la siguiente gramática como especificación:

$G_{(29)}$ = ({a, b}, {S, P, Q}, S,{S := PQ | 0S1, P := 0Q | 1, Q := 1P | 0}) se generan algunas cadenas por derivaciones desde el axioma (coloque usted el número de producción utilizado en cada caso sobre el símbolo de derivación), para luego mostrar sus respectivos árboles de derivación.

Derivación por la derecha: S → 0S1 → 0PQ1 → 0P01 → 0101

Derivación por la izquierda: S → 0S1 → 0PQ1 → 01Q1 → 0101

Notemos que tanto la derivación realizada por izquierda como la construida por derecha de la cadena **0101**, tienen el mismo árbol de derivación; por la derecha, primero se sustituye **P** por uno y luego **Q** por cero; por la izquierda primero se cambia **Q** y luego **P**. Estas diferencias no pueden verse en el árbol de análisis sintáctico.

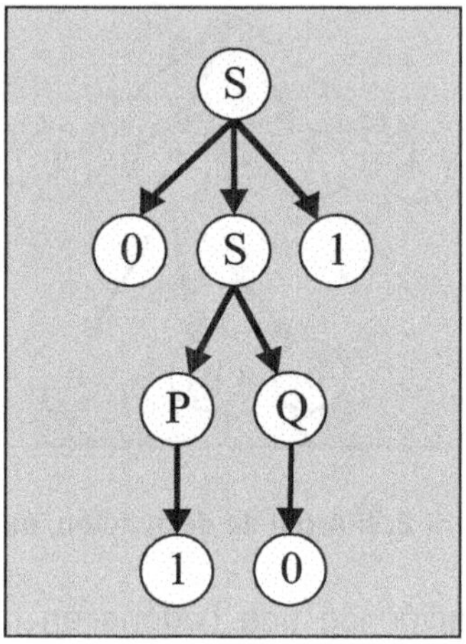

Figura 2.4: Árbol de la cadena 0101.

Construyamos ahora otra derivación, correspondiente a una subpalabra de 0101:

S → PQ → 1Q → 10

Si observamos su árbol de derivación vemos que es un subárbol del anterior. Esto ocurre porque la cadena que representa en este caso es una subpalabra de la cadena anterior, pero no necesariamente ocurre esto siempre.

Hemos hecho una derivación por izquierda de la cadena **10** pero si hubiéramos derivado S → PQ → P0 → 10, por la derecha, hubiésemos obtenido el mismo resultado que antes, tanto en la cadena como en el árbol resultante.

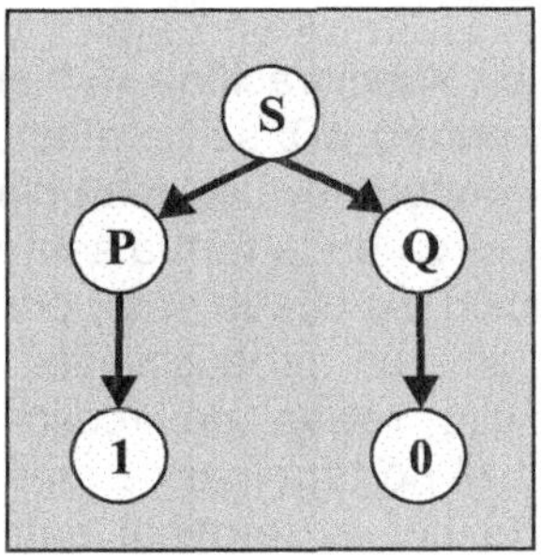

Figura 2.5: Árbol de la cadena 10.

Ejemplo 2.30

Suponga que se tiene un lenguaje de programación donde deben declararse las variables mediante un tipo (*entero* o *real*), un guión bajo y un nombre (*identificador* compuesto por una letra **a**, **b** o **c,** o una de esas letras y un dígito del **0** al **9**), terminando con un punto y coma. Una gramática simple para especificar esto podría ser:

$G_{(30)} = (\Sigma_{T30}, \Sigma_{N30},$ <declaración>, $P_{30})$

donde:

Σ_{T30} = { entero, real, a, b, c, 0, 1, 2, 3, 4, 5, 6, 7, 8, 9, ;, _ }

Σ_{N30} = { <declaración>, <tipo>, <identificador>, <letra>, <dígito> }

P_{30} = { <declaración> := <tipo> _ <identificador> ; ,
<tipo> := real | entero ,
<identificador> := <letra> | <letra> <dígito> ,
<letra> := a | b | c ,
<dígito> := 0 | 1 | 2 | 3 | 4 | 5 | 6 | 7 | 8 | 9}

Con esta gramática podemos derivar, por ejemplo, la siguiente forma correcta de definir una variable en este lenguaje:

<declaración> → <tipo> _ <identificador>; → entero_ <identificador>; →

→ entero_ <letra> <dígito>; → entero_a <dígito>; →

→ entero_a0;

Así, podemos escribir **<declaración> →* entero_a0;** y ver que esta derivación de la cadena **entero_a0;** se ha efectuado por la izquierda, ya que cada vez que se tuvo alternativa de reemplazo de un no terminal, se eligió el de más a la izquierda en la forma sentencial. Por ejemplo, en el segundo paso de derivación, se puede optar por reescribir el no terminal ***<tipo>*** aplicando una de sus producciones, o se puede reescribir ***<identificador>*** según sus reglas de reescritura. En la derivación efectuada, se ha elegido el no terminal de más a la izquierda, es decir, ***<tipo>*** para reemplazarlo por el terminal ***entero***. El árbol de análisis sintáctico correspondiente a esta derivación, se muestra en la Figura 2.6. Nótese que la cadena de cinco símbolos terminales se puede leer en las hojas del árbol de izquierda a derecha.

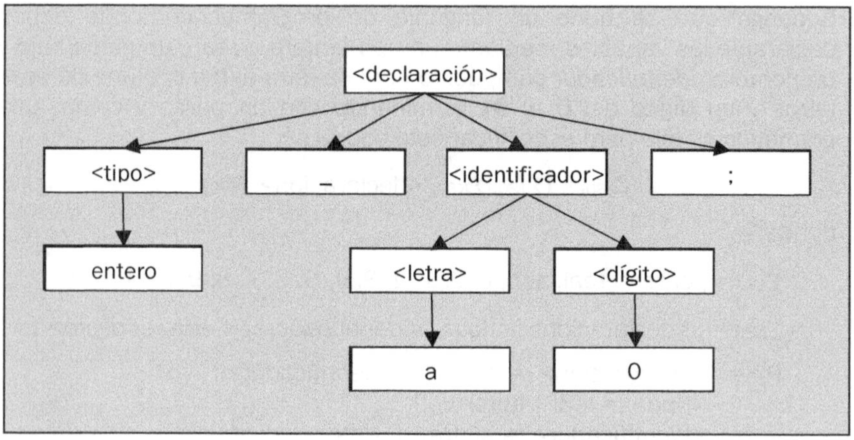

Figura 2.6: Árbol de derivación de la declaración *entero_a0;*.

También se podría haber generado esta cadena operando con una derivación por la derecha:

<declaración> → <tipo>_<identificador>;→ <tipo>_<letra><dígito>; →
→ <tipo>_<letra>0; → <tipo>_a0; → entero_a0;

Nuevamente, esta derivación, distinta de la anterior, tiene el mismo árbol de análisis sintáctico mostrado anteriormente.

Se han ideado interesantes algoritmos para construir estos árboles de derivación, por lo que la reformulación del problema de análisis sintáctico desde *"encontrar una derivación"* a *"construir el árbol"* ha resultado sumamente útil y práctica; además, una vez construido el árbol, las distintas asignaciones de significados y funciones que pueden hacerse a sus nodos y las distintas formas de recorrerlos, ofrecen alternativas para la interpretación semántica de la cadena codificada por el árbol.

Pero un mismo árbol de análisis sintáctico podría representar más de una derivación. Existe cierta pérdida de información al generar el árbol, ya que no queda unívocamente identificado el orden de aplicación de las producciones. Un árbol no cambia si en un mismo nivel, primero se crean los hijos de $\mathbf{a}_i$ y luego los de $\mathbf{a}_j$, o si primero se crean los de $\mathbf{a}_j$ y luego los de $\mathbf{a}_i$. El que dos derivaciones distintas sean representadas por el mismo árbol, no crea en principio problema alguno.

Ambigüedad

Un caso enteramente distinto ocurre cuando la misma cadena α de símbolos terminales, puede ser generada por distintas derivaciones que además generan *distintos árboles de derivación*. Hablamos aquí de árboles *visiblemente distintos*, abstrayendo el contenido de sus nodos interiores (*de distinto dibujo*). Hay características de las cadenas de un lenguaje, y entre ellas destaca su *significado*, que dependen fuertemente del árbol de derivación de la misma. Véase el siguiente ejemplo antes de continuar:

Ejemplo 2.31

Sea por caso la siguiente pequeña gramática para las expresiones aritméticas simples:

$G_{(31)}$ = ({num, +, *, (,)}, {E}, E,{E:= E + E | E * E | (E) | num})

Esta gramática muestra una simple definición recursiva de expresión algebraica, a saber: una expresión es un número o un par de expresiones separadas por los símbolos de operación **+** o *****, o una expresión entre paréntesis.

Para una expresión válida como **num+num*num**, sus derivaciones correctas con esta gramática podrían ser:

Derivación por izquierda:

E → E+E → num+E → num+E*E → num+num*E → num+num*num

Derivación por derecha:

E → E+E → E+E*E → E+E*num → E+num*num → num+num*num

Ambas derivaciones tendrán finalmente el mismo árbol de análisis sintáctico, aunque la secuencia en la que este árbol se construye puede verse que es bien distinta en ambos casos (Fig. 2.7).

Si se está derivando por *izquierda*, primero se debe expandir el nodo de expresión marcado con **1** y luego recién el marcado con **2**. Si se lo hace por la derecha, primero se debe expandir el nodo de expresión marcado con **2** y luego el nodo marcado con **1** (Fig. 2.7).

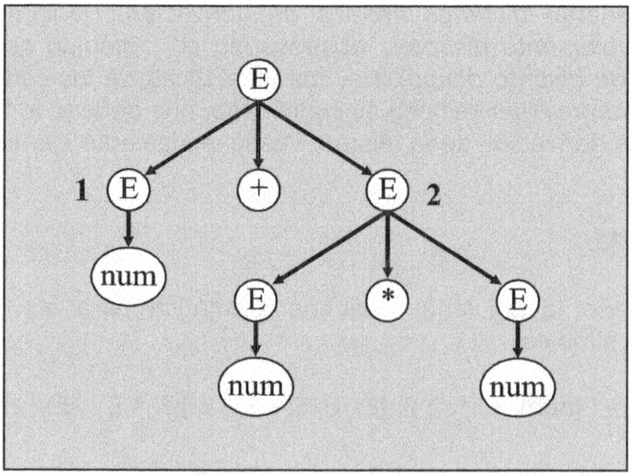

Figura 2.7: Árbol de la derivación por izquierda.

Sin embargo, considere esta otra derivación posible por izquierda y su correspondiente árbol de análisis sintáctico:

E → E*E → E+E*E → num+E*E → num+num*E → num+num*num

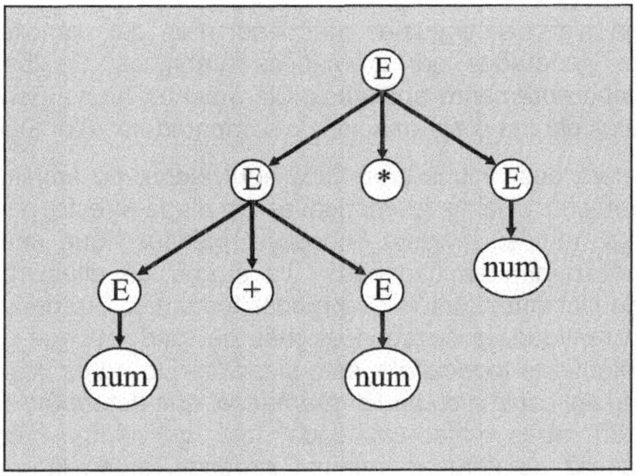

Figura 2.8: Árbol de la derivación alternativa.

Nótese que la cadena que se quería derivar, también se lee en sus hojas de izquierda a derecha, por lo que ha sido derivada correctamente pero el árbol es claramente distinto al anterior, a pesar de ser ambas derivaciones hechas en forma correcta por la izquierda (Fig. 2.8).

Las tres derivaciones aseguran que la cadena **num+num*num** pertenece al lenguaje generado por la gramática de expresiones **G(31)**. El problema no es sintáctico *sino semántico*, ya que cuando se quiera asignar significado a la expresión del primer árbol, posiblemente se hará de tal forma que signifique **num+(num*num)**, y al usar la del segundo **(num+num)*num**, ofreciendo resultados finales distintos de las expresiones cuando éstas deban ser evaluadas.

En este caso, y bajo el supuesto de tener una cadena más de un árbol de derivación, se produciría el problema de más de un significado para una misma frase, problema que no puede admitirse al trabajar en programación de computadoras, ya que se necesita que siempre las instrucciones dadas sean interpretadas unívocamente y no según qué árbol de derivación se haya creado durante la compilación.

Se dice que *una **cadena es ambigua** si puede ser generada por derivaciones que admiten distintos árboles de análisis sintáctico.*

Si una gramática permite esto, como lo hace la pequeña gramática de expresiones, también se dice que ella misma es ***ambigua*** y que *genera su lenguaje en forma ambigua*. Sin embargo, en muchos casos, la gramática puede ser modificada o reescrita completamente para obtener una gramática equivalente (que genera el mismo lenguaje) pero que no sea ambigua.

Existen algunos lenguajes independientes del contexto que solo pueden ser generados por gramáticas ambiguas. Se los denomina lenguajes ***inherentemente ambiguos***. Claramente, no son lenguajes que resulten útiles para la programación de computadoras (ver Ejercicio 40).

Pero para buscar una gramática equivalente no ambigua, primero hay que detectar que la gramática es ambigua y esto puede ser un trabajo largo, tedioso y hasta imposible; piénsese que una gramática puede generar infinitas cadenas y cada una de ellas obtenida con múltiples derivaciones, por lo que probar todas las alternativas no sería posible. En realidad, la cuestión es más de fondo; puede demostrarse que el problema es ***indecidible***, esto significa que *no es posible diseñar un algoritmo aplicable a cualquier gramática, que determine si es o no es ambigua*. En otras palabras, dada una gramática medianamente compleja capaz de generar infinitas cadenas, si en la búsqueda de ambigüedad el azar estuvo de nuestro lado y pudimos detectar una cadena ambigua, podremos afirmar con certeza que la gramática es ambigua; pero si nuestra búsqueda resultó infructuosa, no podremos afirmar con certeza que la gramática no es ambigua, solo que *parece no ambigua*.

Recursión

Como se anticipó, una producción de una gramática independiente del contexto $\mathbf{G=(\Sigma_T, \Sigma_N, S, \mathit{P})}$ se dice que es ***recursiva*** si el no terminal de su lado izquierdo se encuentra también en el lado derecho:

$$A := \alpha A \beta$$

donde $\mathbf{A \in \Sigma_N}$ es un símbolo no terminal de la gramática y $\boldsymbol{\alpha,\beta \in (\Sigma_T \cup \Sigma_N)^*}$ son cadenas de terminales y no terminales de cualquier largo.

Una gramática que tiene una regla de reescritura recursiva, se dice que tiene ***recursión en un paso***. En el caso en el que un no terminal del lado izquierdo de una producción pueda derivarse en una cadena que lo contenga, en varios pasos:

$$A \rightarrow \delta_1 \rightarrow \delta_2 \rightarrow \ldots \rightarrow \alpha A \beta$$

siendo $\mathbf{A \in \Sigma_N}$ el símbolo no terminal y $\boldsymbol{\alpha,\beta,\delta_i \in (\Sigma_T \cup \Sigma_N)^*}$ cadenas de terminales y no terminales de cualquier largo, se dice que existe en la gramática ***recursión en más de un paso***.

La recursividad es una herramienta fundamental en las gramáticas porque permite trasladar la potencia de las definiciones recursivas a las mismas. Es la recursividad lo que posibilita describir un lenguaje de infinitas cadenas, con solo un número finito de producciones. Si una gramática no tiene recursión (en un paso o en más de un paso), solo podrá generar un número finito de cadenas.

Si en la regla recursiva **A:=αAβ** la cadena **α** es vacía, esto es **A:=Aβ**, se dice que la regla es ***recursiva por la izquierda*** y que la gramática tiene recursión izquierda. Si en cambio es **β** la cadena vacía, esto es **A:=αA**, se dice que la regla es ***recursiva por la derecha*** y que la gramática tiene recursión derecha.

Para algunos algoritmos de análisis sintáctico (análisis por descenso recursivo, LL(k) y otros), la recursión por izquierda suele ser fatal, pudiendo producir en el código de implementación recursiones funcionales infinitas o lazos iterativos sin fin, que los llevan a errores de ejecución y cancelación prematura del proceso de análisis. En estos casos, es menester eliminar la recursión izquierda modificando la gramática pero haciendo que siga generando el mismo lenguaje, esto es, encontrando una gramática equivalente a la dada que no tenga recursión izquierda.

Esto siempre puede hacerse apelando a los siguientes teoremas, que no demostraremos aquí.

Eliminación de recursión izquierda en un paso

Sea **G = (ΣT, ΣN, S, P)** una gramática independiente del contexto y **A ∈ ΣN** un símbolo no terminal para el cual existen reglas de reescritura recursivas por la izquierda y algunas producciones no recursivas por izquierda:

$$A := \overbrace{A\alpha_1 \mid A\alpha_2 \mid \dots \mid A\alpha_n}^{\text{recursivas por izquierda}} \mid \overbrace{\beta_1 \mid \beta_2 \mid \dots \mid \beta_m}^{\text{no recursivas izquierda}}$$

con $\alpha_i, \beta_j \in (\Sigma_T \cup \Sigma_N)^+$ cadenas de terminales y no terminales de largo arbitrario. Entonces, siempre *se puede obtener una gramática equivalente sin recursión izquierda* haciendo lo siguiente:

a) Crear un nuevo símbolo no terminal **X** y agregarlo al alfabeto de símbolos no terminales: $\Sigma_N' = \Sigma_N \cup \{X\}$

b) Eliminar todas las producciones en **P** para el no terminal **A**.

c) Agregar al conjunto **P** las producciones:

$$A := \beta_1X \mid \beta_2X \mid \ldots \mid \beta_mX \mid \beta_1 \mid \beta_2 \mid \ldots \mid \beta_m$$
$$X := \alpha_1X \mid \alpha_2X \mid \ldots \mid \alpha_nX \mid \alpha_1 \mid \alpha_2 \mid \ldots \mid \alpha_n$$

La nueva gramática **G' = (Σ_T, Σ_N', S, P')** obtenida, es equivalente a la gramática **G** original y sus reglas ahora no son recursivas por izquierda (lo son solo por derecha en el símbolo **X**).

Ejemplo 2.32

La gramática para las expresiones aritméticas sencillas discutida anteriormente, tiene dos reglas recursivas por izquierda para el símbolo no terminal **E**:

$G_{(31)}$ = ({num, +, *, (,)}, {E}, E,{E := E + E | E * E | (E) | num})

Aplicando el anterior teorema, podemos determinar una gramática equivalente pero sin recursión izquierda. Para ello, definimos un nuevo no terminal **X** y haciendo **α_1=+E**, **α_2=*E**, **β_1=num** y **β_2=(E)**, obtenemos:

$G_{(32)}$ = ({num, +, *, (,)}, {E, X}, E, $P_{(32)}$), donde:

$P_{(32)}$ = {E := numX | (E)X | num | (E), X := +EX | *EX | +E | *E})

Como muestra, analicemos ahora la misma cadena del Ejemplo 2.31 **num+num*num** utilizando **$G_{(32)}$**, con una derivación por izquierda:

E→numX→num+EX→num+numX→num+num*E→num+num*num

Eliminación de recursión izquierda en más de un paso

Dada la gramática **G = (Σ_T, Σ_N, S, P)** independiente del contexto con recursión izquierda en más de un paso, ***se obtendrá una gramática equivalente sin recursión izquierda*** haciendo lo siguiente:

a) Asignar un ***orden*** cualquiera a los símbolos no terminales, digamos **A_1, A_2, ..., A_k**.

b) Para cada **i=1, 2, ..., k**, hacer:

   a. Para cada **j=1, 2, ..., k**, hacer:

      Si **i≠j**, reemplazar cada **$A_i := A_j\delta$** en **P** (eliminarla y agregar) por **$A_i := \gamma_1\delta \mid \gamma_2\delta \mid \ldots \mid \gamma_n\delta$** donde los γ_m son los lados derechos de todas las producciones de **A_j**.

   b. Eliminar recursión izquierda en un paso de **A_i**, si la hubiere, aplicando el anterior teorema.

Al terminar el proceso, las recursiones izquierdas habrán sido eliminadas y la gramática obtenida será equivalente a la original.

Factorización por izquierda

Otra situación que trae problemas a algunos de los analizadores sintácticos descendentes, que se introducirán más adelante, es el caso de dos o más producciones que inicien con una parte común:

$$A := \alpha\beta \quad \text{y} \quad A := \alpha\gamma$$

donde α, β y γ son cadenas cualesquiera de terminales y no terminales.

En este caso, el proceso de análisis sintáctico no tiene en claro cuál de las dos producciones utilizar durante una derivación, aun sabiendo que tiene que emparejar una parte de la cadena bajo análisis con α. Sin embargo, si se crea un nuevo no terminal **X** y se reemplazan las anteriores producciones por:

$$A := \alpha X \quad \text{y} \quad X := \beta \mid \gamma$$

el procedimiento no tiene ahora dudas de lo que debe utilizar: la primera producción primero, y recién al terminar de emparejar α con la cadena bajo análisis, deberá decidir con cuál de las producciones de **X** continúa el análisis de la cadena bajo estudio.

Ejemplo 2.33

En la mayoría de los lenguajes de programación, se dispone de alguna instrucción de bifurcación del tipo ***if ... then ... else***. Considere las siguientes producciones:

<condicional> := **if** <condición> **then** <sentencia>

<condicional> := **if** <condición> **then** <sentencia> **else** <sentencia>

como parte de la gramática de algún lenguaje, donde ***condicional, condición*** y ***sentencia*** son símbolos no terminales e ***if, then*** y ***else*** son símbolos terminales. Estas dos producciones pueden ser factorizadas por izquierda sin agregar ni quitar ninguna de las cadenas que generan, haciendo:

<condicional> := **if** <condición> **then** <sentencia> <elseOpcional>

<elseOpcional> := λ | **else** <sentencia>

Nótese que se creó un nuevo no terminal ***elseOpcional*** y que aparece una regla compresora al efectuar la factorización por izquierda.

Formas normales de gramáticas independientes del contexto

Las gramáticas independientes del contexto pueden ser expresadas en formas tales que, los lados derechos de sus producciones estén restringidos a formatos normalizados. Es decir que el lado izquierdo debe seguir siendo solo un no terminal, pero sus lados derechos estarán normados para obtener algunas características deseables.

Forma Normal de Chomsky (FNC)

Una gramática se dice que está en ***Forma Normal de Chomsky*** si y solo si, todas sus producciones tienen en el lado derecho dos símbolos no terminales, o un solo símbolo terminal o la cadena vacía (este último caso, solo si el axioma se encuentra del lado izquierdo):

$$A := BC \quad \text{ó} \quad A := a \quad \text{ó} \quad S := \lambda$$

donde **A, B, C, S**$\in\Sigma_N$ son símbolos no terminales, **S** es el símbolo inicial de la gramática, y **a**$\in\Sigma_T$ representa un símbolo terminal. Nótese que una gramática en Forma Normal de Chomsky siempre tendrá árboles de derivación binarios.

Cualquier gramática independiente del contexto **G=(Σ_T, Σ_N, S, P)**, podrá ser transformada en una gramática equivalente en *Forma Normal de Chomsky,* mediante el siguiente procedimiento:

a) Transformar **G** en una gramática bien formada, esto es, limpia y sin reglas no generativas ni de redenominación.

b) Para cada símbolo terminal **a**$\in\Sigma_T$, crear un nuevo símbolo no terminal X_a y una nueva producción X_a **:= a**. En símbolos:

$$\Sigma_N' = \Sigma_N \cup \{ X_a \} \qquad P' = P \cup \{ X_a := a \}$$

c) Para cada producción de la gramática que contenga en su lado derecho tanto símbolos no terminales como símbolos terminales, reemplazarla por una nueva que tenga en lugar del terminal **a** su correspondiente nuevo no terminal X_a. Esto es:

$$A := \alpha a\beta \quad \text{es reemplazada por} \quad A := \alpha X_a\beta$$

cualesquiera sean α y β. Al terminar con estos pasos se tendrá una gramática equivalente con producciones que solo contienen en su lado derecho un solo símbolo terminal (es decir que está en Forma Normal de Chomsky) o una cadena de dos o más símbolos no terminales. Si tiene solo dos no terminales, entonces ya está en Forma Normal de Chomsky.

En caso contrario:

d) Para cada producción con más de dos símbolos no terminales en su lado derecho, digamos **A:=Bη** donde **η** contiene dos o más no terminales, crear un nuevo símbolo no terminal **X** y reemplazar la producción por el par **A:=BX** y **X:=η**.

Procediendo reiteradamente de esta forma y siendo el conjunto **P** finito, se llegará a tener todas las producciones en Forma Normal de Chomsky.

El procedimiento es sencillo y automatizable, por lo cual puede hacerse algorítmicamente.

Ejemplo 2.34

Determinar una gramática equivalente a la que sigue, pero que la misma se encuentre en Forma Normal de Chomsky:

$$G = (\{a, b, c\}, \{A,B,C\}, A, \{A := CBc \mid bB \mid \lambda, \ B := BC \mid b, C := c\})$$

Para ello, primero se la revisa y se determina que no tiene reglas innecesarias, el terminal **a** es un símbolo inaccesible, no tiene símbolos superfluos, ni reglas de redenominación, ni reglas no generativas (al quitar **a** del alfabeto de terminales queda ***bien formada***), por lo que:

a) Se elimina el símbolo terminal **a** del alfabeto de terminales.

b) Se crean los no terminales **X_b** y **X_c** y las producciones:

$$X_b := b \qquad\qquad X_c := c$$

c) Al estudiar ahora una por una las reglas de la gramática original, se determina que:

  a. **A:=CBc** no está en FNC. Primero, se la reemplaza por **A:=CBX_c** con lo cual se logra que solo tenga tres no terminales en el lado derecho. Sigue sin estar en FNC, por lo que se crea el nuevo no terminal **X** y se reemplaza la producción por el par **A:=CX** y **X:=BX_c**, quedando ambas producciones en FNC.

  b. **A:=bB** no está en FNC, por lo cual debe ser reemplazada por **A:= X_bB** que ahora sí está en FNC.

c. **A := λ** es una regla lambda válida por ser A el axioma de la gramática; está así en FNC por lo cual queda sin cambios.

d. Las últimas tres producciones **B:=BC, B:=b** y **C:=c** están en FNC por lo que no necesitan ningún proceso.

d) Finalmente, la nueva gramática G' equivalente a la dada será:

$$G' = (\{b, c\}, \{A,B,C,X, \mathbf{X_b}, \mathbf{X_c}\}, A, \{A := CX \mid \mathbf{X_b}B \mid \lambda,$$

$$B := BC \mid b, C := c, X := B\mathbf{X_c}, \mathbf{X_b} := b, \mathbf{X_c} := c\})$$

Nótese que la producción $\mathbf{X_c{:=}c}$ es redundante en este caso porque ya existe un no terminal **C** que lo único que produce es **c**; por esto si se quiere puede reemplazarse el $\mathbf{X_c}$ por **C** en todas las producciones y entonces eliminar el símbolo $\mathbf{X_c}$ quedando:

$$G'' = (\{b,c\}, \{A,B,C,X, \mathbf{X_b}\}, A, \{A := CX \mid \mathbf{X_b}B \mid \lambda,$$

$$B := BC \mid b, C := c, X := BC, \mathbf{X_b} := b\})$$

El caso de $\mathbf{X_b{:=}b}$ es enteramente distinto, porque si bien el no terminal **B** produce **b**, también produce **BC** por lo cual no puede ser utilizado en $\mathbf{A{:=}X_bB}$ para reemplazar a $\mathbf{X_b}$, porque cambiaría el lenguaje generado.

Forma Normal de Greibach (FNG)

Una gramática independiente del contexto está en ***Forma Normal de Greibach***, si y solo si, todas sus producciones inician su lado derecho con un símbolo terminal al que le sigue, opcionalmente, una cadena de símbolos no terminales de cualquier largo. En símbolos, las producciones tienen una de las siguientes formas:

$$A := a\eta \quad \text{ó} \quad S{:=}\lambda$$

con $\mathbf{A, S \in \Sigma_N}$ símbolos no terminales, **S** símbolo inicial de la gramática, $\mathbf{\eta \in \Sigma_N^*}$ cadena de símbolos no terminales de cualquier largo y $\mathbf{a \in \Sigma_T}$ un símbolo terminal. Nótese que η puede ser vacía.

Las gramáticas en Forma Normal de Greibach, son especialmente utilizadas con ciertos algoritmos de análisis sintáctico (ver Capítulo 5).

Toda gramática $\mathbf{G = (\Sigma_T, \Sigma_N, S, P)}$ independiente del contexto puede ser reescrita para obtener una gramática equivalente en FNG. Se sigue para ello el siguiente procedimiento:

a) Transformar **G** en una gramática bien formada, esto es, limpia y sin reglas no generativas ni de redenominación.

b) Quitar la recursividad izquierda de la gramática.

c) Asignar un orden cualquiera a los símbolos no terminales de la gramática, digamos $A_1, A_2, ..., A_k$.

d) Separar las producciones del conjunto **P** en tres grupos:

   a. *Grupo 1*: todas las producciones que comiencen con un terminal ($A:=a\alpha$ siendo $\alpha \in (\Sigma_T \cup \Sigma_N)^*$ una cadena de terminales y no terminales de cualquier largo) y, si existiere en la gramática **G**, la regla lambda $S:=\lambda$.

   b. *Grupo 2*: producciones $A_i := A_j\alpha$ con $\alpha \in (\Sigma_T \cup \Sigma_N)^+$ y con el símbolo A_i anterior a A_j en el ordenamiento dado ($i < j$).

   c. *Grupo 3*: producciones $A_i := A_j\alpha$ con $\alpha \in (\Sigma_T \cup \Sigma_N)^+$ y con el símbolo A_i posterior a A_j en el ordenamiento dado ($i > j$).

   El caso $i = j$ no puede producirse porque se ha eliminado la recursión por izquierda anteriormente.

e) Para cada producción del tercer grupo $A_i := A_j\alpha$, iniciando por aquellas con el subíndice **i** más pequeño, reemplazarlas (eliminar y agregar) por $A_i := \delta_1\alpha \mid \delta_2\alpha \mid ... \mid \delta_h\alpha$ donde los δ_i son los lados derechos de todas las producciones de A_j. Al terminar, este proceso, todas las producciones pertenecerán al grupo 1 o 2.

f) Repetir el proceso anterior para las producciones del segundo grupo. Al terminar, todas las producciones serán del grupo 1, por lo cual todas iniciarán con un símbolo terminal.

g) Para cada símbolo terminal $a \in \Sigma_T$ que esté en el lado derecho de las producciones resultantes, pero no al inicio de las mismas, crear un nuevo símbolo no terminal X_a y una nueva producción $X_a:=a$. En símbolos:

$$\Sigma_N' = \Sigma_N \cup \{X_a\} \qquad P' = P \cup \{X_a := a\}$$

h) Para cada producción de la gramática que contenga en su lado derecho, luego del primer símbolo terminal, tanto símbolos no terminales como símbolos terminales, reemplazarla por una nueva que tenga en lugar del terminal no inicial **a** su correspondiente nuevo no terminal X_a. Esto es

$$A := x\alpha a\beta \quad \text{es reemplazada por} \quad A := x\alpha X_a\beta$$

siendo **x** el primer símbolo terminal del lado derecho, **a** otro terminal de la producción y cualesquiera α y β.

Al terminar el procedimiento, todas las producciones estarán en Forma Normal de Greibach.

Nuevamente, el procedimiento es sencillo y automatizable, por lo cual puede hacerse algorítmicamente.

Ejemplo 2.35

Utilizando la misma gramática de contexto libre convertida anteriormente a Forma Normal de Chomsky:

G = ({b, c}, {A, B, C}, A, {A := CBc | bB | λ, B := BC | b, C := c})

se determinará una equivalente pero en Forma Normal de Greibach.

Se verifica primero que no tiene reglas innecesarias, ni símbolos inaccesibles (se ha quitado **a** del anterior ejemplo), no tiene símbolos superfluos, ni reglas de redenominación, ni reglas no generativas (está bien formada), por lo que:

a) Nos preocupamos por la recursividad izquierda. El símbolo no terminal **B** tiene regla recursiva izquierda (**B:=BC**) y no recursiva (**B:=b**), por lo cual, utilizando el teorema de eliminación de recursividad izquierda en un paso, se crea el nuevo no terminal **X** y se la reemplaza por **B:=bX | b** y **X:=CX | C**. En este caso, queda una regla de redenominación **X:=C** que debe reemplazarse por **X:=c** para volver a dejar la gramática bien formada (nótese que **C** solo produce **c**).

   La nueva gramática equivalente a la dada es ahora:

   G'= ({b, c}, {A, B, C, X}, A,{A:=CBc|bB|λ, B:=bX|b, C:=c, X:=CX|c})

b) Tomando el orden lexicográfico para los no terminales, esto es A, B, C, X, se pueden separar las producciones en:

   Grupo 1: A := bB | λ, B := bX | b, C := c, X := c

   Grupo 2: A := CBc, ya que **A** antecede a **C** en el orden.

   Grupo 3: X := CX, ya que **X** es posterior a **C** en el orden.

c) Se opera sobre la producción del grupo 3:

   X := CX es reemplazada por X := cX.

   Luego se trabaja sobre la producción del grupo 2:

A := CBc es reemplazada por A := cBc.

Quedando ahora todas las producciones en el grupo 1:

A := cBc | bB | λ, B := bX | b, C := c, X := cX | c

d) Como solo la primera producción del anterior grupo no está en Forma Normal de Greibach, solo se deberá crear el no terminal X_c y agregar la producción **X_c := c**; como se comentó en el anterior ejemplo, ya que el no terminal **C** lo único que produce es el terminal **c**, no hace falta crear este nuevo no terminal, por lo que la primera producción es reemplazada por **A := cBC**.

e) Finalmente, la nueva gramática G' equivalente en **FNG** es:

G'' = ({b, c}, {A, B, C, X}, A, { A := cBC | bB | λ, B := bX | b, C := c,

X := cX | c})

Actividades prácticas

Ejercicios propuestos de cadenas y lenguajes

Dados los alfabetos $\Sigma_1 = \{a, b, c, d\}$, $\Sigma_2 = \{c, d, e\}$, $\Sigma_3 = \{0, 1\}$ y sobre ellos definidas las cadenas: α = aab, β = cdee, γ = eddcc y δ = aacddd, se requiere:

Ejercicio 1

Determinar la longitud de las cadenas: $|\alpha|, |\beta|, |\gamma|, |\delta|$.

Ejercicio 2

Realizar las siguientes operaciones con las palabras dadas:

a) α^2

b) $\alpha . \delta$

c) β^{-1}

d) $(\delta . \alpha)^{-1}$

e) $[(\beta . \gamma)^{-1}]^2$

Ejercicio 3

Definir por enumeración los siguientes lenguajes sobre Σ_1, Σ_2 y Σ_3.

a) $L_1 = \{ d^n e^m \ / \ n \geq 0 \wedge m \geq 2 \}$

b) $L_2 = \{ a^r c\, d^r \ / \ r \geq 1 \}$

c) $L_3 = \{ 0^a 1^{2a} \ / \ a \geq 0 \}$

Ejercicio 4

Determinar los prefijos y sufijos propios de la cadena **δ** y aquellas subcadenas que no sean prefijos ni sufijos.

Ejercicio 5

Defina por extensión, mostrando al menos diez cadenas en orden creciente de longitud, los siguientes conjuntos:

a) $(\Sigma_1 \cap \Sigma_2)^+$

b) $(\Sigma_1 \cup \Sigma_2)^*$

c) $(L_1 \circ L_2)$

d) $(L_2 \circ L_1)$

e) L_3^2

Ejercicios propuestos de derivaciones y tipos de gramáticas

Ejercicio 6

Obtener todas las derivaciones posibles de las siguientes gramáticas y determine el tipo de lenguaje generado en cada caso:

a) $G_1 = (\{0, 1\}, \{S, A, B\}, S, P_1)$

$P_1 = \{S := 0B \mid 0A1,\ A := 0B \mid 0,\ B := 1\}$

b) $G_2 = (\{c, d\}, \{D, E\}, D, P_2)$

$P_2 = \{D := cE \mid d,\ E := cd\}$

c) $G_3 = (\{0, 1, 2\}, \{P, Q, R, S\}, P, P_3)$

$P_3 = \{P := 1R \mid 2Q,\ Q := 0R \mid 0,\ R := 1S \mid 2,\ S := 0\}$

d) $G_4 = (\{a, b, c\}, \{P, Q, R\}, P, P_4)$

$P_4 = \{P := aQ,\ Q := ab \mid caR,\ R := c \mid ac\}$

e) $G_5 = (\{a, b, c\}, \{S, A, B\}, S, P_5)$

P_5 = {S:= aAb | bBa, aAb:= aBb, aBb:= abb |acb, bBa:= bca}

f) G_6 = ({0, 1}, {S, A, B, C, D}, S, P_6)

P_6 ={S:= CA0, A:= 0B, A0:= 00B0 | 10, 0B:= 11, C:= 0BD | 01, D:= 0}

Ejercicio 7

Siendo **S** el axioma, los símbolos terminales representados por letras minúsculas y los no terminales por letras mayúsculas, considere los siguientes conjuntos de producciones como las reglas de alguna gramática. Luego, determine a qué tipo de gramática corresponde según la clasificación de Chomsky, indique las derivaciones sucesivas directas para cada cadena en particular y si se trata de una gramática tipo 2 o tipo 3, construya el árbol de derivación:

a) Considere la cadena **abbc**, con

P = { S := aab | aAc, aAc := aBc, aBc := acc | abbc }

b) Considere la cadena **abcde**, con

P = { S := aB, B:= bcAe, A := d }

c) Considere la cadena **zzaazaz**, con

P = { S := zMz, M := zA , zA := zaazB, B := a, A := aza }

d) Considere la cadena **xxyyyy**, con

P = { S := xX, X := xY, Y := yY, Y := y }

Ejercicio 8

Considerando **G = ({a, b}, {A, S}, S, P)**, establezca si las reglas de producción dadas, corresponden a gramáticas equivalentes para los siguientes casos:

a) P_1 = { S := aS, S := aA, A := ab }

P_2 = { S := aS, S := aab }

b) P_1 = { S := aS, S := b }

P_2 = { S := aSb, S := b }

Ejercicio 9

Para cada uno de los siguientes conjuntos de producciones, y considerando la gramática **G_i = ({a, b}, {S, A, B}, S, P_i)**, investigar si se obtienen sentencias ambiguas representando los árboles de derivación.

a) P_1 = { S := AB | aA, B := AB | b, A := a | b }

b) P_2 = { S := AB, A := aB | b | ab, B := b | a }

Ejercicio 10

Establezca si las siguientes gramáticas son recursivas, y en caso afirmativo, indique cuáles son las reglas recursivas y el tipo de recursividad que presentan (directa, en más de un paso, por izquierda, por derecha, mixta):

G = ({a, b, c, d}, {S, A, B, C, D}, S, P)

a) P = { S:= aAb, A := aB | a, B := c }

b) P = { S := abS | aA, A := a }

c) P = { S := Sa | aB, A := ad | a, B := b | aA }

d) P = { S := AB | c, A := aC, C := bS, B := aD, D := b }

Ejercicio 11

Dados **Σ_T = {a, b, c}** y **Σ_N = {S, A, B}**, y siendo el axioma **S**, para cada uno de los siguientes conjuntos de producciones, establezca si las gramáticas construidas son equivalentes, si son recursivas y si son ambiguas (en este caso, muestre construyendo árboles de derivación):

a) P = { S := aSA, S := AB, A := b, B := c }

b) P = { S := aA, A := aBb, B := aBb, B := c }

c) P = { S := AB, A := aA, A := a, B := AB, B := b }

d) P = { S := bBa, B := bBa, B := c }

e) P = { S := AB, A := aA, A := b, B := a, B := bB }

Ejercicios propuestos de gramática limpia

Para cada una de las siguientes gramáticas, obtener una gramática limpia equivalente (su definición formal) indicando: reglas innecesarias, símbolos inaccesibles terminales y no terminales, y símbolos superfluos, si los hubiera.

Ejercicio 12

G_1 = ({ 0, 1, 2, 3 }, { S, A, B, C, D, E }, S, P_1)

P_1 = { S:= 0A | 1B | 01, A:= A | 1B | 0, B:= 0C | 0E | 10, C:= 1, E:= 0E,

D:= 0A | 1B | 0 }

Ejercicio 13

G_2 = ({ 0, 1, 2 }, { S, A, B, C }, S, P_2)

P_2 = { S:= 0A | 1 | S, A:= 1B0 | 01, C:= 0 | 1B | 1 | C, B:= 1A | A0 | 1B }

Ejercicio 14

G_3 = ({ a, b, c }, { S, A, B, C, D, E }, S, P_3)

P_3 = { S:= aBb | λ, A:= bB | Ca, B:= bA | b | a | bE | B, C:= a | bB | aD,

D:= a, E:= aE | E }

Ejercicio 15

G_4 = ({ 0, 1, 2 }, { Q, R, S, T }, Q, P_4)

P_4 = { Q:= 1R0 | λ, R:= 0S1 | 0T | 1, T:= 0R | RT1, S:= 0 }

Ejercicios propuestos de gramática bien formada

Para cada una de las siguientes gramáticas, generar la gramática bien formada equivalente, eliminando si las hay, *reglas no generativas* y *reglas de redenominación* (recuerde que primero deben estar limpias).

Ejercicio 16

G_1 = ({ 0, 1 }, { S, A, B }, S, P_1)

P_1 = { S:= A B1 | λ, A:= BA | λ, B:= 0A | λ }

Ejercicio 17

G_2 = ({ 0,1, 2, 3 }, { S, A, B, C, D }, S, P_2)

P_2 = { S:= C0 | λ | D10, A:= 1C3, B:= B, C:= 1 | λ | 0, D:= 1D }

Ejercicio 18

G_3 = ({ a, b, c, d }, { A, B, C, D }, A, P_3)

P_3 = { A:= bBa, B:=bDa | aC | b | λ, C:= BB | A, D:= λ | a | b }

Ejercicios propuestos de eliminación de recursividad izquierda

Ejercicio 19

G_1 = ({a, b}, {P, Q, R}, P, P_1)

P_1 = { P:= abP | aQ, Q:= a | bR, R:= Ra | b }

Ejercicio 20

G_2 = ({a, b, c}, {S, A, B, C, D}, S, P_2)

P_2 = { S:= AB | c , A:= aC , B:= aD , C:= Ca | Cab | b , D:= b }

Ejercicio 21

G_3 = ({a, b, c}, {S, A, B}, S, P_3)

P_3 = { S:= aAb, A:= aB | a | Ac, B:= c }

Ejercicio 22

G_4 = ({a, b}, {M, N, P}, M, P_4)

P_4 = { M:= Ma | aP | b , N:= aP | a , P:= b | aN | Pb }

Ejercicio 23

G_5 = ({a, b}, {M, P}, M, P_5)

P_5 = { M:= Pa | b, P:= Mb | b }

Ejercicios propuestos de formas normales

Ejercicio 24

A las cuatro gramáticas obtenidas de los ejercicios de gramática limpia, llevarlas a gramáticas bien formadas, expresarlas en FNC y derivar dos palabras con la gramática antes y después de haber aplicado la FNC.

Expresar las siguientes gramáticas en Forma Normal de Greibach:

Ejercicio 25

G_1 = ({0, 1}, {S, A, B, C}, S, P_1)

P_1 = { S:= A0 | 1 | C1, A:= 0B | 1, B:= A0 | 0, C:= 1 }

Ejercicio 26

G_2 = ({0, 1}, {S, A, B, C, D}, S, P_2)

P_2 = { S:= DA | 1, A:= B0 | 1, B:= B1 | 0, C:= 0, D:= C0 | 01 }

Ejercicio 27

G_3 = ({a, b, c}, {S, A, B, C, D, E, F}, S, P_3)

P_3 = { S:= Aa | bB | bC, A:= Da | D, B:= Ba | b | a | B, C:= a | Db |bE ,

D:= a, E:= bF, F:= aF }

Ejercicios propuestos de expresiones regulares

Ejercicio 28

Construya ocho cadenas correspondientes a cada uno de los lenguajes regulares representados por:

a) L_1 ((11+0)*)

b) L_2 ((a+bb)*+ab)

Ejercicio 29

Determine una expresión regular para cada uno de los siguientes conjuntos de palabras:

a) Cadenas de bits que empiezan con **1** y terminan con **0** (números binarios pares).

b) Cadenas de bits que se expresen como la unidad seguida de ceros (potencias de dos escritas en sistema binario).

Ejercicios resueltos de cadenas y lenguajes

Ejercicio 30

Dados los siguientes alfabetos:

$\Sigma_1 = \{a, b, c, d, e, f, g\} \qquad \Sigma_2 = \{x \in \mathbb{N} \,/\, 1 \leq x < 5\}$

Determinar si las siguientes cadenas están definidas sobre alguno de los anteriores alfabetos e indique sobre cuál:

α_1 = 1432 $\qquad$ α_2 = 5bax $\qquad$ α_3 = agfdbc

α_4 = @ab α_5 = 5332 α_6 = badeg

Solución:

$\alpha_1 \in W(\Sigma_2)$ $\alpha_3 \in W(\Sigma_1)$ $\alpha_6 \in W(\Sigma_1)$

Ejercicio 31

Indique cuatro cadenas que pertenezcan al universo de discurso de cada uno de los alfabetos dados a continuación:

a) $\Sigma_1 = \{a, b, c, d, e, f, g, h, i, j, k, l, m\}$

b) $\Sigma_2 = \{x \in \mathbb{N} / 0 \leq x \leq 9\}$

Solución:

Σ_1: α_1 = abcd

α_2 = cama

α_3 = fghi

α_4 = fila

Σ_2: β_1 = 0123

β_2 = 3939

β_3 = 8888

β_4 = 7654

Ejercicio 32

Determine la potencia indicada a cada lenguaje para los siguientes casos:

a) $[L(\Sigma_1)]^2$ siendo: $L(\Sigma_1)$ = {pe, sa}

b) $[L(\Sigma_2)]^3$ siendo: $L(\Sigma_2)$ = {11, 00}

Solución:

L_1^2 ={ pepe, pesa, sape, sasa }

L_2^3 ={111111, 111100, 110011, 110000, 001111, 001100, 000011, 000000}

Ejercicio 33

Sean los alfabetos $\Sigma_A = \{a, b, c\}$, $\Sigma_B = \{b, c, d\}$ y los lenguajes:

$L_1 = \{a^i b^m / i \geq 1 \wedge m \geq 1\}$

$L_2 = \{b^i c^r / i \geq 0 \wedge r \geq 1\}$

$L_3 = \{a^i b^n c^i d^n / i \geq 1 \wedge n \geq 2\}$" , **siendo i, m, n y r enteros**

Establezca si las siguientes afirmaciones se cumplen o no:

a) L_1 es un lenguaje sobre el alfabeto Σ_A

b) L_1 es un lenguaje sobre el alfabeto Σ_B

c) L_2 es un lenguaje sobre el alfabeto $\Sigma_A \cup \Sigma_B$

d) L_2 es un lenguaje sobre el alfabeto $\Sigma_A \cap \Sigma_B$

e) L_3 es un lenguaje sobre el alfabeto $\Sigma_A \cup \Sigma_B$

f) L_3 es un lenguaje sobre el alfabeto $\Sigma_A \cap \Sigma_B$

g) $L_1 \cup L_2$ es un lenguaje sobre el alfabeto Σ_A

h) $L_1 \cup L_2$ es un lenguaje sobre el alfabeto $\Sigma_A \cup \Sigma_B$

i) $L_1 \cup L_2$ es un lenguaje sobre el alfabeto $\Sigma_A \cap \Sigma_B$

j) $L_1 \cup L_2$ es un lenguaje sobre el alfabeto Σ_B

Solución:

L_1 = { ab, aab, abb, aaabb, ...}

L_2 = { c, cc, bbccc, bccc, bbbbc, ...}

L_3 = { abbcdd, aabbbccddd, ...}

a	b	c	d	e	f	g	h	i	j
SI	NO	SI	SI	SI	NO	SI	SI	NO	NO

Ejercicios resueltos de derivaciones y tipos de gramáticas

Ejercicio 34

Dados los siguientes conjuntos de producciones, donde se supone que las minúsculas son símbolos terminales, las mayúsculas son símbolos no terminales y **S** el axioma:

P_1 = { S := AB, A := aA , A := a, B := b, B := bB }
P_2 = { S := aA, A := bA, A := bC, C := cC, C := c }
P_3 = { S := cA, A := Aa, A := a, B := Bb, B := b, A := B }
P_4 = { S := aaA, A := aa, A := aaA, A := B, B := b, B := bB }

Se pide para cada uno de ellos:

a) Generar al menos cuatro cadenas de símbolos terminales, mediante el proceso de derivación desde el axioma.
b) Establecer la fórmula algebraica del lenguaje que conforman las cadenas obtenidas.
c) Determinar los componentes formales de la gramática.

Solución:

P_1

C_1 = { ab, aab, abb, aabb, aaaab, abbbb, ... }

a) $L_1 = \{ a^n b^p \} / n \geq 1, p \geq 1 \}$
b) $G_1 = (\{ a, b \}, \{ S, A, B \}, S, P_1)$

P_2

a) C_2 = { abc, abbcc, abcc, abbc, ... }
b) $L_2 = \{ a\, b^p c^r \} / \; p \geq 1, r \geq 1 \}$
c) $G_2 = (\{ a, b, c \}, \{ S, A, C \}, S, P_2)$

P_3

a) C_3 = { ca, caa, cb, cab, cbb, cbbb, ... }
b) $L_3 = \{ c\, a^p b^r \; / p \geq 0, r \geq 0 \}$
c) $G_3 = (\{ a, b, c \}, \{ S, A, B \}, S, P_3)$

P_4

a) C_4 = { aaaa, aaaaaa, aab, aabb, ... }
b) $L_4 = \{ a^{2n} b^p \} / (n \geq 2 \wedge p = 0) \vee (n \geq 1 \wedge p \geq 1) \}$
c) $G_4 = (\{ a, b \}, \{ S, A, B \}, S, P_4)$

Ejercicio 35

Por cada grupo de producciones, realizar todas las derivaciones posibles e indicar si hay cadenas ambiguas:

$$G = (\Sigma_T = \{a, b, c\}, \Sigma_N = \{A, B, C, S\}, S, P_i),$$

Los conjuntos P_i de producciones se muestran en la siguiente tabla:

1) S:= aB | bA A:= aB | a B:=b	2) S:= aA A:= bC C:= ca |c	3) S:= caBA A:= aC | b B:= bA | a C:= ab | c
4) S:= BAa A:= Ca | a B:= Ab | c C:= ab	5) S:= bAB | c A:= aC C:= bD B:= aD D:= b	6) S:= aaA A:= aa | aaB | cB B:= b | bC C:= c | λ

Solución:

W_1 = { ab, ba, bab }

W_2 = { abca, abc }

W_3 = { cabacb, cabaabb, cabbb, caab, cabaabac, cabacac, cabbac, caaac, caaaab, cabbaab, cabacaab, cabaabaab }

W_4 = {abababaa, ababaa (cadena ambigua), abaa, caa, cabaa}

W_5 = { c, babbab }

W_6 = { aaaa, aaaab (cadena ambigua), aaaabc, aacb (cadena ambigua), aacbc }

Ejercicio 36

Identificar en el ejercicio anterior la clasificación de Chomsky que le corresponde a cada uno de los conjuntos de producciones dadas.

Solución:

1-TIPO 3	2- TIPO 2
3-TIPO 2	4- TIPO 2
5-TIPO 2	6- TIPO 0

Ejercicio 37

Dada la siguiente gramática:

G = ({a, b}, {A, B, S}, S, P), con

P = { S := aB | bA, B := bS | b, A := aS | a }

Indique si las siguientes cadenas pueden ser generadas o no por esta gramática (demostrarlo mediante la derivación):

α = abbaaab, β = baabbaaaabb, γ = baabab, δ = abbaab

Solución:

S → aB → abS → abbA → abbaS → abbaaB → no tiene solución, solo por **B** obtengo **b**. Luego $\boldsymbol{\alpha}$ no puede ser generada por la gramática.

S → bA → baS → baaB → baabS → baabbA → baabbaS → baabbaaB → baabbaabS → no tiene solución, porque por **S** no se llega a una derivación en **b**. Luego $\boldsymbol{\beta}$ no puede ser generada por la gramática.

S → bA → baS → baaB → baabS → baabaB → baabab. La cadena $\boldsymbol{\gamma}$ sí puede ser generada por la gramática.

S → aB → abS → abbA → abbaS → abbaaB → abbaab. La cadena $\boldsymbol{\delta}$ sí puede ser generada por la gramática.

Ejercicio 38

Para cada una de las siguientes gramáticas, determine la definición algebraica del lenguaje generado y muestre los árboles de derivación correspondientes a algunas de las cadenas de ejemplo investigadas:

G_1 = ({x, y, z}, {S, X, Y, Z}, S, P_1) con
P_1 = { S:= XSZ | Y | yY, X:= x, Y:= yY | y, Z:= z }

G_2 = ({x, y, z}, {S}, S, P_2) con
P_2 = { S:= xSz | λ | y }

G_3 = ({x, y}, {M, S, Y}, S, P_3) con
P_3 = { S:= xM | λ, M:= SY, Y:= y }

Solución:

G_1, P_1: Se presenta recursividad en esta gramática.

Cadena: y

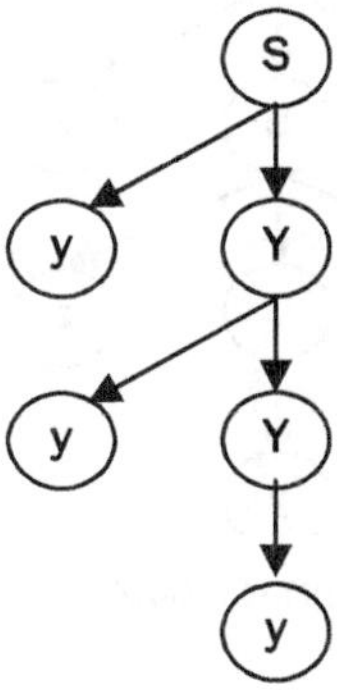

Cadena: yyy

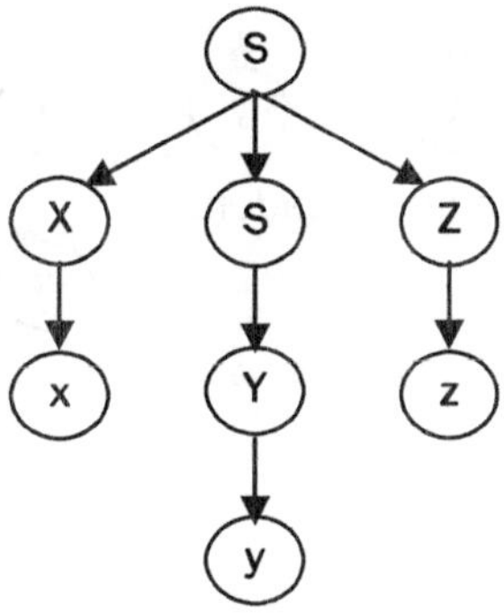

Cadena: xyz

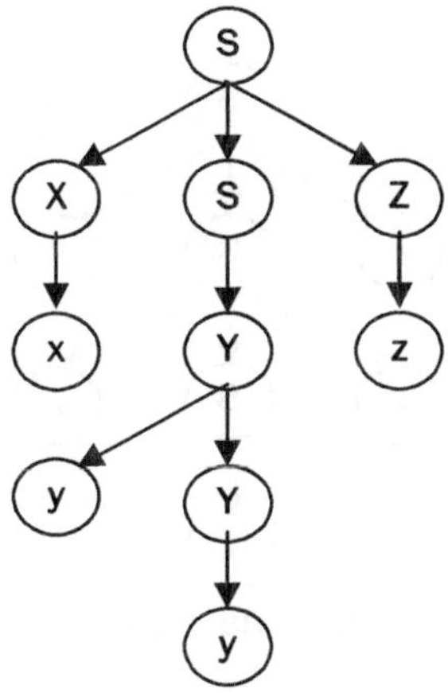

Cadena: xyyz

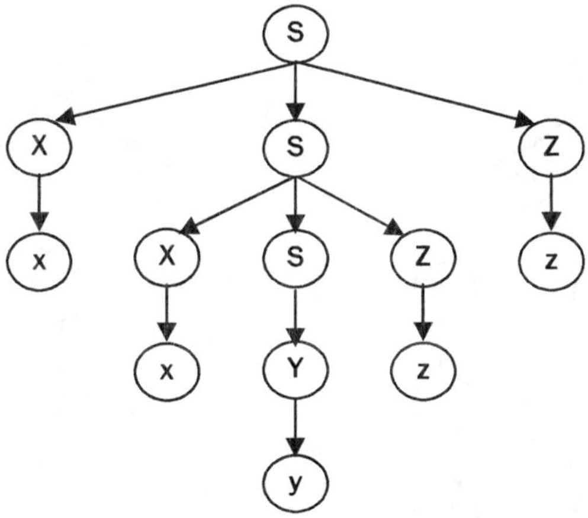

Cadena: xxyzz

$$L_1 = \{ x^n y^r z^n / n \geq 0 \wedge r \geq 1 \}$$

G_2, P_2: Se presenta recursividad en esta gramática.

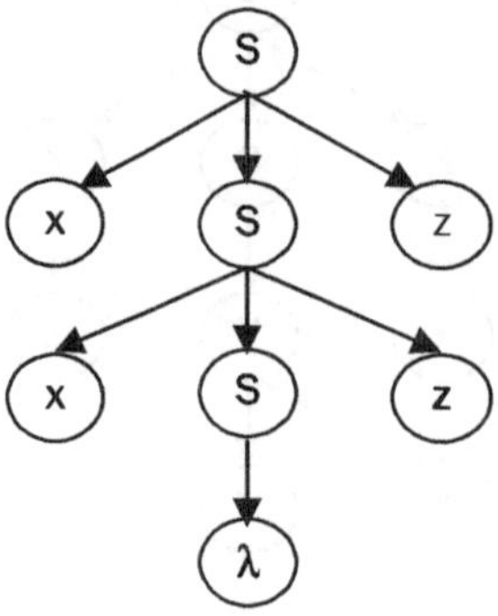

Cadena: xxzz

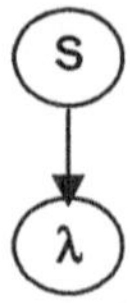

Cadena: λ

Cadena: y

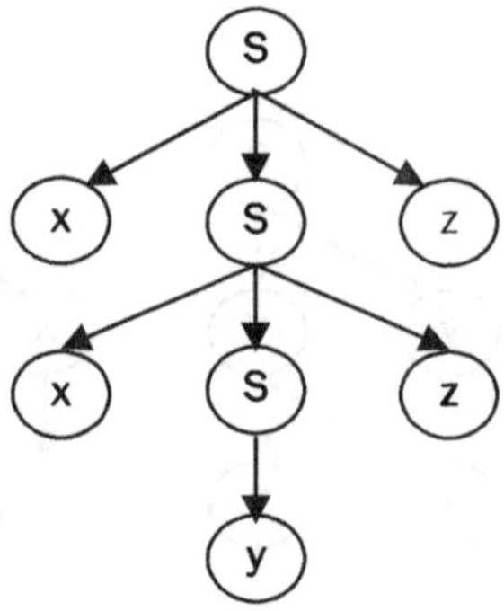

Cadena: xxyzz

$$L_2 = \{ x^n y^p z^n \ / \ n \geq 1 \wedge (p = 0 \vee p = 1) \} \cup \{ \lambda, y \}$$

G_3, P_3: Se presenta recursividad en esta gramática.

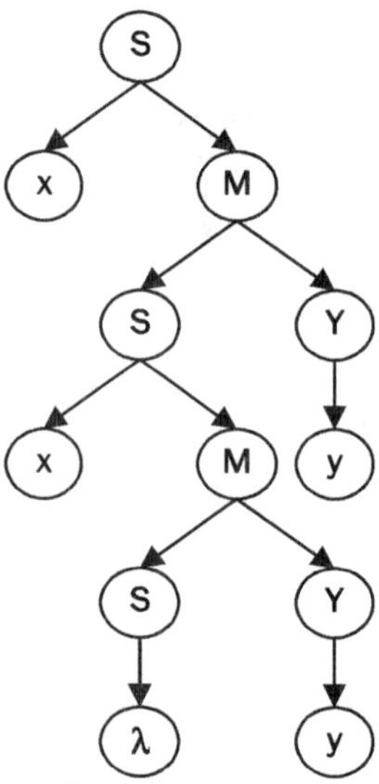

Cadena: xxyy

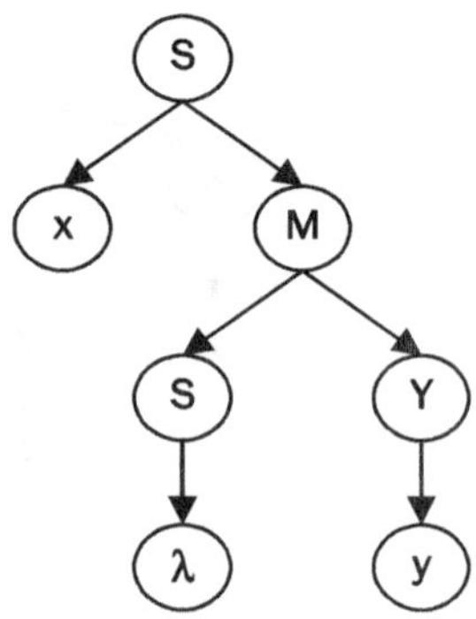

Cadena: xy

$$L_3 = \{ x^n y^n \ / \ n \geq 0 \}$$

Ejercicio 39

Las siguientes reglas de producción son algunas de las reglas del lenguaje Java (los terminales y no terminales se pueden distinguir sabiendo que estos últimos figuran entre paréntesis):

a) (WhileDeclaración) → while ((Expresión)) (Declaración)

b) (Expresión) → (ExpresiónCondicional) | (Asignación)

c) (Asignación) → (LadoIzquierdo)(OperadorAsignación)(ExpresiónAsignada)

d) (Declaración) → (WhileDeclaración) | (IfThenDeclaración) | (Bloque) |...

e) (Bloque) → (ExpresiónIncremental) | (ExpresiónDecremental) | ...

f) (LadoIzquierdo) → IdentificadorJava

g) (OperadorAsignación) → = | > =| < = | = = | ++ |...

h) (ExpresiónIncremental) → IdentificadorJava ++

i) (ExpresionAsignada) → (Dígitos)

j) (Dígitos) → (Dígito) | (Dígito) (Dígitos)

k) (Dígito) → 0 | 1 | 2 | 3 | 4 | 5 | 6 | 7 | 8 | 9

Mediante derivaciones sucesivas, obtenga el siguiente bloque de programa:

while (IdentificadorJava <= 10)

  IdentificadorJava ++

Solución:

(WhileDeclaración) → while ((Expresión)) (Declaración)

→ while ((Asignación)) (Declaración)

→ while ((LadoIzquierdo)(OperadorAsignación)(ExpresiónAsignada)) (Declaración)

→ while (IdentificadorJava(OperadorAsignación)(ExpresiónAsignada))(Declaración)

→ while (IdentificadorJava <= (ExpresiónAsignada))(Declaración)

→ while (IdentificadorJava <= (Dígitos))(Declaración)

→ while (IdentificadorJava <= (Dígito) (Dígitos))(Declaración)

→ while (IdentificadorJava <= 1 (Dígitos)) (Declaración)

→ while (IdentificadorJava <= 1 (Dígito)) (Declaración)

→ while (IdentificadorJava <= 10) (Declaración)

→ while (IdentificadorJava <= 10) (Bloque)

→ while (IdentificadorJava <= 10) (ExpresiónIncremental)

→ while (IdentificadorJava <= 10) IdentificadorJava ++

Nótese que se trata de derivaciones sucesivas. Todas ellas deberían haber sido expresadas una a continuación de otra, pero por razones de espacio y claridad, se efectuaron en líneas de texto separadas.

Ejercicio 40

Considerando **Σ_T = {a, b, c}, Σ_N = {S, A, B}** y axioma **S**, establecer si las reglas de producción dadas a continuación, corresponden a gramáticas equivalentes. Justifique su respuesta:

Caso 1: P_1 = { S:= aSA, S:= aB, A:= b, B:= c }

P_2 = { S:= aA, A:= aBb, B:= aBb, B:= c }

Caso 2: P_1 = { S:= aAb, A:= aAb, A:= c }

P_2 = { S:= bBa, B:= bBa, B:= c }

Solución:

<u>Caso 1:</u> G_1 y G_2 no son equivalentes ya que la primera genera la cadena **ac** y la segunda no puede hacerlo.

<u>Caso 2:</u> G_1 y G_2 no son equivalentes ya que todas las cadenas de la primera inician con el símbolo **a** y las de la segunda con **b**.

Ejercicio 41

Considere la siguiente gramática independiente del contexto:

G = ({a, b, c, d}; {S, A, B, C, D}; S; P)

donde el conjunto de producciones está dado por:

P = {S:=AB|C, A:=aAb |ab, B:=cBd | cd, C:=aCd | aDd, D:=bDc | bc}.

Esta gramática genera el lenguaje inherentemente ambiguo:

L = $\{a^n b^n c^m d^m \ / \ n \geq 1, m \geq 1\} \cup \{a^n b^m c^m d^n \ / \ n \geq 1, m \geq 1\}$ con m y n enteros.

Demuestre que la cadena **aabbccdd** puede construirse con árboles de derivación distintos.

Solución:

S → AB → aAbB → aabbB → aabbcBd → aabbccdd

S → C → aCd → aaDdd → aabDcdd → aabbccdd

Claramente, estas dos derivaciones de la cadena en cuestión generarán árboles de análisis sintáctico distintos (queda a cargo del lector hacer los dibujos de estos árboles para comprobarlo); esto ocurrirá para cualquier cadena en la que los exponentes **n** y **m** sean iguales.

Ejercicios resueltos de gramática limpia

Determinar y definir formalmente, para cada una de las siguientes gramáticas, una gramática limpia equivalente, indicando reglas innecesarias, símbolos inaccesibles terminales y no terminales, y símbolos superfluos si los hubiera.

Ejercicio 42

G_1 = ({ 0, 1, 2, 3 } , { A, B } , A , P_1)

P_1 = { A:= 0B | 2, B:= 0A | 1 | B }

Solución:

Reglas innecesarias: **B := B**

Símbolos inaccesibles no terminales: no hay

Símbolos inaccesibles terminales: **3**

Símbolos superfluos: no hay

Gramática limpia: **G_1 = ({ 0, 1, 2 }, { A, B }, A, P_1)**

P_1 = { A:= 0B | 2, B:= 0A | 1 }

Ejercicio 43

G_2 = ({ 0, 1 } , { S, A, B, C } , S , P_2)

P_2 = { S:= 0A1 | 0, A:= 0A1 | 0B | 0 | A, B:= 0B | 0, C:= 1C }

Solución:

Reglas innecesarias: **A:= A**

Símbolos inaccesibles no terminal: **C**

Símbolos inaccesibles terminales: no hay

Símbolos superfluos: no hay (ya que **C** es eliminado por inaccesible)

Gramática limpia: **G_2 = ({0, 1}, {S, A, B}, S, P_2)**

P_2 = { S:= 0A1 | 0, A:= 0A1 | 0B | 0, B:= 0B | 0 }

Ejercicio 44

G_3 = ({ 0, 1 } , { S, A, B, C } , S , P_3)

P_3 = { S:= 0A| 1B| S| 0C, A:= 0A| 1S| 1, B:= 1BB| 0S| 0| 1C, C:= 0C }

Solución:

Reglas innecesarias: **S := S**

Símbolos inaccesibles terminal: no hay

Símbolos inaccesibles no terminales: no hay

Símbolos superfluos: **C**

Gramática limpia: **G_3 = ({ 0, 1 }, {S, A, B}, S, P_3)**

P_3 = { S:= 0A| 1B, A:= 0A| 1S| 1, B:= 1BB| 0S| 0 }

Ejercicio 45

G_4 = ({ a, b, c } , { S, A, B, C } , S , P_4)

P_4 = { S:= aBc | aAc , A: = a | Cc | A, B: = b | a | B, C:= Cc }

Solución:

Reglas innecesarias: **A := A , B := B**

Símbolos inaccesibles terminal: no hay

Símbolos inaccesibles no terminales: no hay

Símbolos superfluos: **C**

Gramática limpia: **G_4 = ({ a, b, c }, {S, A, B}, S, P_4)**

P_4 = { S:= aBc | aAc, A:= a, B:= b | a }

Ejercicio 46

G_5 = ({ 0, 1 } , { S, B, C } , S , P_5)

P_5 = { S:= CB | BC | 0C1 , B:= 0B1 | 0 | 1 | B, C:= 0C1 | 0 | C }

Solución:

Reglas innecesarias: **B:= B , C:= C**

Símbolos inaccesibles terminales: no hay

Símbolos inaccesibles no terminales: no hay

Símbolos superfluos: no hay

Gramática limpia: **G_5 = ({ 0, 1 }, {S, B, C}, S, P_5)**

P_5 = { S:= CB| BC| 0C1, B:= 0B1| 0| 1, C:= 0C1| 0 }

Ejercicios resueltos de gramática bien formada

Para cada una de las siguientes gramáticas, generar la gramática bien formada equivalente, indicando si las hubiera, *reglas no generativas* y *reglas de redenominación.*

Ejercicio 47

G_1 = ({a, b, z}, {S, M, N, P}, S, P_1)

P_1 = { S:= zMNz, M:= λ | aMa, N:= λ | bNb | z, P:= AM | zNP | P }

Solución:

Primero, debemos limpiar la gramática:

Reglas innecesarias: **P:= P**

Símbolos inaccesibles terminales: no hay

Símbolos inaccesibles no terminales: **P**

Símbolos superfluos: no hay

Gramática limpia: **G_{1L} = ({a, b, z}, {S, M, N}, S, P_{1L})**

P_{1L} = { S:= zMNz, M:= λ | aMa, N:= λ | bNb | z }

Reglas no generativas:

1. Eliminación de la regla **M:= λ**

P_{1A} = { S:= zMNz | zNz, M:=aMa | aa, N:= λ | bNb | z }

2. Eliminación de la regla **N:= λ**

   P_{1B} = {S:= zMNz | zNz | zMz | zz, M:=aMa | aa, N:= bNb | bb | z}

Reglas de redenominación: no hay

Gramática bien formada: **G_{1B} = ({a, b, z}, {S, M, N}, S, P_{1B})**

P_{1B} = { S:= zMNz | zNz | zMz | zz, M:=aMa | aa, N:= bNb | bb | z }

Ejercicio 48

G_2 = ({x, y, z}, {S, A, B}, S, P_2)

P_2 = { S:= xAx | λ, A:=xAx | yB, B:=yB | y | AB | λ | B }

Solución:

Primero, debemos limpiar la gramática:

Reglas innecesarias: **B:= B**

Símbolos inaccesibles terminales: **z**

Símbolos inaccesibles no terminales: no hay

Símbolos superfluos: no hay

Gramática limpia: **G_{2L} = ({x, y}, {S, A, B}, S, P_{2L})**

P_{2L} = { S:= xAx | λ, A:=xAx | yB, B:=yB | y | AB | λ }

Reglas no generativas:

Eliminación de la regla **B:= λ**

P_{2A} = { S:= xAx | λ, A:= xAx | yB | y, B:=yB | y | AB |A }

Reglas de redenominación:

Eliminación de la regla **B:=A**

P_{2B} = { S:= xAx | λ, A:= xAx | yB | y, B:= <u>yB</u> | y | AB | xAx | <u>yB</u> }

Gramática bien formada: **G_{2B} = ({x, y}, {S, A, B}, S, P_{2B})**

P_{2B} = { S:= xAx | λ, A:=xAx | yB | y, B:= yB | y | AB | xAx }

Ejercicio 49

G_3 = ({a, b, c, d}, {S, B, C, D}, S, P_3)

P_3 = { S:= aB, B:= λ | aBB | b | B, C:=aC, D:= a }

Solución:

Primero debemos limpiar la gramática:

Reglas innecesarias: **B:= B**

Símbolos inaccesibles terminales: **c, d**

Símbolos inaccesibles no terminales: **C, D**

Símbolos superfluos: no hay

Gramática limpia: **G_{3L} = ({a, b}, {S, B}, S, P_{3L})**

P_{3L} = { S := aB, B := λ | aBB | b }

Reglas no generativas:

Eliminación de la regla **B:= λ**

P_{3B} = { S := aB| a, B := aBB | aB | b | a }

Reglas de redenominación: no hay

Gramática bien formada: **G_{3B} = ({a, b}, {S, B}, S, P_{3B})**

P_{3B} = { S:= aB | a, B:=aBB | aB | b | a }

Ejercicios resueltos de eliminación de recursividad por izquierda

Para cada una de las siguientes gramáticas, generar una gramática equivalente con reglas de producción que no presenten recursividad por izquierda.

Ejercicio 50

G_1= ({a, b}, {S, A, B}, S, P_1)

P_1= { S:= Aa | bB, A:= aA | Ab | b, B:= Ba | b }

Solución:

Existe recursividad por izquierda en los símbolos **A** y B. Entonces, se crean los nuevos no terminales **X** y **Y**:

Reglas A:= Ab | aA | b se deben reemplazan por:

X:= b | bX

A:= aA | aAX | b | bX

Reglas B:= Ba | b se deben reemplazar por:

Y:= a | aY

B:= b | bY

G_1' = ({a, b}, (S, A, B, X, Y}, S, P_1')

P_1' = { S:= Aa | bB, A:= aA | aAX | b | bX, B:= b | bY, X:= b | bX,

Y:= a | aY }

Ejercicio 51

G_2= ({0, 1, 2}, {A, B, C, D}, A, P_2)

P_2= { A:= 1B | 0D, B:= B1 | 1C, C:= 0 | 1 | C0, D:= 0 }

Solución:

Existe recursividad por izquierda en los símbolos **B** y **C**. Entonces, se crean los nuevos no terminales **X** y **Y**:

Reglas B:= B1 | 1C se deben reemplazar por:

X:= 1 | 1X

B:= 1C | 1CX

Reglas C:= 0 | 1 | C0 se deben reemplazar por:

Y:= 0 | 0Y

C:= 1 | 1Y | 0 | 0Y

G_2' = ({0, 1}, (A, B, C, D, X, Y}, A, P_2')

P_2' = { A:= 1B | 0D, B:= 1C | 1CX, C:= 0 | 0Y | 1 | 1Y, D:= 0,

X:= 1 | 1X, Y:= 0 | 0Y }

Consideremos las cadenas 00, 111 y 1101. Obtengamos derivaciones de ellas según las gramáticas G_2 y G_2':

- Con **G_2:**

A → 0D → 00

A → 1B → 11C → 111

A → 1B → 1B1 → 11C1 → 1101

- Con **G_2':**

A → 0D → 00

$A \rightarrow 1B \rightarrow 11C \rightarrow 111$

$A \rightarrow 1B \rightarrow 11CX \rightarrow 110X \rightarrow 1101$

Si bien ésta no es una demostración suficiente de equivalencia entre las gramáticas G_2 y G_2', resulta una condición necesaria. (Para que sea suficiente, habría que hacer la comprobación sobre todas las cadenas posibles del lenguaje).

Ejercicios resueltos de formas normales

A las cuatro gramáticas obtenidas de los ejercicios de gramática limpia, llevarlas a la Forma Normal de Chomsky y derivar dos palabras con la gramática antes y después de haber convertido a FNC.

Ejercicio 52

Solución:

La gramática se encuentra *bien formada,* no tiene reglas de redenominación ni reglas no generativas.

Se crea el nuevo no terminal **X** y se agrega la producción **X:= 0**.

Luego, se reemplaza **A:= 0B** por **A:= XB** y **B:= 0A** por **B:= XA**.

FNC: $G_1 = (\{0, 1, 2\}, \{A, B, X\}, A, P_1)$

$P_1 = \{A:= XB \mid 2, B:= XA \mid 1, X:= 0\}$

Derivaciones:

Antes: $A \rightarrow 0B \rightarrow 00A \rightarrow \mathbf{002}$

$A \rightarrow \mathbf{2}$

Después: $A \rightarrow XB \rightarrow 0B \rightarrow 0XA \rightarrow 00A \rightarrow \mathbf{002}$

$A \rightarrow \mathbf{2}$

Ejercicio 53

Solución:

La gramática se encuentra *bien formada,* no tiene reglas de redenominación ni reglas no generativas.

Se crean nuevos no terminales **X**, **Y** y **Z**, y se agregan las producciones **X:=0**, **Z:= 1** y **Y:=A1**. Luego, se efectúan los siguientes reemplazos:

Y:= A1 por Y:= AZ

S:= 0A1 por S:= XY

A:= 0A1 por A:= XY

A:= 0B por A:= XB

B:= 0B por B:= XB

FNC: $\mathbf{G_2 = (\{ 0, 1 \}, \{S, A, B, X, Y, Z\}, S, P_2)}$

$\mathbf{P_2 = \{S{:=}XY|0, Y{:=}AZ, Z{:=}1, A{:=}XY|XB|0, B{:=}XB|0, X{:=}0\}}$

Derivaciones:

Antes: S → 0A1 → 00B1 → **0001**

S → 0A1 → **001**

Después: S → XY → 0Y → 0AZ → 0XBZ → 00BZ → 000Z → **0001**

S → XY → 0Y → 0AZ → 00Z → **001**

Ejercicio 54

Solución:

La gramática se encuentra *bien formada,* no tiene reglas de redenominación ni reglas no generativas.

Se crean nuevos no terminales **X**, **Y** y **Z**, y se agregan las producciones **X:=0** e **Y:=1**. Luego, se efectúan los siguientes reemplazos:

S:= 0A por S:= XA

S:= 1B por S:= YB

A:= 0A por A:= XA

A:= 1S por A:= YS

B:= 1BB por B:= ZB y Z:= 1B

Z:= 1B por Z:= YB

B:= 0S por B:= XS

FNC: **G_3 = ({ 0, 1 }, { S, A, B, X, Y, Z, }, S, P_3)**

P_3 = { S:=XA|YB, A:=XA|YS|1, B:=ZB|XS|0, X:=0, Y:=1, Z:=YB }

Derivaciones:

Antes: S → 0A → 00A → **001**

S → 1B → 11BB → 110B → **1100**

Después: S → XA → 0A → 0XA → 00A → **001**

S → YB → 1B → 1ZB → 1YBB → 11BB → 110B → **1100**

Ejercicio 55

Solución:

La gramática se encuentra *bien formada,* no tiene reglas de redenominación ni reglas no generativas.

Se crean los nuevos símbolos no terminales **Y**, **Z** y **W**, y se agrega la producción **Z:=c**. Luego, se efectúan los siguientes reemplazos:

S:= aBc	por	S:= AY y Y:= Bc
Y:= Bc	por	Y:= BZ
S:= aAc	por	S:= AW y W:= Ac
W:= Ac	por	W:= AZ

FNC: **G_4 = ({a, b, c}, {A, B, S, Y, W, Z}, S, P_4)**

P_4 = { S:= AY|AW, Z:=c, A:= a, B:= b|a, Y:= BZ, W:= AZ }

Derivaciones:

Antes: S → aBc → **abc**

S → aAc → **aac**

Después: S → AY → aY → aBZ → abZ → **abc**

S → AW → aW → aAZ → aaZ → **aac**

Ejercicio 56

Solución:

La gramática se encuentra *bien formada,* no tiene reglas de redenominación ni reglas no generativas.

Se crean los nuevos símbolos no terminales **X**, **Y**, **Z**, **W** y se agregan las producciones **X:=0** y **Z:=1**. Luego, se efectúan los siguientes reemplazos:

S:= 0C1	por	S:= XY y Y:=C1
Y:= C1	por	Y:= CZ
B:= 0B1	por	B:= XW y W:=B1
W:= B1	por	W:= BZ
C:= 0C1	por	C:= XY

FNC: **G_5 = ({0, 1}, {B, C, S, X, Y, W, Z}, S, P_5)**
P_5 = { S:= XY | BC | CB, B:= XW | 0 | 1, C:= XY | 0, Y:= CZ, W:= BZ, Z:= 1, X:= 0 }

Convertir las siguientes gramáticas independientes del contexto a la Forma Normal de Greibach (FNG):

Ejercicio 57

G_1 = ({0, 1, 2}, {A, B, C}, A, P_1)
P_1 = { A := CB | 2, B := A1 | 1, C := 0 | C1 }

Solución:

a) La gramática está bien formada ya que está sin reglas innecesarias, símbolos inaccesibles terminales y no terminales, símbolos superfluos, reglas de redenominación y reglas no generativas.

b) Existe recursión por izquierda en el símbolo **C**, por lo cual se crea un nuevo no terminal **X** y se reemplazan las producciones de **C** por: **X:=1|1X** y **C:=0|0X**. La gramática resultante es:
G'$_1$ = ({0, 1, 2 }, {A, B, C, X}, A, P'$_1$)
P'$_1$ = { A := CB | 2, B :=A1 | 1, C :=0 | 0X , X := 1 | 1X }

c) Se establece el orden lexicográfico A, B, C, X para los no terminales y se separan en grupos las producciones:

Grupo 3: **B := A1**
Se reemplaza por **B:= CB1** (ahora del grupo 2) y por **B:= 21** (ahora del grupo 1) que a su vez se reemplaza por **B := 2Y** (ahora en FNG), donde **Y** es un nuevo no terminal que produce únicamente uno: **Y := 1**.

Grupo 2: **B := CB1** y **A := CB**
La primera se reemplaza por **B := 0B1** y **B := 0XB1** (ahora del grupo 1) y, haciendo uso del no terminal **Y** creado en el paso anterior, éstas a su vez se transforman en **B := 0BY** y **B := 0XBY** (ahora en FNG). La segunda se reemplaza por **A := 0B** y **A := 0XB**, quedando ambas en FNG.

d) Como todas las otras producciones del grupo 1 ya estaban en FNG, la gramática resultante es:

G''1 = ({0, 1, 2 }, (A, B, C, X, Y}, A, P''1)
P''1 = { A := 0B | 0XB | 2, B := 0BY | 0XBY | 1, C := 0 | 0X,
X := 1 | 1X, Y := 1 }

Ejercicio 58

G2 = ({0, 1 }, {S, A, B}, S, P2)
P2 = { S := 0A1 | 1, A := 0A1 | B0 | 0, B := B0 | 0 | 1 }

Solución:

a) La gramática está bien formada ya que está sin reglas innecesarias, símbolos inaccesibles terminales y no terminales, símbolos superfluos, reglas de redenominación y reglas no generativas.

b) Existe recursión por izquierda en el símbolo **B**, por lo cual se crea un nuevo no terminal **X** y se reemplazan las producciones de **B** por: **X:=0|0X** y **B:=0|0X|1|1X**. La gramática resultante es:

G'2 = ({0, 1}, {S, A, B, X}, S, P'2)
P'2 = { S := 0A1 | 1, A := 0A1 | B0 | 0, B := 0 | 0X | 1 | 1X,
X := 0 | 0X }

c) Se establece el orden S, A, B, X para los no terminales y se separan en grupos las producciones, haciendo entonces los reemplazos adecuados:

Grupo 3: **no hay**

Grupo 2: **A:= B0** ⇒ A:= 0X0 ⇒ A:= 0XY con Y:= 0
y A:= 00 ⇒ A:= 0Y
y A:= 10 ⇒ A:= 1Y
y A:= 1X0 ⇒ A:= 1XY

Grupo 1: **S:= 0A1** ⇒ S:= 0AZ con Z:= 1
A:= 0A1 ⇒ A:= 0AZ

d) Como todas las otras producciones del grupo 1 ya estaban en FNG, la gramática resultante es:

G''2 = ({0, 1}, {S, A, B, X, Y, Z}, S, P''2)
P''2 = { S := 0AZ | 1, A := 0AZ | 0XY | 0Y | 1Y | 1XY | 0,
B := 0 | 0X | 1 | 1X, X := 0 | 0X, Y := 0, Z := 1 }

Ejercicio 59

G_3 = ({0, 1}, {S, A, B}, S, P_3)
P_3 = { S := A0 | 1B, A := 0A | 1, B := 1B0 | A0 | 1 }

Solución:

a) La gramática está bien formada ya que está sin reglas innecesarias, símbolos inaccesibles terminales y no terminales, símbolos superfluos, reglas de redenominación y reglas no generativas.

b) No existe recursión por izquierda.

c) Se establece el orden S, A, B para los no terminales y se separan en grupos las producciones, haciendo entonces los reemplazos adecuados:

Grupo 3: **B:= A0** ⇒ B:= 0A0 ⇒ B:= 0AY con Y:= 0
y B:= 10 ⇒ B:= 1Y

Grupo 2: **S:= A0** ⇒ S:= 0A0 ⇒ S:= 0AY
y S:= 10 ⇒ S:= 1Y

Grupo 1: **B:= 1B0** ⇒ B:= 1BY

d) Como todas las otras producciones del grupo 1 ya estaban en FNG, la gramática resultante es:

G'_3 = ({0, 1}, {S, A, B, Y}, S, P'_3)
P'_3 = { S := 0AY | 1Y | 1B, A := 0A | 1,
B :=1BY | 0AY | 1Y | 1, Y:= 0 }

Ejercicio 60

G_4 = ({0, 1}, {S, B, C}, S, P_4)
P_4 = { S := CB | BC | 0C1, B := 0B | 0 | 1, C := 0C | 0 }

Solución:

a) La gramática está bien formada ya que está sin reglas innecesarias, símbolos inaccesibles terminales y no terminales, símbolos superfluos, reglas de redenominación y reglas no generativas.

b) No existe recursión por izquierda.

c) Se establece el orden **S, B, C** para los no terminales y se separan en grupos las producciones, haciendo entonces los reemplazos adecuados:

<u>Grupo 3</u>: **no hay**

<u>Grupo 2</u>: **S:= BC** $\Rightarrow$ S:= 0BC
y S:= 0C
y S:= 1C
S:= CB $\Rightarrow$ S:= 0CB
y S:= 0B
S:= 0C1 $\Rightarrow$ S:= 0CX con X:= 1

d) Como todas las otras producciones del grupo 1 ya estaban en FNG, la gramática resultante es:

G'$_4$ = ({0, 1}, {S, B, C, X}, S, P'$_4$)
P'$_4$ = { S := 0BC | 0C | 1C | 0CB | 0B | 0CX, B := 0B | 0 | 1,
C := 0C | 0, X := 1 }

Ejercicios resueltos de expresiones regulares

Ejercicio 61
Construya ocho cadenas correspondientes a cada uno de los lenguajes regulares representados por:

a) (1+0)1*
b) ab*(ab)*

Solución:
Se procederá aplicando la definición de *expresión regular*, transformándola en una expresión con operaciones de conjuntos.

a) $L((1+0)1^*) = L((1+0)) \circ L(1^*)$
$= L(1+0) \circ L(1^*)$
$= (L(1) \cup L(0)) \circ (L(1))^*$
$= (\{1\} \cup \{0\}) \circ \{1\}^*$
$= \{0, 1\} \circ \{\lambda, 1, 11, 111, ...\}$
$= \{0, 1, 01, 11, 011, 111, 0111, 1111, ...\}$

b) $L(ab^*(ab)^*) = L(ab^*) \circ L((ab)^*)$

= (L(a) ◦ L(b*)) ◦ (L((ab)))*
= ({a} ◦ (L(b))*) ◦ (L(ab))*
= ({a} ◦ {b}*) ◦ (L(a) ◦ L(b))*
= ({a} ◦ {λ, b, bb, bbb, ...}) ◦ ({a} ◦ {b})*
= {a, ab, abb, abbb, ...} ◦ {ab}*
= {a, ab, abb, abbb, ...} ◦ {λ, ab, abab, ababab, ...}
= {a, aab, aabab, aababab, ...,
ab, abab, ababab, abababab, ...,
abb, abbab, abbabab, abbababab, ..
abbb, abbbab, abbbabab, abbbababab, ...}

Ejercicio 62

Determine una expresión regular para cada uno de los siguientes conjuntos de palabras:

a) Cadenas de bits que empiezan con **1** y terminan con **1** (números binarios impares).

b) Cadenas de bits que empiezan con **1** y terminan en doble **0** (números binarios múltiplos de cuatro).

Solución:

a) El conjunto de todas las cadenas posibles de bits **0** y **1**, inclusive la cadena vacía, se representa por la expresión regular **(0+1)***. Para que inicien y terminen con uno, debemos concatenar antes y después de estas cadenas un **1**, por lo que la expresión regular resultante será: **1(0+1)*1**

b) De igual forma, para lograr el segundo requerimiento, deben anteponerse un **1** y posponerse un **00** a la expresión de todas las cadenas de bits, quedando como resultado: **1(0+1)*00**

Máquinas secuenciales y autómatas finitos deterministas

3

Conceptos generales

Tal como fue anticipado en el primer capítulo, el británico Alan M. Turing presenta, en 1936, el modelo de máquina abstracta que lleva su nombre. Por su lado, el ingeniero y matemático estadounidense Claude Shannon comenzó a aplicar, en 1938, la lógica matemática en el análisis de circuitos eléctricos combinatorios y secuenciales, impulsando también el desarrollo de una teoría formalizada sobre las máquinas abstractas. Las máquinas secuenciales más difundidas son las propuestas por George Mealy en 1955 y por Edward Moore en 1956, representando en ambos casos modelos matemáticos sincrónicos de máquinas codificadoras (cifradoras) rudimentarias. Se trata de máquinas secuenciales o máquinas de estados esencialmente traductoras, es decir que a partir de una sucesión de símbolos de entrada generan una sucesión de símbolos de salida. Además, se acepta que estas máquinas estén operando en forma permanente y, por lo tanto, su definición no incluye la identificación de un estado de arranque ni de un estado de detención. Sin embargo, a la hora de determinar el comportamiento de una de estas máquinas ante cierta secuencia de símbolos de entrada, será necesario identificar el estado en el que la máquina se encuentra, en la práctica, un estado inicial.

La formalización de las máquinas secuenciales puede ser ampliada, reconociéndose la existencia de un único estado a partir del cual la máquina entra en servicio (estado inicial) y uno o más estados en los que completa su operación, formando todos ellos parte de un conjunto finito de estados posibles. Y así fue definido el *autómata finito*. En su forma más general, el autómata finito es también traductor, generará una cadena de salida, y al completar la lectura de la cadena de entrada arribará a algún estado final. Es por este motivo que en su operación el autómata finito determina un procedimiento efectivo o algoritmo.

Con el tiempo, el interés se orientó hacia el estudio de la potencialidad de los autómatas finitos como máquinas reconocedoras de lenguajes, con lo que se abandonó la idea de estados finales (de detención) y adquirió preponderancia la existencia de uno o más estados de aceptación, al tiempo que su capacidad traductora pasó a un segundo plano y se justificó la definición de máquinas sin capacidad de salida.

El siguiente paso fue dotar al autómata finito de la capacidad de mover su cabezal de lectura en ambos sentidos, lo que implica poder releer la cadena de entrada. Esto no incorpora ninguna capacidad computacional adicional al autómata pero sí la posibilidad de un modelado más sencillo. También un riesgo, ya que la selección del sentido del movimiento del cabezal posibilita que el autómata quede encerrado en un ciclo infinito. Estos autómatas finitos, llamados *bidireccionales*, no tienen una difusión muy grande pero establecen conceptualmente un camino que conduce a las máquinas de Turing.

Máquinas secuenciales

Máquina de Mealy

Para las máquinas abstractas o máquinas de estados más simples, se reserva la denominación de *máquinas secuenciales*, reconociéndose dos variantes principales que son la máquina de Mealy y la máquina de Moore. La *máquina de Mealy* tiene cinco componentes y es definida así:

$$ME = (\Sigma_E, \Sigma_S, Q, f, g)$$

donde:

Σ_E : Alfabeto de símbolos de entrada

Σ_S : Alfabeto de símbolos de salida

Q : Conjunto finito y no vacío, de estados posibles.

f : Función de transición, $f: Q \times \Sigma_E \rightarrow Q$

g : Función de salida, $g: Q \times \Sigma_E \rightarrow \Sigma_S$

La función de transición ***f*** tiene la finalidad de definir el próximo estado que adoptará la máquina a partir de su estado actual y cada uno de los posibles símbolos de entrada. De igual forma, la función de salida ***g*** define la salida de la máquina a partir de los mismos argumentos.

Por tratarse de funciones de dos argumentos, resulta conveniente su representación a través de tablas, que tienen a los símbolos del alfabeto de entrada encabezando las columnas y a los elementos del conjunto de estados encabezando las filas, tal como se muestra en el siguiente ejemplo.

Una alternativa para la definición de una máquina secuencial es la utilización de un grafo dirigido (*dígrafo* o simplemente grafo), donde los nodos representan los estados y los arcos dirigidos las transiciones. Esta representación es muy utilizada porque permite visualizar con mucha facilidad el comportamiento de la máquina, pero no incorpora nada nuevo a su definición formal, siendo ambas completamente equivalentes.

Ejemplo 3.1

La siguiente es una máquina de Mealy:

$$ME = (\Sigma_E, \Sigma_S, Q, f, g) \quad \begin{cases} \Sigma_E = \{a, b, c\} \\ \Sigma_S = \{d, e, f\} \\ Q = \{p, q, r, s\} \end{cases}$$

y sus funciones de transición y salida quedan definidas por:

$$f: Q \times \Sigma_E \rightarrow Q \qquad\qquad g: Q \times \Sigma_E \rightarrow \Sigma_S$$

que son convenientemente representadas con las siguientes tablas:

f:	a	b	c
p	p	q	s
q	r	q	q
r	s	s	q
s	p	s	p

g:	a	b	c
p	d	f	f
q	f	d	e
r	d	d	f
s	d	e	e

(Columnas: Σ_E; filas: Q)

Tabla 3.1: Funciones de transición y salida de la máquina de Mealy.

Para representar los grafos de las máquinas de Mealy, se identifican los arcos con etiquetas de tipo **e/s**, donde en cada caso **e**$\in \Sigma_E$ representa un símbolo de entrada y **s**$\in \Sigma_S$ un símbolo de salida. En la siguiente figura, se muestra el grafo que corresponde a las tablas anteriores:

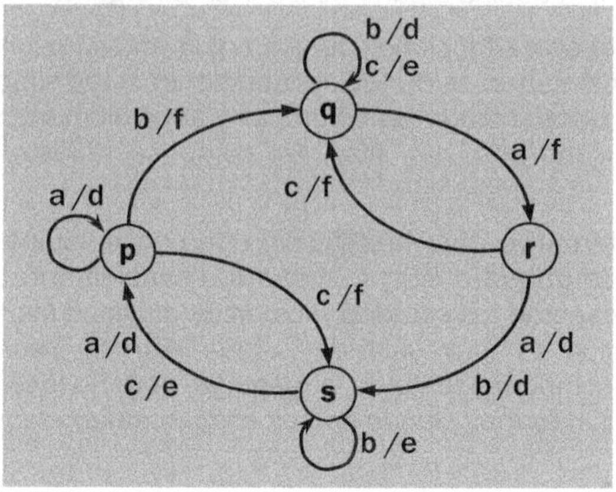

Figura 3.1: Digrafo de la Máquina de Mealy del Ejemplo 3.1.

La máquina de Mealy es traductora, lo que significa que establece una relación entre una cadena de entrada y la cadena de salida. Como ejemplo supóngase que la máquina se encuentra en un instante dado en el estado **p** y lee la cadena **α=abcab** de la cinta de entrada. En la siguiente tabla se muestran: los sucesivos estados adoptados por la máquina, la subcadena de entrada a ser leída en cada paso y la cadena de salida:

Estado	Entrada	Salida
p	abcab	λ
p	bcab	d
q	cab	df
q	ab	dfe
r	b	dfef
s	λ	dfefd

Tabla 3.2: Traducción de cadenas.

La relación entre entrada y salida puede representarse como:

Ejemplo 3.2

En la Figura 3.2, se representa un dosificador que distribuye los elementos de entrada **a** y **b** en las salidas **c**, **d** y **e** con la finalidad de ser envasados. Se desea conocer la composición de las tres salidas cuando se ingresa alternativamente la misma cantidad de productos **a** y **b** y se propone utilizar una máquina secuencial.

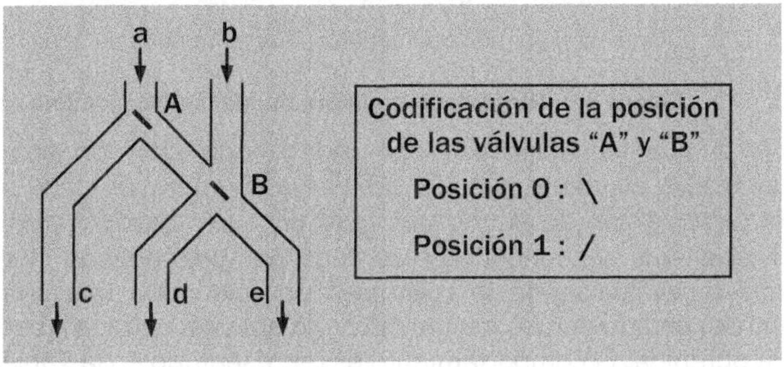

Figura 3.2: Esquema del dosificador del Ejemplo 3.2.

La operación del equipo dosificador queda determinada por las posiciones que adoptan las válvulas **A** y **B**, que son identificadas como **0** (\ ) y **1** (/), lo que da lugar a que el equipo opere en cuatro estados posibles según las posiciones de las dos válvulas (que pueden codificarse como **00**, **01**, **10** y **11**). Nótese además que, cada vez que un elemento pasa frente a una válvula, ésta cambia su posición, es decir de **0** a **1** y de **1** a **0**. Para estudiar el problema, se utiliza una máquina secuencial de Mealy, con los siguientes componentes:

$\Sigma_E = \{a, b\}$ $\Sigma_S = \{c, d, e\}$ $Q = \{00, 01, 10, 11\}$

y sus funciones de transición y de salida representadas por las tablas:

f:	a	b
00	11	01
01	10	00
10	00	11
11	01	10

g:	a	b
00	e	e
01	d	d
10	c	e
11	c	d

Tabla 3.3: Funciones de transición y salida del dosificador.

El dígrafo de esta máquina secuencial de Mealy es el que sigue:

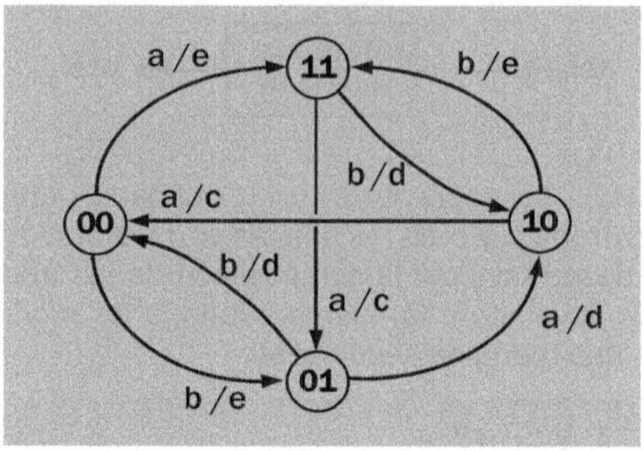

Figura 3.3: Grafo de la máquina de Mealy dosificadora.

Una vez que el dosificador ha sido modelado por una máquina secuencial, el siguiente paso es evaluar la composición de la salida para cierta composición de la entrada. Para ello, se considera que ingresa al dosificador una secuencia representada por **α=abababab** (**|α|=8**) y se estudia la evolución de la máquina con una tabla que contiene tres columnas: estado actual, secuencia pendiente de entrada y secuencia de salida obtenida. El comportamiento es representado en la Tabla 3.4.

Estado	Entrada	Salida
00	abababab	λ
11	bababab	e
10	ababab	ed
00	babab	edc
01	abab	edce
10	bab	edced
11	ab	edcede
01	b	edcedec
00	λ	edcedecd

Tabla 3.4: Operación del dosificador.

Nótese que al leerse la cadena α el dosificador ha completado un ciclo, ya que se encuentra nuevamente en el estado **00** y el próximo símbolo de entrada será nuevamente un elemento **a**. Puede deducirse entonces que por cada cadena de ocho elementos ingresada, iniciando con

a, el dosificador realiza la clasificación mostrada en la siguiente tabla:

	Entrada	Salida **c**	Salida **d**	Salida **e**
Contenido	4a + 4b	2a	a + 2b	a + 2b
Largo	8	2	3	3
Composición	a: 50% b: 50%	a: 100%	a: 33,3 % b: 66,6 %	a: 33,3 % b: 66,6 %

Tabla 3.5: Comportamiento del dosificador ante la entrada α.

Máquina de Moore

La máquina de Moore tiene los mismos cinco componentes ya indicados para la máquina de Mealy, diferenciándose únicamente en su función de salida, ya que ésta solo depende del estado actual y no de la entrada en ese instante. Es decir que:

$$MO = (\Sigma_E, \Sigma_S, Q, f, g)$$

donde la función de transición ***f*** no cambia y en ***g*** hay una relación directa entre el estado en cada intervalo de tiempo y el símbolo de salida:

$$f: Q \times \Sigma_E \rightarrow Q \qquad g: Q \rightarrow \Sigma_S$$

Debe reconocerse que la máquina de Moore incorpora un retardo entre la entrada y la salida. En efecto, si en un instante **t** el autómata se encuentra en un estado $\mathbf{q_t \in Q}$, la salida es:

$$s_t = g(q_t)$$

y como este último estado fue a su vez alcanzado en una transición anterior,

$$q_t = f(q_{t-1}, e_{t-1})$$

se puede apreciar la relación directa entre la salida actual y la entrada en un instante anterior, que es:

$$s_t = g(f(q_{t-1}, e_{t-1}))$$

Puede demostrarse que para toda máquina de Moore hay una máquina de Mealy capaz de tener el mismo desempeño y recíprocamente. Lo primero es obvio, ya que solo basta plantear una máquina de Mealy que en cada estado prevea la misma salida para todos los símbolos de entrada. Lo opuesto, es decir, obtener una máquina de Moore a partir de una de Mealy, no es tan obvio y requiere de mayor esfuerzo.

Autómatas Finitos Deterministas (AFD)

Definición del AFD

Si a la máquina secuencial de Mealy, que había sido definida como una quíntupla, se le incorpora un estado inicial y un conjunto de estados de aceptación, estamos en presencia de un Autómata Finito Determinista (AFD). En su forma más general, el AFD es una séptupla, comienza a operar a partir de un estado inicial, tiene una conducta traductora ya que transforma las cadenas de entrada en cadenas de salida y completa su operación al terminar de leer su entrada, arribando a un estado que podrá ser de aceptación o no. Se define:

$$AFD_T = (\Sigma_E, \Sigma_S, Q, q_0, A, f, g)$$

donde

- Σ_E : Alfabeto de símbolos de entrada
- Σ_S : Alfabeto de símbolos de salida
- Q : Conjunto finito y no vacío, de estados posibles
- q_0 : Estado inicial de operación, $q_0 \in Q$
- A : Conjunto de estados de aceptación, $A \subseteq Q$
- f : Función de transición, $f: Q \times \Sigma_E \rightarrow Q$
- g : Función de salida, $g: Q \times \Sigma_E \rightarrow \Sigma_S$

Nótese que por tener un estado inicial y ser la cadena de entrada finita, el AFD_T siempre completa su operación, de la misma forma, en una cantidad finita de tiempo y, por lo tanto, *determina un algoritmo*.

Si el AFD_T se limita a reconocer o validar cadenas, resultan innecesarios su alfabeto de salida y su correspondiente función de salida, por lo que ambas pueden ser eliminadas, dando lugar al Autómata Finito Reconocedor (AFD_R), que queda definido como una quíntupla:

$$AFD_R = (\Sigma_E, Q, q_0, A, f)$$

El significado de estos cinco componentes es el mismo que ya fue definido con anterioridad. Además, como en lo sucesivo se trabajará mayoritariamente con Autómatas Finitos Reconocedores, no será necesaria la distinción entre ambos tipos de máquinas, salvo que se indique lo contrario. Así, el AFD_R, en adelante AFD, comienza a operar a partir del estado inicial q_0 y, al completar la lectura de la cadena de entrada, confirma su aceptación arribando a uno de los estados del conjunto **A** de estados de aceptación. Un caso particular de aceptación ocurre cuando la cadena de entrada es la palabra vacía **λ**: el AFD la aceptará si su estado inicial es también un estado de aceptación: $q_0 \in A$.

Una característica importante del componente ***f*** del AFD es que se trata de una función y esto es lo que lleva a definir al autómata como *determinista*. Debe recordarse que la función es un caso particular de relación entre dos conjuntos, en la cual se asocian elementos del primero (alcance) con elementos únicos del segundo (rango):

$$f : Q \times \Sigma_E \rightarrow Q$$

Como ya fue anticipado en el Capítulo 1, siempre que para todo elemento del alcance (estado actual y símbolo de entrada) se haya establecido un elemento del rango (próximo estado) la función es definida como total o completa (alcance=dominio). Por el contrario, si hay elementos del alcance que no tienen su contraparte en el rango, la función es parcial (alcance≠dominio), lo que significa que, en ciertas condiciones, el autómata no tiene definido un próximo estado de operación. Se debe interpretar que esas condiciones de operación no están previstas o corresponden a condiciones de falla, donde el autómata cesa su operación y se detiene. Para estos casos, podría incorporarse al autómata un estado de no aceptación (error), que debería ser insertado en donde corresponda para convertir la función ***f*** en completa, sin alterar el resultado obtenido. En los AFD estudiados en lo sucesivo, se admite que puedan tener sus funciones de transición parciales o completas.

Para continuar con la definición de los AFD hay otros dos aspectos que deben ser tratados, que se refieren a la lectura completa de una cadena y a la detención de la máquina.

Hay numerosas formas en las que una máquina "real" reconoce haber leído completamente una cadena. Entre otras, pueden citarse los siguientes casos: *i*) se conocen anticipadamente los largos de las cadenas a ser leídas, *ii*) los caracteres son recibidos con una periodicidad regular (caso de una entrada de comunicaciones) o *iii*) el mensaje termina con un carácter especial. Para este último caso, la tabla ASCII prevé el **ETX** (fin de texto, 03) y el **EOT** (fin de transmisión, 04), según la cadena provenga de un archivo o un protocolo de comunicaciones.

En el caso de las máquinas abstractas, se prescinde de la técnica de implementación del medio de entrada, por lo que se habla en forma genérica de una *cinta de entrada* y su correspondiente cabezal. Se admite, por lo tanto, que la máquina reconoce haber completado la lectura de una cadena sin necesidad de precisar el modo en que lo hace.

Esto significa que, a partir de una cierta cadena de entrada α, en cada intervalo de tiempo, se conoce tanto el prefijo ya leído por el AFD como también el sufijo que representa la cadena que resta ser leída. Luego, cuando la cadena ya fue leída completamente el prefijo leído es igual a α y el sufijo a ser leído es igual a λ, lo que significa que no hay nada por leer.

El segundo problema a ser tratado es el de parada de la máquina y aquí se reconocen las siguientes causas principales: *i*) la función de transición es parcial, no estando definido un próximo estado (la cadena es, por lo tanto, rechazada) y *ii*) se completó la lectura de la cadena de entrada. En esta última condición, puede ocurrir que: a) la máquina se encuentra en un estado de aceptación (**$q \in A$**) y, por eso, la cadena es aceptada o reconocida, y b) se encuentra en cualquier otro estado (**$q \notin A$**), lo que indica que la cadena es desconocida o rechazada.

Por lo expuesto, se admite en lo sucesivo que todo estado **$q \in A$** es un estado de aceptación (se dibujará con doble círculo en el dígrafo) y todo estado **$p \in (Q - A)$** es un estado de no aceptación o rechazo.

Configuración o descripción instantánea

Se define como configuración o descripción instantánea **Kt** de un autómata finito en un intervalo de tiempo t al par ordenado:

$$Kt = (q, \beta) \quad ; \quad \text{con } q \in Q,\ \beta \in \Sigma E^*$$

donde q representa el estado en el que se encuentra y **β** el sufijo o subcadena de entrada que está pendiente de ser leída. A partir de esta definición, y ante una cadena de entrada **α** a ser procesada, se puede reconocer la configuración inicial como:

$$K0 = (q0, \alpha)$$

De igual forma, se define la configuración de aceptación como:

$$Kn = (qn, \lambda) \quad ; \quad \text{donde } qn \in A,\ n = |\alpha|$$

El tránsito de una configuración a otra es denominado movimiento, es decir que si existe la transición **q=f (p, a),** el movimiento del estado **p** al **q** leyendo el símbolo de entrada a, puede representarse:

$$(p, a\beta) \vdash (q, \beta)$$

El movimiento desde la configuración inicial a la final es representado:

$$(q_0, \alpha) \vdash^* (q_n, \lambda)$$

donde $\vdash^*$ equivale a una cantidad finita de movimientos que es igual al largo $|\alpha|$ de la cadena de entrada. Se reitera que se utiliza λ para indicar que en la cinta de entrada no ha quedado nada por leer.

El comportamiento del autómata ante cierta cadena de entrada queda convenientemente representado por un *árbol de configuraciones* o de descripciones instantáneas, y como alternativa puede también utilizarse un esquema denominado *plano de estados-entradas*. Ambas representaciones muestran las sucesivas descripciones instantáneas durante la operación del autómata y son utilizadas en los siguientes ejemplos.

Ejemplo 3.3

El afd representado en la Figura 3.4, está destinado a reconocer cadenas que respondan a la forma general **α=(0+1)*1000**.

Se pide identificar su definición formal y comprobar la aceptación de una cadena que responda a esa expresión regular.

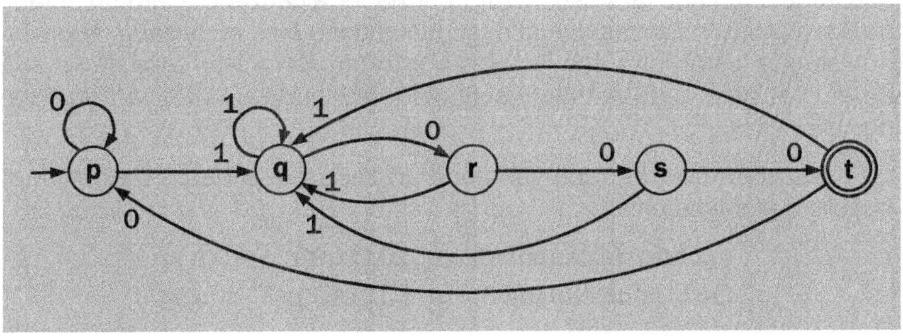

Figura 3.4: Grafo del AFD del Ejemplo 3.3.

A partir de la inspección del grafo, se deduce su definición formal:

$AFD = (\Sigma_E, Q, q_o, A, f)$

$\Sigma_E = \{0, 1\}$
$Q = \{p, q, r, s, t\}$
$q_o = p$ (indicado con →)
$A = \{t\}$ (indicado con ◎)

f:	0	1
→ p	p	q
q	r	q
r	s	q
s	t	q
* t	p	q

Tabla 3.6: Función *f* del ADF del Ejemplo 3.3.

Una vez que el autómata ha sido definido es necesario comprobar su correcto comportamiento[1] y para ello se deben hacer múltiples pruebas con cadenas cuidadosamente seleccionadas, utilizando los árboles de descripciones instantáneas o planos de estados-entradas ya anticipados.

A título de ejemplo, y con el fin de comprobar el funcionamiento del AFD estudiado, se recurre a dos cadenas tales como la **β=1011000** y **δ=1011100**. La primera cadena responde a la expresión regular definida **(α)** y la segunda cadena propuesta no cumple con la condición requerida de contener un sufijo **1000**.

Se representan en la Figura 3.5 los dos árboles de descripciones instantáneas que corresponden a la operación del afd ante la lectura de las cadenas indicadas. Como puede observarse, la primera cadena β es aceptada al completarse su lectura por haber alcanzado el afd un estado de aceptación, mientras que la segunda cadena **δ** es rechazada. Además, nótese que los árboles son lineales por tratarse precisamente de un afd, en el cual para cada estado y símbolo leído existe una única transición posible.

Los movimientos representados en los árboles de configuraciones pueden resumirse en:

Lectura de cadena β: $(p, 1011000) \vdash^* (t, \lambda)$
Lectura de cadena δ: $(p, 1011100) \vdash^* (s, \lambda)$

---

[1] El correcto funcionamiento puede demostrarse por inducción matemática sobre el largo de la cadena de entrada, lo que está fuera del alcance dado a este texto.

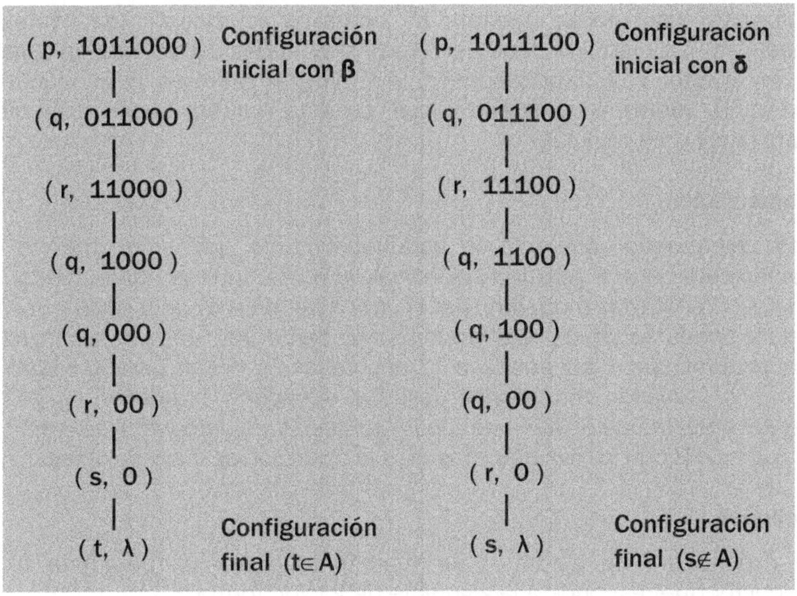

Figura 3.5: Árboles de descripciones instantáneas del Ejemplo 3.3.

A continuación, se presenta en la Figura 3.6, el plano de estados-entradas que corresponde a la aceptación de la cadena β:

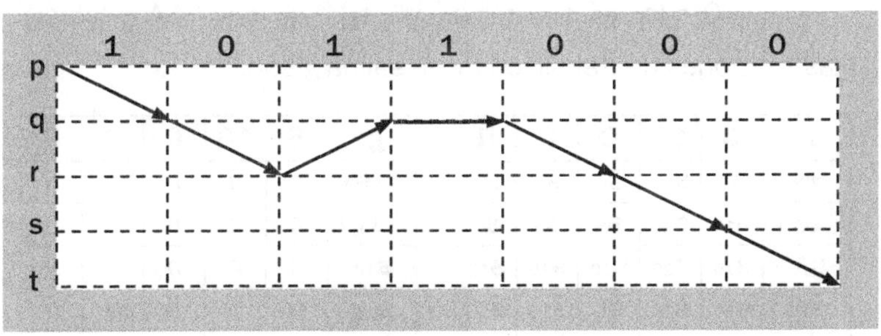

Figura 3.6: Representación del plano estados-entradas.

Ejemplo 3.4

Representar una máquina expendedora de golosinas con un autómata finito, donde sus estados están asociados al importe acumulado por las monedas recibidas. El alfabeto de entrada está formado por los diferentes valores de monedas reconocidas (5 y 10 centavos) y los pulsadores de selección de golosinas (<C>hicle y <P>astillas). Las golosinas disponibles cuestan 15 centavos (chicles) y 20 centavos (pastillas). La máquina debe devolver las monedas ingresadas en exceso y dar vuelto, según corresponda. Además, al retirarse el producto la máquina, vuelve a su estado inicial, de esta manera queda disponible para la próxima operación.

Comentarios:

Este expendedor presenta la característica de que si el importe es insuficiente para la golosina seleccionada no se entrega nada, quedando a la espera de más monedas, y si el importe supera el valor de la golosina seleccionada se devuelve el importe excedente. Así, una vez alcanzados los estados q_{15} y q_{20} queda a la espera de la orden para entregar la golosina y cuando corresponde devuelve el importe excedente. Luego, un sensor detecta que se han retirado las golosinas y lo informa al sistema con el estímulo **R** que lo lleva nuevamente a la condición de inicio de operación.

Solución

El expendedor de golosinas es representado por un autómata finito traductor que responde a la siguiente definición formal:

$$AFD_T = (\Sigma_E, \Sigma_S, Q, q_0, A, f, g)$$

donde:

$\Sigma_E = \{5, 10, C, P, R\}$; $\Sigma_S = \{5, 10, n\}$; (n = s/respuesta o "no acción")

$Q = \{s_0, s_5, s_{10}, s_{15}, s_{20}, s_C, s_P\}$; $q_0 = s_0$; $A = \{s_C, s_P\}$

Las funciones de transición ***f*** y de salida ***g*** son:

f:	5	10	C	P	R
$\rightarrow s_0$	s_5	s_{10}	s_0	s_0	s_0
s_5	s_{10}	s_{15}	s_5	s_5	s_5
s_{10}	s_{15}	s_{20}	s_{10}	s_{10}	s_{10}
s_{15}	s_{20}	s_{20}	s_C	s_{15}	s_{15}
s_{20}	s_{20}	s_{20}	s_C	s_P	s_{20}
$*s_C$	s_C	s_C	s_C	s_C	s_0
$*s_P$	s_P	s_P	s_P	s_P	s_0

g:	5	10	C	P	R
$\rightarrow s_0$	*n*	*n*	*n*	*n*	*n*
s_5	*n*	*n*	*n*	*n*	*n*
s_{10}	*n*	*n*	*n*	*n*	*n*
s_{15}	*n*	5	*n*	*n*	*n*
s_{20}	5	10	5	*n*	*n*
$*s_C$	5	10	*n*	*n*	*n*
$*s_P$	5	10	*n*	*n*	*n*

Tabla 3.7: Funciones de transición y salida del expendedor de golosinas.

A partir de la definición formal del autómata, se representa su grafo en la Figura 3.7:

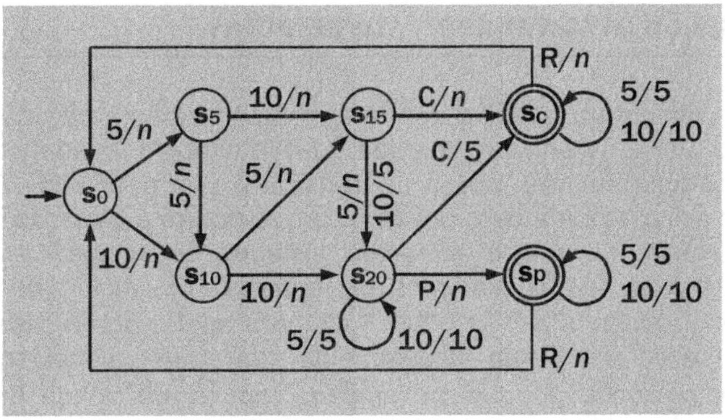

Figura 3.7: Funciones de transición y salida del expendedor de golosinas.

Nótese que, por razones de claridad, no se han representado en el grafo de la Figura 3.7 las transiciones sobre los mismos estados cuando se ingresan los símbolos **C**, **P** y **R**.

En el caso anterior, la operación de la máquina puede representarse con el árbol de descripciones instantáneas y con el plano de estados-entradas. En este caso, se lo hace expendiendo pastillas, tal como se muestra en la Figura 3.8:

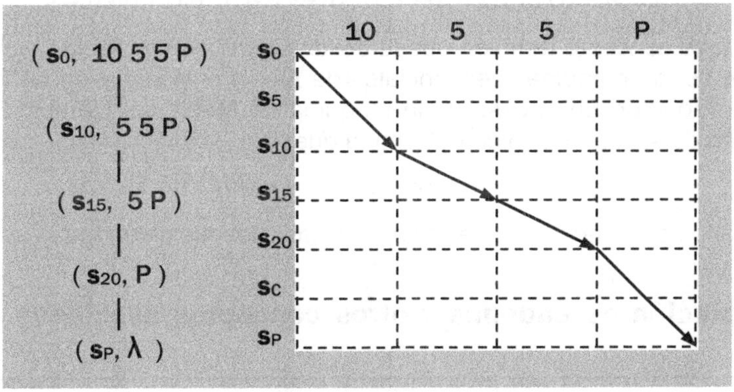

Figura 3.8: Árbol de descripciones instantáneas y plano estados-entradas de la operación del expendedor de golosinas.

Extensión al tratamiento de palabras

La función de transición ***f*** define el comportamiento de un AFD en cada estado y ante la entrada de cada posible símbolo, quedando expresado este comportamiento como la transición a otro estado. Esta función puede ser extendida para describir lo que ocurre a partir de cada estado si en lugar de recibir símbolos aislados se recibe una secuencia concatenada de los símbolos de entrada. La noción de función de transición extendida $f^e: Q \times \Sigma_E^* \rightarrow Q$, para operar sobre cadenas, puede inducirse a partir de un razonamiento muy simple, considerando que la cadena α**=abcde** puede ser expresada como α**=a**β, donde β**=bcde**:

$$f^e(q, \alpha) = f^e(q, a\beta) = f^e(f(q, a), \beta)$$

Se obtiene un proceso recursivo que finaliza al completarse la lectura de α, situación en donde ocurre que $f^e(q, \lambda)=q$. Así, se tiene que:

$$f^e(q,\alpha) = f(f(f(f(f(q,a),b),c),d),e)$$

El proceso de reconocimiento de cadenas del Ejemplo 3.3 puede ser expresado mediante la función de transición extendida según se muestra:

$$(p, 1011000) \vdash^* (t, \lambda) \Rightarrow f^e(p, 1011000) = t$$

$$(p, 1011100) \vdash^* (s,\lambda) \Rightarrow f^e(p, 1011100) = s$$

Este concepto también puede aplicarse para extender la función de salida de las máquinas secuenciales de Mealy o Moore y del autómata finito traductor. En el caso de la máquina de Mealy del Ejemplo 3.1, la función de salida extendida determina que:

$$g^e(p, abcab) = dfefd$$

quedando establecida una relación entre las cadenas de entrada y salida.

Aceptación de cadenas y otros conceptos asociados a los AFD

Aceptación de palabras y lenguajes

Si en el movimiento desde la configuración inicial hasta la final, representado por $(q_0, \alpha) \vdash^* (q_n, \lambda)$, se verifica que $q_n \in A$, se dice que la cadena α ha sido *reconocida* o *aceptada*. El AFD reconocedor llega a la conclusión de aceptar o rechazar la cadena de entrada luego de efectuar un número finito de transiciones o movimientos a partir de su configuración inicial. Es decir que la aceptación de una cadena por parte de un AFD implica dos condiciones simultáneas: *i*) la completa lectura de la cadena de entrada **α** y *ii*) el arribo a un estado de aceptación. Por el contrario, si $q_n \notin A$ la cadena **α** habrá sido rechazada.

A partir de lo expuesto, se dice que *un lenguaje **L** es aceptado por un autómata finito **M*** si todas las palabras que lo componen conducen el autómata a estados de aceptación. En símbolos:

$$L(M) = \{\alpha \ / \ \alpha \in \Sigma_E^* \text{ y } f^e(q_0, \alpha) \in A\}$$

o en forma equivalente:

$$L(M) = \{\alpha \ / \ \alpha \in \Sigma_E^* \text{ y } (q_0, \alpha) \vdash^* (q_n, \lambda) \text{ y } q_n \in A\}$$

Accesibilidad entre estados

En un AFD, se dice que *un estado **p** es accesible desde otro estado q*, y se representa **pAq**, si existe una palabra de símbolos de entrada que haga transitar el autómata desde el estado **q** hasta el estado **p**. En símbolos:

$$\mathbf{pAq \leftrightarrow \exists \alpha \in \Sigma_E^* / \ f^e(q, \alpha) = p, \quad con\ p, q \in Q}$$

Nótese que todos los estados inaccesibles desde el estado inicial q_0 pueden ser eliminados de un autómata finito ya que no afectan su comportamiento, en cuanto a reconocimiento de cadenas se refiere.

Autómatas conexos

Si todos los estados de un autómata son accesibles desde su estado inicial se dice que el mismo es *conexo*. En símbolos:

$$\text{Un AFD es conexo} \leftrightarrow \forall p_i \in Q: p_i A q_0$$

Equivalencia de estados y autómatas

Equivalencia entre estados

Dos estados $p, q \in Q$ de un afd se dice que son equivalentes, lo que es representado por pEq, si desde cualquiera de ellos se aceptan y rechazan exactamente las mismas cadenas de símbolos de entrada.

En símbolos:

$$\mathbf{pEq \leftrightarrow [\forall \alpha \in \Sigma_E^*: \ f^e(p, \alpha) \in A \leftrightarrow f^e(q, \alpha) \in A]}$$

Se reconoce entonces que entre dos elementos p y q del conjunto de estados posibles **Q**, se ha establecido una relación de equivalencia **E**, que satisface las propiedades reflexiva, simétrica y transitiva en **Q**.

Nótese que, según la relación de equivalencia presentada, es imposible distinguir entre dos estados equivalentes, lo que lleva a denominarlos indistinguibles. Además, si los estados **p** y **q** son equivalentes y **|A|>1**, puede ocurrir que los estados de aceptación o rechazo alcanzables a partir de cierta cadena α, no sean necesariamente los mismos.

Equivalencia de longitud "k" entre estados

Dos estados **p, q∈Q** de un afd son equivalentes de longitud k, lo que se representa con **pEkq**, si son equivalentes para todas las cadenas de largo menor o igual a k. Esto puede expresarse en símbolos:

$$pE_kq \leftrightarrow [\forall\alpha\in\Sigma_E^*:\ |\alpha|\leq k \text{ y } f^e(p,\alpha)\in A \leftrightarrow f^e(q,\alpha)\in A]$$

Equivalencia entre autómatas

Dos afd denominados **A1** y **A2**, se dice que son equivalentes y se representa **A1EA2**, si ambos aceptan las mismas palabras o sentencias. De aquí se deduce fácilmente que dos afd son equivalentes si lo son sus estados iniciales. Lo anterior implica además, que dos afd son equivalentes si y solo si aceptan el mismo lenguaje. En símbolos:

$$\mathbf{A_1EA_2 \leftrightarrow L(A_1)=L(A_2)}$$

Conjunto cociente

Como toda relación de equivalencia, la relación E definida sobre el conjunto de estados posibles **Q**, induce en el mismo una partición. Todos los elementos de **Q** relacionados con cierto estado **p∈Q,** constituyen un subconjunto de **Q** que es denominado clase de equivalencia de **p**.

Se denomina conjunto cociente a esa partición, conjunto que tiene por elementos a todas las clases de equivalencia o subconjuntos de estados equivalentes entre sí que puedan distinguirse en el conjunto de estados **Q**. Por ser la base de este agrupamiento, la relación de equivalencia entre estados E, el conjunto cociente se denota **Q/E**.

La definición de equivalencia entre estados no proporciona un procedimiento para saber si dos estados **p,q∈Q** son equivalentes, ya que hay infinitas sentencias **α∈ΣE***, aún en caso de que el alfabeto **ΣE** tenga un solo símbolo. Por el contrario, con el concepto de equivalencia de longitud **k** entre estados, es teóricamente posible saber si dos estados **p,q∈Q** son k-equivalentes ya que hay un número finito de sentencias

$\alpha \in \Sigma_E^*$ con $|\alpha| \leq k$. Sin embargo, se trata de un proceso enormemente laborioso en la mayoría de los casos.

Para superar esta dificultad, se recurre a un procedimiento práctico incremental que comienza con un particionamiento o conjunto cociente inicial de **Q**, que es sucesivamente revisado con cadenas progresivamente más largas, a partir de **k=1** y hasta que las clases de equivalencia de **Q** se estabilicen en cantidad y contenido, no sufriendo cambios para cadenas de mayor longitud.

En el caso de las máquinas abstractas reconocedoras, como son los AFD estudiados, el conjunto cociente inicial (con **k=0**, lo que significa tener solo en cuenta la cadena λ, única con ese largo) es:

$$Q/E_0 = P_1^0 \cup P_2^0, \text{ donde } P_1^0 = Q - A \text{ y } P_2^0 = A$$

Así, el conjunto cociente inicial tiene dos elementos: un subconjunto que contiene a los estados de aceptación **(P20)** y otro subconjunto con los estados restantes, de no aceptación **(P10)**.

Los siguientes conjuntos cocientes **Q/Ek+1** se definen dividiendo las clases Pik de **Q/Ek** las veces que sea necesario hasta que, para todo símbolo $a \in \Sigma E$ y para todo par de estados p, q de las clases Pik, queden definidos movimientos que conduzcan a elementos de las mismas clases de **Q/Ek+1**. Esto se repite hasta obtener **Q/Ek+1 = Q/Ek.**

Lo anterior significa que, para todo símbolo de entrada $a \in \Sigma_E$ y para todo par de estados $p,q \in P_i^k$, es decir que pE_kq, la existencia de una condición $f(p,a) \in P_i^k$ y $f(q,a) \notin P_i^k$ implicará que el estado **p** no es equivalente de longitud **k+1** al **q**, por ello que deben separarse en distintas clases de equivalencia en el siguiente conjunto cociente:

$$P_i^{k+1} = P_i^k - \{q\}, \text{ en donde } q \in P_{i+1}^{k+1} \text{ y } P_{i+1}^{k+1} \in Q/E_{k+1}$$

Minimización de autómatas

Los autómatas son construidos para representar con claridad las condiciones de operación del objeto estudiado, tal como quedó en evidencia al utilizarse una máquina de Mealy para representar un dosificador (Ejemplo 3.2) o un autómata finito para representar el comportamiento del expendedor de golosinas (Ejemplo 3.4). Se trata de construir modelos, y una relación directa con el objeto representado facilita su definición y contribuye a evitar omisiones y errores. Sin embargo, esto no asegura que se haya obtenido el autómata más eficiente, lo que implica que es muy probable que el modelo tenga más estados que los estrictamente necesarios para operar correctamente. Estos estados fueron necesarios para asegurar un proceso de modelado apropiado, pero son excesivos a la hora de implementarlos a través de código en algún lenguaje de programación. Surge así el concepto de *autómata mínimo*, que se define como aquel que cumple correctamente su función con la menor cantidad posible de estados. Viendo al problema desde otro ángulo, todo autómata que sea conexo y opere correctamente con más estados de los necesarios, debe tener en su definición estados equivalentes o indistinguibles.

Esto significa que tal autómata debe ser minimizado y para ello se recurre al concepto de conjunto cociente visto con anterioridad, es decir, a la partición del conjunto de estados Q producida por la relación de equivalencia E, que tiene por elementos a las clases de equivalencia, donde se agrupan todos los estados equivalentes o indistinguibles entre sí.

El autómata mínimo equivalente a uno dado, tendrá como estados a cada una de las partes o clases de estados equivalentes del autómata original (es decir, su conjunto de estados será Q/E), aquella clase que contenga el estado inicial original será su estado inicial, las que contengan algún estado de aceptación del autómata original serán sus estados de aceptación; su función de transición se construirá en base a la del autómata original, como se muestra en los siguientes ejemplos.

Ejemplo 3.5

Se desea reconocer cadenas, que responden al patrón **(a+b)*ba** y para ello se propone el *AFD* que se muestra en la figura 3.9:

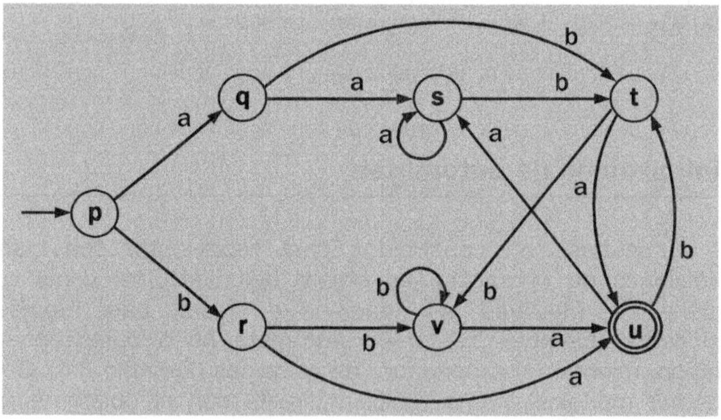

Figura 3.9: Dígrafo del AFD del Ejemplo 3.5.

Nótese que este AFD fue construido con el objetivo de reconocer todas las posibles combinaciones en la secuencia de caracteres de una cadena α que tenga el patrón solicitado. El interrogante es si algún AFD con menor cantidad de estados puede cumplir esta misma función y con este fin se intentará minimizarlo. Para ello, se comienza por definir la tabla de la función de transición, verificar que el autómata es conexo y luego determinar el conjunto cociente de sus estados.

f:	a	b
→ p	q	r
q	s	t
r	u	v
s	s	t
t	u	v
* u	s	t
v	u	v

Tabla 3.8: Función *f* de transición del Ejemplo 3.5.

La primera partición del conjunto de estados o conjunto cociente inicial (**k=0**) se obtiene separando al estado final del resto. Se obtiene así:

$$Q/E0 = \{\{p, q, r, s, t, v\}, \{u\}\}$$

Para esclarecer el proceso de redistribución progresiva de los estados equivalentes en los subconjuntos existentes y la incorporación de otros subconjuntos nuevos, se recurre al esquema que se muestra a continuación:

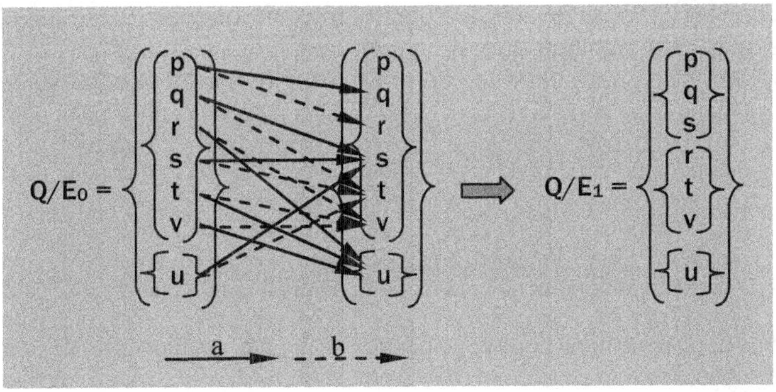

Obsérvese que el esquema corresponde a **k=1** y permite comprobar que los estados **p, q** y **s** tienen el mismo comportamiento, permaneciendo en la clase en que se encontraban para todos los símbolos del alfabeto de entrada. Por el contrario, los estados **r**, **t** y **v** tienen una conducta común pero diferente a la anterior: ante una entrada **a** transitan a otra clase mientras que con una entrada **b** permanecen en la misma clase. Esto significa que los seis estados de la primera clase no son todos equivalentes con **k=1**, por lo que deben ser agrupados en dos subconjuntos diferentes. Por último, la segunda clase de **Q/E**$_0$ tiene un solo estado **u**, por lo que no requiere ningún análisis. A partir del estudio realizado, se define el nuevo conjunto cociente **Q/E**$_1$, que corresponde a **k=1** e incluye una nueva partición de estados, tal como se muestra en el mismo esquema anterior.

El siguiente paso es repetir el procedimiento cuando se lee un nuevo símbolo, lo que implica buscar las clases de equivalencia para **k=2**. El esquema es ahora el siguiente:

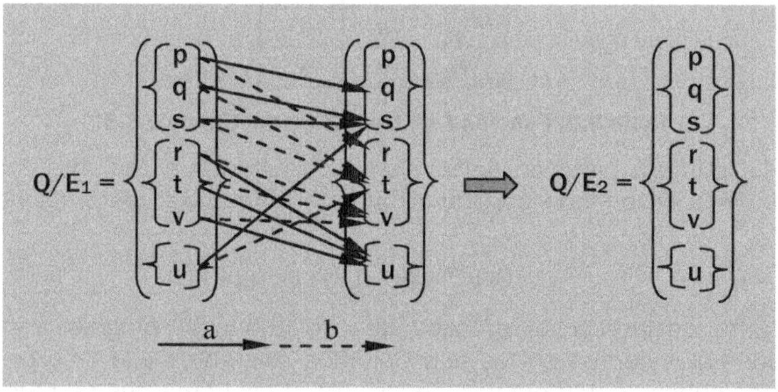

Como puede comprobarse, al leerse un símbolo adicional (**k=2**) los estados agrupados en cada subconjunto mantienen su equivalencia entre sí, lo que significa que el conjunto cociente se ha estabilizado y no sufrirá variantes para cadenas de mayor longitud. Esto puede expresarse:

$$Q/E_2 = \{\underbrace{\{p, q, s\}}, \underbrace{\{r, t, v\}}, \underbrace{\{u\}}\} = Q/E_1 = Q/E$$

$$Q/E = \{ c_0,\ c_1,\ c_2 \}$$

habiéndose asignado nuevos nombres a los conjuntos de estados resultantes.

El *AFD* mínimo tiene la definición formal y dígrafo siguiente:

$$AFD = (\Sigma_E, Q, q_0, A, f)$$

donde $\Sigma_E = \{a, b\}$, $Q = \{c_0, c_1, c_2\}$, $q_0 = c_0$, $A = \{c_2\}$ y f se representa en la Tabla 3.9.

f:	a	b
→ c_0	c_0	c_1
c_1	c_2	c_1
* c_2	c_0	c_1

Tabla 3.9: Función de transición.

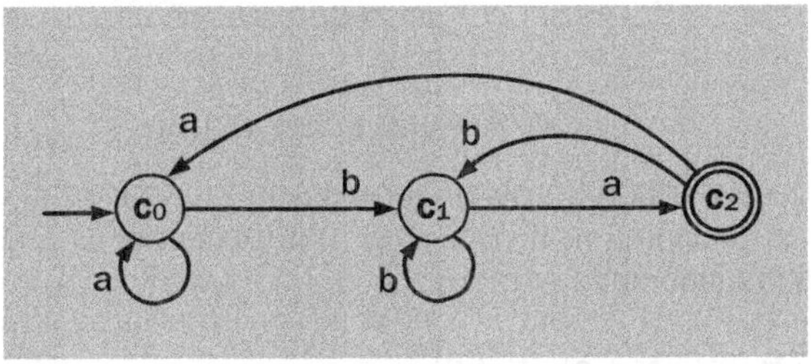

Figura 3.10: Dígrafo del AFD minimizado.

Ejemplo 3.6

Minimizar el AFD representado en el dígrafo de la Figura 3.11.

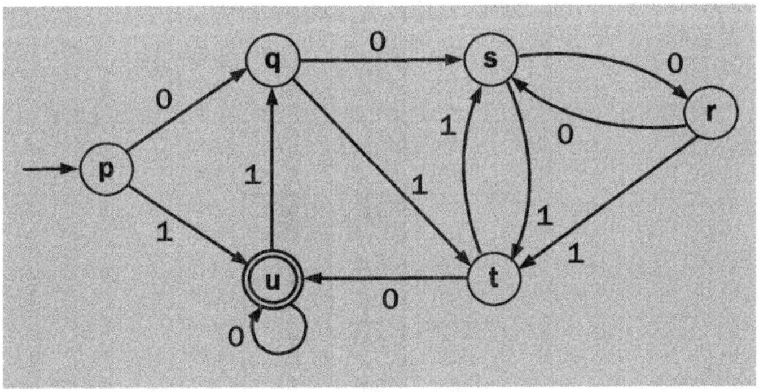

Figura 3.11: Dígrafo del AFD a ser minimizado.

La definición formal de este autómata es:

$AFD = (\Sigma_E, Q, q_0, A, f)$

$\Sigma_E = \{0, 1\}$

$Q = \{p, q, r, s, t, u\}$

$q_0 = p$

$A = \{u\}$

f:	0	1
→ p	q	u
q	s	t
r	s	t
s	r	t
t	u	s
* u	u	q

Tabla 3.10: Definición y función de transición *f* del Ejemplo 3.6.

La primera partición del conjunto de estados separa al estado final del resto:

$$Q/E_0 = \{\{p, q, r, s, t\}, \{u\}\}$$

y los sucesivos conjuntos cocientes son identificados a partir de la función de transición, verificando el comportamiento común de los miembros de las clases de estados:

$$Q/E_1 = \{\{p\}, \{q, r, s\}, \{t\}, \{u\}\}$$

$$Q/E_2 = \{\{p\}, \{q, r, s\}, \{t\}, \{u\}\} = Q/E_1 = Q/E = \{c_0, c_1, c_2, c_3\}$$

donde $c_0 = \{p\}$, $c_1 = \{q, r, s\}$, $c_2 = \{t\}$ y $c_3 = \{u\}$

Una vez asignados los nuevos nombres a las clases de estados se representa a continuación la definición formal y grafo del afd mínimo:

$$AFD = (\Sigma_E, Q, q_0, A, f)$$

donde $\Sigma_E = \{0, 1\}$, $Q = \{c_0, c_1, c_2, c_3\}$, $q_0 = c_0$, $A = \{ c_3 \}$.

La función de transición ***f*** se muestra en la Tabla 3.11 y el grafo en la Figura 3.12.

f:	0	1
→ c_0	c_1	c_3
c_1	c_1	c_2
c_2	c_3	c_1
* c_3	c_3	c_1

Tabla 3.11: Función de transición.

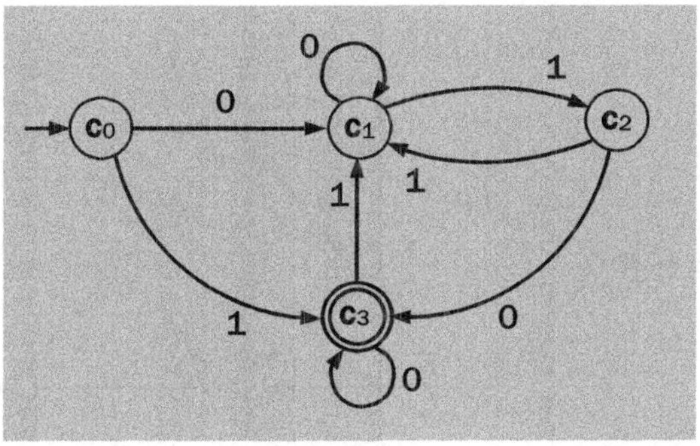

Figura 3.12: Dígrafo del AFD minimizado.

Ejemplo 3.7

En la Tabla 3.12, se presenta la función de transición de un AFD y se pide realizar un análisis completo que incluya:

a) Completar la definición formal.

b) Representar su dígrafo.

c) Verificar que el AFD sea conexo.

d) Minimizar el autómata.

e) Presentar la definición formal y grafo del AFD equivalente mínimo.

f) Identificar el lenguaje reconocido.

g) Mostrar la aceptación de una cadena de largo seis mediante el árbol de configuraciones y plano de estados-entradas.

f:	a	b
→ p_1	p_3	p_4
p_2	p_8	p_4
p_3	p_6	p_5
p_4	p_5	p_6
* p_5	p_1	p_5
p_6	p_6	p_2
p_7	p_5	p_8
p_8	p_6	p_5

Tabla 3.12: función de transición del Ejercicio 3.7

Solución

a) La definición formal queda completa con:

$$AFD = (\ \Sigma_E,\ Q,\ q_0,\ A,\ f\ )$$

donde $\Sigma_E = \{a, b\}$, $Q = \{p_1, p_2, p_3, p_4, p_5, p_6, p_7, p_8\}$, $q_0 = p_1$ y $A = \{p_5\}$

b) Su dígrafo se presenta en la Figura 3.13:

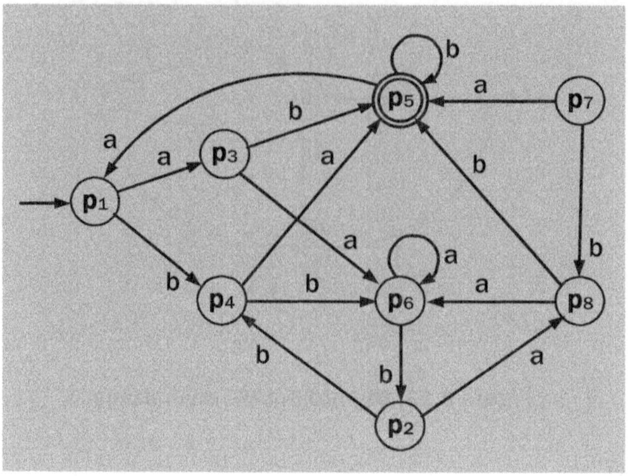

Figura 3.13: Dígrafo del AFD de la Tabla 3.12.

c) A partir de la inspección de la función de transición de la Tabla 3.12, se deduce que el AFD no es conexo, ya que el estado p_7 no es accesible desde el estado inicial p_1.

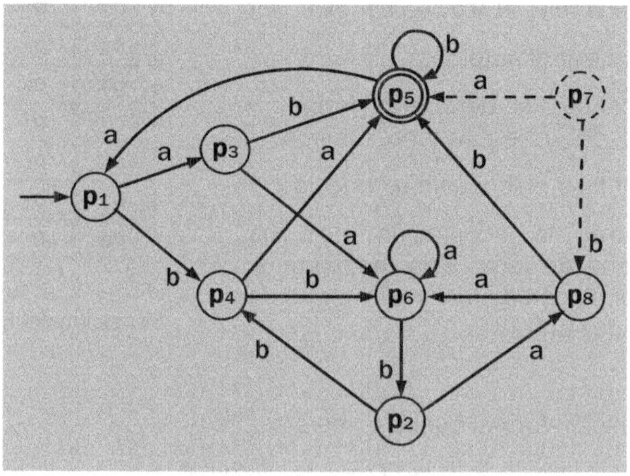

Figura 3.14: Dígrafo del AFD conexo de la Tabla 3.12.

En la Figura 3.14, se muestra con líneas de punto el estado inaccesible y las correspondientes transiciones, que son eliminadas del autómata, ya que no modifican su comportamiento.

d) Para minimizar el autómata, se identifica el conjunto cociente inicial a partir de su definición formal y luego, los sucesivos conjuntos cocientes a partir del conjunto cociente anterior y la función de transición. Se prosigue hasta obtenerse dos conjuntos cocientes sucesivos idénticos a partir del conjunto cociente inicial, que es:

$Q/E_0 = P_1^0 \cup P_2^0$, donde $P_1^0 = Q - A = \{p_1, p_2, p_3, p_4, p_6, p_8\}$ y $P_2^0 = A = \{p_5\}$

$$Q/E_0 = \{\{p_1, p_2, p_3, p_4, p_6, p_8\}, \{p_5\}\}$$

- A partir de Q/E_0 y la función de transición se comprueba que:

$f(p_1,a) = p_3 \in P_1^0$ y $f(p_1,b) = p_4 \in P_1^0 \rightarrow p_1 \in P_1^1$

$f(p_2,a) = p_8 \in P_1^0$ y $f(p_2,b) = p_4 \in P_1^0 \rightarrow p_2 \in P_1^1$

$f(p_3,a) = p_6 \in P_1^0$ y $f(p_3,b) = p_5 \in P_2^0 \rightarrow p_3 \in P_2^1$

$f(p_4,a) = p_5 \in P_2^0$ y $f(p_4,b) = p_6 \in P_1^0 \rightarrow p_4 \in P_3^1$

$f(p_5,a) = p_1 \in P_1^0$ y $f(p_5,b) = p_5 \in P_2^0 \rightarrow p_5 \in P_4^1$

$f(p_6,a) = p_6 \in P_1^0$ y $f(p_6,b) = p_2 \in P_1^0 \rightarrow p_6 \in P_1^1$

$f(p_8,a) = p_6 \in P_1^0$ y $f(p_8,b) = p_5 \in P_2^0 \rightarrow p_8 \in P_2^1$

luego $P_1^1 = \{p_1, p_2, p_6\}$, $P_2^1 = \{p_3, p_8\}$, $P_3^1 = \{p_4\}$, $P_4^1 = \{p_5\}$

es decir que $Q/E_1 = \{\{p_1, p_2, p_6\}, \{p_3, p_8\}, \{p_4\}, \{p_5\}\}$

- Se repite el procedimiento a partir de Q/E_1 y de la función de transición:

$f(p_1,a) = p_3 \in P_2^1$ y $f(p_1,b) = p_4 \in P_3^1 \rightarrow p_1 \in P_1^2$

$f(p_2,a) = p_8 \in P_2^1$ y $f(p_2,b) = p_4 \in P_3^1 \rightarrow p_2 \in P_1^2$

$f(p_3,a) = p_6 \in P_1^1$ y $f(p_3,b) = p_5 \in P_4^1 \rightarrow p_3 \in P_2^2$

$f(p_4,a) = p_5 \in P_4^1$ y $f(p_4,b) = p_6 \in P_1^1 \rightarrow p_4 \in P_3^2$

$f(p_5,a) = p_1 \in P_1^1$ y $f(p_5,b) = p_5 \in P_4^1 \rightarrow p_5 \in P_4^2$

$f(p_6,a) = p_6 \in P_1^1$ y $f(p_6,b) = p_2 \in P_1^1 \rightarrow p_6 \in P_5^2$

$f(p_8,a) = p_6 \in P_1^1$ y $f(p_8,b) = p_5 \in P_4^1 \rightarrow p_8 \in P_2^2$

luego $P_1^2 = \{p_1, p_2\}$, $P_2^2 = \{p_3, p_8\}$, $P_3^2 = \{p_4\}$, $P_4^2 = \{p_5\}$, $P_5^2 = \{p_6\}$

es decir que $Q/E_2 = \{\{p_1, p_2\}, \{p_3, p_8\}, \{p_4\}, \{p_5\}, \{p_6\}\}$

- Se repite el procedimiento a partir de Q/E_2 y de la función de transición:

$f(p_1,a) = p_3 \in P_2^2$ y $f(p_1,b) = p_4 \in P_3^2$ → $p_1 \in P_1^3$

$f(p_2,a) = p_8 \in P_2^2$ y $f(p_2,b) = p_4 \in P_3^2$ → $p_2 \in P_1^3$

$f(p_3,a) = p_6 \in P_5^2$ y $f(p_3,b) = p_5 \in P_4^2$ → $p_3 \in P_2^3$

$f(p_4,a) = p_5 \in P_4^2$ y $f(p_4,b) = p_6 \in P_5^2$ → $p_4 \in P_3^3$

$f(p_5,a) = p_1 \in P_1^2$ y $f(p_5,b) = p_5 \in P_4^2$ → $p_5 \in P_4^3$

$f(p_6,a) = p_6 \in P_5^2$ y $f(p_6,b) = p_2 \in P_1^2$ → $p_6 \in P_5^3$

$f(p_8,a) = p_6 \in P_5^2$ y $f(p_8,b) = p_5 \in P_4^2$ → $p_8 \in P_2^3$

luego $P_1^3 = \{p_1, p_2\}$, $P_2^3 = \{p_3, p_8\}$, $P_3^3 = \{p_4\}$, $P_4^3 = \{p_5\}$, $P_5^3 = \{p_6\}$

es decir que $Q/E_3 = \{\{p_1, p_2\}, \{p_3, p_8\}, \{p_4\}, \{p_5\}, \{p_6\}\} = Q/E_2 = Q/E$

Para completar el proceso, se asignan luego nuevos nombres a los conjuntos de estados indistinguibles:

$c_0 = \{p_1, p_2\}$, $c_1 = \{p_3, p_8\}$, $c_2 = \{p_4\}$, $c_3 = \{p_5\}$, $c_4 = \{p_6\}$

Se deja al lector comprobar que el mismo conjunto cociente puede también ser obtenido con el procedimiento de los esquemas de agrupamiento de estados utilizado en el Ejemplo 3.5.

e) La definición formal y dígrafo del AFD equivalente mínimo se presentan a continuación en la Tabla 3.13 y Figura 3.15:

$AFD_{min} = (\Sigma_E, Q, q_0, A, f)$

$\Sigma_E = \{a, b\}$

$Q = \{c_0, c_1, c_2, c_3, c_4\}$

$q_0 = c_0$

$A = \{c_3\}$

f:	a	b
→ c_0	c_1	c_2
c_1	c_4	c_3
c_2	c_3	c_4
* c_3	c_0	c_3
c_4	c_4	c_0

Tabla 3.13: Definición formal del AFD mínimo y función de transición.

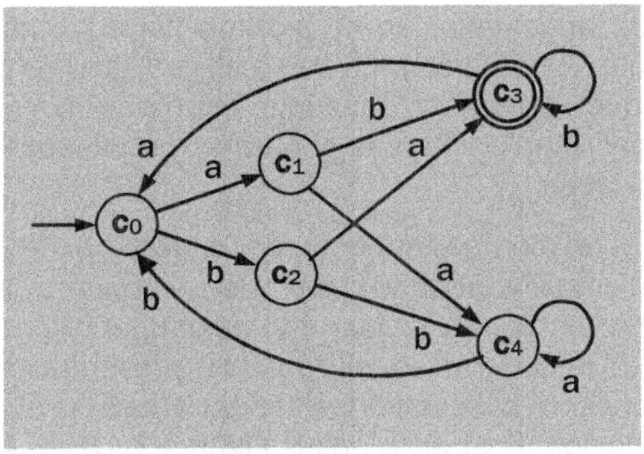

Figura 3.15: Dígrafo del AFD mínimo.

f) Para identificar el lenguaje que es reconocido por un AFD hay dos opciones: i) determinar las reglas de producción de la gramática a partir de la función de transición del autómata y ii) inducir el lenguaje a partir de inspeccionar el comportamiento del AFD. La primera opción es la más recomendable por tratarse de un proceso sistemático, y una vez identificadas las reglas de producción se deducen las formas que toman las sentencias del lenguaje. Como este tema será presentado en el próximo capítulo, por el momento se utilizará la segunda opción, que implica un proceso de inspección que, en algunos casos, puede ser muy laborioso y es susceptible a errores y omisiones. Para facilitar la tarea, es siempre recomendable trabajar sobre el AFD ya minimizado.

Estudiando el comportamiento del autómata, puede deducirse que reconoce cadenas que terminen con los sufijos abb^p o bab^p (para $p \geq 0$) y que inicien con cualquier concatenación de cadenas que lo restituyan al estado inicial:

$\beta_1 = (abb^{n1}a)^{m1}$ $\beta_2 = (bab^{n2}a)^{m2}$ $\beta_3 = (aaa^{n3}b)^{m3}$ $\beta_4 = (bba^{n4}b)^{m4}$

donde $n_i, m_j \geq 0$ para i, j=1, 2, 3, 4, con los mismos sufijos.

Es así que a partir de la identificación de estas cadenas se puede hacer una descripción algebraica del lenguaje que es reconocido por el AFD, que aquí es llamado M y toma la siguiente forma:

$$L(M) = \{\alpha \,/\, \alpha = ((\beta_1\beta_2\beta_3\beta_4)^i\, abb^j)^k((\beta_1\beta_2\beta_3\beta_4)^l\, bab^m)^n \text{ ó }$$
$$((\beta_1\beta_2\beta_3\beta_4)^i\, bab^j)^k((\beta_1\beta_2\beta_3\beta_4)^l\, abb^m)^n,$$
$$\text{con } i, j, k, l, m \geq 0;\ n \geq 1\}$$

Como ya fue anticipado, en el próximo capítulo, se presentará un procedimiento sistemático para deducir las reglas de producción de la gramática que genera el lenguaje aceptado por un AFD y que permitirá confirmar las formas generales propuestas, lo que se deja reservado al lector.

g) Para mostrar el comportamiento del autómata de selecciona una cadena tal como δ=bbbabb$\in$L(M), que responde a la forma general β4abbp. Con el fin de seguir su desempeño en el proceso de aceptación de la cadena, se utilizan las representaciones del árbol de configuraciones o descripciones instantáneas y el plano estados-entradas, que son mostrados en las Figuras 3.16 y 3.17.

(c_0, bbbabb) Configuración inicial
|
(c_2, bbabb)
|
(c_4, babb)
|
(c_0, abb)
|
(c_1, bb)
|
(c_3, b)
|
(c_3, λ) Configuración final

Figura 3.16: Árbol de descripciones instantáneas.

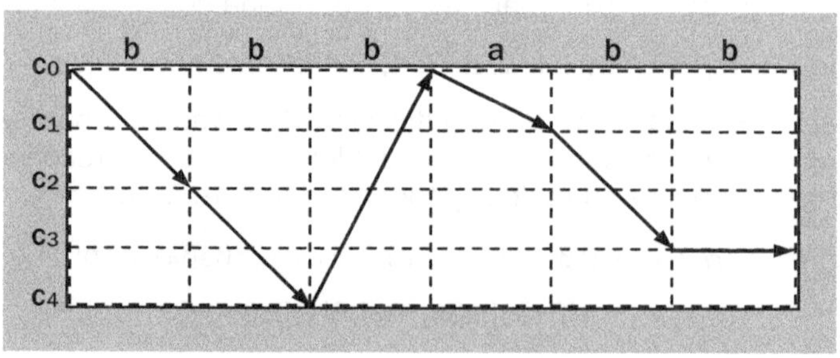

Figura 3.17: Representación del plano estados-entradas.

Ejemplo 3.8

Como se señaló en el Capítulo 1, la construcción de modelos es una actividad fundamental en el desarrollo de software y, para ello, suelen utilizarse máquinas de estados. En este caso, se propone la definición del autómata finito que represente el funcionamiento de un reproductor de audio; en la actualidad de música almacenada en tarjetas de memoria, CD o DVD y, anteriormente, sobre cinta magnética. Debe notarse que cualquiera sea la tecnología de almacenamiento, el problema sigue siendo el mismo: reconocer los comandos ingresados al reproductor por el usuario. Además, debe también reconocerse que se ha alcanzado el extremo inicial o final de la información almacenada, en este caso, música (supondremos funcionamiento circular).

En necesario relacionar las señales externas a ser reconocidas por el autómata con el significado de las mismas en el contexto del equipo representado y lo mismo ocurre con los estados previstos, donde cada uno de ellos representa una condición de operación. Con este fin, las señales de entrada son definidas en la Tabla 3.14 y los estados previstos son definidos en la Tabla 3.15:

Comandos reconocidos	
símbolo	significado
a	PLAY
b	FORWARD
c	STOP
d	PAUSA
e	REWIND
f	Marca de inicio/fin

Tabla 3.14: Señales reconocidas.

Condiciones del equipo	
símbolo	significado
p	OFF
q	ON
r	RETROCEDE
s	AVANZA
t	PAUSA

Tabla 3.15: Estados propuestos.

a) Definición formal del autómata finito:

$$AFD = (\Sigma_E, Q, q_0, A, f)$$

$$\Sigma_E = \{a, b, c, d, e, f\}$$

$$Q = \{p, q, r, s, t\}$$

$$q_0 = p$$

$$A = \{p\}$$

Donde la función de transición *f* es presentada en la Tabla 3.16:

f:	a	b	c	d	e	f
→p *	q	s	p	p	r	p
q	q	s	p	t	r	q
r	q	s	p	r	r	r
s	q	s	p	s	r	s
t	t	t	t	q	t	t

Tabla 3.16: Función de transición del AF.

b) Dígrafo: A partir de la definición formal anterior se desarrolla el dígrafo del autómata finito que cumple la función de un reproductor de audio, el cual se muestra en la Figura 3.18. Nótese que, tal como fue definida esta máquina, el estado inicial es también su estado de aceptación.

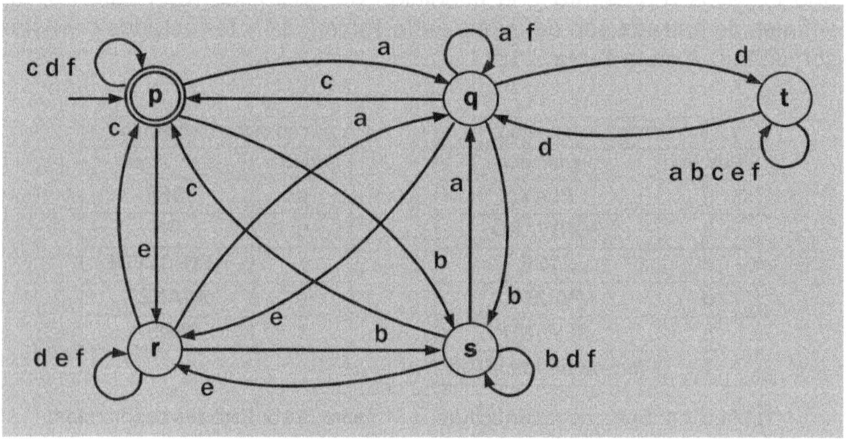

Figura 3.18: AF para un reproductor de audio.

c) Minimización del autómata finito: el objeto es verificar la posible existencia de estados indistinguibles. Se identifica el conjunto cociente inicial y luego los sucesivos conjuntos cocientes hasta alcanzar dos conjuntos cocientes sucesivos idénticos. Estos resultan ser:

$Q/E_0 = \{\{q, r, s, t\}, \{p\}\}$

$Q/E_1 = \{\{q, r, s\}, \{t\}, \{p\}\}$

$Q/E_2 = \{\{q\}, \{r, s\}, \{t\}, \{p\}\}$

$Q/E_3 = \{\{q\}, \{r, s\}, \{t\}, \{p\}\}$

El proceso de minimización muestra que los estados r y s son equivalentes o indistinguibles, ya que tienen idéntico comportamiento en cuanto a sus transiciones desde y hacia los demás estados. Esto es así en el autómata finito del modelo. Sin embargo, en el equipo reproductor de audio, el estado r corresponde a la acción de retroceder sobre el medio de entrada, mientras que el estado s está asociado a un movimiento en sentido opuesto, es decir, adelantar sobre el mismo medio. Esta aparente inconsistencia no es tal, ya que al suponer el funcionamiento circular, al avanzar más allá del último tema de música se continúa con el primero y al retroceder, en el primero, se continúa con el último.

Ejemplo 3.9

Una de las principales aplicaciones de los autómatas finitos es la identificación de los componentes del texto de un documento, pudiendo estar inserto ya sea en un corrector ortográfico o en un compilador, entre otros. En este último caso, el autómata finito es denominado *analizador léxico* (en realidad, constituye la rutina de reconocimiento del módulo denominado con ese nombre) y dentro de un compilador su misión es identificar las palabras reservadas, variables, constantes, operadores y demás elementos que forman las sentencias del programa.

Debe tenerse presente que el analizador léxico recibe el programa fuente como una larga cadena de caracteres, con espacios y caracteres especiales de control intercalados (<CR>, <LF>, <TAB>, etcétera) y debe separar e identificar los componentes del lenguaje, llamados *componentes léxicos* o *tokens*. Las posibles secuencias de caracteres que definen un *token* son verificadas, ya que deben responder a ciertas expresiones regulares, y clasificadas. Luego se les asigna una dirección en la tabla de símbolos y sirven de base a la siguiente etapa del proceso de compilación, que es denominada de análisis sintáctico, tal como se describe en detalle en el Apéndice A.

En este ejemplo, se desea construir un analizador léxico que, en un programa escrito en lenguaje Java, identifique los valores numéricos (constantes) en sus diferentes tipos (int, float, double) y notaciones, cuya representación es resumida en la Tabla 3.17, mostrada a continuación.

Tipo	Notación	Representación	Caracter (n)
Entero	Decimal	[±] nnn...n	0...9
	Octal	[±] 0nnn...n	0...7
	Hexadecimal	[±] 0xnnn...n	0...F
Real	Dec. s/ exp.	[±] n...n.n...n	0...9
	Dec. c/ exp.	[±] n.n...nE[±]nn	0...9

Tabla 3.17: Representación de constantes numéricas en Java.

Se quiere entonces determinar: a) el grafo del autómata finito que cumple la función de analizador léxico y b) su definición formal.

a) Definición de la simbología y definición formal

Para resolver el problema, se propone un AF que opere los símbolos especiales definidos en la Tabla 3.18 y con tantos estados de aceptación como las diferentes formas numéricas que deben ser identificadas, que en este caso son cinco (tres formas enteras y dos reales, Tabla 3.19).

Simbología especial	
símbolo	representa
b	blanco, <cr>,<lf>,<tab>
;	fin de sentencia
.	punto decimal
+ , -	signos de valor numérico
β	≠ 0..9 , + , -

Tabla 3.18: Señales reconocidas.

Estados de aceptación	
símbolo	significado
c_0	entero decimal
c_1	real sin exponente
c_2	real con exponente
c_3	entero hexadecimal
c_4	entero octal

Tabla 3.19: Estados de aceptación.

Definición formal:

$$AFD = (\Sigma_E, Q, q_0, A, f),$$

donde:

Σ_E = { 0, ..., F, +, - , b, ; , . , E, x }

Q = { p, q, r, s, t, u, v, w, x, y, z, c_0, c_1, c_2, c_3, c_4}

q_0 = p

A = {c_0, c_1, c_2, c_3, c_4}

f:	0	1..7	8..9	A..F	+,-	x	.	E	b,;	β
->p	r	t	t		q					p
q	r	t	t							
r		z				y	s		c_0	
s	u	u	u							
t	t	t	t						c_0	
u	u	u	u					v	c_1	
v	x	x	x		w					
w	x	x	x							
x	x	x	x						c_2	
y	y	y	y	y					c_3	
z	z	z							c_4	
*c_0										
*c_1										
*c_2										
*c_3										
*c_4										

Tabla 3.20: Función de transición del analizador léxico.

Nótese que el AFD llegará a uno de los estados finales cuando complete la identificación de un componente numérico del código del programa. El estado alcanzado dependerá del tipo y notación del elemento encontrado. Luego el AFD debe regresar al estado inicial para esperar la llegada de la próxima cadena y continuar operando hasta completar el análisis léxico, destinado a identificar los números presentes en todas las sentencias del programa.

También es necesario destacar que el símbolo β es genérico, representando cualquier carácter inválido como inicio de una cadena que contenga un número. Es decir que ante la lectura de cualquier símbolo a ∉ { 0, 1, 2, 3, 4, 5, 6, 7, 8, 9 , + , - } el autómata permanecerá en el estado inicial "p".

b) Grafo del AFD (analizador léxico)

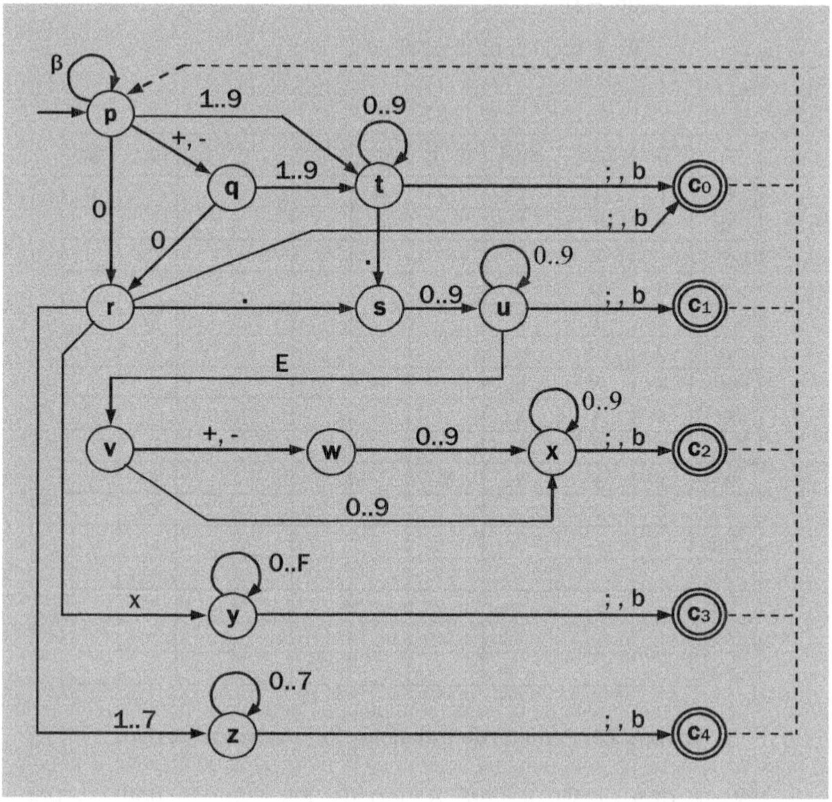

Figura 3.19: Autómata finito para un analizador léxico.

Autómatas finitos bidireccionales

Aspectos generales

Los autómatas finitos leen siempre la cadena de entrada de izquierda a derecha. Esto tiene varias consecuencias: *i*) cada símbolo de la cadena es leído una única vez, *ii*) al completarse la lectura, la cadena es aceptada o no, según se alcance un estado de aceptación, *iii*) puede anticiparse la cantidad de intervalos de tiempo necesarios para evaluar la cadena, que será igual a su largo y *iv*) en todo momento está claramente definida la subcadena pendiente de ser leída por el autómata. Esto último soporta el concepto de configuración o descripción instantánea del AFD.

Otorgando a un AFD la capacidad de decidir el sentido del movimiento del cabezal en cada intervalo de tiempo queda conceptualmente definido el AFDB (*Autómata Finito Determinista Bidireccional*). Como es de esperar, en la definición del autómata se debe incorporar una *función de movimiento*, que defina el sentido del movimiento del cabezal en cada estado y ante cada símbolo de entrada. Además, debe quedar claramente establecido el sector de la cinta en el que el autómata puede operar. Para ello, se incorporan dos símbolos especiales que identifican el inicio y el final del intervalo de cinta de entrada a ser analizado.

Con esto, se obtiene un autómata que cambia las condiciones antes señaladas, a saber: *i)* Cada símbolo de entrada pueden ser leído varias veces, *ii*) no hay ninguna condición que indique el fin de la lectura de la cadena, *iii*) no es posible anticipar la cantidad de intervalos de tiempo requeridos para evaluar la cadena y *iv*) el concepto de *cadena que resta de ser leída* desaparece. Se suma aquí una consecuencia novedosa, que es la real posibilidad de que ciertas cadenas de entrada lleven al AFDB a un ciclo cerrado que no conduzca a nada, es decir, un ciclo infinito.

Los AFDB son escasamente considerados en la literatura, a pesar de que presentan una forma de introducir gradualmente la máquina de Turing y de que por sí mismos dan lugar a soluciones muy interesantes. Hubo dos trabajos, debidos a Rubin y Scout (1959) y Shepherdson (1959), que a través de enfoques diferentes se ocuparon de demostrar la equivalencia de los AFD y AFDB. En la actualidad, los AFDB son principalmente utilizados en el análisis de la complejidad de algoritmos.

Definición del AFDB

A partir de lo ya expuesto, el AFDB se define como:

$$AFDB = (\Sigma_E, \Gamma, Q, q_0, A, f)$$

donde:

Σ_E : Alfabeto de símbolos de entrada

Γ : Alfabeto de cinta, $\Gamma = \Sigma_E \cup \{\vdash, \dashv\}$

Q : Conjunto finito, no vacío, de estados posibles.

q_0 : Estado inicial de operación, $q_0 \in Q$

A : Conjunto de estados de aceptación, $A \subseteq Q$

f : Función de transición, $f: Q \times \Gamma \rightarrow Q \times \{I, N, D\}$

Sobre la definición del AFDB nótese que:

a) El alfabeto de cinta Γ se forma con el alfabeto de entrada y dos símbolos auxiliares destinados a marcar el inicio y fin de la cinta de entrada, normalmente denominados BOT (Beginning Of Tape, $\vdash$) y EOT (End Of Tape, $\dashv$); estos símbolos nunca son de entrada.

b) El AFDB tiene normalmente un único estado de aceptación, ya que al poder ser releída la cadena siempre podrá ser definido con uno solo de estos estados, lo que no es obvio ni es demostrado aquí.

c) La función de transición es definida usando el alfabeto ampliado Γ, ya que el autómata debe reconocer todos los símbolos que pueda contener la cinta de entrada y tomar decisiones a partir de ellos.

d) La función de transición ***f*** reúne, tal como está definida, dos funciones claramente distinguibles: la de transición de estado a estado t:**Q×Γ→Q** y la del sentido del próximo movimiento del cabezal de entrada m:**Q×Γ→{I, N, D}**.

e) El alfabeto de movimientos del cabezal contiene tres símbolos **{I, N, D}** que significan: izquierda (**I**), neutro (**N**) y derecha (**D**). Podría incluso agregarse un símbolo de detención de operaciones **P**; en el tratamiento de las máquinas de Turing en capítulos posteriores se efectuará este agregado y se comentará su función.

f) Un AFDB que contemple en todos los casos el movimiento del cabezal hacia la derecha se convierte en un AFD convencional, por lo que puede reconocerse a este último como un caso particular del primero.

Conceptos asociados a los AFDB

Aceptación de cadenas

Una cadena es aceptada por el AFDB cuando éste ha alcanzado un estado de aceptación y la cadena ha sido leída por lo menos una vez. Esto último significa que la cantidad de intervalos de tiempo demandados por la aceptación será igual o mayor al largo de la cadena en cinta. Nótese que si la cantidad de intervalos de tiempo necesarios para aceptar una cadena es igual a su largo, el AFDB se ha comportado como un AFD convencional.

Algunos autores como Cases Muñoz (2002) plantean la aceptación de una cadena cuando se ha alcanzado un estado de aceptación y el cabezal de lectura está a la derecha de la cadena de entrada (sobre el símbolo de fin de cinta, EOT), criterio que es compartido y adoptado en lo sucesivo en este texto.

Configuración

Al haber desaparecido en el AFDB el concepto de *cadena a ser leída*, debe replantearse la definición de configuración o descripción instantánea, que había sido propuesta para los AFD convencionales.

Luego, para la completa definición de la condición en la que se encuentra un AFDB en un instante dado se requieren tres componentes, que son: *i*) el estado actual, *ii*) el contenido de la cinta de entrada y *iii*) la posición del cabezal. Para esto último, se adopta la convención de que el símbolo de inicio de cinta (BOT) está en la posición **0** y el contador se incrementa hacia la derecha, lo que implica que el primer carácter de la cadena de entrada está en la posición **1**.

Según este criterio, la configuración K_t de un AFDB que opera sobre una cierta cadena de entrada α, que en el instante **t** está en el estado **q** y con el cabezal en la posición **k** es:

$$K_t = (q,\ \vdash\alpha\dashv,\ k)$$

Bajo esta definición, la configuración inicial toma la forma:

$$K_0 = (q_0,\ \vdash\alpha\dashv,\ 0)$$

y la configuración final de aceptación, bajo el criterio adoptado es:

$$K_A = (q_A,\ \vdash\alpha\dashv,\ n), \quad \text{en donde } q_A \in A \text{ y } n = |\alpha| + 1$$

Una forma alternativa de representar la configuración de un AFDB es:

$$K_t = \delta q \beta$$

Donde **q** es el estado actual del autómata, **δ** el prefijo de la cadena de entrada **α** que antecede al cabezal y **β** el sufijo que sigue al cabezal **(α=δβ)**. Según este criterio, la configuración inicial es $K_0=q_0\alpha$ y la final $K_A=\alpha q_A$.

Lenguaje reconocido por el AFDB

Usando a la notación de movimientos entre configuraciones definida para los autómatas finitos, el lenguaje **L** que es aceptado por un autómata finito bidireccional **M** puede definirse en símbolos como:

$$L(M) = \{\alpha \;/\; \alpha\in \Sigma_E^* \text{ y } q_0\alpha \vdash^* \alpha q_A \text{ , } q_A\in A\}$$

El problema de la parada

Ya fue anticipado que el AFDB puede quedar atrapado en un ciclo cerrado y esto puede ser reconocido, cuando al operar sobre una cadena de entrada, se repita una misma configuración. Siendo finitos el conjunto de estados posibles y la cinta de entrada, aunque con cierto esfuerzo, esta situación puede determinarse entonces por un algoritmo.

Extensión al tratamiento de palabras

La extensión de la función de transición para describir lo que ocurre a partir de cada estado si se recibe una secuencia concatenada de los símbolos de entrada en lugar de recibir símbolos aislados, es realizada al igual que en el AFD. Aunque no la explicitaremos aquí, es importante notar que en este caso la extensión debe incluir también la función de movimiento, ya que esta última es determinante en el comportamiento del AFDB.

Equivalencia entre AFDB y AFD

El movimiento del cabezal en dos sentidos no brinda ninguna capacidad adicional con respecto al AFD, lo que implica que todo AFDB tiene un AFD equivalente, lo que aquí no es demostrado. El razonamiento inverso ya fue establecido al admitirse que los AFD son un caso particular del AFDB.

Ejemplo 3.10

Proponer un AFDB que resuelva el problema de aceptar las cadenas que responden a la forma general **α=(a+b)*ba** del Ejemplo 3.5.

En la solución que aquí se propone el autómata busca el final de la cadena y luego retrocede para asegurarse de que los dos últimos símbolos corresponden al sufijo **ba**. De esta manera, el problema se circunscribe a analizar este sufijo, prescindiendo totalmente del prefijo que lo antecede, que puede no existir. En caso de que el sufijo no cumpla la condición requerida el autómata arriba a un estado de error que aquí es identificado como c4. El grafo del AFDB es el siguiente:

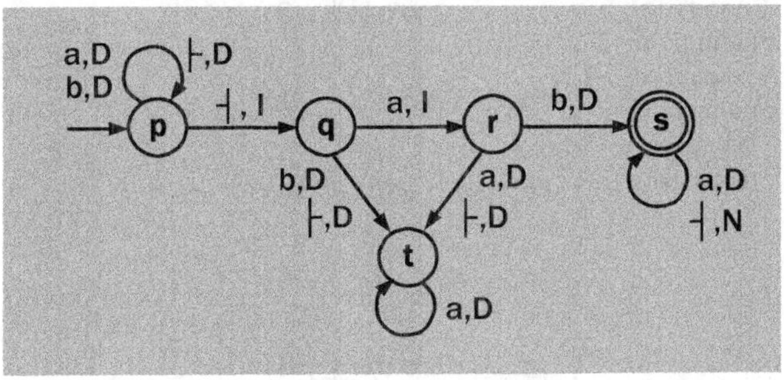

Figura 3.20: Grafo del AFDB del Ejemplo 3.10.

La definición formal del AFDB es la que se plantea a continuación:

$AFDB=(\Sigma_E, \Gamma, Q, q_0, A, f)$

$\Sigma_E = \{a, b\}$

$\Gamma = \{a, b, \vdash, \dashv\}$

$Q = \{p, q, r, s, t\}$

$q_0 = p$

$A = \{s\}$

f:	a	b	├	┤
→ p	p ,D	p ,D	p ,D	q ,I
q	r ,I	t ,D	t ,D	
r	t ,D	s ,D	t ,D	
* s	s ,D			s ,N
t	t ,D			

Tabla 3.21: Función de transición.

Nótese que la función ***f*** ha sido definida como parcial, obviando establecer transiciones innecesarias o para situaciones imposibles.

A efectos de estudiar el comportamiento del AFDB, se considera una cadena que responde a la forma general ya definida α, tal como **δ=abbba** y, para ello, se recurre al árbol de descripciones instantáneas o árbol de configuraciones, que es representado en la Figura 3.21.

En el árbol, puede verse que habiendo terminado de leer la cadena y estando el cabezal sobre el símbolo de fin de cinta, el autómata queda en un estado de aceptación, por lo cual la cadena es aceptada.

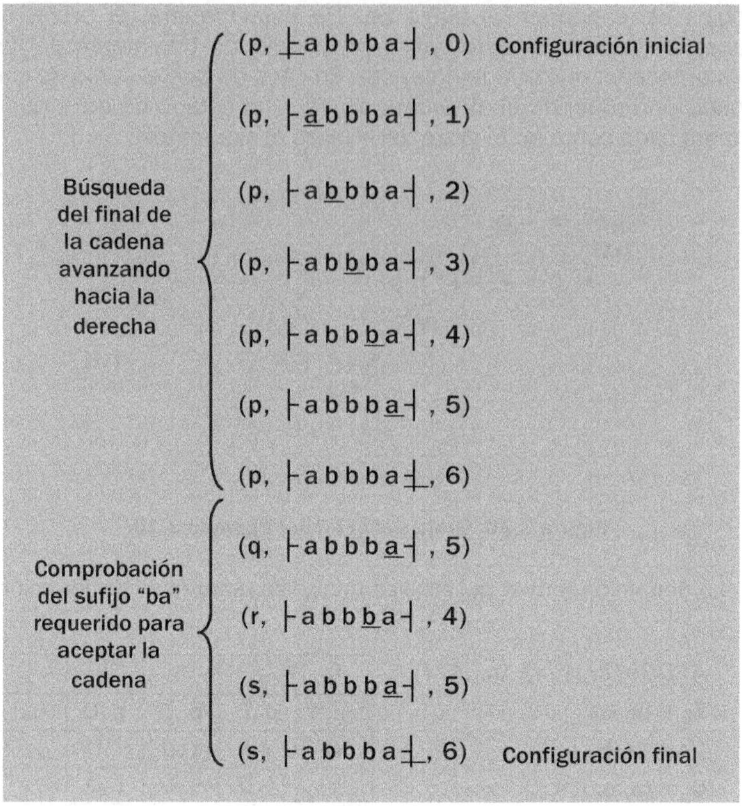

Figura 3.21: Árbol de configuraciones de aceptación de abbba.

Una alternativa muy conveniente para visualizar el comportamiento de un AFDB es utilizar el esquema que se representa en la Figura 3.22, donde la cinta es representada una única vez y se muestra el movimiento del cabezal sobre la misma. El símbolo correspondiente al estado de la máquina sirve a su vez para mostrar la posición del cabezal y los cambios de sentido se dibujan en diferentes líneas horizontales por razones de claridad. Ésta es una representación muy utilizada por la literatura para los autómatas que se mueven en dos sentidos.

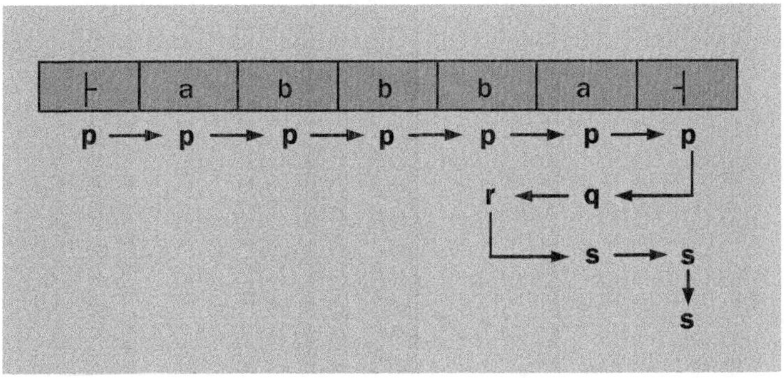

Figura 3.22: Esquema de movimientos al aceptarse la cadena abbba.

Actividades prácticas

Ejercicios propuestos de máquinas secuenciales

Ejercicio 1

Analizar el comportamiento del dosificador de la Figura 3.23 a través de una máquina secuencial y presentar los resultados en una tabla similar a la 3.5 en la que se muestren el contenido, largo y composición de cada cadena de salida. Comparar el desempeño de este dosificador con el dispositivo similar ya estudiado en el Ejemplo 3.2.

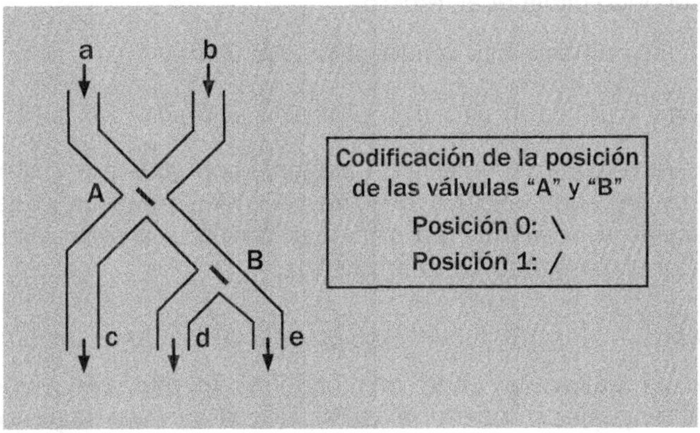

Figura 3.23: Dosificador de elementos a y b.

Ejercicios propuestos de autómatas finitos

Ejercicio 2

Siendo $\Sigma_E = \{1\}$, se pide:

a) Diseñar un AFD que reconozca cadenas compuestas por un número *impar* de **1s** (unos).

b) Diseñar un AFD que reconozca palabras compuestas por un número *par* de **1s** (unos).

Ejercicio 3

Siendo **Σ_E = {a,b}**, se pide:

a) Diseñar un AFD que reconozca cadenas compuestas por un número *impar* de **a(aes)**.

b) Diseñar un AFD que reconozca palabras compuestas por un número *par* de **a (aes)**.

Ejercicio 4

Diseñar un AFD que reconozca cadenas formadas por 4 bits, para cada una de las siguientes condiciones:

a) El primer bit igual al último

b) El segundo bit igual al tercero

c) Los dos primeros bits iguales a los dos últimos

Ejercicio 5

Construir un AFD que reconozca un lenguaje compuesto por símbolos **a** y **b** (Σ_E = {a, b}), que excluya del mismo todas aquellas cadenas que contengan las subcadenas: **aa** o **bb**. Las palabras a ser reconocidas no deben tener una longitud predeterminada.

Ejercicio 6

Proponer un autómata finito destinado a aceptar cada uno de los siguientes lenguajes y hacer una descripción alternativa según se indica:

a) $L_1 = \{0^i\, 1\, 0^j \ / \ i \geq 1, j \geq 1\}$; Determinar su expresión regular.

b) L_2 = L(01(01)*11(11)*) ; Determinar su expresión algebraica.

Ejercicio 7

Identifique el lenguaje expresado por cada una de las siguientes expresiones regulares y construya el AFD que lo reconozca (grafo y definición formal).

a) L_1(0 + (11)* 0)

b) L_2(0+ (11) 0*)

c) L_3(0 (11)* + 0)

d) L_4(0* (11) + 0)

e) L_5(0* (11) 0*)

Ejercicio 8

Diseñar un AFD que reconozca el lenguaje $\mathbf{L} \subseteq \{\mathbf{a}, \mathbf{b}\}^*$, cuyas cadenas α, sin longitud fija, satisfagan simultáneamente las siguientes condiciones:

a) Toda cadena α comienza con **a** y termina con **b**.

b) La secuencia de caracteres **aaa** no debe ser subcadena de α.

Ejercicio 9

Hacer una propuesta para ampliar el expendedor de golosinas del Ejemplo 3.4 de manera de incorporar un tercer producto (bombón <B>) que tiene un precio de venta de 25 centavos. Las monedas reconocidas son las mismas y el expendedor debe devolver las monedas ingresadas en exceso. Mostrar grafo y definición formal del AFD.

Ejercicios propuestos de minimización de autómatas finitos

Ejercicio 10

Comprobar si los siguientes AFD son equivalentes. Para ello, se deberá minimizar cada autómata, eliminando, en primera instancia, los estados no conexos, si los hubiese, y construir luego los conjuntos cocientes necesarios.

$AFD_A = (\{0, 1, 2\}, \{A, B, C, D, E, F, G\}, A, \{D, F, G\}, f_A)$

$AFD_B = (\{0, 1, 2\}, \{A, B, C, D, E, F, G\}, A, \{B, C, D, G\}, f_B)$

f_A	0	1	2
→A	A	B	F
B	B	A	G
C	E	C	B
*D	F	G	B
E	C	B	E
*F	F	G	F
*G	F	F	G

f_B	0	1	2
→A	E	B	F
*B	C	D	B
*C	D	B	B
*D	B	C	C
E	A	D	E
F	F	C	A
*G	C	B	E

Tabla 3.22: Funciones de transición de los AFD del Ejercicio 12.

Ejercicio 11

Determinar cuáles de los cinco AFD presentados son equivalentes entre sí. Minimizar cada autómata, eliminando en primera instancia los estados no conexos, si los hubiese, y luego construir los conjuntos cocientes necesarios.

AFD_A = ({0, 1}, {A, B, C, D, E}, A, {C, E}, f_A)

AFD_B = ({0, 1}, {A, B, C, D, E, F}, A, {F}, f_B)

AFD_C = ({0, 1}, {A, B, C, D, E, F, G}, A, {C, E}, f_C)

AFD_D = ({0, 1}, {A, B, C, D, E, F}, A, {D, E, F}, f_D)

AFD_E = ({0, 1}, {A, B, C, D, E, F, G}, A, {C, D}, f_E)

f_A	0	1
→A	B	C
B	B	D
*C	E	B
D	C	B
*E	C	B

f_B	0	1
→A	B	F
B	C	E
C	D	E
D	B	E
E	F	D
*F	F	B

f_C	0	1
→A	C	B
B	E	B
*C	E	F
D	B	A
*E	C	F
F	F	B
G	G	A

f_D	0	1
→A	F	B
B	E	C
C	D	A
*D	E	C
*E	F	B
*F	D	E

f_E	0	1
→A	C	A
B	F	G
*C	D	E
*D	C	F
E	F	G
F	E	G
G	C	G

Tabla 3.23: Funciones de transición de los AFD del Ejercicio 13.

Ejercicios propuestos de autómatas finitos bidireccionales

Ejercicio 12

Construir un AFDB que acepte números binarios pares escritos en su cinta (recuerde que los números binarios pares terminan con cero).

Ejercicio 13

Construir un AFDB que acepte cadenas escritas en código Morse (Σ_{Morse} = {•, –}) que inicien y terminen con el mismo símbolo.

Ejercicios resueltos de autómatas finitos

Ejercicio 14

Diseñar un AFD que acepte una cadena formada por 4 bits, debiendo ser:

a) El primer bit igual al tercero

Solución

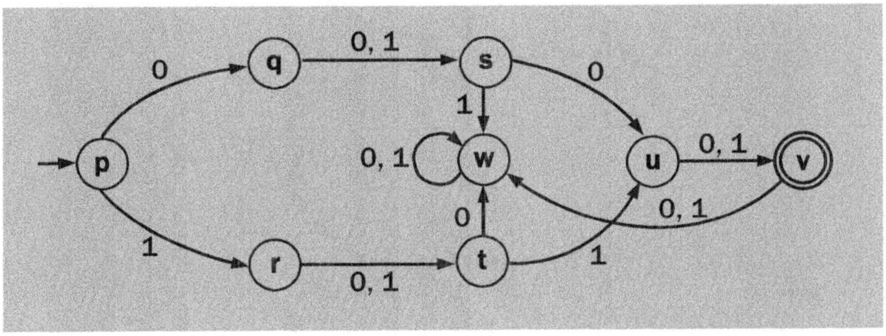

Figura 3.24

AFD = ({0, 1}, {p, q, r, s, t, u, v, w}, p, {v}, *f*)

b) El segundo bit igual al cuarto

Solución

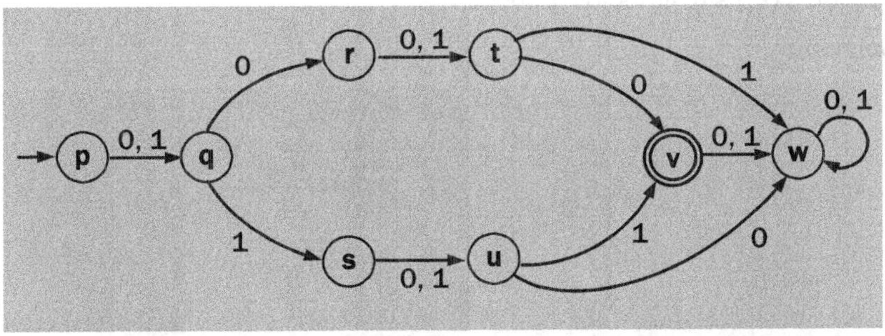

Figura 3.25

AFD = ({0, 1}, {p, q, r, s, t, u, v, w}, p, {v}, *f*)

Ejercicio 15

Diseñar un AFD que acepte cadenas de largo $|\alpha| = 3$ tales que contengan dos símbolos consecutivos iguales, siendo $\Sigma_E = \{a,b\}$.

Solución

De acuerdo al enunciado, el lenguaje aceptado por el AFD es:

L = {aab, abb, baa, bba}

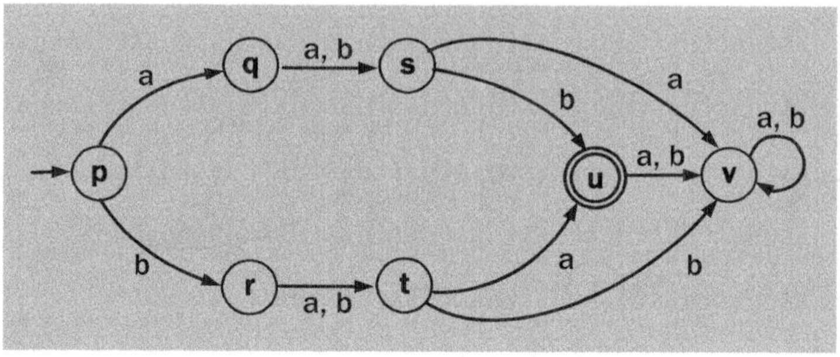

Figura 3.26

AFD = ({a, b}, {p, q, r, s, t, u, v}, p, {u}, *f*)

Ejercicio 16

Siendo el alfabeto de entrada $\Sigma = \{0, 1\}$, construir un *AFD* que reconozca un lenguaje formado por cadenas que contengan un número par de símbolos **0**, y sin símbolos **1** sucesivos.

Solución

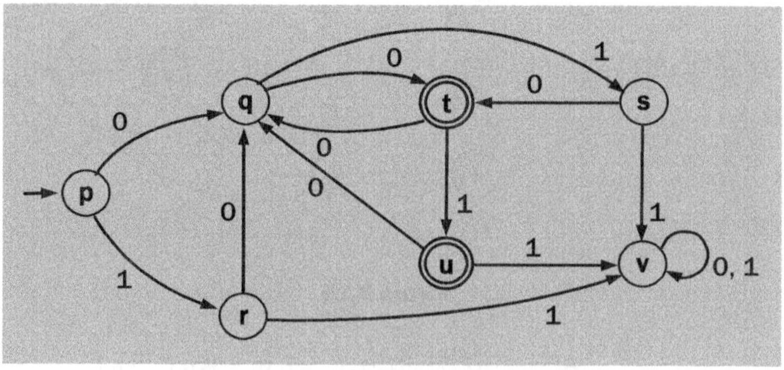

Figura 3.27

$AFD = (\{0, 1\}, \{p, q, r, s, t, u, v\}, p, \{t, u\}, f)$

Ejercicio 17

Diseñar un AFD que funcione como una central telefónica, que reconozca los números telefónicos de ocho cifras que comienzan con 0600 y terminan en número par.

Solución

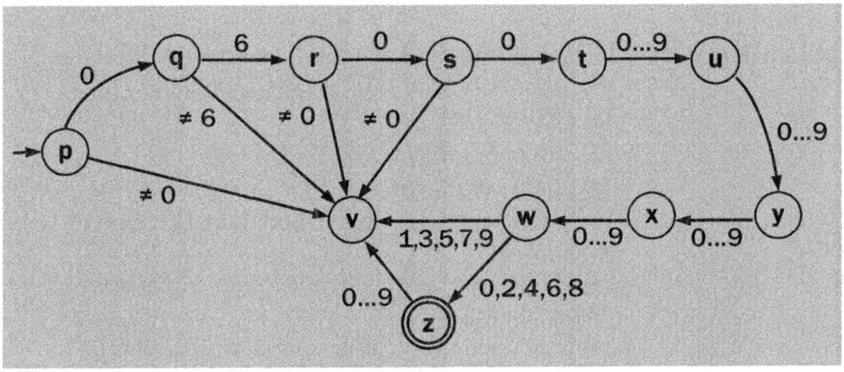

Figura 3.28

$AFD = (\{0, 1, 2, 3, 4, 5, 6, 7, 8, 9\},\{p, q, r, s, t, u, v, w, x, y, z\}, p, \{z\}, f)$

Se sugiere al lector proponer variantes a esta máquina para aceptar otros prefijos (0351, 0800, etc.) con cadenas que terminen en un número par o impar.

Ejercicio 18

Identifique el lenguaje expresado por cada una de las siguientes expresiones regulares y construya el AFD que lo reconozca (grafo y definición formal).

a) L_1(a (b+c) d)
b) L_2(a (b+c)* d)
c) L_3(a* (b+c) d)
d) L_4(a (b+c) d*)
e) L_5(a* (b+c) d*)

Solución

a) $L_1(a\ (b+c)\ d) = L_1(a) . L_1(b+c) . L_1(d) = \{a\} . (L_1(b) \cup L_1(c)) . \{d\}$

$= \{a\} . \{ \{b\} \cup \{c\} \} . \{d\} = \{a\} . \{b, c\} . \{d\}$

$= \{ab, ac\} . \{d\} = \{abd, acd\}$

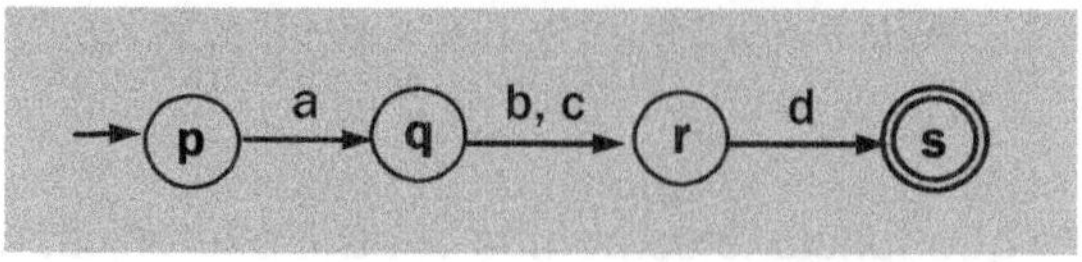

Figura 3.29: Grafo del AFD del Ejercicio 18.a.

AF = ({a, b, c, d}, {p, q, r, s}, p, {s}, f)

b) L_2(a (b+c)* d) = L_2(a) . L_2((b+c)*) . L_2(d) = {a} . [L_2(b+c)]*. {d}
= {a} .[L2(b) ∪ L2(c)]*. {d} = {a} . [{b} ∪ {c}]* . {d}
= {a} . {b, c}* . {d}
= {a} . [{b,c}0 ∪ {b,c}1∪{b,c}2∪...] . {d}
= {a} . [{λ} ∪ {b,c}∪{bb, bc, cb, cc}∪...] . {d}
= {a} .{ λ , b, c, bb, bc, cb, cc, bbb, bcb, bcc, bbc, cbb, ...}. d}
= {a, ab, ac, abb, abc, acb, acc, abbb, abcb, abcc, abbc, ...}. {d}
= {ad, abd, acd, abbd, abcd, acbd, accd, abbbd, abcbd, abccd, ...}

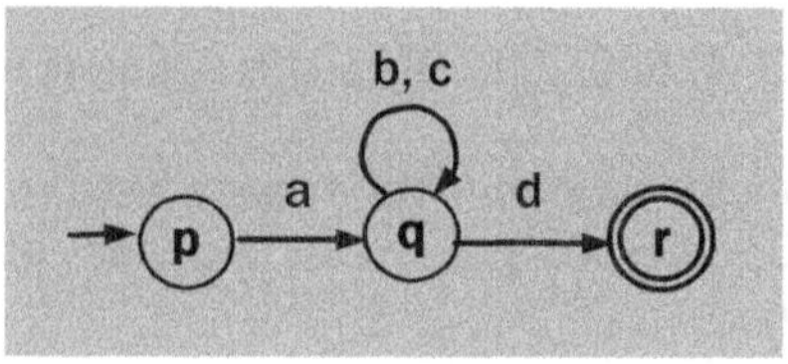

Figura 3.30: Grafo del AFD del Ejercicio 18.b.

AF = ({a, b, c, d}, {p, q, r}, p, {r}, f)

c) L_3(a*(b+c) d) = L_3(a*) . L_3(b+c) . L_3 (d)
= [L_3(a)]* . [L_3(b) ∪ L_3(c)] . L_3(d)
= {a}*. [{b} ∪ {c}] . {d}
= [$\{a\}^0$ ∪ $\{a\}^1$ ∪ $\{a\}^2$ ∪ $\{a\}^3$ ∪ $\{a\}^4$ ∪ ...] . {b, c} . {d}
= [{λ} ∪ {a} ∪ {aa} ∪ {aaa} ∪ {aaaa}...] . {b, c} . {d}
= {λ, a, aa, aaa, aaaa, ...} . {b, c} . {d}
= { b, c, ab, ac, aab, aac, aaab, aaac, aaaab, aaaac, ...} .{d}
= {bd, cd, abd, acd, aabd, aacd, aaabd, aaacd, aaaabd, aaaacd, ... }

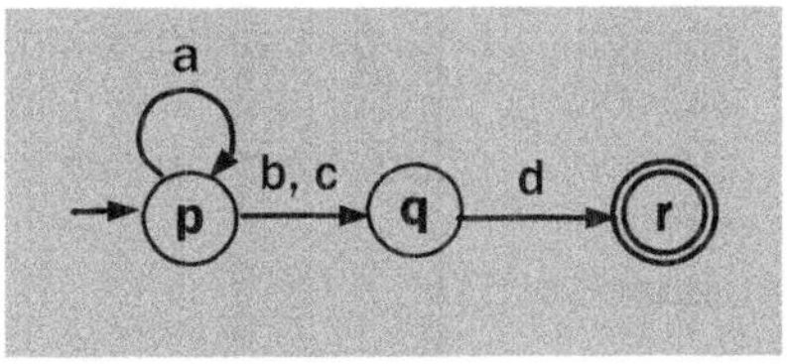

Figura 3.31: Grafo del AFD del Ejercicio 18.c.

$AF = (\{a, b, c, d\}, \{p, q, r\}, p, \{r\}, f)$

d) $L_4(a\ (b+c)\ d^*) = L_4(a) . L_4(b+c) . L_4(d^*)$

$= \{a\} . [L_4(b) \cup L_4(c)]. [L_4(d)]^*$

$= \{a\} . [\{b\} \cup \{c\}] . \{d\}^*$

$= \{a\} . \{b, c\} . [\{d\}^0 \cup \{d\}^1 \cup \{d\}^2 \cup \{d\}^3 \cup \{d\}^4 \cup \{d\}^5 \cup ...]$

$= \{a\} . \{b, c\} . \{\{\lambda\} \cup \{d\} \cup \{dd\} \cup \{ddd\} \cup \{dddd\} \cup ...\}$

$= \{ab, ac\} . \{\lambda, d, dd, ddd, dddd, ddddd, ...\}$

$= \{ab, ac, abd, acd, abdd, acdd, abddd, acddd, abdddd, acdddd, ...\}$

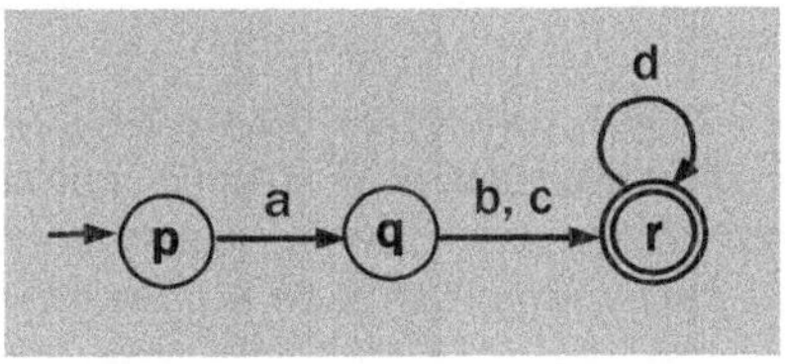

Figura 3.32: Grafo del AFD del Ejercicio 18.d.

$AF = (\{a, b, c, d\}, \{p, q, r\}, p, \{r\}, f)$

e) $L_5(a^*\ (b+c)\ d^*) = L_5(a^*) . L_5(b+c) . L_5(d^*)$

$= [L_5(a)]^*. [L_5(b) \cup L_5(c)] . [L_5(d)]^*$

$= \{a\}^*. [\{b\} \cup \{c\}] . \{d\}^*$

$= [\{a\}^0 \cup \{a\}^1 \cup \{a\}^2 \cup ...] . \{b, c\} . [\{d\}^0 \cup \{d\}^1 \cup \{d\}^2 \cup ...]$

$= [\{\lambda\} \cup \{a\} \cup \{aa\} \cup ...]. \{b,c\} . [\{\lambda\} \cup \{d\} \cup \{dd\} \cup ...]$

$= \{\lambda, a, aa, aaa, aaaa, ...\} . \{b,c\} . \{\lambda, d, dd, ddd, dddd, ...\}$

$= \{b, c, ab, ac, aab, aac, aaab, aaac, aaaab, ...\} . \{\lambda, d, dd, ddd, ...\}$

$= \{ b, c, ab, ac, aab, aac, aaab, aaac, aaaab, aaaac, ...,$
$bd, cd, abd, acd, aabd, aacd, aaabd, aaacd, aaaabd,$

aaaacd, ... bdd, cdd, abdd, acdd, aabdd, aacdd,
aaabdd,
aaacdd, ... bddd, cddd, abddd, acddd, aabddd,
aacddd,
aaabddd, ...}

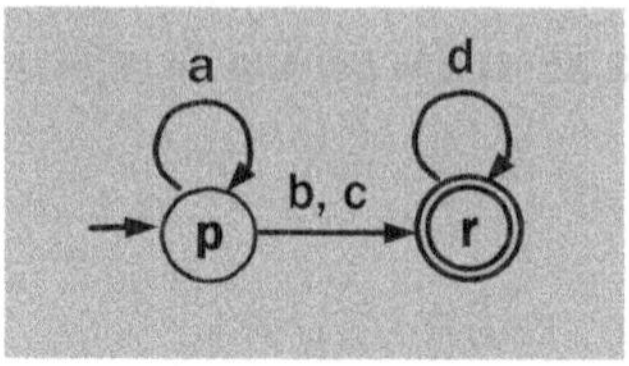

Figura 3.33: Grafo del AFD del Ejercicio 18.e.

AF = ({a, b, c, d}, {p, r}, p, {r}, *f*)

Ejercicios resueltos de minimización de autómatas

Ejercicio 19

Comprobar si los AFD cuyas funciones de transición se presentan en la tabla 3.24 son equivalentes entre sí. Para ello, eliminar en cada uno los estados no conexos (si los hubiese) y luego construir los conjuntos cocientes necesarios para minimizar cada autómata.

f_1	0	1
→p	r	p
q	q	p
*r	r	q

f_2	0	1
→p	q	s
q	q	r
r	s	q
*s	s	q

Tabla 3.24: Funciones de transición de los *AFD* del Ejercicio 19.

Solución

AFD_1 = ({0, 1}, {p, q, r}, p, {r}, f_1)

El AFD_1 es conexo, por lo que no hay estados que deban eliminarse.

El conjunto cociente inicial es Q/E_0 = {{p, q}, {r}} = $P_1^0 \cup P_2^0$, donde

$P_1^0 = Q - \{r\}$ y $P_2^0 = \{r\}$, es decir $P_1^0 = \{p, q\}$ y $P_2^0 = \{r\}$

A partir de la función de transición f_1, puede comprobarse que:

$f_1(p, 0) = r \in P_2^0$ $\quad f_1(q, 0) = q \in P_1^0$

$f_1(p, 1) = q \in P_1^0$ $\quad f_1(q, 1) = r \in P_2^0$

es decir que los elementos de $\mathbf{P_1^0}$ tienen diferente comportamiento ante una entrada **0** igual comportamiento ante una entrada **1**, luego:

$Q/E_1 = \{\{p\}, \{q\}, \{r\}\}$

Los estados **p** y **q** no son equivalentes, luego el AFD_1 ya es mínimo.

$AFD_2 = (\{0, 1\}, \{p, q, r, s\}, p, \{s\}, f_2)$

El AFD_2 es conexo, por lo que no hay estados que deban eliminarse.

El conjunto cociente inicial es $Q/E_0 = \{\{p, q, r\}, \{s\}\}$

donde $P_1^0 = \{p, q, r\}$ y $P_2^0 = \{s\}$

A partir de la función de transición f_2, puede comprobarse que:

$f_2(p, 0) = q \in P_1^0$ $\quad f_2(q, 0) = q \in P_1^0$ $\quad f_2(r, 0) = s \in P_2^0$

$f_2(p, 1) = s \in P_2^0$ $\quad f_2(q, 1) = r \in P_1^0$ $\quad f_2(r, 1) = q \in P_1^0$

Como se observa, los tres elementos de P_1^0 tienen diferente comportamiento ante una entrada **0** y otra **1**, luego no pueden ser agrupados en una misma clase. Esto implica que:

$Q/E_1 = \{\{p\}, \{q\}, \{r\}, \{s\}\}$

Los estados **p**, **q** y **r** no son equivalentes, luego el AFD_2 ya es mínimo.

Los dos autómatas comparados ya son mínimos y tienen diferente cantidad de estados, por lo que se reconoce que no se trata de máquinas equivalentes.

Ejercicio 20

Comprobar si los AFD cuyas funciones de transición se presentan en la tabla 3.25 son equivalentes entre sí. Para ello, eliminar en cada AFD los estados no conexos (si los hubiese) y luego construir los conjuntos cocientes necesarios para minimizar cada autómata.

f_1	1	2
→p	q	r
q	r	p
*r	p	r

f_2	1	2
→A	A	B
B	D	B
C	D	C
*D	B	B

Tabla 3.25: Funciones de transición de los AFD del Ejercicio 20.

Solución

$$AFD_1 = (\{1, 2\}, \{p, q, r\}, p, \{r\}, f_1)$$

El AFD_1 es conexo, por lo que no hay estados que deban eliminarse.

El conjunto cociente inicial es $Q/E_0 = \{\{p, q\}, \{r\}\} = P_1^0 \cup P_2^0$, donde $P_1^0 = Q - \{r\}$ y $P_2^0 = \{r\}$, es decir $P_1^0 = \{p, q\}$ y $P_2^0 = \{r\}$

A partir de la función de transición f_1, puede comprobarse que:

$f_1(p, 1) = q \in P_1^0$ $\quad f_1(q, 1) = r \in P_2^0$

$f_1(p, 2) = r \in P_2^0$ $\quad f_1(q, 2) = p \in P_1^0$

Los elementos de P_1^0 tienen diferente comportamiento ante las entradas **1** y **2**, por lo que se reconoce que no pertenecen a una misma clase:

$$Q/E_1 = \{\{p\}, \{q\}, \{r\}\}$$

Los estados **p** y **q** no son equivalentes, luego el AFD_1 ya es mínimo.

$$AFD_2 = (\{1, 2\}, \{A, B, C, D\}, A, \{D\}, f_2)$$

El AFD_2 es no conexo, por lo que hay que eliminar el estado **C**.

El conjunto cociente inicial es $Q/E_0 = \{\{A, B\}, \{D\}\}$

donde $P_1^0 = \{A, B\}$ y $P_2^0 = \{D\}$

A partir de la función de transición f_2, puede comprobarse que:

$f_2(A, 1) = A \in P_1^0 f_2(B, 1) = D \in P_2^0$

$f_2(A, 2) = B \in P_1^0 f_2(B, 2) = B \in P_1^0$

Aquí puede comprobarse que los estados **B** y **A** tienen distinto comportamiento lo que permite redefinir el conjunto cociente como:

$Q/E_1 = \{\{A\}, \{B\}, \{D\}\}$ donde $P_1^1 = \{A\}$, $P_2^1 = \{D\}$ y $P_3^1 = \{B\}$

Como ya se dijo, el primer autómata no sufrió cambios y en el segundo, una vez eliminado el estado no conexo, quedó minimizado, con sus funciones de transición expresadas como:

f_1	1	2
→p	q	r
q	r	p
*r	p	r

f_2	1	2
→ P_1	P_1	P_3
P_3	P_2	P_3
* P_2	P_3	P_3

Tabla 3.26: Funciones *f* de los AFD mínimos del Ejercicio 20.

Ambos autómatas tienen ahora la misma cantidad de estados, lo que no necesariamente significa que se trata de autómatas equivalentes.

Esta comprobación suele ser más evidente sobre los grafos, y con este fin ambos son representados en las Figuras 3.34a y 3.34b:

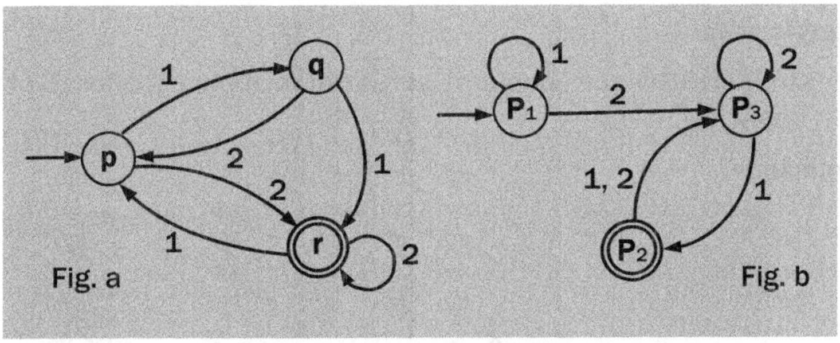

Figura 3.34a y 3.34b: Grafos de los *AFD* mínimos del Ejercicio 20.

Inspeccionando los grafos de los AFD_1 y AFD_2 pueden deducirse las expresiones regulares que representan a las cadenas reconocidas por cada uno, a saber:

***AFD*1** (Figura 3.34a)

$$\delta_1 = 1(21)^*1(2)^* \quad ; \quad \delta_2 = 2(12)^*(2)^*$$

Descripción del lenguaje por enumeración:

$L(AFD_1)$ = {11, 1211, 121211, ..., 12112, 121122, ... 2, 212, 21212, ... 2122, 21222, 212222, ... }

***AFD*2** (Figura 3.34b)

$$\beta = (1)^*(2)^+1((1+2)(2)^*1)^*$$

Descripción del lenguaje por enumeración:

$L(AFD_2)$ = {21, 121, 11221, 1112221, ...12111, 1122111, ...}

Las cadenas de menor longitud reconocidas por el AFD_1 (**11** y **2**) son claramente diferentes de la cadena más corta reconocida por el AFD_2 (**21**). Se deja al lector completar la comprobación de que los lenguajes reconocidos por ambos autómatas son diferentes y, por lo tanto, estas máquinas abstractas no son equivalentes.

En el Capítulo 4, se estudiará la manera de conocer la gramática que genera el lenguaje que es reconocido por cierto autómata finito. Esto aportará un criterio de comparación de máquinas apoyado en consideraciones formales y no intuitivas, que demostrará ser de gran utilidad. Sin embargo, cualquiera sea el criterio de comparación de las máquinas, el primer paso es su minimización.

Ejercicios resueltos de autómatas finitos bidireccionales

Ejercicio 21

Construir un AFDB que acepte palabras del alfabeto español que terminen con una vocal.

Solución

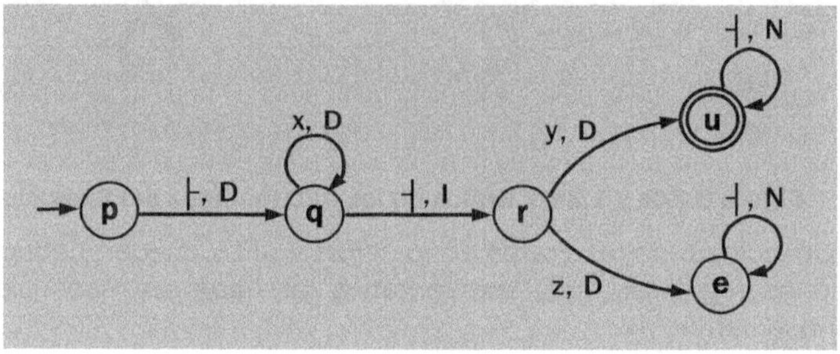

Figura 3.35

$AFDB = (\Sigma_{español}, \Sigma_{español} \cup \{\vdash, \dashv\}, \{p, q, r, u, e\}, p, \{u\}, f)$

Cabe destacar que, con el fin de conseguir una figura clara, se redujo el número de rótulos utilizando los caracteres **x**, **y**, **z** para representar a cualquier letra, cualquier vocal y cualquier consonante del alfabeto español respectivamente.

Es decir: $x \in \Sigma_{español}$

$y \in \{a, e, i, o, u\}$

$z \in \Sigma_{español} - \{a, e, i, o, u\}$

Ejercicio 22

Construir un AFDB que acepte bytes cuya primera mitad sea igual a la segunda.

Solución

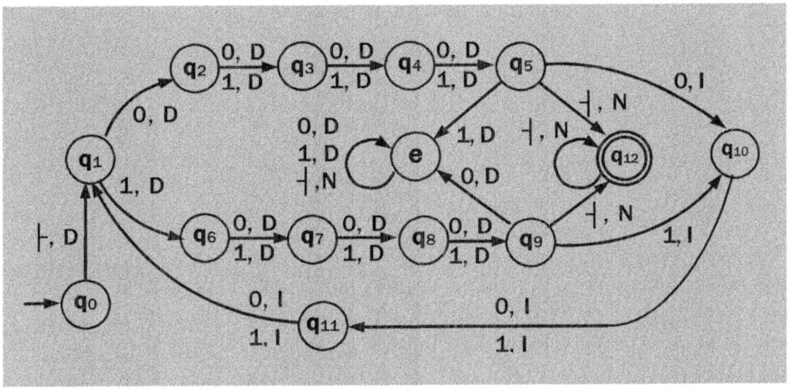

Figura 3.36

$$AFDB = (\Sigma_E, \Gamma, Q, q_0, A, f)$$

Donde:

$\Sigma_E = \{0,1\}$

$\Gamma = \{0, 1, \vdash, \dashv\}$

$Q = \{q_0, q_1, q_2, q_3, q_4, q_5, q_6, q_7, q_8, q_9, q_{10}, q_{11}, q_{12}, e\}$

$q_0 = q_0$

$A = \{q_{12}\}$

f queda definida por su grafo de la Figura 3.36.

Autómatas finitos no deterministas

4

No determinismo y autómatas

Como ya fue anticipado, en los autómatas finitos, la primera forma de no determinismo se manifiesta con la presencia de múltiples opciones posibles en la función de transición. Esto es, estando el AF en un cierto estado y ante una cierta señal de entrada, el desempeño del autómata admite múltiples posibilidades. Al igual que en el caso de los autómatas finitos deterministas, los *no deterministas* quedan definidos como una quíntupla:

$$AFND = (\Sigma_E, Q, q_0, A, f)$$

y su característica distintiva está en la definición de las transiciones, que aquí no es más una función de estado a estado, sino una relación de transición, tomando la forma:

$$f: Q \times \Sigma_E \rightarrow \boldsymbol{P}(Q)$$

donde ***P*(Q)** es el conjunto de todos los subconjuntos que se pueden formar con elementos del conjunto **Q** (*conjunto potencia de* **Q**).

Debe notarse que esta indeterminación no significa, en modo alguno, incertidumbre o aleatoriedad en el desempeño final del autómata. Más bien significa incertidumbre en cuanto al esfuerzo requerido al evaluar una cierta cadena. En efecto, la cantidad de intervalos de tiempo que le insume a un AFD aceptar o rechazar una cadena será como máximo igual a la longitud de la misma. Por el contrario, en el caso de un Autómata Finito No Determinista (AFND) es difícil acotar anticipadamente este esfuerzo. Esto es así porque la operación del autómata implica una búsqueda exhaustiva en un árbol de posibilidades, que será más frondoso según sea mayor la cantidad de próximos estados posibles en cada transición, llamada factor de ramificación F_R, donde $F_R = |f(q, e)|$, $q \in Q$, $e \in \Sigma_E$. Se debe tener presente que el tiempo demandado para resolver este tipo de problemas es exponencial, lo que implica un esfuerzo muy considerable aún para casos muy simples; y para casos complejos estos problemas no tienen solución práctica, por lo que son denominados problemas intratables.

Surge naturalmente un primer interrogante: ¿con qué finalidad se proponen autómatas finitos no deterministas? La respuesta es simple: la flexibilidad que ofrece el no determinismo es de gran ayuda en el diseño de autómatas destinados a reconocer lenguajes complejos, lo que fue advertido por primera vez por Rabin y Scott en 1959. Esto significa que se facilita el diseño de ciertos autómatas pagando el costo de un mayor esfuerzo de operación: se obtienen diseños más simples a costa de algoritmos menos eficientes.

Autómatas Finitos No Deterministas (AFND)

Según estas afirmaciones el no determinismo es un recurso conveniente para definir máquinas abstractas. Para comprobarlo, se propone el Ejemplo 4.1, en el que un AFND reconoce el mismo tipo de sentencias que el AFD del Ejemplo 3.3 del capítulo anterior.

Ejemplo 4.1

Proponer y analizar un AFND destinado a reconocer cadenas que responden a la forma general $\alpha = (0 + 1)^*1000$.

Con algunas pruebas y una mínima experiencia, se llega a que el AFND de la Figura 4.1 es capaz de reconocer toda cadena que responda a la forma general indicada: un estado inicial (**p**) que está destinado a admitir cualquier prefijo sobre el alfabeto de entrada, que es seguido por una secuencia de cuatro estados (**q**-**r**-**s**-**t**) destinados a asegurar la presencia del sufijo deseado en la cadena que es validada. Nótese la condición no determinista en el estado **p** ante la entrada del símbolo **1**.

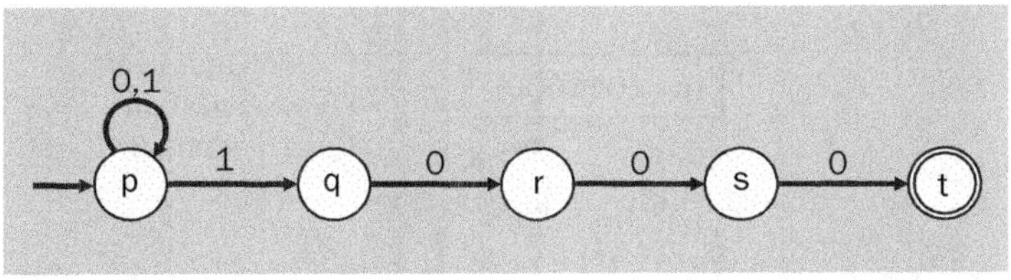

Figura 4.1: Grafo del AFND que reconoce cadenas α = (0+1)*1000.

Su representación formal toma la forma habitual:

AFND = (Σ_E, Q, q_0, A, *f*)

Σ_E = {0, 1}

Q = {p, q, r, s, t}

q_0 = p

A = {t}

f:	0	1
→ p	{p}	{p, q}
q	{r}	
r	{s}	
s	{t}	
* t		

Tabla 4.1: Definición formal del AFND del Ejemplo 4.1.

En estos casos, tanto el *árbol de descripciones instantáneas* como el *plano estados-entradas*, que fueron utilizados en el estudio de autómatas finitos deterministas en el capítulo anterior, son representaciones muy apropiadas para visualizar el proceso de aceptación de una cadena por parte del AFND. En las Figuras 4.2 y 4.3, se muestran ambas representaciones cuando el AFND propuesto evalúa la cadena **β = 1011000**.

Puede comprobarse que finalmente el AFND acepta la cadena al arribar al estado **t** pero, para ello, fue necesario explorar numerosas opciones que quedan representadas tanto en el árbol de descripciones instantáneas como en el plano estados-entradas mostrados en las figuras antes indicadas. El proceso exploratorio es inevitable ya que el AFND no puede establecer anticipadamente si existe un camino hacia la configuración final de aceptación y, en caso afirmativo, no puede saber cuál es. Como ya fue anticipado, la relativa facilidad con la que se definió el autómata requerido tiene como contrapartida un esfuerzo exploratorio en cada proceso de validación de cadenas.

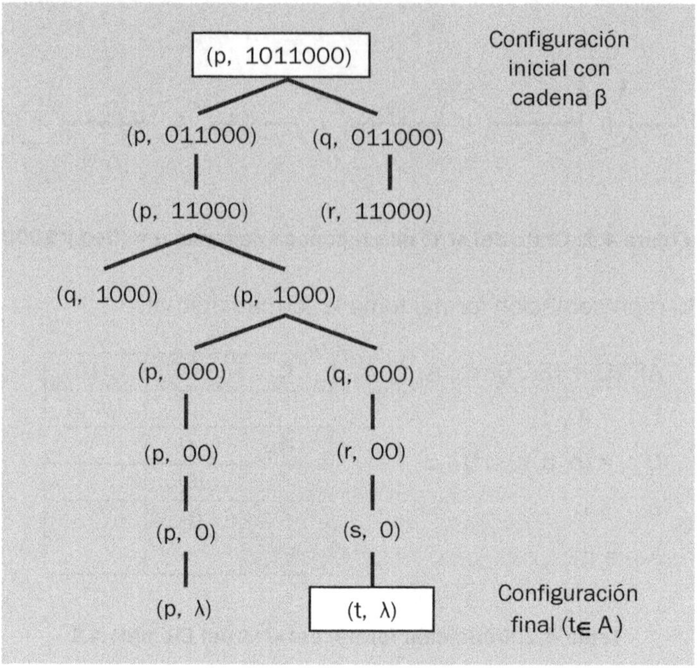

Figura 4.2: Árbol de descripciones instantáneas.

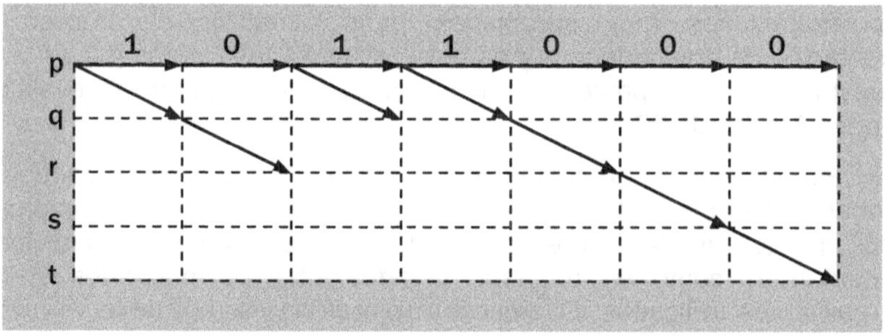

Figura 4.3: Representación del plano estados-entradas.

Nótese que en dos oportunidades el AFND se vio imposibilitado de continuar operando con la cadena de entrada estudiada. Esto es debido a la inexistencia de transiciones que lo permitan cuando habiendo alcanzado los estados **q** o **r** el autómata lee un **1**. También debe observarse que en otras dos oportunidades el autómata lee la cadena completa, pero en un solo caso arriba al estado final de aceptación. Se concluye que el AFND acepta esta cadena, pero con un esfuerzo que no fue posible anticipar.

Ejemplo 4.2

Se propone una variante al ejercicio anterior, de manera que el AFND reconozca cadenas de la forma general **α=(0 + 1)*1(0 + 1)00**. Es decir que los sufijos de largo cuatro comiencen con el símbolo **1**, no tengan restricciones en el segundo símbolo y terminen con **00**.

Nuevamente el AFND se obtiene a partir de algunas pruebas, y como se comprueba en el grafo de la Figura 4.4, presenta una leve variante con respecto al AFND del ejercicio anterior.

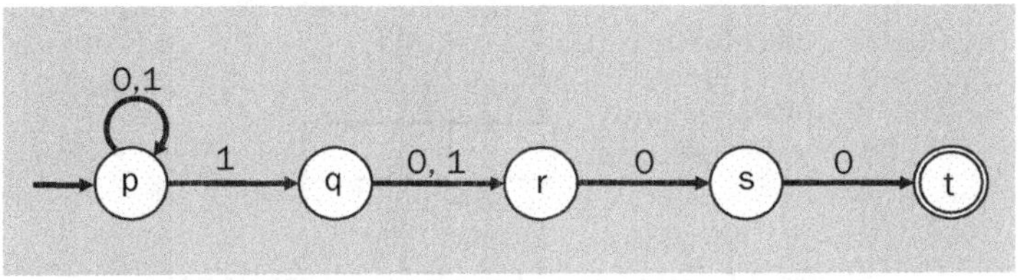

Figura 4.4: Grafo del AFND que reconoce cadenas α = (0+1)*1(0+1)00.

Su representación formal es:

$AFND = (\Sigma_E, Q, q_0, A, f)$

Σ_E = {0, 1}

Q = {p, q, r, s, t}

q_0 = p

A = {t}

f:	0	1
→ p	{p}	{p, q}
q	{r}	{r}
r	{s}	
s	{t}	
* t		

Tabla 4.2: Definición formal del AFND del Ejemplo 4.2.

El árbol de descripciones instantáneas y el plano estados-entradas que corresponden al análisis de la misma cadena **β = 1011000** por parte del AFND son mostrados en las Figuras 4.5 y 4.6.

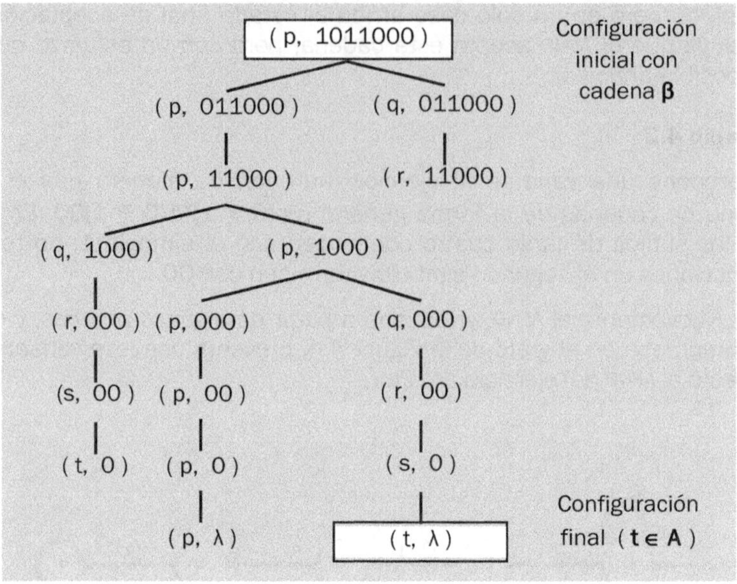

Figura 4.5: Árbol de descripciones instantáneas.

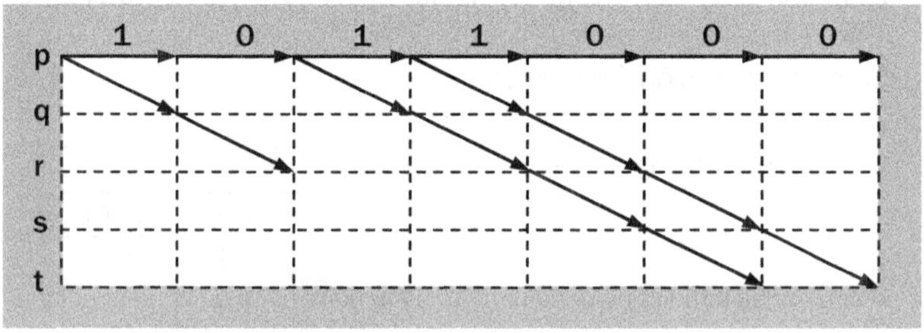

Figura 4.6: Representación del plano estados-entradas.

Como puede comprobarse, este lenguaje es menos restrictivo que el anterior y el nuevo AFND necesita un esfuerzo adicional para comprobar que la cadena **β** puede ser aceptada. Esto se debe a que la nueva transición incorporada en el estado **q** permitió un movimiento adicional hasta el estado de aceptación, que fue alcanzado antes de completarse la lectura de la cadena.

Transiciones Lambda

La definición de los AFND puede ampliarse para incluir transiciones de un estado a otro que no dependan de ninguna entrada, las que son denominadas ***transiciones λ***. Con el símbolo **λ**, se representa la cadena vacía (**| λ | = 0**) y estos autómatas se denominarán AFND-λ.

En cualquier descripción instantánea de la máquina, la opción de una de estas transiciones **λ** se considera de la misma forma que si se tratara de una transición convencional ante una cierta entrada $\mathbf{e} \in \Sigma_E$. Es así que para contemplarlas se incorpora una columna adicional a la relación ***f*** a fin de considerar los pares **(q, λ)** y se asume además que cada estado tiene su propia transición **λ** que cicla sobre sí mismo. Por lo tanto, las transiciones **λ** son consistentes con la matriz no determinista que representa la conducta del AFND ya estudiado antes. Luego la expresión de ***f*** debe ser reescrita de manera de adicionar **λ** a los símbolos del alfabeto de entrada:

$$f\colon Q \times (\Sigma_E \cup \{\lambda\}) \rightarrow \boldsymbol{P}(Q)$$

A todos los pares de estados que están vinculados por una transición λ es conveniente reunirlos en un conjunto **T** denominado *relación de transición* **λ**. Por lo ya anticipado, en esta relación, se incluyen además las transiciones de los estados con ellos mismos, reconociéndose el carácter reflexivo de **T**. Se tiene entonces:

$$\mathbf{T} = \{(p, q) \,/\, q \in f(p, \lambda)\} \cup \{(q, q) \,/\, q \in Q\}$$

es decir que, utilizando notación de relaciones:

$(p, q) \in \mathbf{T}$, si $q \in f(p, \lambda)$ y se representa pTq

$(q, q) \in \mathbf{T}$, ya que $\forall q \in Q\colon q \in f(q, \lambda)$ y se representa qTq

Luego se incorporan al conjunto **T** nuevos pares ordenados, que se originan en la aplicación de la propiedad transitiva a los pares anteriores. Se obtiene así el cierre transitivo de la relación, que toma la forma:

$$\mathbf{T}^* = \mathbf{T} \cup \{(p, q) \,/\, pTr \wedge rTq\}$$

Extensión al tratamiento de palabras

La relación de transición ***f*** presentada en el punto anterior define los estados alcanzables a partir de cada uno de los estados y para cada uno de los símbolos del alfabeto de entrada. Esta relación puede ser extendida para describir lo que ocurre a partir de cada estado si en lugar de recibir símbolos aislados se recibe una secuencia concatenada de los mismos. La noción de relación de transición extendida f^e para reconocer cadenas o palabras puede inducirse a partir de un razonamiento similar al hecho cuando se definió la función de transición extendida para el AFD en el capítulo anterior, solo que considerando además la eventualidad de las transiciones **λ**. Se obtiene una relación que queda definida como:

$$f^e: Q \times (\Sigma_E \cup \{\lambda\})^* \rightarrow \boldsymbol{P}(Q)$$

Esto significa que al considerarse la lectura de una cadena genérica **β** deben contemplarse las posibles transiciones **λ**; luego si **β** es definida como $\beta = a_1a_2a_3a_4 \ldots a_n$, debe preverse por parte del AFND la lectura de cadenas tales como $\alpha = \lambda^* a_1 \lambda^* a_2 \lambda^* a_3 \lambda^* a_4 \ldots \lambda^* a_n \lambda^*$. Esta cadena puede, a su vez, ser sucesivamente redefinida como la concatenación de un símbolo y un sufijo tal como se hizo anteriormente.

$$f^e(q,\beta)=f^e(q,\lambda^*\chi)=f^e(f(q,\lambda^*),\chi)= \ldots =f(f(f(f(f(q,\lambda^*),a_1),\lambda^*),\ldots,a_n),\lambda^*)$$

La cadena original **β** es entonces aceptada por el autómata si

$$f^e(q_0, \alpha) \in A \quad \text{para} \quad \alpha \in (\Sigma_E \cup \{\lambda\})^+$$

Equivalencia con autómatas finitos deterministas

Al tratarse la equivalencia entre autómatas finitos, se destacan los dos teoremas que se enuncian a continuación (sin ser demostrados).

Teorema 1

Todo AFND -λ puede ser redefinido como un AFND equivalente y, para ello, se deben eliminar sus transiciones **λ**.

Enunciado

Sea un AFND -λ que es definido como $M = (\Sigma_E, Q, q_0, A, f)$ donde

$$f: Q \times (\Sigma_E \cup \{\lambda\}) \rightarrow \boldsymbol{P}(Q)$$

Este autómata puede siempre ser redefinido como un AFND en el que $M' = (\Sigma_E, Q, q_0, A', f')$ donde $\boldsymbol{f'}: Q \times \Sigma_E \rightarrow \boldsymbol{P}(Q)$.

Procedimiento de aplicación

La relación ***f'*** se obtiene a partir de ***f*** con las siguientes operaciones:

a. Para todo par de estados distintos relacionados por transiciones **λ** (pT*q, **p≠q**), y para cada transición **r=*f*(q,e)** donde **e≠λ**, es decir **r=*f*(*f*(p,λ*), e)**, se define una nueva transición **r=*f*(p,e)**. Se incorporan las nuevas transiciones en ***f***.

b. Para todo par de estados distintos relacionados por transiciones **λ** (qT*r, **q≠r**), y para cada **q=*f*(p,e)** donde **e≠λ**, es decir, **r=*f*(*f*(p,e),λ*)**, se define la nueva transición **r=*f*(p,e)**. Se incorporan las nuevas transiciones en ***f***.

c. En caso de existir una transición lambda desde el estado inicial a un estado de aceptación (**q_0T*r**, **r∈A**), hacer **q_0∈A**.

d. Eliminar todas las transiciones **λ**, lo que implica eliminar la columna **λ** de la tabla de ***f***.

Nótese que A' = A ya que las transiciones definidas en el punto (b) mantienen el mismo conjunto de estados de aceptación, siempre que no se presente el caso definido en el punto (c).

Teorema 2

Por cada AFND, siempre existe un AFD que acepta el mismo lenguaje y estos dos autómatas se dice que son equivalentes.

Enunciado

Sea un AFND definido como M = (Σ_E, Q, q_0, A, f) donde

$$f: Q \times \Sigma_E \rightarrow \boldsymbol{P}(Q).$$

Siempre existirá un AFD M' = $(\Sigma_E, Q', c_0, A', f')$ con $f': Q' \times \Sigma_E \rightarrow Q'$, que es equivalente.

Procedimiento de aplicación - Caso 1

Se considera el caso de un AFND en el que ya han sido eliminadas sus transiciones **λ**.

En un cierto estado, **q** y ante una entrada **e**, el AFND tiene la posibilidad a pasar a cualquiera de los estados pertenecientes al subconjunto ***f*(q, e)** y actúa como si se encontrara en cualquiera de ellos.

Por esta razón, todo el subconjunto se comporta como un único estado y así se cumplen los sucesivos movimientos hasta completarse la lectura de la cadena de entrada. Ésta se considerará aceptada si el subconjunto de estados alcanzado incluye entre sus miembros a algunos de los estados que pertenecen a conjunto de estados de aceptación.

Resulta así que los estados de **Q'** se corresponden con los subconjuntos de **Q** que se obtienen de explorar todas las transiciones sobre $\Sigma_E \times Q$ y se reconoce que pertenecen a **A'** aquellos subconjuntos que incluyen a alguno de los estados definidos en **A**.

Considerando que $q_i \in Q$ y $c_i \in Q'$, donde $c_i = \{q_j, \ldots, q_n\}$, el procedimiento es entonces el siguiente:

a. Reconocer el estado inicial $c_0 = \{q_0\}$.

b. Definir los nuevos estados $c_i = f'(c_k, e)$ para todo $e \in \Sigma_E$ y $k < i$.

c. Para todos los casos en que $c_i = \{\ldots, q_n, \ldots\}$ y $q_n \in A$ se reconoce que $c_i \in A'$.

Procedimiento de aplicación – Caso 2

Se considera el caso de un AFND-λ, es decir que no han sido previamente eliminadas las transiciones λ y el procedimiento es el siguiente:

a. Reconocer el estado inicial $c_0 = f(q_0, \lambda^*) = \{p \,/\, q_0 T^* p\}$.

b. Definir nuevos estados $c_i = f'(c_k, e)$ para todo $e \in (\Sigma_E \cup \{\lambda\})$ y $k < i$.

c. Para todos los casos en que $c_i = \{\ldots, q_n, \ldots\}$ y $q_n \in A$ se reconoce que $c_i \in A'$.

Debe notarse que, cualquiera sea el procedimiento empleado, es muy probable que el AFD equivalente no sea conexo e incluya estados indistinguibles, por lo que deba ser minimizado.

Ejemplo 4.3

Encontrar un AFD equivalente al AFND del Ejemplo 4.1 que estaba destinado a reconocer cadenas de la forma general $\alpha = (0+1)^*1000$.

Solución # 1 (aplicación de Teorema 2, Caso 1)

Por tratarse de un AFND, es decir un autómata sin transiciones λ, se aplica el caso 1 del Teorema 2:

$c_0 = \{p\}$ (estado inicial del AFD equivalente)

$f'(c_0, 0) = \{p\} = c_0$ $\quad f'(c_0, 1) = \{p, q\} = c_1$

$f'(c_1, 0) = \{p, r\} = c_2$ $f'(c_1, 1) = \{p, q\} = c_1$

$f'(c_2, 0) = \{p, s\} = c_3$ $f'(c_2, 1) = \{p, q\} = c_1$

$f'(c_3, 0) = \{p, t\} = c_4$ $f'(c_3, 1) = \{p, q\} = c_1$

$f'(c_4, 0) = \{p\} = c_0$ $f'(c_4, 1) = \{p, q\} = c_1$

AFD $=(\Sigma_E, Q', q_{0'}, A', f')$

$\Sigma_E = \{0, 1\}$

$Q' = \{c_0, c_1, c_2, c_3, c_4\}$

$q_0' = c_0$

$A' = \{c_4\}$

f':	0	1
→ c_0	c_0	c_1
c_1	c_2	c_1
c_2	c_3	c_1
c_3	c_4	c_1
* c_4	c_0	c_1

Tabla 4.3: Definición formal del AFD del Ejemplo 4.3.

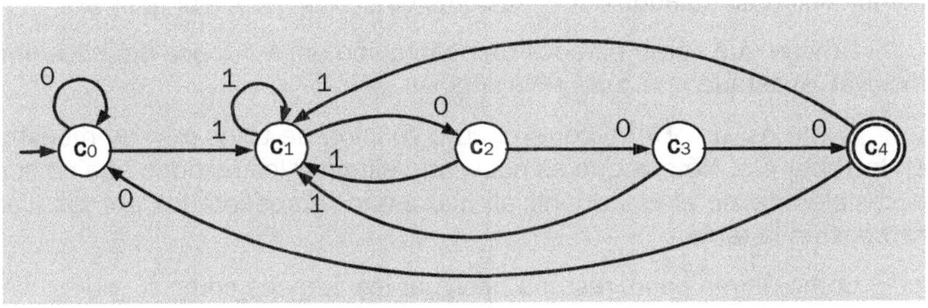

Figura 4.7: Grafo del AFD del Ejemplo 4.3.

Puede comprobarse que, como era de esperar, el AFD equivalente recientemente encontrado es el mismo ya estudiado en el Ejemplo 3.3 del capítulo anterior.

Solución # 2 (procedimiento práctico sobre la tabla de transición)

En la solución anterior (#1), se obtuvieron los elementos de Q' trabajando con la propia función de transición.

Esto mismo puede hacerse sobre la tabla de la función de transición, extendiéndola a medida que se presentan nuevos estados a partir del agrupamiento de estados del AFND, como se muestra en la Tabla 4.4. Lo expuesto ocurre en el caso del estado **pq** (1), para el cual se abre una nueva entrada **pq** (2) en la tabla y se completa la fila considerando las transiciones posibles para todas las entradas. Así se obtiene el nuevo estado **pr** (3) y vuelve a ser invocado el estado **pq** (4).

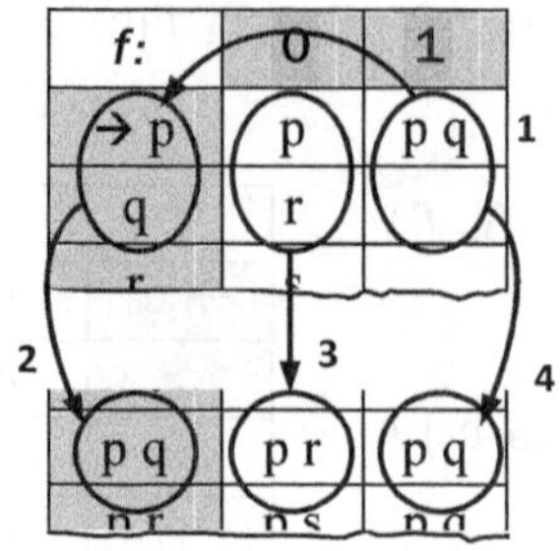

Tabla 4.4: Construcción de la función *f* del AFD.

Se prosigue de esta manera incorporando entradas a la tabla por cada nuevo estado que aparezca para el AFD equivalente a partir de la combinación de estados del AFND, como es el caso de los **pr**, **ps** y **pt**.

Nótese que serán estados de aceptación del AFD todos aquellos que incluyan al estado final **t** del AFND original.

Surge así un AFD no conexo, cuya función de transición se muestra en la Tabla 4.5. Nótese que es necesario eliminar los estados que no son accesibles desde el estado inicial, que están representados por las filas rayadas en la tabla.

Como último paso, restaría designar los estados como c_0, c_1, c_2, c_3 y c_4, con lo que la Tabla 4.5 toma la forma de la Tabla 4.3.

f':	0	1
→ p	p	p q
q	r	
r	s	
s	t	
* t		
p q	p r	p q
p r	p s	p q
p s	p t	p q
* p t	p	p q

Tabla 4.5: Función *f'* del AFD equivalente no conexo.

Ejemplo 4.4

Encontrar un AFD equivalente al AFND del Ejemplo 4.2, que estaba destinado a reconocer cadenas de la forma general **α = (0+1)*1(0+1)00**.

f:	0	1
→ p	{p}	{p, q}
q	{r}	{r}
r	{s}	
s	{t}	
* t		

f':	0	1
→ p	p	p q
q	r	r
r	s	
s	t	
*t		
p q	p r	p q r
p r	p s	p q
p s	p t	p q
*p t	p	p q
p q r	p r s	p q r
p r s	p s t	p q
*p s t	p t	p q

Tabla 4.6: Funciones de transición del AFND y AFD equivalente (no conexo).

Se sigue el mismo procedimiento usado en el ejercicio anterior, en el que se desarrolla la función ***f'*** del AFD equivalente a partir de la tabla de la función ***f*** del AFND. Nótese que la tabla de ***f'*** representa al AFD no conexo y que los estados finales son ahora dos (**pt** y **pst**).

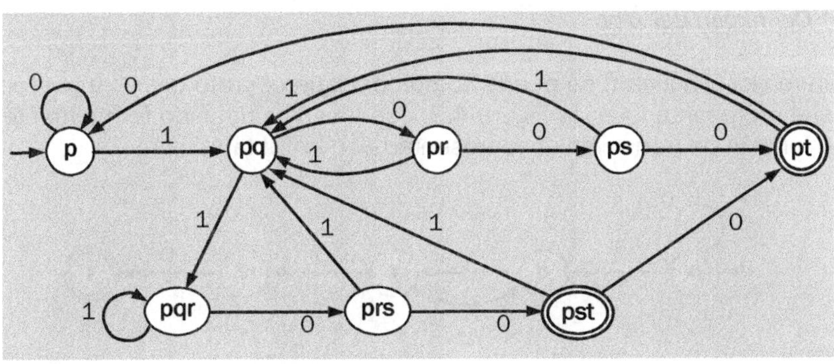

Figura 4.8: Gráfico del AFD equivalente del Ejemplo 4.4.

La definición formal del autómata equivalente es:

$$AFD = (\Sigma_E, Q, q_0, A, f')$$

donde: $\Sigma_E = \{0, 1\}$
$Q = \{p, pq, pr, ps, pt, pqr, prs, pst\}$
$q_0 = p$
$A = \{pt, pst\}$

Ejemplo 4.5

En los Ejemplos 4.1 y 4.2, se propusieron AFND destinados a reconocer cadenas binarias que se distinguen por la composición de sus sufijos de largo cuatro. Luego, en los Ejemplos 4.3 y 4.4, se aplicaron los procedimientos propuestos para determinar los AFD equivalentes en cada uno de los casos.

En esta oportunidad, se propone una nueva variante, donde la cadena a ser reconocida responde a la forma general $\alpha = (0+1)^*(11)^+00$, es decir, que el sufijo de las cadenas a ser reconocidas se caracteriza a tener cualquier potencia (mayor que cero) de la subcadena **11,** que es seguida por la subcadena **00.**

En este caso, se requiere:

a) Definir un AFND para resolver el problema

b) Convertirlo a un AFD equivalente.

c) Representar el comportamiento de ambos autómatas ante una cadena $\beta = 0111100$.

a) Definición del AFND

Sin mayor dificultad, se puede comprobar que el grafo del AFND buscado es el representado en la Figura 4.9, que luego es definido formalmente y su función de transición es representada en la Tabla 4.7.

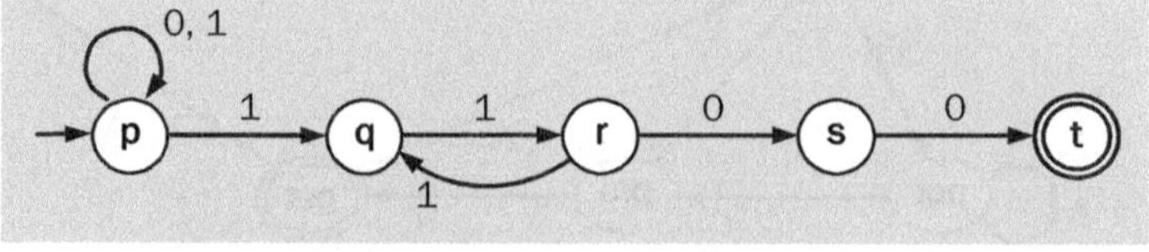

Figura 4.9: Grafo del AFND del Ejemplo 4.5.a.

La definición formal del AFND es:

$AFND = (\Sigma_E, Q, q_0, A, f)$

$\Sigma_E = \{0, 1\}$

$Q = \{p, q, r, s, t\}$

$q_0 = p$

$A = \{t\}$

f:	0	1
→ p	{p}	{p, q}
q		{r}
r	{s}	{q}
s	{t}	
* t		

Tabla 4.7: Función *f* del Ejemplo 4.5.a.

b) Conversión a AFD *equivalente*

Se desarrolla la función *f'* del AFD equivalente a partir de la tabla de la función *f* del AFND. Para ello, se incorporan a la tabla en forma progresiva los nuevos estados que corresponden a grupos de estados del autómata no determinista. Esta última función es representada en la Tabla 4.8.

f':	0	1
→ p	p	pq
q		r
r	s	q
s	t	
*t		
pq	p	pqr
pqr	ps	pqr
ps	pt	pq
*pt	p	pq

Tabla 4.8: Función de transición del AFD equivalente no conexo del Ejemplo 4.5.

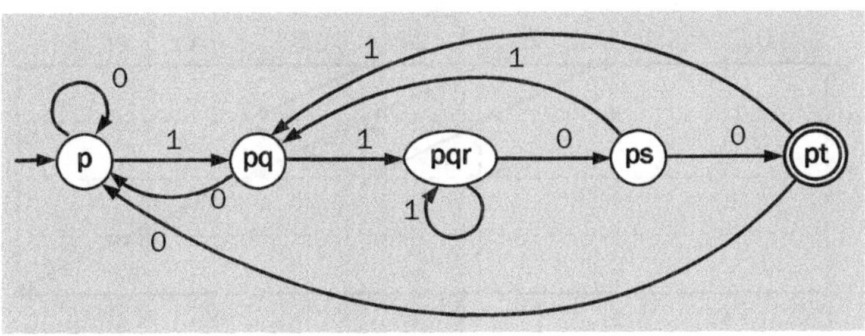

Figura 4.10: Grafo del AFD equivalente del Ejemplo 4.5.

c) Comportamiento de ambos autómatas ante la entrada β = 0111100

Para estudiar el comportamiento de ambos autómatas con la entrada **β = 0111100**, se presentan los árboles de descripciones instantáneas mostrados en la Figura 4.11.

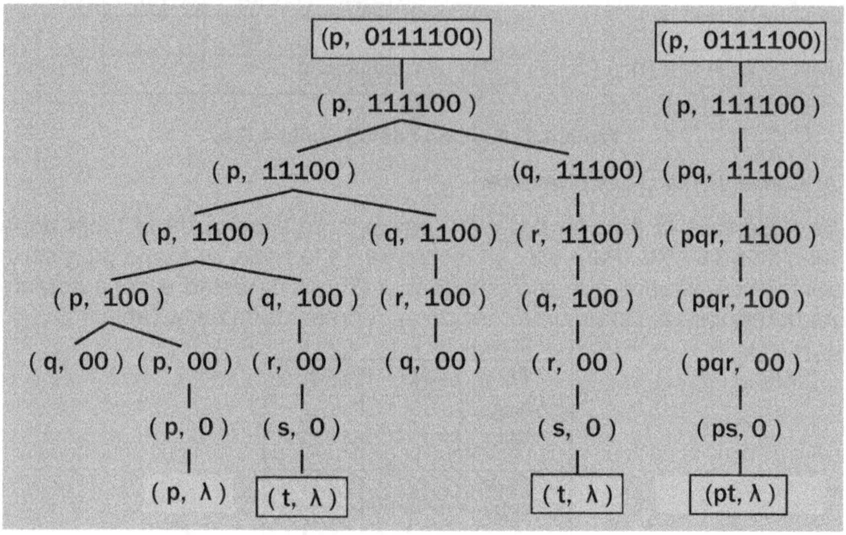

Figura 4.11: Árboles de descripciones instantáneas del AFND y AFD.

La segunda opción es representar la respuesta de los autómatas ante la cadena **β** en el plano estados-entradas, que para el AFND se muestra en la Figura 4.12. Por haber dos secuencias de movimientos que conducen a la configuración de aceptación y para mayor claridad, se utilizan dos tipos diferentes de líneas.

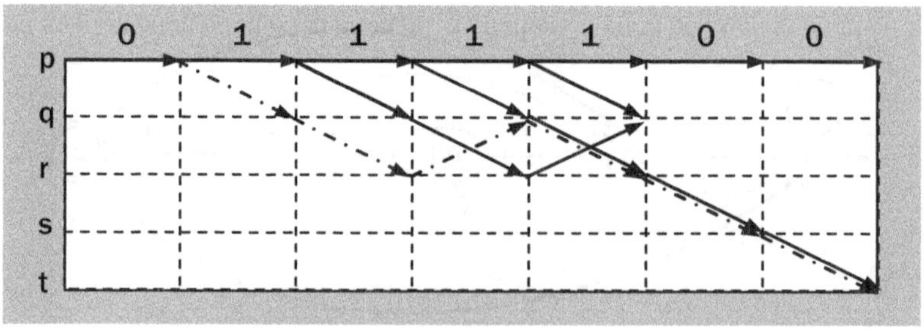

Figura 4.12: Plano estados-entradas del AFND del Ejemplo 4.5.

Como puede observarse, tanto el árbol de descripciones instantáneas como el plano estados-entradas ponen claramente en evidencia que el trabajo de aceptación de una cadena por el AFND involucra un proceso exploratorio. Se sugiere al lector analizar estas representaciones en detalle y justificar las condiciones que se presentan en cada caso.

La representación con el plano estados-entradas del mismo proceso por el *AFD* equivalente se muestra en la Figura 4.13. Nótese que, en este caso particular, el nuevo autómata tiene los mismos cinco estados que el AFND, de los cuales uno de ellos representa la condición de aceptación.

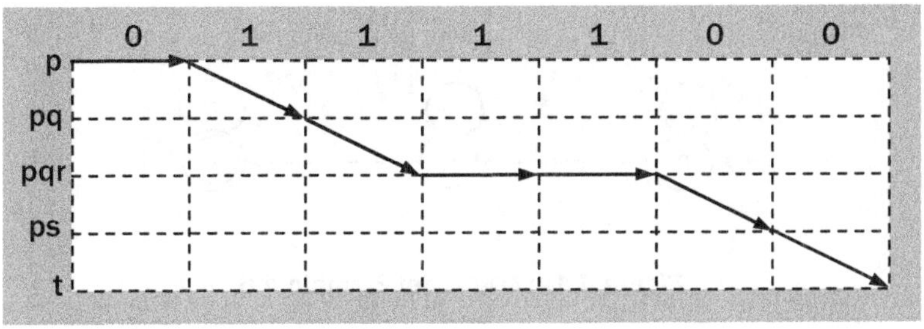

Figura 4.13: Plano estados-entradas del AFD del Ejemplo 4.5.

Es muy interesante analizar el aumento de la complejidad de los AFD equivalentes con respecto a los AFND originales en los Ejemplos 4.4 y 4.5. En algunos casos, como en el Ejemplo 4.4, a pesar de que el AFND es muy simple, no solo se comprueba un importante aumento en la cantidad de estados sino también la presencia de múltiples estados de aceptación. Además, y a diferencia de los AFND, el comportamiento de estos autómatas equivalentes ante diferentes cadenas de entrada no es obvio y requiere de una verificación cuidadosa. En otros casos, como en el Ejemplo 4.5, y a pesar de tratarse de un AFND muy similar al anterior, el AFD equivalente mantiene la misma cantidad de estados y un único estado de aceptación. Como se comprueba, no es fácil anticipar cuál será el esfuerzo requerido por la definición del AFD equivalente. Sin embargo, cualquiera sea el caso el beneficio es obvio, ya que el proceso de aceptación o rechazo de cadenas es directo, tal como se comprueba en el plano estados-entradas de la Figura 4.13.

Es necesario advertir que cuando los AFD equivalentes son complejos suele ser conveniente mantener la denominación de los estados tal cual se la obtuvo a partir de los estados originales del AFND y no asignarles nuevos nombres, ya que muy probablemente dificultarán su interpretación.

Ejemplo 4.6

Se presenta, a continuación, un AFND-λ destinado a reconocer el lenguaje **L={$0^m1^n2^k$ / m, n, k ≥ 0}**, cuyo grafo se representa en la Figura 4.14. Se pide: a) presentar la definición formal del autómata, b) encontrar un AFND equivalente sin transiciones **λ**, c) encontrar el AFD equivalente a partir de la función de transición, d) encontrar el mismo AFD equivalente trabajando sobre la tabla de la función de transición y e) representar el comportamiento del AFND y del AFD equivalente al leerse la cadena **β = 001122**.

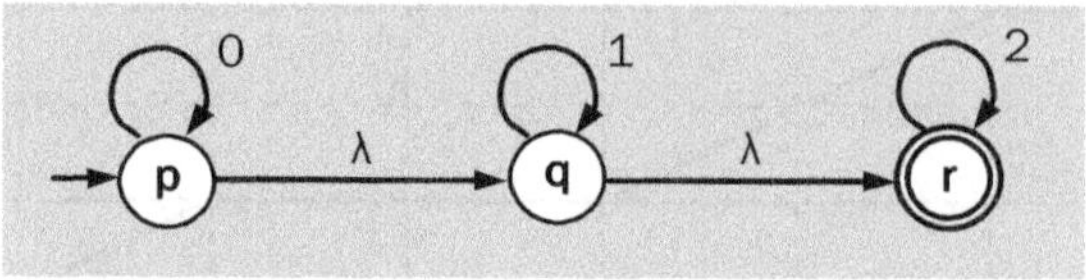

Figura 4.14: AFND-λ del Ejemplo 4.6.

a) Definición formal:

AFND-λ = (Σ_E, Q, q_0, A, *f*)

Σ_E = {0, 1, 2}

Q = {p, q, r}

q_0 = p

A = {r}

f:	0	1	2	λ
→ p	{p}			{q}
q		{q}		{r}
*r			{r}	

Tabla 4.9: Función de transición del AFND -λ.

b) Determinación del AFND sin transiciones λ:

Se define la relación de transición **T** y la clausura **T*** del autómata:

T = {(p, p), (p, q), (q, q), (q, r), (r, r)}

T* = {(p, p), (p, q), (q, q), (q, r), (r, r), (p, r)}

Luego se aplica el Teorema 1 que permite definir transiciones nuevas a partir de la función ***f*** y la clausura **T***:

$p = f(p, 0)$ y $pT^*q \rightarrow q = f(p, 0)$	pT^*q y $q = f(q, 1) \rightarrow q = f(p, 1)$
$p = f(p, 0)$ y $pT^*r \rightarrow r = f(p, 0)$	pT^*q y $r = f(q, 1) \rightarrow r = f(p, 1)$
$q = f(q, 1)$ y $qT^*r \rightarrow r = f(q, 1)$	pT^*r y $r = f(r, 2) \rightarrow r = f(p, 2)$
p debe ser ahora de aceptación	qT^*r y $r = f(r, 2) \rightarrow r = f(q, 2)$

En la función de transición original de la Tabla 4.9, se elimina la columna λ y se incorporan las nuevas transiciones recientemente determinadas, obteniéndose la nueva función representada en la Tabla 4.10. El grafo de este AFND sin transiciones λ es representado en la Figura 4.15.

f:	0	1	2
→*p	{p, q, r}	{q, r}	{r}
q		{q, r}	{r}
*r			{r}

$AFND = (\Sigma_E, Q, q_0, \{p, r\}, f)$

$f: Q \times \Sigma_E \rightarrow \boldsymbol{P}(Q)$

$\{\{p,q,r\},\{q,r\},\{r\}\} \subseteq P(Q)$

Tabla 4.10: Función de transición del AFND (sin λ).

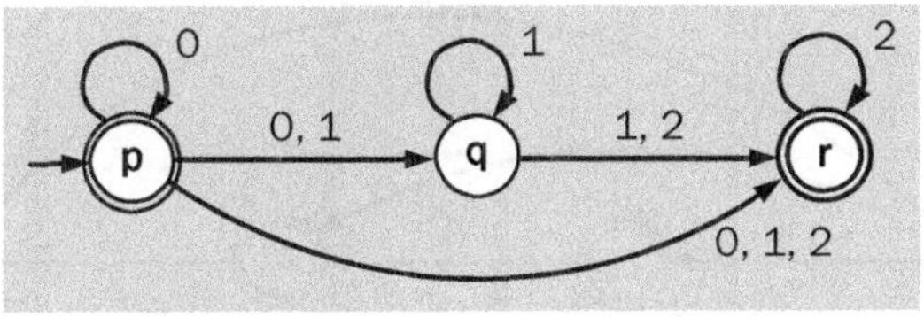

Figura 4.15: AFND sin λ del Ejemplo 4.6.

c) Determinación del AFD equivalente mediante la función de transición:

$c_0 = \{ p \}$

$f'(c_0, 0) = f(p, 0) = \{ p, q, r \} = c_1$

$f'(c_0, 1) = f(p, 1) = \{ q, r \} = c_2$

$f'(c_0, 2) = f(p, 2) = \{ r \} = c_3$

$f'(c_1, 0) = \{ p, q, r \} = c_1$

$f'(c_1, 1) = \{ q, r \} = c_2$

$f'(c_1, 2) = \{ r \} = c_3$

$f'(c_2, 0) = \varnothing$

$f'(c_2, 1) = \{ q, r \} = c_2$

$f'(c_2, 2) = \{ r \} = c_3$

$f'(c_3, 0) = \varnothing$

$f'(c_3, 1) = \varnothing$

$f'(c_3, 2) = \{ r \} = c_3$

La nueva función obtenida es representada en la Tabla 4.11 y el grafo de este AFD equivalente es representado en la Figura 4.16.

f:	0	1	2
→*c_0	c_1	c_2	c_3
*c_1	c_1	c_2	c_3
*c_2		c_2	c_3
*c_3			c_3

Tabla 4.11: Función de transición del AFD equivalente.

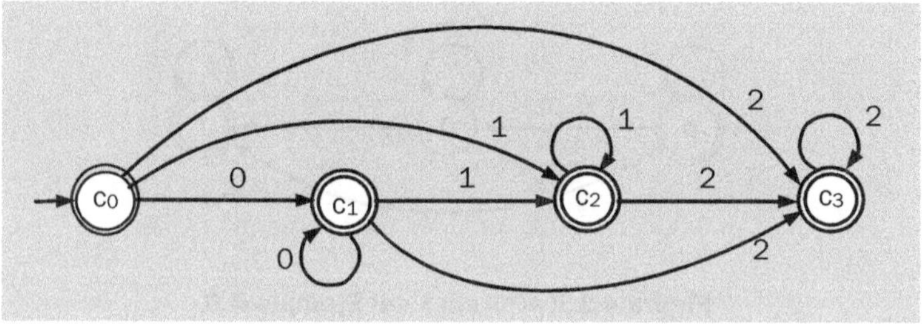

Figura 4.16: Grafo del AFD equivalente.

d) Determinación del AFD equivalente sobre la tabla de transición:

Siguiendo el procedimiento ya explicado con anterioridad, se puede trabajar sobre la tabla de la función de transición del AFND (sin λ) para obtener la tabla de la función de transición del AFD equivalente, tal como se muestra en la Tabla 4.12. La zona rayada corresponde a un estado inaccesible que debe ser eliminado para obtener un AFD conexo. Solo faltaría renombrar sus estados a **c_0**, **c_1**, **c_2** y **c_3** en reemplazo de las designaciones **p**, **pqr**, **qr** y **r**.

f:	0	1	2
→ p	{p, q, r}	{q, r}	{r}
q		{q, r}	{r}
*r			{r}

f':	0	1	2
→ p	pqr	qr	r
q		qr	r
*r			r
*pqr	pqr	qr	r
*qr		qr	r

Tabla 4.12: Función de transición del AFND y AFD equivalente.

e) Verificación de la aceptación de la cadena β = 001122:

Usando el árbol de descripciones instantáneas se representan, en la Figura 4.17, el comportamiento de los AFD (sin λ) y AFD equivalente al leerse la cadena indicada. Luego, en la Figura 4.18, se representa los planos estados-entradas de ambos autómatas.

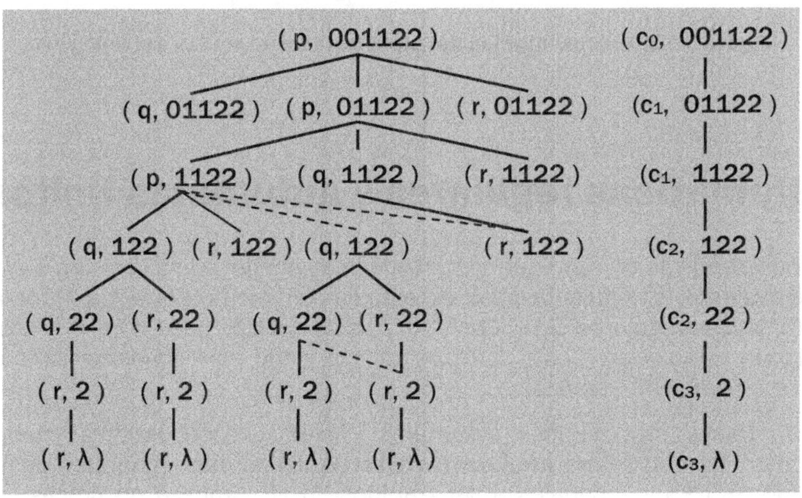

Figura 4.17: Árboles de descripciones instantáneas del AFND y AFD.

Tal como ocurrió en el Ejemplo 4.5, se presenta una circunstancia a destacar que es la presencia de descripciones instantáneas de convergencia, en las que vuelven a reunirse diferentes caminos en el proceso del reconocimiento de cadenas. Ésta es una evidencia de que, en algunos casos, el proceso de aceptación de cadenas admite más de un camino para una misma configuración final y que, los hasta aquí llamados *árboles* de configuraciones podrían dibujarse en realidad como grafos (ver las líneas punteadas en la Figura 4.17).

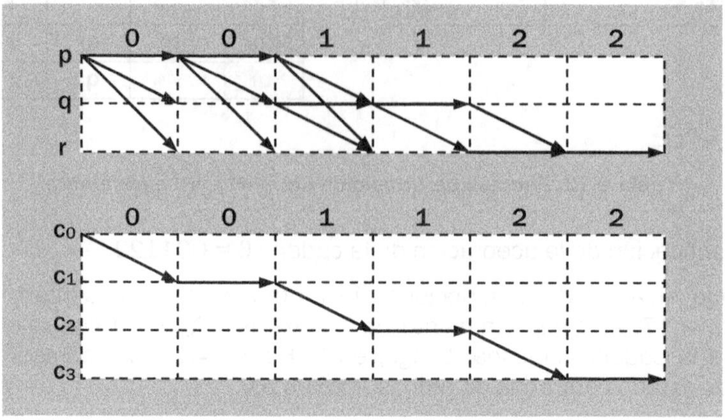

Figura 4.18: Representación del plano estados-entradas del AFND y AFD.

Gramáticas regulares y autómatas finitos

Una vez que se ha visto que todo AFND puede ser llevado a la forma de AFD equivalente, el siguiente paso es estudiar el vínculo entre los AFD y las gramáticas regulares. En el Capítulo 1, ya se anticipó que Chomsky y Miller (1958) establecieron esta correspondencia y que es reconocida como un isomorfismo entre ambos.

Hasta ahora los autómatas finitos reconocedores fueron construidos en forma intuitiva a partir de las formas generales de las cadenas de los lenguajes a ser tratados, lo que implica un proceso de prueba y error. Se propone en su reemplazo un procedimiento sistemático que facilite esta tarea, que permita definir los AF a partir de las reglas de producción de las gramáticas, que tendrá enorme importancia en correctores de texto y otras muchas aplicaciones. En sentido inverso, también interesa definir las reglas de producción capaces de generar lenguajes a ser reconocidos por ciertos AFD. Ambos procedimientos son presentados a continuación.

Definición de gramáticas regulares a partir de autómatas

Se comienza por el caso en el que se quiere definir el conjunto de reglas de producción de una gramática regular que generará lenguajes que están destinados a ser reconocidos por un cierto AFD. Para el procedimiento propuesto, el AF debe ser determinista y la gramática a ser obtenida estará bien formada y será lineal por derecha.

Dado un **AFD=(Σ, Q, q_0, A, *f*)**, la gramática que genera el mismo lenguaje que acepta el autómata, será **G=(Σ, Q, q_0, P)**, donde el conjunto de reglas de reescritura queda definido como:

$$P = \{X := aY \,/\, f(X, a) = Y\} \cup \{X := a \,/\, f(X, a) = Y, Y \in A\}$$

y se agrega $q_0 := \lambda$ si $q_0 \in A$; $X, Y, q_0 \in Q$, $a \in \Sigma$, $A \subseteq Q$.

Estas gramáticas, donde sus reglas de producción se corresponden directamente con las transiciones de un AFD, son siempre no ambiguas. Cabe el interrogante: ¿son todas las gramáticas regulares no ambiguas?

Definición de autómatas a partir de gramáticas regulares

El caso inverso es aquel en que se conoce cierta gramática y se desea determinar el AFD que será necesario para reconocer o validar las sentencias del lenguaje generado. Como en el caso anterior, el procedimiento propuesto se refiere a gramáticas bien formadas y cuyas reglas de producción sean lineales por derecha.

Dada la gramática regular **G=(Σ_T, Σ_N, S, P)**, el autómata finito que acepta el mismo lenguaje que genera la gramática será:

$$AF = (\Sigma_T, \Sigma_N \cup \{A\}, S, \{A\}, f)$$

donde **A** es un nuevo símbolo que no estaba en **Σ_N** y **$f(X, a)=Y$** si **$X:=aY$** está en **P** y **$f(X, a)=A$** si **$X:=a$** está en P, con **$X,Y,S \in \Sigma_N$**, **$a \in \Sigma_T$**.

La regla de producción **$S:=\lambda$** incorpora la transición **$f(S,\lambda)=A$**.

Deben considerarse que: *i*) la existencia en la gramática de una regla de producción **$S:=\lambda$** convierte al autómata asociado en AFND-λ y *ii*) para el caso de que la gramática sea lineal por izquierda será necesario convertirla previamente a lineal por derecha, aplicando el procedimiento que es definido a continuación.

Conversión de gramática lineal por Izquierda a lineal por derecha

Para cada gramática lineal por derecha, existe una gramática lineal por izquierda equivalente y viceversa; como se recordará, dos gramáticas son equivalentes si generan el mismo lenguaje. En este caso, interesa convertir gramáticas lineales por izquierda en lineales por derecha y el procedimiento para convertir una en la otra tiene cuatro pasos:

Paso 1: Convertir la gramática dada a otra equivalente que no sea recursiva en el axioma. Para ello, se debe incorporar un nuevo símbolo no terminal **B** y modificar las reglas de producción según se describe:

- Por cada regla **S:=α**, se crea una nueva regla **B:=α**.
- Cada regla de la forma **A:=Sa** debe ser reemplazada por **A:=Ba**, donde **S**, **A**, **B** $\in \Sigma_N$, **a** $\in \Sigma_T$ y **α** es una cadena válida.

Paso 2: Se debe construir un grafo con las siguientes instrucciones:

- Los nodos del grafo se identifican con los símbolos no terminales de la gramática y se incluye un nodo adicional identificado con **λ**.
- Por cada regla de la forma **A:=Ba**, se dibuja un arco desde el nodo **A** al nodo **B** que es identificado con la etiqueta **a**.
- Por cada regla de la forma **A:=a**, se incluye un arco desde el nodo **A** al nodo **λ** identificado con **a**.
- Para la regla **S:=λ**, se incorpora un arco sin etiqueta desde el nodo **S** al nodo **λ**.

Paso 3: Se construye un nuevo grafo a partir del grafo anterior según se indica:

- Se intercambian los identificadores de los nodos **S** y **λ**.
- Se cambia el sentido de todos los arcos.

Paso 4: A partir del nuevo grafo, se obtiene la gramática lineal por derecha siguiendo los siguientes pasos:

- Los alfabetos de símbolos terminales y no terminales son los mismos de la gramática original lineal por izquierda.
- Por cada arco dirigido etiquetado con **a** desde el nodo **B** al nodo **A**, se incorpora a la nueva gramática la regla de producción **B:=aA**.
- Por cada arco dirigido etiquetado con **a** desde el nodo **B** al nodo **λ**, se incorpora la regla de producción **B:=a**.
- En caso de un arco sin etiqueta desde el nodo **S** al nodo **λ**, se incorpora a la gramática la regla **S:=λ**.

A efectos de comprobar la efectividad de los procedimientos descriptos, se propondrá un AFD y se determinarán las reglas de producción de la gramática regular correspondiente, que será lineal por derecha y bien formada. Luego, se derivarán algunas sentencias del lenguaje. En una segunda etapa, se operará en sentido inverso, es decir, se definirá la función de transición del AFD que es necesario para reconocer el lenguaje que es generado por la gramática que contiene las reglas de producción obtenidas. Por último, se convertirá una gramática lineal por izquierda en lineal por derecha, todo lo cual es el motivo de los siguientes ejemplos.

Ejemplo 4.7

Determinar la gramática bien formada capaz de generar las sentencias del lenguaje reconocido por el AFD del Ejemplo 3.3 del Capítulo 3 y cuya definición formal se presenta en la Tabla 4.13.

AF=(Σ_E, Q, q_o, A. *f*)

Σ_E = {0, 1}

Q = {p, q, r, s, t}

q_o = p

f:	0	1
→ p	p	q
q	r	q
r	s	q
s	t	q
* t	p	q

Tabla 4.13: Función *f* del AFD del Ejemplo 4.7.

Las transiciones son convertidas en reglas de producción según el procedimiento que fue descripto con anterioridad, tal como se lo detalla a continuación:

f(p,0)	= p		p := 0p
f(p,1)	= q		p := 1q
f(q,0)	= r		q := 0r
f(q,1)	= q		q := 1q
f(r,0)	= s		r := 0s
f(r,1)	= q	⟹	r := 1q
f(s,0)	= t		s := 0t | 0
f(s,1)	= q		s := 1q
f(t,0)	= p		t := 0p
f(t,1)	= q		t := 1q

Nótese que hay una regla de producción de tipo **X:=a** a raíz de que el estado **t** es un estado de aceptación (**t∈A**). Luego, el conjunto completo de reglas de producción de la gramática es:

P = { p := 0p | 1q,
q := 0r | 1q,
r := 0s | 1q,
s := 0t | 1q | 0,
t := 0p | 1q }

Para completar el estudio, se comprueba que con estas reglas de producción pueden derivarse algunas cadenas tales como las siguientes:

p → 0p → 01q → 010r → 0100s → 01000

p → 0p → 01q → 011q → 0111q → 01110r → 011100s → 0111000

p → 1q → 10r → 101q → 1011q → 10110r → 101100s → 1011000

y que todas ellas responden a la forma general **(0+1)*1000** que son las reconocidas por el AFD original.

Ejemplo 4.8

Se desea definir un AFD destinado a reconocer las sentencias que puedan ser derivadas con la siguiente gramática lineal por derecha:

G = ({a, b}, {p, q, r, s, t}, p, P)

donde P = { p := 0p | 1q,

q := 0r | 1q,

r := 0s | 1q,

s := 0t | 1q | 0,

t := 0p | 1q }

Según el procedimiento indicado para las gramáticas bien formadas, a cada producción **X:=aY** le corresponde una transición ***f*(X, a) = Y**. Luego, a partir del conjunto de reglas de producción de la gramática anterior, se obtienen las siguientes transiciones:

$f(p,0) = p$	$f(p,1) = q$
$f(q,0) = r$	$f(q,1) = q$
$f(r,0) = s$	$f(r,1) = q$
$f(s,0) = t$	$f(s,1) = q$
$f(t,0) = p$	$f(t,1) = q$

Además, resulta **p** ser el estado inicial (**q_0 = p**), por ser **p** el axioma de la gramática. El conjunto de estados de aceptación estará compuesto por un único estado **A** y la regla de producción **s:=0** indica que debe agregarse la transición ***f*(s, 0)=A**. Esto hace al autómata no determinista (desde **s** con **0** puede transitar a **t** y **A**). Los estados **t** y **A** se unifican al transformar el AF en determinista.

Con la información obtenida, que incluye las transiciones, el estado inicial y el estado de aceptación, puede ahora elaborarse el grafo del AFD. Este grafo es mostrado en la Figura 4.19 y corresponde a la definición formal del AFD presentada en el Ejemplo 4.7.

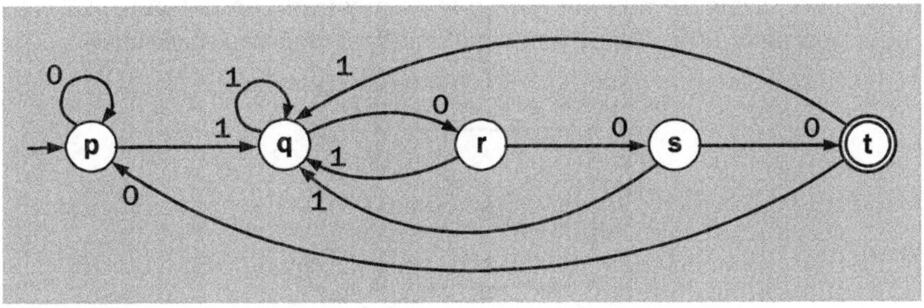

Figura 4.19: Grafo del AFD del Ejemplo 4.8

Con estos dos ejemplos, se ilustró la correspondencia entre las gramáticas regulares (lineales) y los autómatas finitos deterministas.

Ejemplo 4.9

Dada la gramática lineal por izquierda **G_1** que se presenta a continuación se necesita convertirla a lineal por derecha con el fin de poder definir posteriormente el AFD capaz de reconocer su lenguaje. Con ambas gramáticas, mostrar la derivación de una misma sentencia.

G_1 = ({0, 1, 2}, {X, Y, Z}, X, P)

P = {X := Z0 | Y0 | 0 | 1, Y := Y0 | 1, Z := Z2 | 2}

Según el procedimiento descripto para convertir una gramática lineal por izquierda a lineal por derecha, se debe comenzar por verificar que la gramática no sea recursiva en el axioma, lo que claramente no ocurre en este caso. El siguiente paso es representar las reglas de producción en un grafo, que se muestra en la Figura 4.20.

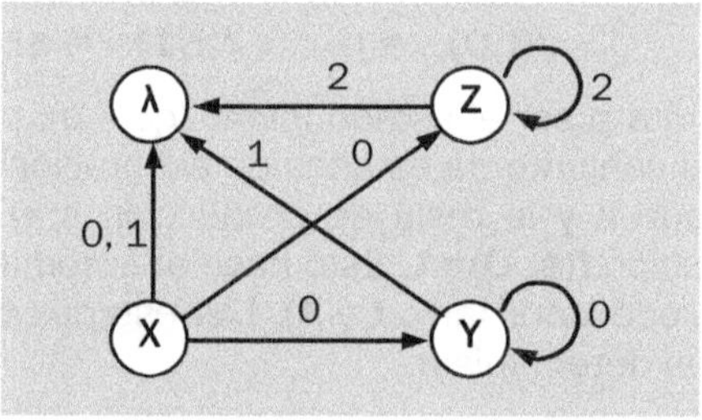

Figura 4.20: Grafo de la gramática lineal por izquierda G_1.

A continuación, se trabaja sobre el grafo (paso 3), intercambiando los nodos del axioma y de **λ** y cambiando el sentido de todos los arcos. Se obtiene el nuevo grafo que corresponde a una gramática lineal por derecha equivalente a la anterior, que es mostrado en la Figura 4.21. Es muy importante advertir que estos grafos no representan autómatas.

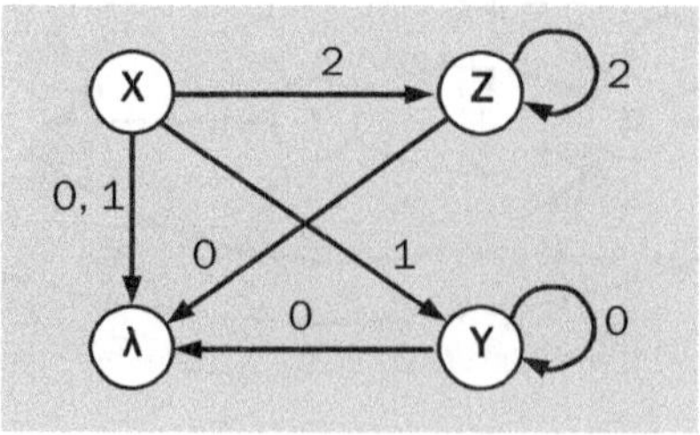

Figura 4.21: Grafo de la gramática lineal por derecha G_2

El último paso consiste en reconocer las nuevas reglas de producción a partir de la interpretación del nuevo grafo de la Figura 4.21. Se obtiene así la gramática lineal por derecha **G2** que es presentada a continuación:

G_2 = ({0, 1, 2}, {X, Y, Z}, X, P)

P = {X := 2Z | 1Y | 0 | 1, Y := 0Y | 0, Z := 2Z | 0}

Los ejemplos de una misma sentencia derivada con ambas gramáticas son los siguientes:

G_1: X → Y0 → Y00 → Y000 → 1000

G_2: X → 1Y → 10Y → 100Y → 1000

Ejemplo 4.10

Dada una máquina abstracta que es representada, en la Figura 4.22, se pide: a) por observación identificar y describir algebraicamente el lenguaje que es reconocido por la máquina, b) mediante un árbol de descripciones instantáneas (o árbol de configuraciones) mostrar el reconocimiento de una de las palabras del lenguaje de largo cinco, c) identificar de qué tipo de máquina se trata, justificarlo y describirla formalmente, d) en caso de ser necesario, presentar la máquina determinista equivalente, incluyendo la representación de su grafo y descripción formal, e) verificar si la máquina determinista equivalente puede ser minimizada y f) encontrar la gramática asociada al autómata estudiado y comprobar que se corresponde con el lenguaje identificado en el punto a).

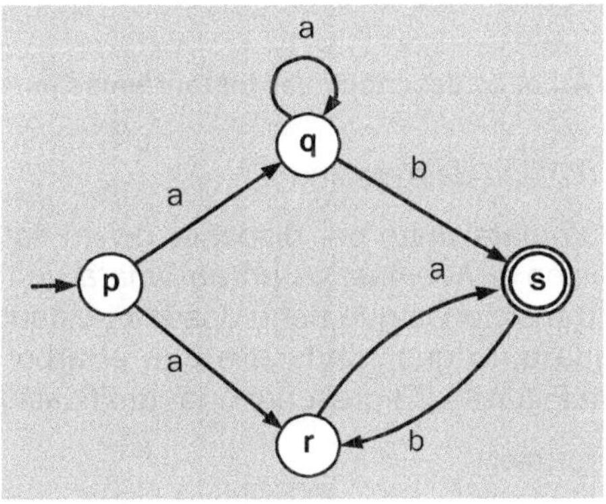

Figura 4.22: Grafo de la máquina abstracta estudiada.

a. Lenguaje reconocido por la máquina

A partir de la observación de la máquina, se comprueba que puede reconocer dos tipos diferentes de sentencias, de manera que el lenguaje puede ser descripto algebraicamente como:

$$L = \{ a^m b(ba)^n \ / \ m > 0, n \geq 0 \} \cup \{ a^2(ba)^n \ / \ n \geq 0 \}$$

b. Reconocimiento de una palabra

Se comprueba la aceptación de una sentencia del lenguaje de largo cinco, tal como **α = aabba** del formato general **$a^m b(ba)^n$**:

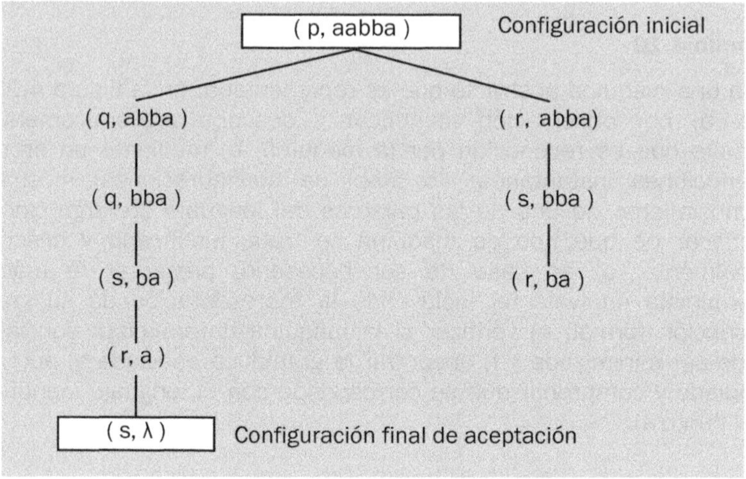

Figura 4.23: Árbol de descripciones instantáneas para la cadena α

c. Identificación del tipo de máquina

Se trata de un *autómata finito* por disponer de un estado inicial **p** y un estado de aceptación **s**. Además, es un *autómata finito no determinista* debido a las dos transiciones que tiene desde el estado **p** para el mismo símbolo de entrada **a**, lo que conduce a que el árbol de descripciones instantáneas de la Figura 4.23 presente una ramificación.

Descripción formal:

$$AFND = (\{ a, b \}, \{ p, q, r, s \}, p, \{ s \}, f)$$

donde ***f*** está representada en la siguiente tabla:

f:	a	b
→ p	{q, r}	
q	{q}	{s}
r	{s}	
*s		{r}

Tabla 4.14: Función de transición de la máquina estudiada.

d. Máquina determinista equivalente

Por tratarse de un AFND, se debe determinar el autómata finito determinista equivalente por alguno de los procedimientos ya estudiados, el cual queda definido como:

AFD = ({ a, b }, { p, q, r, s, qr, qs, rs }, p, { s, qs, rs }, *f*)

Por razones de claridad, resulta conveniente redesignar los nombres de los estados y, para facilitar su identificación, se los enumera en el mismo orden en el que están en la definición anterior, por ejemplo:

AFD = ({ a, b }, { c_0, c_1, c_2, c_3, c_4, c_5, c_6 }, c_0, { c_3, c_5, c_6 }, *f*)

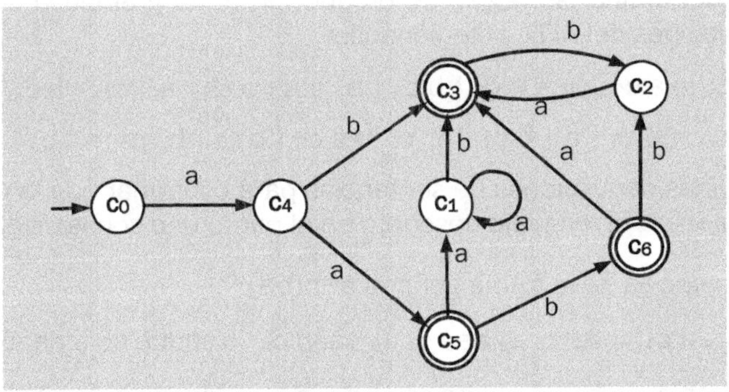

Figura 4.24: Grafo del AFD equivalente a la máquina estudiada.

La función de transición del AFD se muestra en la Tabla 4.15.

e. Minimización

Es importante minimizar el AFD para verificar la eventual presencia de estados equivalentes o indistinguibles. Siguiendo el procedimiento ya estudiado en el Capítulo 3, se comprueba que no hay posibilidad de encontrar estados equivalentes, lo que indica que la máquina ya es mínima:

$$Q/E = \{\{ c_0 \}, \{ c_1 \}, \{ c_2 \}, \{ c_3 \}, \{ c_4 \}, \{ c_5 \}, \{ c_6 \}\}$$

f:	a	b
→ c_0	c_4	
c_1	c_1	c_3
c_2	c_3	
* c_3		c_2
c_4	c_5	c_3
* c_5	c_1	c_6
* c_6	c_3	c_2

Tabla 4.15: Función de transición de la máquina estudiada.

f. Gramática asociada a la máquina abstracta

$$G = (\{ a, b \}, \{ c_0, c_1, c_2, c_3, c_4, c_5, c_6 \}, c_0, P)$$

Se determina las reglas de producción de la gramática a partir de las transiciones del *AFD*, obteniéndose:

$$P = \{ c_0 := a\, c_4,\ \ c_1 := a\, c_1 \mid b\, c_3 \mid b,\ \ c_2 := a\, c_3 \mid a,\ \ c_3 := b\, c_2,$$
$$c_4 := a\, c_5 \mid a \mid b\, c_3 \mid b,\ \ c_5 := a\, c_1 \mid b\, c_6 \mid b,\ \ c_6 := a\, c_3 \mid a \mid b\, c_2 \}$$

Algunas derivaciones de sentencias para confirmar que la gramática anterior genera el lenguaje descripto en el punto uno son las siguientes:

Sentencias de la forma general $\mathbf{a^m b(ba)^n}$

$c_0 \to a\, c_4 \to aa\, c_5 \to aaa\, c_1 \to aaab\, c_3 \to aaabb\, c_2 \to aaabba$

$c_0 \to a\, c_4 \to aa\, c_5 \to aaa\, c_1 \to aaab\, c_3 \to aaabb\, c_2 \to aaabba\, c_3 \to$

$\to aaabbab\, c_2 \to aaabbaba$

Sentencias de la forma general $\mathbf{a^2(ba)^n}$

$c_0 \to a\, c_4 \to aa\, c_5 \to aab\, c_6 \to aaba$

$c_0 \to a\, c_4 \to aa\, c_5 \to aab\, c_6 \to aaba\, c_3 \to aabab\, c_2 \to aababa$

Ejemplo 4.11

En el Ejemplo 3.9 del Capítulo 3, se desarrolló un analizador léxico como una de las principales aplicaciones de los autómatas finitos. En el caso de este ejemplo propuesto con anterioridad, el objetivo del AFD fue identificar secuencias de caracteres que corresponden a valores numéricos, como los que se presentan en los códigos de los programas, en ese caso Java, o en los documentos elaborados con editores de texto. El AFD fue desarrollado por inspección de las secuencias de caracteres a ser identificadas. Llegado a este punto se recomienda al lector remitirse al Apéndice A e interiorizarse sobre la estructura de un compilador y en particular la importante función denominada análisis léxico.

Ahora, habiéndose visto en este Capítulo 4, la definición de autómatas finitos a partir de gramáticas regulares, se propone definir una gramática capaz de expresar valores numéricos y deducir a partir de ella la máquina de estados necesaria para su reconocimiento. Se considerarán valores positivos y negativos, enteros y reales, y que estos últimas puedan estar expresadas en notación científica.

La gramática regular que cumple con lo especificado es obtenida sin mayores dificultades a partir del análisis de las distintas cadenas a ser generadas. Se tiene así:

Σ_T = {0, n, m, +, -, . , E, b} donde **E** define el exponente en la notación científica, **n** números enteros en el intervalo 1 a 9, **m** números enteros en el intervalo 0 a 9 y **b** los símbolos terminales y separadores (<ƀ> y ;).

Σ_N = {S, T, U, V, W, X, Y} donde **S** es el axioma de la gramática.

P = { S := 0X | +W | -W | nU,
W := nU | 0X,
X := **.**Y | b,
U := mU | .Y | b,
Y := mY | ET,
T := +V | -V,
V := mV | b}

Con facilidad, se comprueba que con esta gramática pueden derivarse los números buscados, tales como:

S → -W → -2U → -27U → -277U → -277b

S → 3U → 3.Y → 3.1Y → 3.14Y → 3.141Y → 3.1416Y → 3.1416b

S → 0X → 0.Y → 0.8Y → 0.87Y → 0.87ET → 0.87E-V → 0.87E-5V → 0.87E-5b

Siguiendo el procedimiento ya descripto con anterioridad, se convierten las reglas de producción en transiciones. Para ello, se incorpora un nuevo estado final Z y se tiene:

S := 0X	*f*(S, 0) := X
S := +W	*f*(S,+) := W
S := -W	*f*(S, -) := W
S := nU	*f*(S, n) := U
W := nU	*f*(W, n) := U
W := 0X	*f*(W,0) := X
X := .Y	*f*(X, .) := Y
X := b	*f*(X, b) := Z
U := mU	*f*(U, m) := U
U := .Y	*f*(U, .) := Y
U := b,	*f*(U, b) := Z
Y := mY	*f*(Y, m) := Y
Y := ET	*f*(Y, E) := T
T := +V	*f*(T,+) := V
T := -V	*f*(T, -) := V
V := mV	*f*(V, m) := V
V := b	*f*(V, b):= Z

Una vez identificadas las transiciones, el siguiente paso es definir formalmente el autómata finito y representar su grafo, que se muestran a continuación.

a. Definición formal del analizador léxico

AF = (Σ_E, Q, q_0, A, *f*)

donde:

Σ_E = {0, n, m, +, -, . , E, b}

Q = {S, T, U, V, W, X, Y, Z}

q_0 = S

A = { Z }

f	0	n	m	+	-	.	E	b
→S	X	U		W	W			
T				V	V			
U			U			Y		Z
V			V					Z
W	X	U						
X						Y		Z
Y			Y				T	
***Z**								

Tabla 4.16: Función *f* del analizador léxico.

b. Grafo del analizador léxico

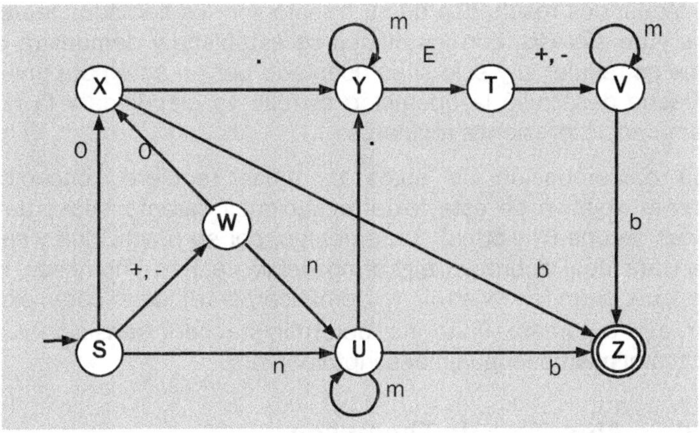

Figura 4.25: Grafo del analizador léxico del Ejemplo 4.11.

Se obtuvo así un analizador léxico capaz de reconocer cadenas que representan números enteros y reales, que es similar al del Ejemplo 3.9, solo que aquél fue obtenido por inspección de las cadenas a reconocer y éste en forma sistemática a partir de la gramática que genera el lenguaje de estos números. Nótese que, tal como está planteado, el analizador reconoce los números correctos pero no distingue enteros de reales. Además, como puede observarse, este analizador solo reconoce números de base decimal, mientras que el propuesto, en el Capítulo 3, también reconocía números octales y hexadecimales. Se deja al lector la tarea de completar la gramática y luego definir un autómata que incorpore la capacidad de reconocimiento de estos números.

Expresiones regulares y autómatas finitos

Al estudiar lenguajes regulares, en el Capítulo 2, se presentó una notación para especificar lenguajes regulares de uso usual en las rutinas de búsqueda de patrones, tanto en los utilitarios de los sistemas operativos (*ed*, *vi*, *lex*, *grep* entre otros) como en funciones de librería de los lenguajes de programación modernos (*regexp*): las *Expresiones Regulares* (ER).

Stephen Kleene, lógico-matemático norteamericano, estudió con profundidad en la década del cincuenta los conjuntos regulares y sus propiedades; dos resultados de su trabajo son los llamados *teorema de análisis* y *de síntesis*, con los cuales se establece y demuestra que un lenguaje es regular si y solo si es aceptado por un autómata finito. Para ello, Kleene desarrolló la operación estrella ya estudiada y la notación que llamamos expresiones regulares.

La comprobación de estos teoremas requiere conceptos que exceden el objetivo de este texto (ecuaciones características de un AF, derivadas de una ER y otros). Sin embargo, por su practicidad y sencillez, se avanzará aquí sobre un algoritmo debido a Ken Thompson y Denis Ritchie que permite construir (automáticamente) para cada expresión regular, un autómata finito no determinista con transiciones λ que reconozca el mismo lenguaje descripto por ella.

Método o Algoritmo de Thompson

El método que se presenta, traduce cada parte de la definición de una expresión regular en un autómata que acepta el mismo lenguaje denotado por ella, de tal forma que el autómata finito quede definido al analizar la expresión parte por parte.

Recordemos que la definición de una expresión regular tiene una parte básica (∅, λ, **a**, siendo **a** cualquier símbolo del alfabeto) y una parte recursiva (**E+F**, **E∘F**, **E***, **(E)**, siendo **E** y **F** expresiones regulares).

En los siguientes puntos, se trabajará siempre suponiendo que las expresiones regulares están describiendo un lenguaje sobre algún alfabeto **Σ** y, en cada caso, se construirá un autómata finito AF = (Σ, Q, q_0, A, *f*) mostrando su grafo dirigido.

a) Para la expresión regular ∅ que denota al lenguaje vacío, se construye un autómata finito que reconozca este lenguaje. Esto puede hacerse de dos formas equivalentes: construyendo un autómata que tenga el conjunto **A** de estados de aceptación vacío, o que tenga un único estado de aceptación aislado; se procede de la segunda forma:

Figura 4.26.a: AF que reconoce ∅.

b) La expresión regular **λ** denota al lenguaje cuya única cadena es la vacía. Nuevamente, tenemos dos modos de construir el AF: haciendo que su estado inicial sea a la vez de aceptación, o equivalentemente con una transición **λ** como único acceso a un estado de aceptación desde su estado inicial:

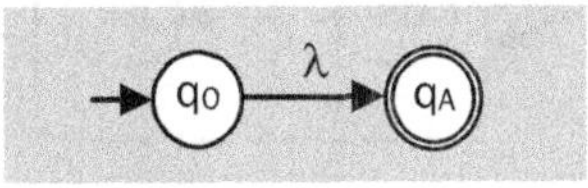

Figura 4.26.b: AF que reconoce {λ}.

c) Para cada símbolo **a∈Σ**, la expresión regular **a** denota al lenguaje **{a}**, y el autómata finito correspondiente es el mostrado en la siguiente figura:

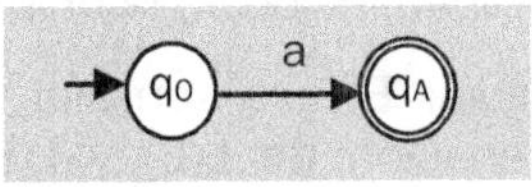

Figura 4.26.c: AF que reconoce {a}.

Sean ahora **E** y **F** dos expresiones regulares, para las cuales ya se cuenta con sendos autómatas finitos **AF**$_E$ y **AF**$_F$, que reconocen respectivamente a los lenguajes **L(E)** y **L(F)** denotados por **E** y por **F**. Entonces:

d) El lenguaje unión **L(E)** y **L(F)** denotado por la expresión regular **E+F**, será reconocido por el autómata construido de la siguiente forma:

- Quitar la característica de inicial de los estados iniciales de **AF**$_E$ y **AF**$_F$.
- Crear un nuevo estado inicial **q**$_0$ y relacionarlo mediante transiciones **λ** con los antiguos estados iniciales de **AF**$_E$ y **AF**$_F$.
- Quitar la característica de aceptación, de todos los estados de aceptación de **AF**$_E$ y **AF**$_F$.
- Crear un nuevo estado de aceptación **q**$_A$ y agregar desde cada antiguo estado de aceptación de **AF**$_E$ y **AF**$_F$, una transición **λ** hacia él.

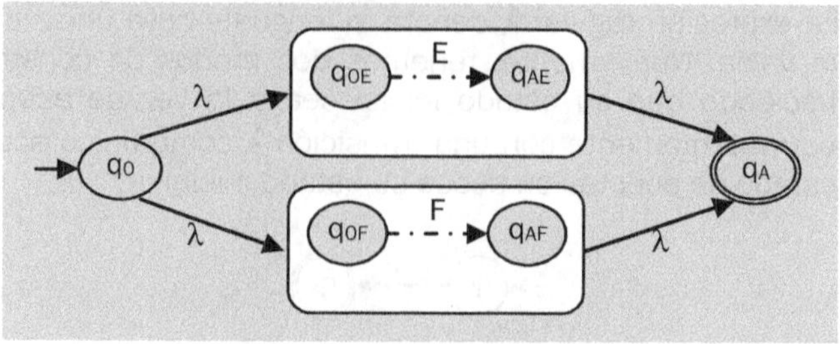

Figura 4.26.d: AF que reconoce L(E+F).

El autómata finito no determinista construido de esta forma, *conecta en paralelo* los autómatas ya existentes para **E** y **F** utilizando transiciones **λ**, logrando aceptar todas las cadenas que ambos aceptaban, es decir, la unión de sus lenguajes.

e) La expresión regular **E∘F** (o sencillamente **EF**), que denota al lenguaje concatenación de **L(E)** y **L(F)**, se reconocerá por el autómata construido de la siguiente forma:

- Quitar la característica de inicial de los estados iniciales de $\mathbf{AF_E}$ y $\mathbf{AF_F}$.
- Quitar la característica de aceptación, de todos los estados de aceptación de ambos autómatas, $\mathbf{AF_E}$ y $\mathbf{AF_F}$.
- Crear un nuevo estado inicial $\mathbf{q_0}$ y relacionarlo mediante una transición **λ** con el antiguo estado inicial de $\mathbf{AF_E}$.
- Agregar una transición **λ** desde cada antiguo estado de aceptación de $\mathbf{AF_E}$ hacia el antiguo estado inicial de $\mathbf{AF_F}$.
- Crear un nuevo estado de aceptación $\mathbf{q_A}$ y agregar desde cada antiguo estado de aceptación de $\mathbf{AF_F}$, una transición **λ** hacia él.

El autómata finito no determinista construido, *conecta en serie* los autómatas que se tenían para **E** y **F**, utilizando transiciones **λ**.

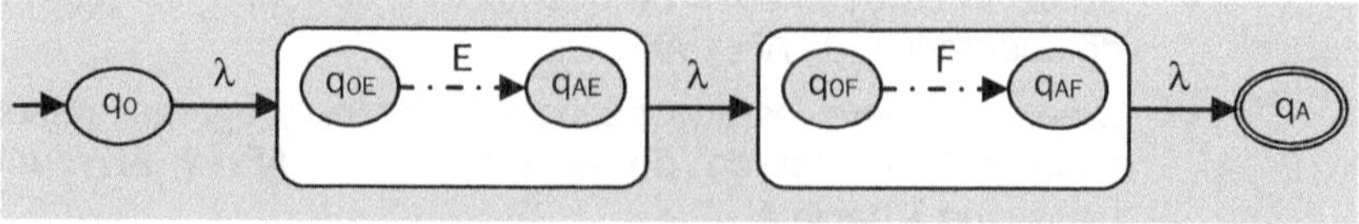

Figura 4.26.e: AF que reconoce L(EF).

Cualquier cadena que tenga un prefijo descripto por **E**, hará que el nuevo AF transite desde su estado inicial hasta alguno de los antiguos estados finales de **AF**$_E$ y desde allí espontáneamente hasta el antiguo estado inicial de **AF**$_F$ (por la transición **λ**); si la cadena tiene luego un sufijo que sigue el patrón **F**, entonces hará que el autómata arribe a alguno de los antiguos estados de aceptación de **AF**$_F$ y desde allí pueda pasar sin leer entradas hasta el nuevo estado de aceptación q_A. Esto acepta entonces, cadenas que sigan el patrón **EF**.

f) Finalmente, para la estrella de Kleene de una expresión regular **E***, que representa al lenguaje **[L(E)]***, se construye el siguiente autómata finito:

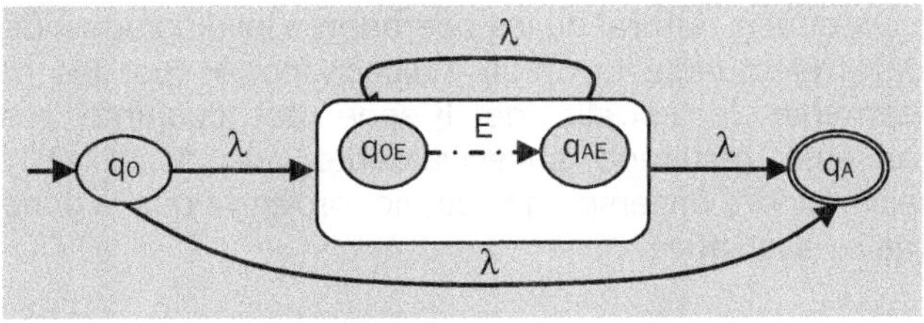

Figura 4.26.f: AF que reconoce L(E*).

- Quitar la característica de inicial del estado inicial y la denominación de aceptación, de cada estado de aceptación, del autómata que reconoce cadenas representadas por la expresión regular **E**.
- Crear un nuevo estado inicial q_0 y agregar una transición **λ** desde el mismo hacia el antiguo estado inicial de **AF**$_E$.
- Crear un nuevo estado de aceptación q_A y agregar transiciones **λ** hacia él desde el estado inicial q_0 (para aceptar la cadena vacía) y desde cada antiguo estado de aceptación del autómata **AF**$_E$ correspondiente a la expresión regular **E**.
- Terminar el proceso creando una transición **λ** desde cada antiguo estado de aceptación de **AF**$_E$ hacia el antiguo estado inicial del mismo, lo cual sirve para reconocer tantas concatenaciones consigo misma de cadenas con el patrón **E** como se quiera, logrando aceptar el lenguaje deseado.

Para la expresión regular **(E)**, que denota al mismo lenguaje descripto por **E**, no se requiere construir un nuevo autómata ya que es el mismo **AF**$_E$.

El método de Thompson termina construyendo un AFND -λ con muchos estados, por lo cual debe ser luego transformado en determinista (y posiblemente minimizado) para su implementación eficiente en programación, pero su importancia radica como se indicó, en que es un procedimiento automático que puede ser programado (es lo que hace el generador de analizadores léxicos *lex* de UNIX).

Ejemplo 4.12

Dada la expresión regular **(0+1)*1000** ya utilizada en los Ejemplos 4.1 y 4.3, que denota al conjunto de cadenas binarias con sufijo **1000**, aplicaremos el método de Thompson para determinar un autómata finito que reconozca el lenguaje.

La precedencia natural de los operadores involucrados, estipula que primero debe efectuarse la unión indicada por **+** (por los paréntesis), luego determinar la estrella de Kleene del conjunto resultante y concatenar este resultado sucesivamente con **1**, **0**, **0** y **0**; esta concatenación podrá hacerse en cualquier orden ya que la concatenación de palabras es asociativa.

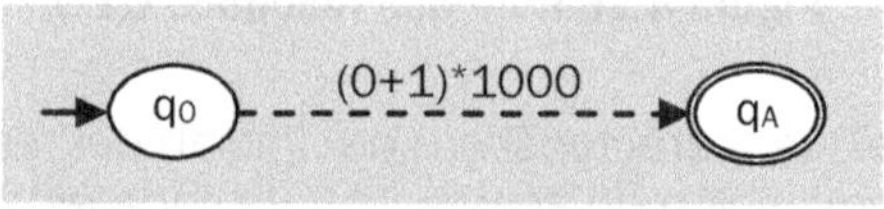

Figura 4.27.a: Esquema de AF que reconoce cadenas con el patrón (0+1)*1000.

Iniciamos entonces el análisis de la expresión entre paréntesis **0+1**. Vemos que se tienen que generar autómatas básicos para reconocer la cadena **0** y la cadena **1**, para luego conectar en paralelo estos autómatas logrando reconocer ambas cadenas.

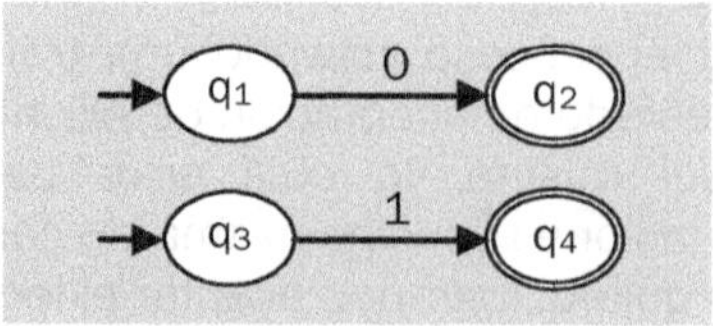

Figura 4.27.b: AF que reconocen L(0)={0} y L(1)={1}.

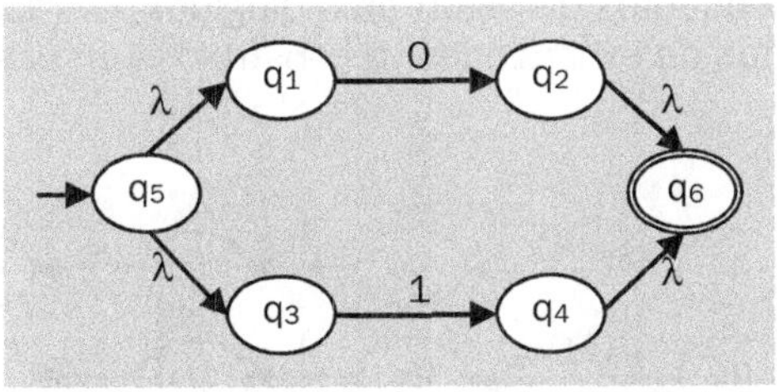

Figura 4.27.c: AF **que reconoce L(0+1)={0, 1}.**

Ahora se debe construir el autómata para la estrella de Kleene de {0, 1}. Para ello, se deben crear un nuevo estado inicial q_7, un nuevo estado de aceptación q_8 y agregar las transiciones λ correspondientes, que los conecten y que representen la aceptación de la cadena vacía (transición λ inferior en la Figura 4.27.d) y de las concatenaciones posibles de las cadenas consigo mismas (transición λ superior en la Figura 4.27.d).

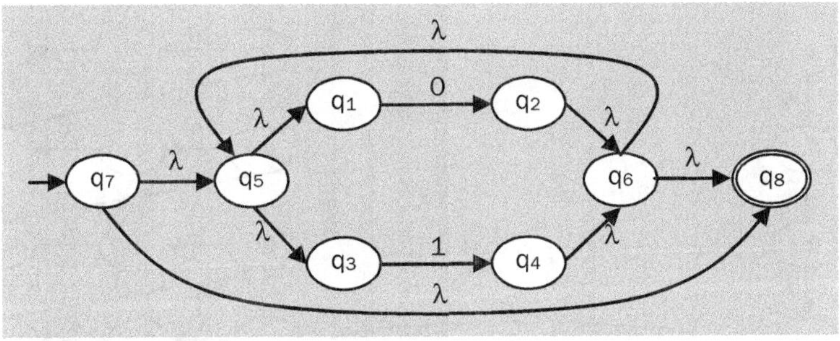

Figura 4.27.d: AF **que reconoce L((0+1)*)={0, 1}*.**

Para completar el autómata, que hasta ahora reconoce los prefijos de las cadenas buscadas, se debe concatenar con uno que reconozca los sufijos **1000**. Si bien no son necesarias las transiciones λ indicadas por el algoritmo de Thompson para esta tarea, se incluirán todas para respetar el procedimiento descripto, y sus correspondientes nuevos estados, en los siguientes cuatro pasos.

Se usarán en la Figura 4.27.e esquemas de AF (con expresiones regulares como etiquetas de algún arco dirigido) por razones de espacio, para los autómatas de expresiones ya construidos en pasos anteriores.

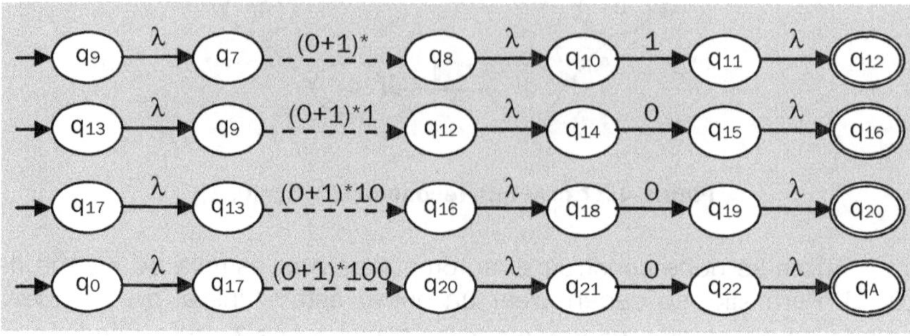

Figura 4.27.e: Esquemas de AF que reconocen sucesivamente {0, 1}*1, {0, 1}*10, {0,1}*100 y {0,1}*1000.

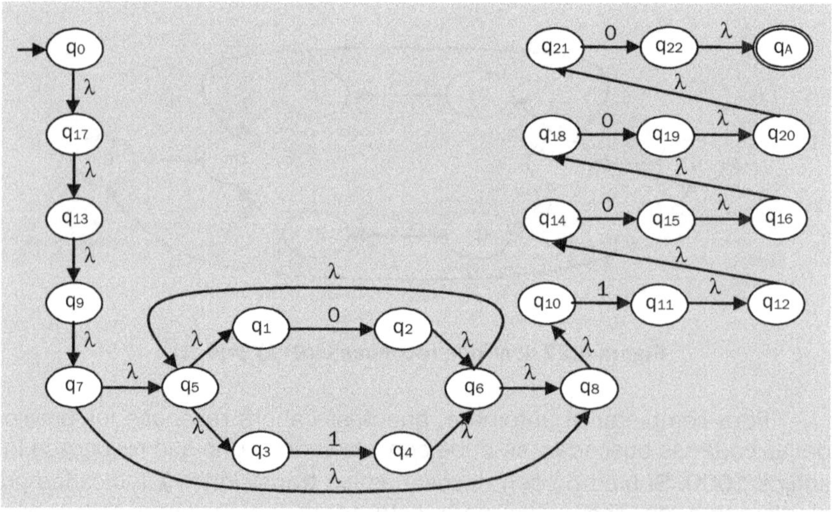

Figura 4.28: AF que reconoce el lenguaje L((0+1)*1000).

f:	0	1	λ
$\rightarrow q_0$			$\{q_0, q_1, q_3, q_5, q_7, q_8, q_9, q_{10}, q_{13}, q_{17}\}$
q_1	$\{q_2\}$		$\{q_1\}$
q_2			$\{q_1, q_2, q_3, q_5, q_6, q_8, q_{10}\}$
q_3		$\{q_4\}$	$\{q_3\}$
q_4			$\{q_1, q_3, q_4, q_5, q_6, q_8, q_{10}\}$
q_5			$\{q_1, q_3, q_5\}$
q_6			$\{q_1, q_3, q_5, q_6, q_8, q_{10}\}$
q_7			$\{q_1, q_3, q_5, q_7, q_8, q_{10}\}$
q_8			$\{q_8, q_{10}\}$
q_9			$\{q_1, q_3, q_5, q_7, q_8, q_9, q_{10}\}$
q_{10}		$\{q_{11}\}$	$\{q_{10}\}$
q_{11}			$\{q_{11}, q_{12}, q_{14}\}$
q_{12}			$\{q_{12}, q_{14}\}$
q_{13}			$\{q_1, q_3, q_5, q_7, q_8, q_9, q_{10}, q_{13}\}$
q_{14}	$\{q_{15}\}$		$\{q_{14}\}$
q_{15}			$\{q_{15}, q_{16}, q_{18}\}$
q_{16}			$\{q_{16}, q_{18}\}$
q_{17}			$\{q_1, q_3, q_5, q_7, q_8, q_9, q_{10}, q_{13}, q_{17}\}$
q_{18}	$\{q_{19}\}$		$\{q_{18}\}$
q_{19}			$\{q_{19}, q_{20}, q_{21}\}$
q_{20}			$\{q_{20}, q_{21}\}$
q_{21}	$\{q_{22}\}$		$\{q_{21}\}$
q_{22}			$\{q_{22}, q_A\}$
$*q_A$			$\{q_A\}$

Tabla 4.17: Función de transición del Ejemplo 4.12, con las transiciones λ reflexivas y transitivas incorporadas.

El autómata finito no determinista con transiciones **λ** final, contiene entonces 24 estados y reconoce cualquier patrón denotado por la expresión regular **(0+1)*1000**. Para poder hacer alguna comparación con el autómata diseñado en el Ejercicio 4.3, procederemos a obtener un autómata finito determinista.

Se define primero formalmente el autómata no determinista como:

$$\text{AFND-}\lambda = (\{0, 1\}, \{q_0, q_1, q_2, ..., q_{21}, q_{22}, q_A\}, q_0, \{q_A\}, f)$$

La función de transición ***f*** estará representada por el grafo del último esquema de la Figura 4.27.e. El grafo completo se muestra en la Figura 4.28 y la tabla, incluyendo las transiciones λ explícitas, reflexivas y transitivas (de T y T*) en la Tabla 4.17.

A partir de la Tabla 4.17, puede determinarse el AFD equivalente, mediante la aplicación del Teorema 2 (se usará el procedimiento del Caso 2):

a) Estado Inicial: $c_0 = f(q_0, \lambda)=\{q_0, q_1, q_3, q_5, q_7, q_8, q_9, q_{10}, q_{13}, q_{17}\}$.

b) Se determinan los siguientes estados:

$$f'(c_0,0)=\bigcup_{q_k\in c_0} f(q_k,0)=\{q_2\}\xrightarrow{\lambda}\{q_1,q_2,q_3,q_5,q_6,q_8,q_{10}\}=c_1$$

$$f'(c_0,1)=\bigcup_{q_k\in c_0} f(q_k,1)=\{q_4,q_{11}\}\xrightarrow{\lambda}\{q_1,q_3,q_4,q_5,q_6,q_8,q_{10},q_{11},q_{12},q_{14}\}=c_2$$

$$f'(c_1,0)=\bigcup_{q_k\in c_1} f(q_k,0)=\{q_2\}\xrightarrow{\lambda}\{q_1,q_2,q_3,q_5,q_6,q_8,q_{10}\}=c_1$$

$$f'(c_1,1)=\bigcup_{q_k\in c_1} f(q_k,1)=\{q_4,q_{11}\}\xrightarrow{\lambda}\{q_1,q_3,q_4,q_5,q_6,q_8,q_{10},q_{11},q_{12},q_{14}\}=c_2$$

$$f'(c_2,0)=\bigcup_{q_k\in c_2} f(q_k,0)=\{q_2,q_{15}\}\xrightarrow{\lambda}\{q_1,q_2,q_3,q_5,q_6,q_8,q_{10},q_{15},q_{16},q_{18}\}=c_3$$

$$f'(c_2,1)=\bigcup_{q_k\in c_2} f(q_k,1)=\{q_4,q_{11}\}\xrightarrow{\lambda}\{q_1,q_3,q_4,q_5,q_6,q_8,q_{10},q_{11},q_{12},q_{14}\}=c_2$$

$$f'(c_3,0)=\bigcup_{q_k\in c_3} f(q_k,0)=\{q_2,q_{19}\}\xrightarrow{\lambda}\{q_1,q_2,q_3,q_5,q_6,q_8,q_{10},q_{19},q_{20},q_{21}\}=c_4$$

$$f'(c_3,1)=\bigcup_{q_k\in c_3} f(q_k,1)=\{q_4,q_{11}\}\xrightarrow{\lambda}\{q_1,q_3,q_4,q_5,q_6,q_8,q_{10},q_{11},q_{12},q_{14}\}=c_2$$

$$f'(c_4,0)=\bigcup_{q_k\in c_4} f(q_k,0)=\{q_2,q_{22}\}\xrightarrow{\lambda}\{q_1,q_2,q_3,q_5,q_6,q_8,q_{10},q_{22},q_A\}=c_5$$

$$f'(c_4,1)=\bigcup_{q_k\in c_4} f(q_k,1)=\{q_4,q_{11}\}\xrightarrow{\lambda}\{q_1,q_3,q_4,q_5,q_6,q_8,q_{10},q_{11},q_{12},q_{14}\}=c_2$$

$$f'(c_5,0)=\bigcup_{q_k\in c_5} f(q_k,0)=\{q_2\}\xrightarrow{\lambda}\{q_1,q_2,q_3,q_5,q_6,q_8,q_{10}\}=c_1$$

$$f'(c_5,1)=\bigcup_{q_k\in c_5} f(q_k,1)=\{q_4,q_{11}\}\xrightarrow{\lambda}\{q_1,q_3,q_4,q_5,q_6,q_8,q_{10},q_{11},q_{12},q_{14}\}=c_2$$

c) El único estado de aceptación es **c5** ya que contiene al estado de aceptación **qA** del autómata no determinista antes determinado.

La definición formal del autómata obtenido puede verse en la Tabla 4.17 y su grafo en la Figura 4.29. Debe notarse que este autómata difiere del AFD obtenido en el Ejemplo 4.3, debido a éste que no es aún mínimo.

AFD = (Σ_E, Q', q_o', A', *f'*)

Σ_E = {0, 1}

Q' = {c_o, c_1, c_2, c_3, c_4, c_5}

q_o' = c_o

A' = {c_5}

f':	0	1
→ c_o	c_1	c_2
c_1	c_1	c_2
c_2	c_3	c_2
c_3	c_4	c_2
c_4	c_5	c_2
* c_5	c_1	c_2

Tabla 4.18: Definición formal del AFD del Ejemplo 4.12.

Se deja como ejercicio minimizarlo, determinando que los estados **co** y **c1** resultan equivalentes, con lo cual el autómata mínimo será precisamente el mostrado en el Ejemplo 4.3.

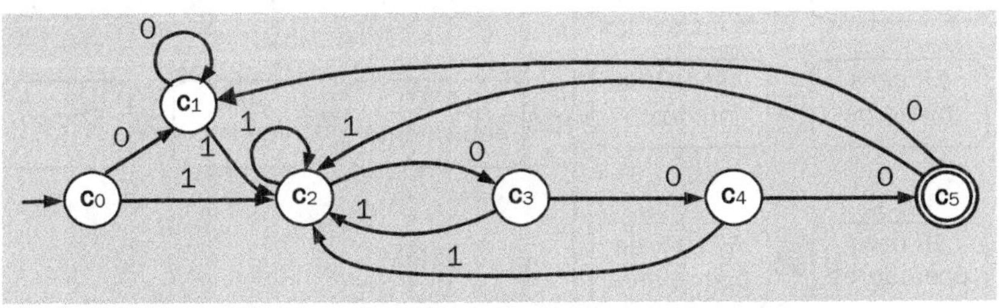

Figura 4.29: Grafo del AFD del Ejemplo 4.12.

Nuevamente, se debe recalcar el hecho que el procedimiento de Thompson puede parecer laborioso, como lo muestra el anterior ejemplo, pero al ser automático tanto el proceso de construcción del AFND-λ, como el de conversión a AFD equivalente y el de minimización, todo el proceso puede ser empaquetado en un programa que se constituirá en el analizador léxico de la expresión regular.

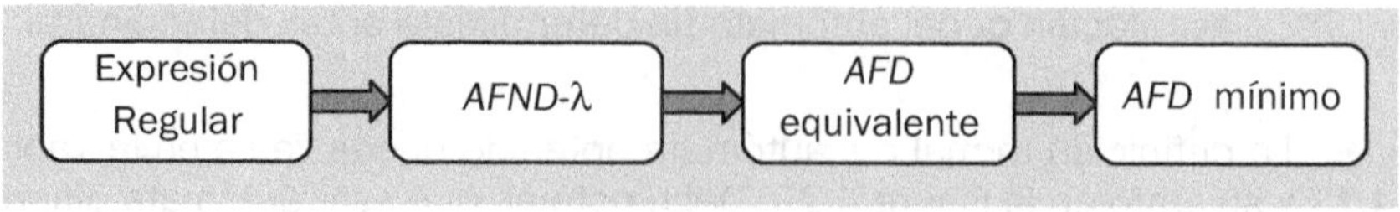

Figura 4.30: Proceso de construcción de un reconocedor de patrones.

Un comentario final sobre el análisis léxico de un lenguaje de programación real. Al diseñar los componentes léxicos del lenguaje, no se tendrá en general una única expresión regular; seguramente se describirán gran cantidad de *tokens* (palabras clave, constantes numéricas enteras en formato decimal, octal y hexadecimal, constantes de punto flotante en formato decimal y exponencial, constantes alfabéticas, operadores, identificadores, etcétera) utilizando expresiones regulares distintas.

A partir de cada una de ellas, se obtendrá por el método de Thompson un AFND-λ y todos ellos podrán ser unificados definiendo un nuevo estado inicial conectado con transiciones **λ** a cada uno de los estados iniciales de los mismos, con lo cual el proceso de la Figura 4.30 en realidad se verá como en la Figura 4.31.

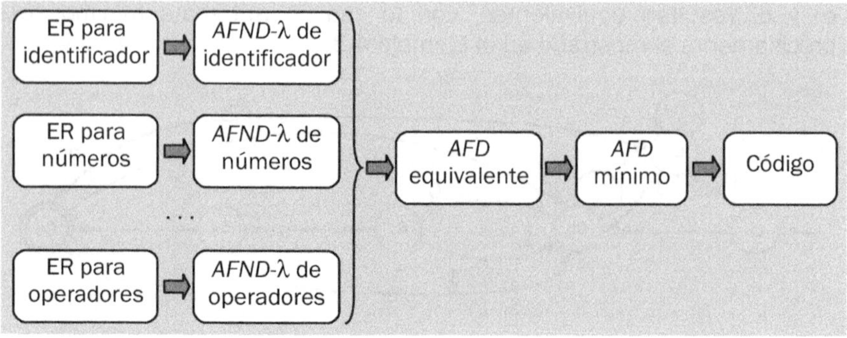

Figura 4.31: Proceso de construcción de un analizador léxico.

Actividades prácticas

Ejercicios propuestos referidos a construcción de AFND

Ejercicio 1

Reconocer las condiciones de error del AFND del Ejemplo 4.1 e incorporarlas en la definición formal del autómata y su grafo.

Ejercicio 2

Reconocer las condiciones de error del AFND del Ejemplo 4.2 e incorporarlas en la definición formal del autómata y su grafo.

Ejercicios propuestos de conversión de AFND a AFD

Ejercicio 3

Proponer un AFND que reconozca cadenas de la forma general **α=(a+b)*ba(a+b)a** y luego, convertirlo a un AFD equivalente. Para ambos autómatas presentar las definiciones formales y grafos.

Ejercicio 4

Dado el siguiente AFND, se pide:

a) Construir un árbol de descripciones instantáneas para cada una de las siguientes cadenas: **1000**, **1001**, **1101**.

b) Realizar la conversión del AFND a AFD.

AFND= ({0,1}, {p, q, r}, p,{r}, *f*)

f:	0	1
→p	{p}	{p, q}
q	{p, r}	{q, r}
*r	{r}	{q}

Tabla 4.18: Función del autómata del Ejercicio 4.

Ejercicio 5

Dado el siguiente AFND, se pide:

a) Construir un árbol de descripciones instantáneas para cada una de las siguientes cadenas: **aacbb, baca, ccba**.

b) Realizar la conversión del AFND a AFD.

AFND = ({a, b, c}, {p, q, r, s}, p, {s}, *f*)

f:	a	b	c
→p	{q}	{p}	{p, s}
q	{q}	{p, s}	{p, r}
r	{r}	{p, s}	{r}
*s	{s}	{q, s}	{r}

Tabla 4.19: Función del autómata del Ejercicio 5.

Ejercicios propuestos de conversión de AFND-λ a AFD

Ejercicio 6

Dado el siguiente AFND, se pide:

a) Construir un árbol de descripciones instantáneas para cada una de las siguientes cadenas: **babb, bbbb, bbbaa**.

b) Realizar la conversión del AFND a AFD.

AFND-λ = ({a, b}, {p, q, r, s}, p, {r}, *f*)

f:	a	b	λ
→p		{q, r}	{q}
q	{q}		{s}
*r	{p}	{p, r}	
s			

Tabla 4.20: Función del autómata del Ejercicio 6.

Ejercicio 7

Dado el siguiente AFND, se pide:

a) Construir un árbol de descripciones instantáneas para cada una de las siguientes cadenas: **001**, **1100**, **101**.

b) Realizar la conversión del AFND a AFD.

AFND-λ = ({0, 1},{A, B, C, D}, A, {C}, *f*)

f:	0	1	λ
→A	{B, C}	{A}	{B, D}
B		{B, D}	{D}
*C	{C}	{B, C, D}	
D		{A, C}	{B}

Tabla 4.21: Función del autómata del Ejercicio 7.

Ejercicio 8

Dado el siguiente AFND, se pide:

a) Construir un árbol de descripciones instantáneas para cada una de las siguientes cadenas: **1000**, **111**, **1001**.

b) Realizar la conversión del AFND a AFD.

AFND-λ = ({0,1}, {p, q, r, s}, p, {q}, *f*)

f:	0	1	λ
→p		{q, r}	{r}
*q	{p}	{p, q}	
r	{r}		{s}
s		{s}	

Tabla 4.22: Función del autómata del Ejercicio 8.

Ejercicios propuestos de definición del AF a partir de la gramática

Definir el autómata finito correspondiente, que reconozca el mismo lenguaje que genera cada una de las siguientes gramáticas regulares:

Ejercicio 9

$G_1 = (\{0, 1\}, \{D, E\}, D, P_1)$
$P_1 = \{D := 0E \mid 1, E := 0 \mid 1E \mid 1\}$

Ejercicio 10

$G_2 = (\{x, y\}, \{S, X, Y\}, S, P_2)$
$P_2 = \{S := xX, X := yY, Y := xX \mid y\}$

Ejercicio 11

$G_3 = (\{x, y, z\}, \{S, N, M\}, S, P_3)$
$P_3 = \{S := xN \mid x, N := yM \mid y, M := zN \mid z\}$

Ejercicios propuestos de definición de gramática a partir AF

Definir la gramática regular correspondiente a los AF siguientes:

Ejercicio 12

AFD = ({0,1}, {A, B, C, F}, A, {F}, *f*)

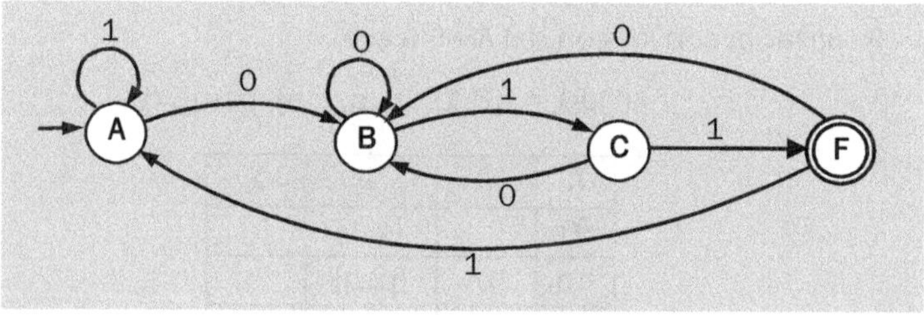

Figura 4.32: Grafo del autómata del Ejercicio 12.

Ejercicio 13

AFD = ({0, 1}, {A, B, C, D, F}, A, {F}, *f*)

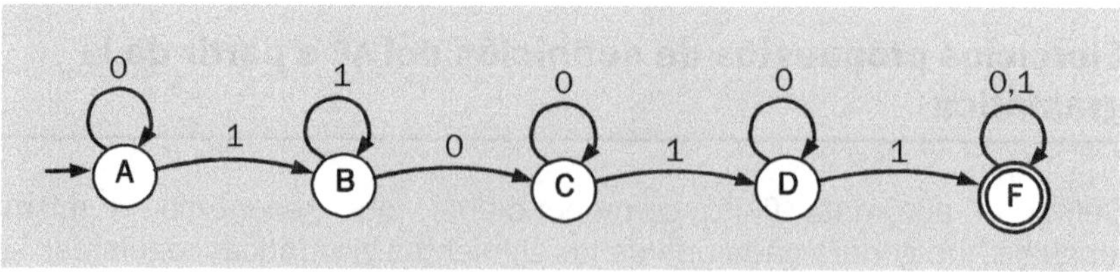

Figura 4.33: Grafo del autómata del Ejercicio 13.

Ejercicios propuestos de definición de AF a partir de la ER empleando el algoritmo de Thompson

Ejercicio 14

Usando las expresiones regulares del Ejercicio 9 del Capítulo 3, para cada una de ellas se pide:

a) Construya el AFND que reconoce el lenguaje que determina la expresión usando el método de Thompson (grafo y definición formal).

b) Determine cuál es el AFD equivalente al obtenido en el punto anterior (grafo y definición formal).

c) Minimice el AFD obtenido en el punto anterior (grafo y definición formal).

Ejercicios propuestos de conversión de AFND a AFD

Ejercicio 15

Dado el siguiente AFND, se pide:

a) Construir un árbol de descripciones instantáneas para cada una de las siguientes cadenas: **010, 1100.**

b) Realizar la conversión del AFND a AFD.

AFND = ({0, 1}, {A, B, C, D, E}, A, {C, E}, *f*)

f:	0	1
→A	{B,E}	{B}
B	{C}	{C,D}
*C	{C}	{B}
D	{D}	{D}
*E	{C}	{D}

Tabla 4.23: Función del autómata del Ejercicio 15.

Solución

a) Los árboles resultantes son los que siguen:

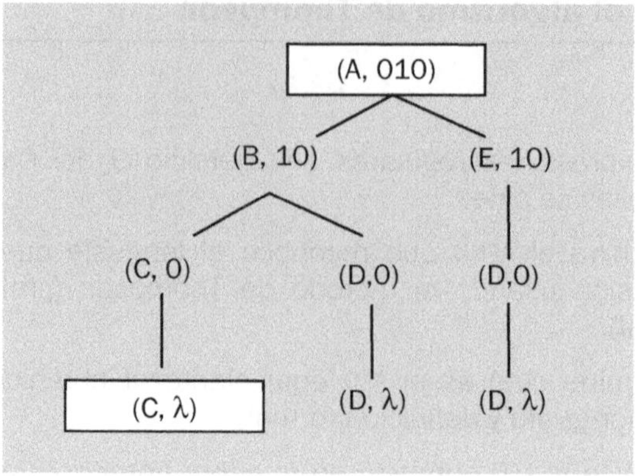

Figura 4.34: Árbol correspondiente a la cadena 010 del Ejercicio 15.

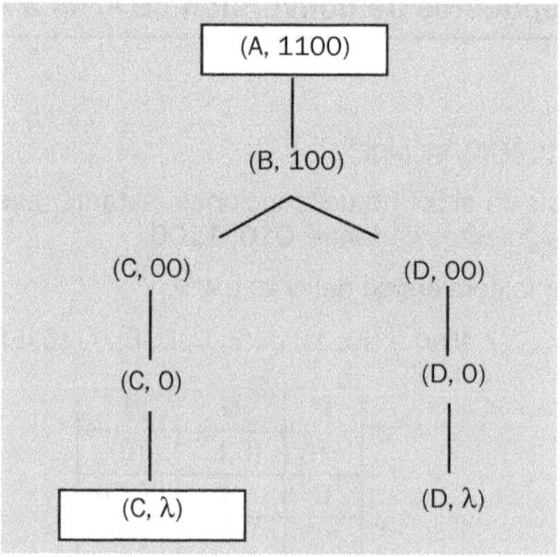

Figura 4.35: Árbol correspondiente a la cadena 1110 del Ejercicio 15.

A continuación, se construye la función de transición del AFD equivalente, se aplica el caso 1 del Teorema 2:

$C_0 = \{A\}$

$f'(C_0, 0) = \{B,E\} = C_1$ $\qquad$ $f'(C_0, 1) = \{B\} = C_2$

$f'(C_1, 0) = \{C\} = C_3$ $\qquad$ $f'(C_1, 1) = \{C, D\} = C_4$

$f'(C_2, 0) = \{C\} = C_3$ $f'(C_2, 1) = \{C, D\} = C_4$

$f'(C_3, 0) = \{C\} = C_3$ $f'(C_3, 1) = \{B\} = C_2$

$f'(C_4, 0) = \{C\} = C_3$ $f'(C_4, 1) = \{B, D\} = C_5$

$f'(C_5, 0) = \{C, D\} = C_4$ $f'(C_5, 1) = \{C, D\} = C_4$

El AFD equivalente es:

AFD = $(\{0, 1\}, \{C_0, C_1, C_2, C_3, C_4, C_5\}, C_0, \{C_1, C_3, C_4\}, f')$

f':	1	2
→C_0	C_1	C_2
*C_1	C_3	C_4
C_2	C_3	C_4
*C_3	C_3	C_2
*C_4	C_3	C_2
C_5	C_4	C_4

Tabla 4.24: Función de transición del AFD del Ejercicio 15.

Ejercicio 16

Dado el siguiente AFND, se pide:

a) Construir un árbol de descripciones instantáneas para cada una de las siguientes cadenas: **aab**, **cba**, **abaa**.

b) Realizar la conversión del AFND a AFD.

AFND = ({a, b, c}, {A, B, C, D}, A, {D}, *f*)

f:	a	b	c
→A	{B}	{D}	{D}
B	{A, C}	{B, C}	{D}
C	{C}	{C}	{C, D}
*D	{D}	{D}	{D}

Tabla 4.25: Función de transición del AFND del Ejercicio 16.

Solución

a) Los árboles de configuraciones correspondientes a la primera y tercera de las cadenas indicadas son los siguientes:

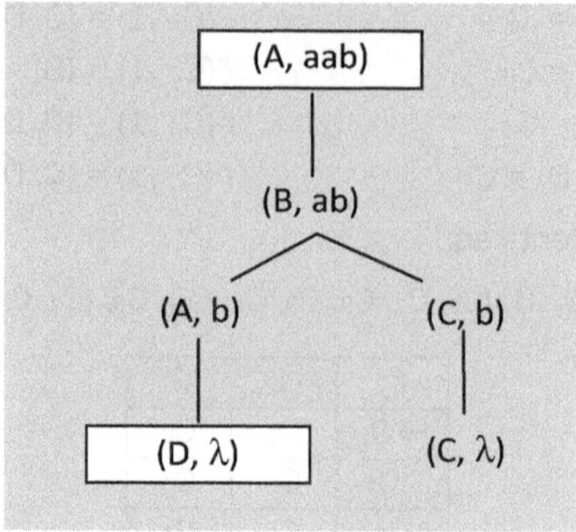

Figura 4.36: Árbol correspondiente a la cadena aab del Ejercicio 16.

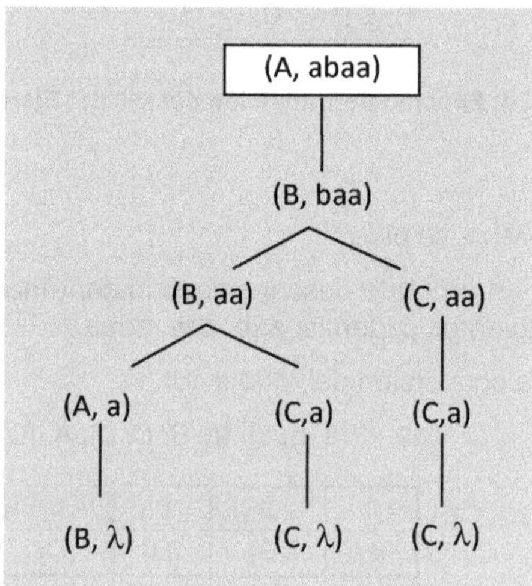

Figura 4.37: Árbol correspondiente a la cadena abaa del Ejercicio 16.

A continuación, se construye la función de transición del AFD equivalente, se aplica el caso 1 del Teorema 2:

$C_0 = \{A\}$

$f'(C_0, a) = \{B\} = C_1$ $f'(C_0, b) = \{D\} = C_2$

$f'(C_0, c) = \{D\} = C_2$ $f'(C_1, a) = \{A, C\} = C_3$

$f'(C_1, b) = \{B, C\} = C_4$ $f'(C_1, c) = \{D\} = C_2$

$f'(C_2, a) = \{D\} = C_2$ $f'(C_2, b) = \{D\} = C_2$

$f'(C_2, c) = \{D\} = C_2$ $f'(C_3, a) = \{B, C\} = C_4$

$f'(C_3, b) = \{C, D\} = C_5$ $f'(C_3, c) = \{C, D\} = C_5$

$f'(C_4, a) = \{A, C\} = C_3$ $f'(C_4, b) = \{B, C\} = C_4$

$f'(C_4, c) = \{C, D\} = C_5$ $f'(C_5, a) = \{C, D\} = C_5$

$f'(C_5, b) = \{C, D\} = C_5$ $f'(C_5, c) = \{C, D\} = C_5$

El AFD equivalente es:

$$AFD = (\{0,1\}, \{C_0, C_1, C_2, C_3, C_4, C_5\}, C_0, \{C_2, C_5\}, f')$$

f':	a	b	c
→C_0	C_1	C_2	C_2
C_1	C_3	C_4	C_2
*C_2	C_2	C_2	C_2
C_3	C_4	C_5	C_5
C_4	C_3	C_4	C_5
*C_5	C_5	C_5	C_5

Tabla 4.26: Función de transición del AFD del Ejercicio 16.

Ejercicios resueltos de conversión de AFND -λ a AFD

Ejercicio 17

Dado el siguiente AFND-λ, se pide:

a) Construir el árbol de descripciones instantáneas para las cadenas: **11221**, **122**.

b) Realizar la conversión del AFND-λ a AFD.

$$AFND\text{-}\lambda = (\{1, 2\}, \{a, b, c, d\}, a, \{d\}, f)$$

f:	1	2	λ
→a	{a, b}		{b}
b		{c}	{c}
c		{c, d}	
*d	{b}		

Tabla 4.27: Función de transición del AFND -λ del Ejercicio 17.

Solución

a)

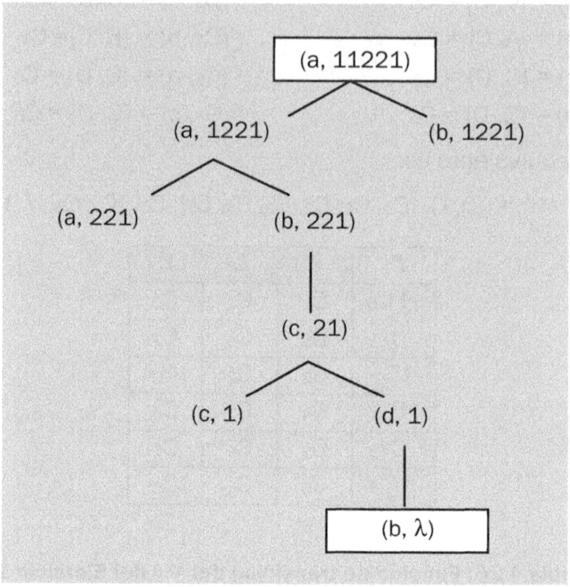

Figura 4.38: Árbol correspondiente a la cadena 11221 del Ejercicio 17.

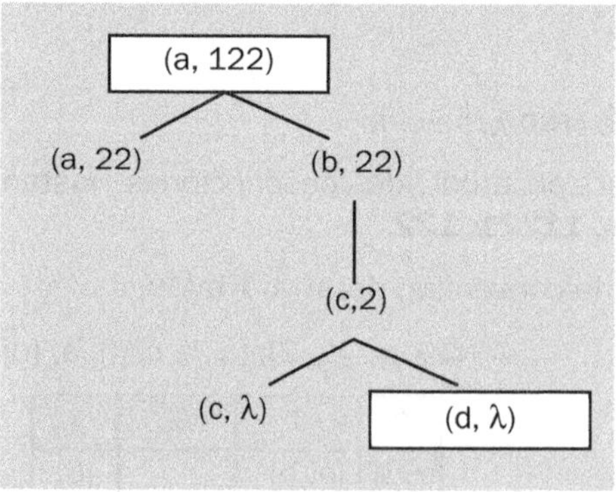

Figura 4.39: Árbol correspondiente a la cadena 122 del Ejercicio 17.

b) T = {(a, a), (a, b), (b, b), (b, c), (c, c), (d, d)}

T* = {(a, a), (a, b), (a, c), (b, b), (b, c), (c, c), (d, d)}

f:	1	2	λ
→a	{a, b}		{a, b, c}
b		{c}	{b, c}
c		{c, d}	{c}
*d	{b}		{d}

Tabla 4.28: Transiciones λ completas.

A continuación, se construye la función de transición del AFD equivalente:

$f(a, \lambda) = \{a,b,c\} = C_0$

$f'(C_0, 1)$: $\left.\begin{array}{l} f(a, 1) = \{a,b\} \\ f(b, 1) = \varnothing \\ f(c, 1) = \varnothing \end{array}\right\} = \{a,b\}$ con transiciones λ: $\{a,b,c\} \cup \{b,c\} = \{a,b,c\} = C_0$

$f'(C_0, 2)$: $\left.\begin{array}{l} f(a, 2) = \varnothing \\ f(b, 2) = \{c\} \\ f(c, 2) = \{c,d\} \end{array}\right\} = \{c,d\}$ con transiciones λ: $\{c\} \cup \{d\} = \{c, d\} = C_1$

$f'(C_1, 1)$: $\left.\begin{array}{l} f(c, 1) = \varnothing \\ f(d, 1) = \{b\} \end{array}\right\} = \{b\}$ con transiciones λ: $\{b,c\} = C_2$

$f'(C_1, 2)$: $\left.\begin{array}{l} f(c, 2) = \{c,d\} \\ f(d, 2) = \varnothing \end{array}\right\} = \{c, d\}$ con transiciones λ: $\{c\} \cup \{d\} = \{c, d\} = C_1$

$f'(C_2, 1)$: $\left.\begin{array}{l} f(b, 1) = \varnothing \\ f(c, 1) = \varnothing \end{array}\right\} = \varnothing = C_3$

$f'(C_2, 2)$: $\left.\begin{array}{l} f(b, 2) = \{c\} \\ f(c, 2) = \{c,d\} \end{array}\right\} = \{c, d\}$ con transiciones λ: $\{c\} \cup \{d\} = \{c, d\} = C_1$

El AFD equivalente es:

AFD = ({1, 2}, {C_0, C_1, C_2, C_3}, C_0, {C_1}, *f '*)

f':	1	2
→C_0	C_0	C_1
*C_1	C_2	C_1
C_2	C_3	C_1
C_3	C_3	C_3

Tabla 4.29: Función de transición del AFD del Ejercicio 17.

Ejercicio 18

Dado el siguiente AFND -λ, se pide:

a) Construir el árbol de descripciones instantáneas para las cadenas: **0101**, **0111**.

b) Realizar la conversión del AFND-λ a AFD.

AFND-λ = ({0, 1}, {A, B, C, D, E}, A, {E}, *f*)

f:	0	1	λ
→A	{B}		{B}
B		{C, D}	{C}
C			{B}
D	{E, A}		
*E		{E}	{B}

Tabla 4.30: Función de transición del AFND -λ del Ejercicio 18.

Solución

a) Para las cadenas indicadas se construyen los siguientes árboles de configuraciones:

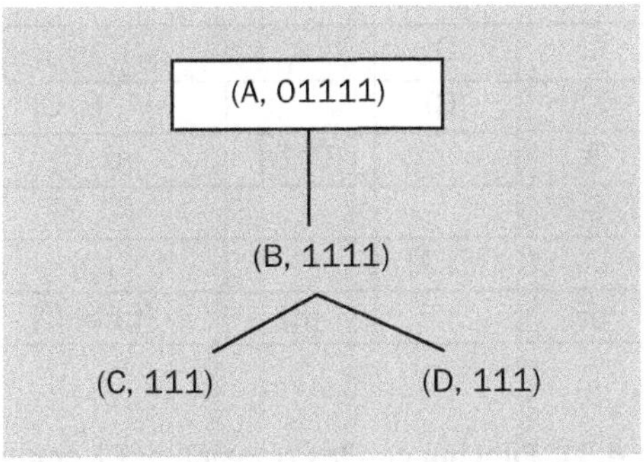

Figura 4.40: Árbol correspondiente a la cadena 01111 del Ejercicio 18.

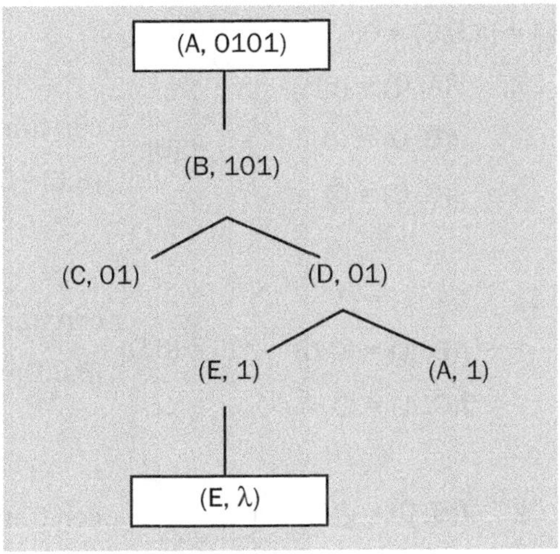

Figura 4.41: Árbol correspondiente a la cadena 0101 del Ejercicio 18.

b) Se debe construir la relación de transiciones λ y su cerradura:

T = {(A,A), (A,B), (B,B), (B,C), (C,C), (C,B), (D,D), (E,E), (E,B)}

T* = {(A,A),(A,B),(A,C),(B,B),(B,C),(C,C),(C,B),(D,D),(E,E),(E,B),(E,C)}

con lo que se puede construir la tabla de la función de transición del autómata completada con todas las transiciones lambda.

f:	0	1	λ
→A	{B}		{A, B, C}
B		{C, D}	{B, C}
C			{C, B}
D	{E, A}		{D}
*E		{E}	{E, B, C}

Tabla 4.31: Función con las transiciones λ completas.

Se construye la función de transición *f* ' del AFD equivalente al dado:

$f(A, \lambda) = \{A,B,C\} = C_0$

$f'(C_0, 0)$: $f(A, 0) = \{B\}$, $f(B, 0) = \varnothing$, $f(C, 0) = \varnothing$ $\Big\}$ $= \{B\}$ con transiciones λ : $\{B,C\}= C_1$

$f'(C_0, 1)$: $f(A, 1) = \varnothing$, $f(B, 1) = \{C,D\}$, $f(C, 1) = \varnothing$ $\Big\}$ $= \{C,D\}$ con transiciones λ : $\{B,C,D\}= C_2$

$f'(C_1, 0)$: $f(B, 0) = \varnothing$, $f(C, 0) = \varnothing$ $\Big\}$ $= \varnothing$ con transiciones λ : $\varnothing = C_3$

$f'(C_1, 1)$: $f(B, 1) = \{C,D\}$, $f(C, 1) = \varnothing$ $\Big\}$ $= \{C,D\}$ con transiciones λ : $\{B,C,D\}= C_2$

$f'(C_2, 0)$: $f(B, 0) = \varnothing$, $f(C, 0) = \varnothing$, $f(D, 0) = \{E,A\}$ $\Big\}$ $= \{E,A\}$ con transiciones λ : $\{A,B,C,E\}= C_4$

$$f'(C_2, 1): \quad \left.\begin{aligned} & f(B\ 1) = \{C, D\} \\ & f(C, 1) = \varnothing \\ & f(D, 1) = \varnothing \end{aligned}\right\} = \{C,D\}$$

con transiciones λ : $\{B,C,D\}= C_2$

$$f'(C_4, 0): \quad \left.\begin{aligned} & f(A, 0) = \{B\} \\ & f(B, 0) = \varnothing \\ & f(C, 0) = \varnothing \\ & f(E, 0) = \varnothing \end{aligned}\right\} = \{B\}$$

con transiciones λ : $\{B,C\}= C_1$

$$f'(C_4, 1): \quad \left.\begin{aligned} & f(A, 1) = \varnothing \\ & f(B, 1) = \{C, D\} \\ & f(C, 1) = \varnothing \\ & f(E, 1) = \{E\} \end{aligned}\right\} = \{C,D,E\}$$

con transiciones λ : $\{B,C,D,E\}= C_5$

$$f'(C_5, 0): \quad \left.\begin{aligned} & f(B, 0) = \varnothing \\ & f(C, 0) = \varnothing \\ & f(D, 0) = \{E,A\} \\ & f(E, 0) = \varnothing \end{aligned}\right\} = \{E,A\}$$

con transiciones λ : $\{A,B,C,E\}= C_4$

$$f'(C_5, 1): \quad \left.\begin{aligned} & f(B, 1) = \{C, D\} \\ & f(C, 1) = \varnothing \\ & f(D, 1) = \varnothing \\ & f(E, 1) = \{E\} \end{aligned}\right\} = \{C,D,E\}$$

con transiciones λ : $\{B,C,D,E\}= C_5$

Luego, el AFD equivalente es:

$$\text{AFD} = (\ \{0, 1\}, \{C_0, C_1, C_2, C_3, C_4, C_5\}, C_0, \{C_4, C_5\}, f'\ )$$

f'	0	1
$\rightarrow C_0$	C_1	C_2
C_1	C_3	C_2
C_2	C_4	C_2
C_3	C_3	C_3
$* C_4$	C_1	C_5

Tabla 4.32: Función de transición del AFD del Ejercicio 18.

Ejercicios resueltos de definición del AF a partir de la gramática

Definir el AF que corresponde a cada una de las gramáticas regulares:

Ejercicio 19

$G_1 = (\{x, y\}, \{S, X, Y\}, S, P_1)$

$P_1 = \{ S := \lambda \mid xX \mid yY,\ Y := yY \mid x,\ X := xX \mid y\}$

Solución

AFND-λ = ({x, y}, {S, X, Y, F}, S, {F}, f)

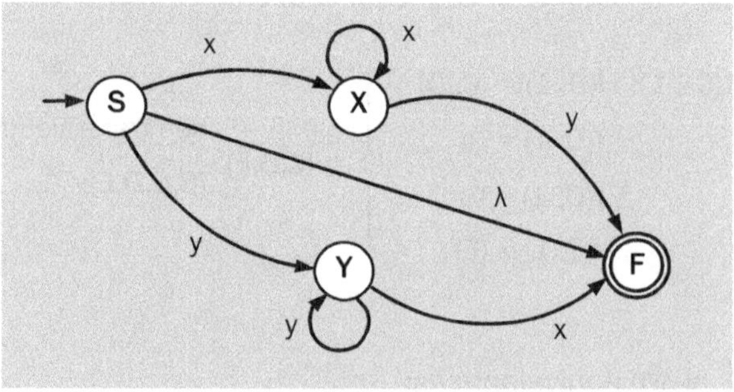

Figura 4.42: Grafo del AFND -λ del ejercicio 19.

Ejercicio 20

$G_2 = (\{0, 1\}, \{A, B, C, D\}, A, P_2)$

$P_2 = \{ A := 0A \mid 1B,\ B := 0C \mid 0D,\ C := 0 \mid 1B \mid 1D,\ D := 1 \}$

Solución

AFND = ({0, 1}, {A, B, C, D, F}, A, {F}, *f*)

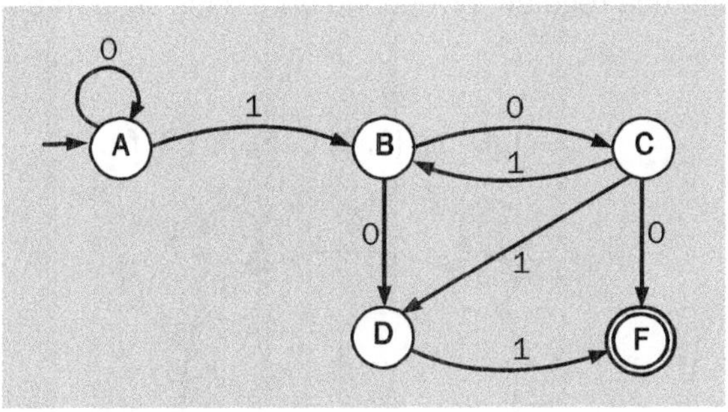

Figura 4.43: Grafo del AFND del Ejercicio 20.

Ejercicio 21

G_3 = ({0, 1}, {A, B, C, D, E}, A, P_3)

P_3 = {A:=0B | 1A, B:= 0B | 1C, C:=0B | 1D | 1, D:=0E | 0, E:=0D | 0 | 1C}

Solución

AFND = ({0, 1}, {A, B, C, D, E, F}, A, {F}, *f*)

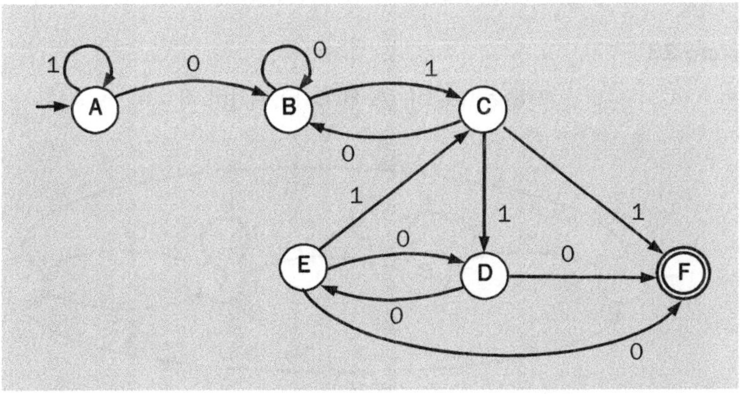

Figura 4.44: Grafo del AFND del Ejercicio 21.

Ejercicios resueltos de definición de gramática regular a partir de un AFD

Definir la gramática regular correspondiente a los siguientes AF:

Ejercicio 22

AFD = ({0, 1}, {A, B, C, F}, A, {F}, *f*)

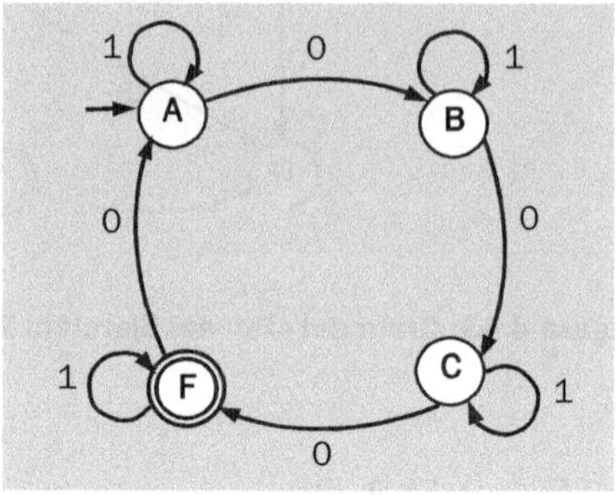

Figura 4.45: Grafo del *AFD* del Ejercicio 22.

Solución

G_1 = ({0, 1}, {A, B, C, F}, A, P_1)

P_1 = {A:= 0B | 1A, B:= 0C | 1B, C:= 0F | 1C | 0, F:= 0A | 1F | 1}

Ejercicio 23

AFND = ({a, b}, {A, B, C, F}, A, {F}, *f*)

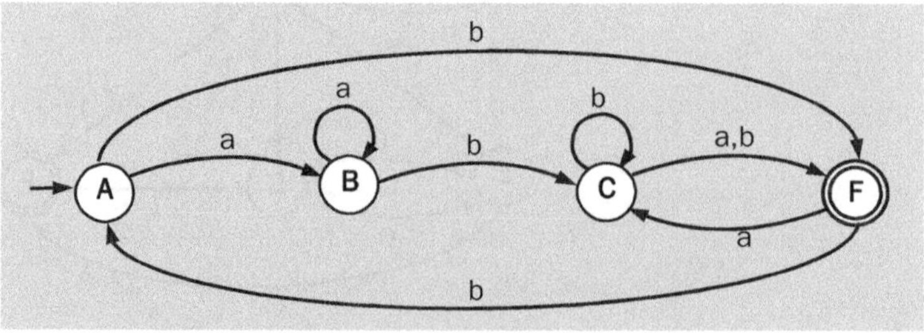

Figura 4.46: Grafo del AFND del Ejercicio 23.

Solución

G_2 = ({a, b}, {A, B, C, F}, A, P_2)

P_2 = {A:=aB|bF|b, B:=aB|bC, C:=aF|bF|bC|a|b, F:=bA|aC}

Ejercicio 24

AFND = ({0, 1}, {A, B, C}, A, {B}, *f*)

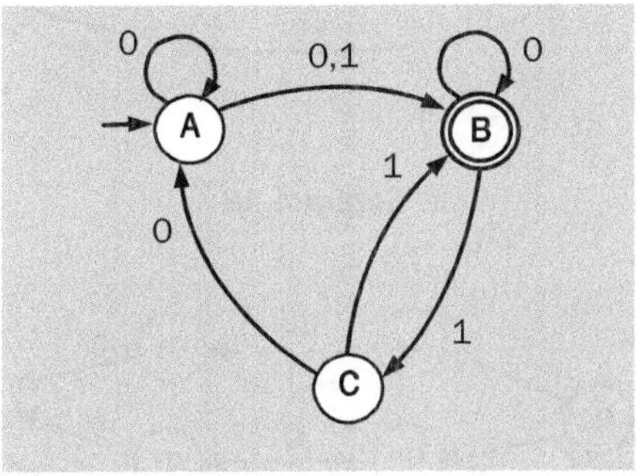

Figura 4.47: Grafo del AFND del Ejercicio 24.

Solución

G_3 = ({0, 1}, {A, B, C}, A, P_3)

P_3 = {A:= 0A | 0B | 1B | 0 | 1, B:= 0B | 1C | 0, C:= 0A | 1B | 1}

Ejercicios resueltos de definición de AF a partir de la ER empleando el algoritmo de Thompson

Ejercicio 25

Usando las expresiones regulares del Ejercicio 28 del Capítulo 2, para cada una de ellas se pide:

a) Construya el AFND que reconoce el lenguaje que determina la expresión usando el método de Thompson (grafo y definición formal).

b) Determine cuál es el AFD equivalente al obtenido en el punto anterior (grafo y definición formal).

c) Minimice el AFD obtenido en el punto anterior (grafo y definición formal).

Solución

Para la expresión regular **L((11+0)*)**

a) Construcción de Thompson

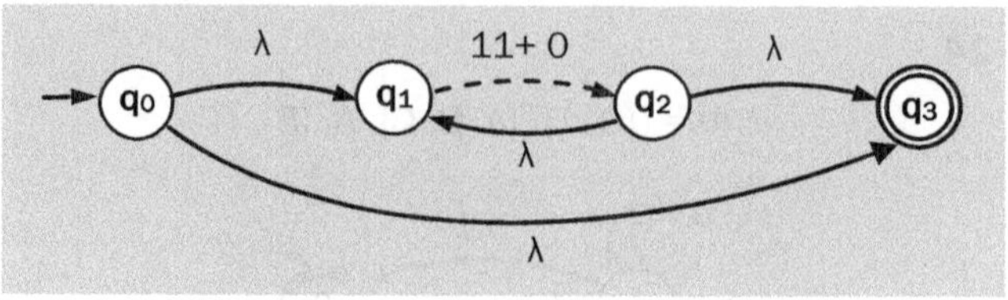

Figura 4.48

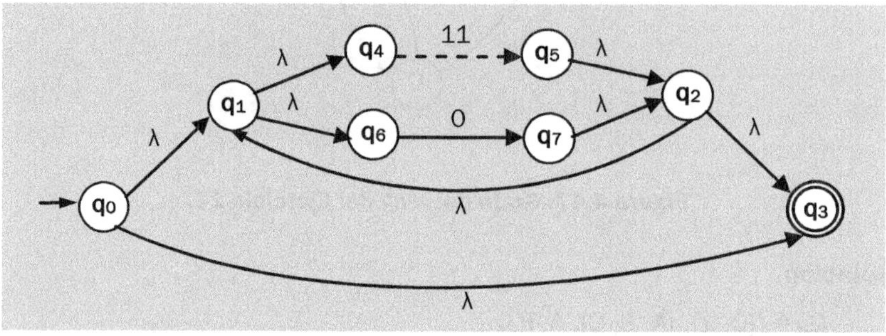

Figura 4.49

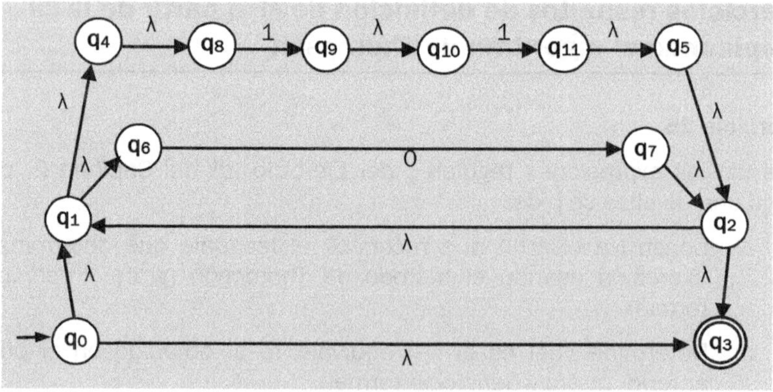

Figura 4.50

AFND = ({0,1}, {q_0, q_1, q_2, q_3, q_4, q_5, q_6, q_7, q_8, q_9, q_{10}, q_{11}}, q_0, {q_3}, *f*)

Nótese que, en las Figuras 4.48 y 4.49, las flechas en líneas de puntos representan un AF en sí mismas. En el primer caso, se trata de un AF capaz de reconocer expresiones de la forma 11+0 y en el segundo expresiones de la forma 11.

b) Determinación del AFD equivalente al anterior

Construimos la Tabla 4.33 de la función de transición con las transiciones λ explícitas, las reflexivas y las transitivas (usando T y T*).

f	0	1	λ
→q_0			{q_0, q_1, q_3, q_4, q_6, q_8}
q_1			{q_1, q_4, q_6, q_8}
q_2			{ q_1, q_2, q_3, q_4, q_6, q_8}
*q_3			{q_3}
q_4			{q_4, q_8}
q_5			{ q_1, q_2, q_3, q_4, q_5, q_6, q_8}
q_6	{q_7}		{ q_6}
q_7			{ q_1, q_2, q_3, q_4, q_6, q_7, q_8}
q_8		{q_9}	{q_8}
q_9			{q_9, q_{10}}
q_{10}		{q_{11}}	{q_{10}}
q_{11}			{q_1, q_2, q_3, q_4, q_5, q_6, q_8, q_{11}}

Tabla 4.33

$f(q_0, \lambda) = \{q_0, q_1, q_3, q_4, q_6, q_8\} = C_0$

$$f'(C_0, 0): \left.\begin{array}{l} f(q_0, 0) = \varnothing \\ f(q_1, 0) = \varnothing \\ f(q_3, 0) = \varnothing \\ f(q_4, 0) = \varnothing \\ f(q_6, 0) = \{q_7\} \\ f(q_8, 0) = \varnothing \end{array}\right\} = \{q_7\} \quad \text{con transiciones } \lambda: \{q_1, q_2, q_3, q_4, q_6, q_7, q_8\} = C_1$$

$$f'(C_0, 1): \quad \left.\begin{array}{l} f(q_0, 1) = \varnothing \\ f(q_1, 1) = \varnothing \\ f(q_3, 1) = \varnothing \\ f(q_4, 1) = \varnothing \\ f(q_6, 1) = \varnothing \\ f(q_8, 1) = \{q_9\} \end{array}\right\} = \{q_9\} \quad \text{con transiciones } \lambda: \{q_9, q_{10}\} = C_2$$

$$f'(C_1, 0): \quad \left.\begin{array}{l} f(q_1, 0) = \varnothing \\ f(q_2, 0) = \varnothing \\ f(q_3, 0) = \varnothing \\ f(q_4, 0) = \varnothing \\ f(q_6, 0) = \{q_7\} \\ f(q_7, 0) = \varnothing \\ f(q_8, 0) = \varnothing \end{array}\right\} = \{q_7\} \quad \text{con transiciones } \lambda: \{q_1, q_2, q_3, q_4, q_6, q_7, q_8\} = C_1$$

$$f'(C_1, 1): \quad \left.\begin{array}{l} f(q_1, 1) = \varnothing \\ f(q_2, 1) = \varnothing \\ f(q_3, 1) = \varnothing \\ f(q_4, 1) = \varnothing \\ f(q_6, 1) = \varnothing \\ f(q_7, 1) = \varnothing \\ f(q_8, 1) = \{q_9\} \end{array}\right\} = \{q_9\} \quad \text{con transiciones } \lambda: \{q_9, q_{10}\} = C_2$$

$$f'(C_2, 0): \quad \left.\begin{array}{l} f(q_9, 0) = \varnothing \\ f(q_{10}, 0) = \varnothing \end{array}\right\} \varnothing = C_3$$

$$f'(C_2, 1): \quad \left.\begin{array}{l} f(q_9, 1) = \varnothing \\ f(q_{10}, 1) = \{q_{11}\} \end{array}\right\} = \{q_{11}\} \quad \text{con transiciones } \lambda: \{q_1, q_2, q_3, q_4, q_5, q_6, q_8, q_{11}\} = C_4$$

$$f'(C_4, 0): \left.\begin{array}{l} f(q_1, 0) = \varnothing \\ f(q_2, 0) = \varnothing \\ f(q_3, 0) = \varnothing \\ f(q_4, 0) = \varnothing \\ f(q_5, 0) = \varnothing \\ f(q_6, 0) = \{q_7\} \\ f(q_8, 0) = \varnothing \\ f(q_{11}, 0) = \varnothing \end{array}\right\} = \{q_7\} \text{ con transiciones } \lambda: \{q_1, q_2, q_3, q_4, q_6, q_7, q_8\} = C_1$$

$$f'(C_4, 1): \left.\begin{array}{l} f(q_1, 1) = \varnothing \\ f(q_2, 1) = \varnothing \\ f(q_3, 1) = \varnothing \\ f(q_4, 1) = \varnothing \\ f(q_5, 1) = \varnothing \\ f(q_6, 1) = \varnothing \\ f(q_8, 1) = \{q_9\} \\ f(q_{11}, 1) = \varnothing \end{array}\right\} = \{q_9\} \text{ con transiciones } \lambda: \{q_9, q_{10}\} = C_2$$

Luego, la Tabla 4.34 corresponde a la función de transición del AFD equivalente y su grafo se representa en la Figura 4.51.

f'	0	1
$\rightarrow *C_0$	C_1	C_2
$*C_1$	C_1	C_2
C_2	C_3	C_4
C_3	C_3	C_3
$*C_4$	C_1	C_2

Tabla 4.34

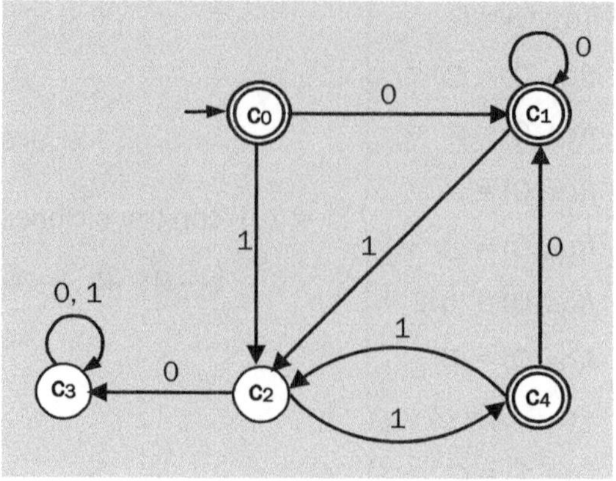

Figura 4.51: Grafo del AFD equivalente.

AFD' = ({0,1}, $\{C_0, C_1, C_2, C_3, C_4\}$, C_0, $\{C_0, C_1, C_4\}$, f')

c) Minimización del AFD

El AFD' es conexo, por lo que no hay estados que deban eliminarse.

El conjunto cociente inicial es:

$$Q/E_0 = \{\{C_2, C_3\}, \{C_0, C_1, C_4\}\} = P_1^0 \cup P_2^0,$$

donde: $P_1^0 = Q - \{C_0, C_1, C_4\}$ y $P_2^0 = \{C_0, C_1, C_4\}$,

es decir: $P_1^0 = \{C_2, C_3\}$ y $P_2^0 = \{C_0, C_1, C_4\}$

A partir de la función de transición ***f '***, puede comprobarse que:

$f'(C_2, 0) = C_3 \in P_1^0$ $f'(C_3, 0) = C_3 \in P_1^0$

$f'(C_2, 1) = C_4 \in P_2^0$ $f'(C_3, 1) = C_3 \in P_1^0$

$f'(C_0, 0) = C_1 \in P_2^0$ $f'(C_1, 0) = C_1 \in P_2^0$

$f'(C_4, 0) = C_1 \in P_2^0$ $f'(C_0, 1) = C_2 \in P_1^0$

$f'(C_1, 1) = C_2 \in P_1^0$ $f'(C_4, 1) = C_2 \in P_1^0$

Los elementos de $\mathbf{P_1^0}$ tienen diferente comportamiento ante las entradas **0** y **1**, por lo que se reconoce que no pertenecen a una misma clase. Por otra parte, los tres elementos de $\mathbf{P_2^0}$ presentan igual comportamiento.

Luego, los estados C_2 y C_3 no son equivalentes entre sí y los estados C_0, C_1 y C_4 sí lo son, es decir que:

$Q/E_1 = \{\{C_2\}, \{C_3\}, \{C_0, C_1, C_4\}\} = P_1^1 \cup P_2^1 \cup P_3^1$,

donde: $P_1^1 = \{C_2\}$, $P_2^1 = \{C_3\}$ y $P_3^1 = \{C_0, C_1, C_4\}$

Nuevamente, a partir de la función de transición ***f'*** puede comprobarse que:

$f'(C_0, 0) = C_1 \in P_3^1$ $f'(C_1, 0) = C_1 \in P_3^1$ $f'(C_4, 0) = C_1 \in P_3^1$

$f'(C_0, 1) = C_2 \in$ P11 $f'(C_1, 1) = C_2 \in P_1^1$ $f'(C_4, 1) = C_2 \in P_1^1$

Los elementos de $\mathbf{P_3^1}$ tienen igual comportamiento ante las entradas **0** y **1**, por lo que se reconoce que pertenecen a una misma clase.

Los estados **C_0**, **C_1** y C_4 son equivalentes, luego $Q/E_1 = Q/E_2$.

La Tabla 4.35 corresponde a la función de transición del AFD'' mínimo y su grafo se representa en la Figura 4.52.

f''	0	1
P_1	P_2	P_3
P_2	P_2	P_2
→*P_3	P_3	P_1

Tabla 4.35

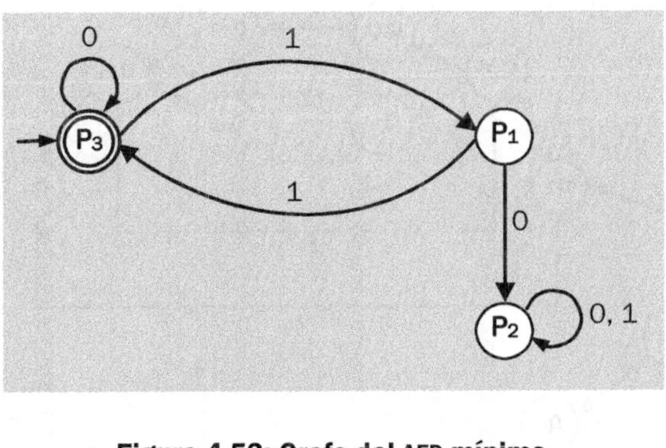

Figura 4.52: Grafo del AFD mínimo.

AFD'' = ({0,1}, {P_1, P_2, P_3}, P_3, {P_3}, *f* '')

Para la expresión regular **L((a+bb)*+ab)**

a) Construcción de Thompson

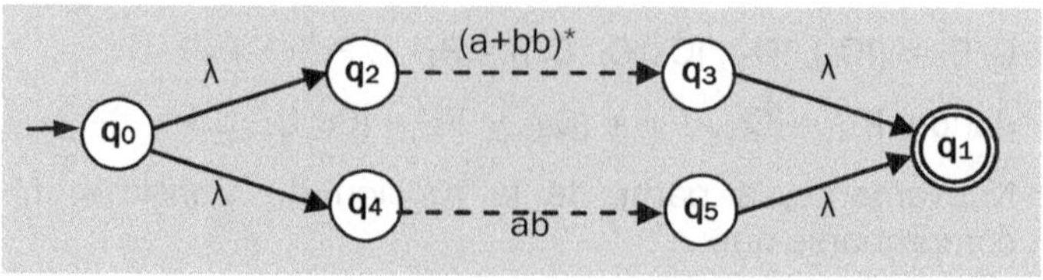

Figura 4.53

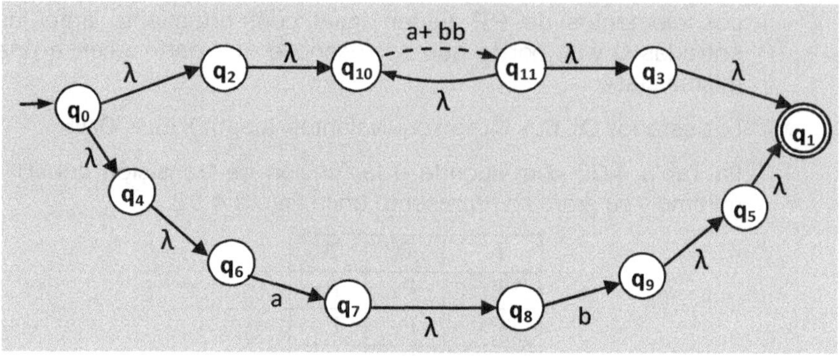

Figura 4.54

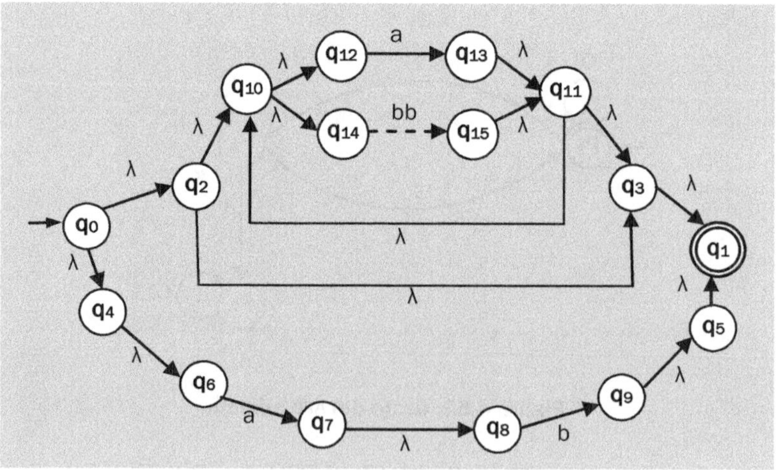

Figura 4.55

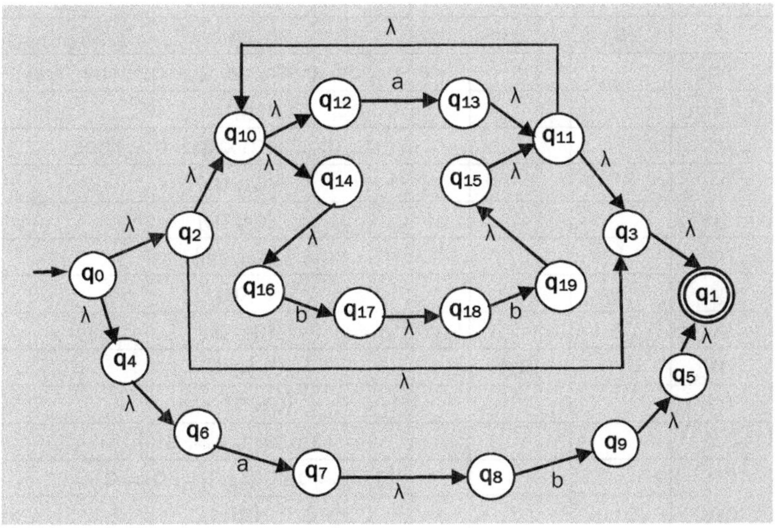

Figura 4.56

AFND = ({a, b}, {q_0, q_1, q_2, q_3, q_4, q_5, q_6, q_7, q_8, q_9, q_{10}, q_{11}, q_{12}, q_{13}, q_{14}, q_{15}, q_{16}, q_{17}, q_{18}, q_{19}}, q_0, {q_1}, *f*)

Nótese que, en las Figuras 4.53, 4.54 y 4.55, las flechas en líneas de puntos representan un AF en sí mismas. En el primer caso, se trata de un AF capaz de reconocer expresiones de la forma **(a+bb)*** y **ab**, en el segundo, expresiones de la forma **a+bb** y, en el último caso, expresiones de la forma **bb.**

b) Determinación del AFD equivalente al anterior

Construimos la Tabla 4.36 de la función de transición con las transiciones λ explícitas, las reflexivas y las transitivas (usando T y T*).

f	a	b	λ
$\rightarrow q_0$			$\{q_0, q_1, q_2, q_3, q_4, q_6, q_{10}, q_{12}, q_{14}, q_{16}\}$
$*q_1$			$\{q_1\}$
q_2			$\{q_1, q_2, q_3, q_{10}, q_{12}, q_{14}, q_{16}\}$
q_3			$\{q_1, q_3\}$
q_4			$\{q_4, q_6\}$
q_5			$\{q_1, q_5\}$
q_6	$\{q_7\}$		$\{q_6\}$
q_7			$\{q_7, q_8\}$
q_8		$\{q_9\}$	$\{q_8\}$
q_9			$\{q_1, q_5, q_9\}$
q_{10}			$\{q_{10}, q_{12}, q_{14}, q_{16}\}$
q_{11}			$\{q_1, q_3, q_{10}, q_{11}, q_{12}, q_{14}, q_{16}\}$
q_{12}	$\{q_{13}\}$		$\{q_{12}\}$
q_{13}			$\{q_1, q_3, q_{10}, q_{11}, q_{12}, q_{13}, q_{14}, q_{16}\}$
q_{14}			$\{q_{14}, q_{16}\}$
q_{15}			$\{q_1, q_3, q_{10}, q_{11}, q_{12}, q_{14}, q_{15}, q_{16}\}$
q_{16}		$\{q_{17}\}$	$\{q_{16}\}$
q_{17}			$\{q_{17}, q_{18}\}$
q_{18}		$\{q_{19}\}$	$\{q_{18}\}$
q_{19}			$\{q_1, q_3, q_{10}, q_{11}, q_{12}, q_{14}, q_{15}, q_{16}, q_{19}\}$

Tabla 4.36

$f(q_0, \lambda) = \{q_0, q_1, q_2, q_3, q_4, q_6, q_{10}, q_{12}, q_{14}, q_{16}\} = C_0$

$$f'(C_0, a): \left.\begin{array}{l} f(q_0, a) = \varnothing \\ f(q_1, a) = \varnothing \\ f(q_2, a) = \varnothing \\ f(q_3, a) = \varnothing \\ f(q_4, a) = \varnothing \\ f(q_6, a) = \{q_7\} \\ f(q_{10}, a) = \varnothing \\ f(q_{12}, a) = \{q_{13}\} \\ f(q_{14}, a) = \varnothing \\ f(q_{16}, a) = \varnothing \end{array}\right\} \{q_7, q_{13}\}$$

con transiciones λ : $\{q_1, q_3, q_7, q_8, q_{10}, q_{11}, q_{12}, q_{13}, q_{14}, q_{16}\} = C_1$

$$f'(C_0, b): \quad \left.\begin{array}{l} f(q_0, b) = \varnothing \\ f(q_1, b) = \varnothing \\ f(q_2, b) = \varnothing \\ f(q_3, b) = \varnothing \\ f(q_4, b) = \varnothing \\ f(q_6, b) = \varnothing \\ f(q_{10}, b) = \varnothing \\ f(q_{12}, b) = \varnothing \\ f(q_{14}, b) = \varnothing \\ f(q_{16}, b) = \{q_{17}\} \end{array}\right\} = \{q_{17}\}$$

con transiciones λ : $\{q_{17}, q_{18}\} = C_2$

$$f'(C_1, a): \quad \left.\begin{array}{l} f(q_1, a) = \varnothing \\ f(q_3, a) = \varnothing \\ f(q_7, a) = \varnothing \\ f(q_8, a) = \varnothing \\ f(q_{10}, a) = \varnothing \\ f(q_{11}, a) = \varnothing \\ f(q_{12}, a) = \{q_{13}\} \\ f(q_{13}, a) = \varnothing \\ f(q_{14}, a) = \varnothing \\ f(q_{16}, a) = \varnothing \end{array}\right\} = \{q_{13}\}$$

con transiciones λ : $\{q_1, q_3, q_{10}, q_{11}, q_{12}, q_{13}, q_{14}, q_{16}\} = C_3$

$$f'(C_1, b): \quad \left.\begin{array}{l} f(q_1, b) = \varnothing \\ f(q_3, b) = \varnothing \\ f(q_7, b) = \varnothing \\ f(q_8, b) = \{q_9\} \\ f(q_{10}, b) = \varnothing \\ f(q_{11}, b) = \varnothing \\ f(q_{12}, b) = \varnothing \\ f(q_{13}, b) = \varnothing \\ f(q_{14}, b) = \varnothing \\ f(q_{16}, b) = \{q_{17}\} \end{array}\right\} = \{q_9, q_{17}\}$$

con transiciones λ : $\{q_1, q_5, q_9, q_{17}, q_{18}\} = C_4$

$$f'(C_2, a): \quad \left.\begin{array}{l} f(q_{17}, a) = \varnothing \\ f(q_{18}, a) = \varnothing \end{array}\right\} = \varnothing = C_5$$

$$f'(C_2, b): \quad \left.\begin{array}{l} f(q_{17}, b) = \varnothing \\ f(q_{18}, b) = \{q_{19}\} \end{array}\right\} = \{q_{19}\}$$

con transiciones λ : $\{q_1, q_3, q_{10}, q_{11}, q_{12}, q_{14}, q_{15}, q_{16}, q_{19}\} = C_6$

$$f'(C_3, a): \left.\begin{array}{l} f(q_1, a) = \varnothing \\ f(q_3, a) = \varnothing \\ f(q_{10}, a) = \varnothing \\ f(q_{11}, a) = \varnothing \\ f(q_{12}, a) = \{q_{13}\} \\ f(q_{13}, a) = \varnothing \\ f(q_{14}, a) = \varnothing \\ f(q_{16}, a) = \varnothing \end{array}\right\} = \{q_{13}\}$$

con transiciones λ: $\{q_1, q_3, q_{10}, q_{11}, q_{12}, q_{13}, q_{14}, q_{16}\} = C_3$

$$f'(C_3, b): \left.\begin{array}{l} f(q_1, b) = \varnothing \\ f(q_3, b) = \varnothing \\ f(q_{10}, b) = \varnothing \\ f(q_{11}, b) = \varnothing \\ f(q_{12}, b) = \varnothing \\ f(q_{13}, b) = \varnothing \\ f(q_{14}, b) = \varnothing \\ f(q_{16}, b) = \{q_{17}\} \end{array}\right\} = \{q_{17}\}$$

con transiciones λ: $\{q_{17}, q_{18}\} = C_2$

$$f'(C_4, a): \left.\begin{array}{l} f(q_1, a) = \varnothing \\ f(q_5, a) = \varnothing \\ f(q_9, a) = \varnothing \\ f(q_{17}, a) = \varnothing \\ f(q_{18}, a) = \varnothing \end{array}\right\} = \varnothing = C_5$$

$$f'(C_4, b): \left.\begin{array}{l} f(q_1, b) = \varnothing \\ f(q_5, b) = \varnothing \\ f(q_9, b) = \varnothing \\ f(q_{17}, b) = \varnothing \\ f(q_{18}, b) = \{q_{19}\} \end{array}\right\} = \{q_{19}\}$$

con transiciones λ: $\{q_1, q_3, q_{10}, q_{11}, q_{12}, q_{14}, q_{15}, q_{16}, q_{19}\} = C_6$

$$f'(C_6, a): \left.\begin{array}{l} f(q_1, a) = \varnothing \\ f(q_3, a) = \varnothing \\ f(q_{10}, a) = \varnothing \\ f(q_{11}, a) = \varnothing \\ f(q_{12}, a) = \{q_{13}\} \\ f(q_{14}, a) = \varnothing \\ f(q_{15}, a) = \varnothing \\ f(q_{16}, a) = \varnothing \end{array}\right\} = \{q_{13}\}$$

con transiciones λ: $\{q_1, q_3, q_{10}, q_{11}, q_{12}, q_{13}, q_{14}, q_{16}\} = C_3$

$f(q_{19}, a) = \varnothing$

$$f'(C_6, b): \left.\begin{array}{l} f(q_1, b) = \varnothing \\ f(q_3, b) = \varnothing \\ f(q_{10}, b) = \varnothing \\ f(q_{11}, b) = \varnothing \\ f(q_{12}, b) = \varnothing \\ f(q_{14}, b) = \varnothing \\ f(q_{15}, b) = \varnothing \\ f(q_{16}, b) = \{q_{17}\} \\ f(q_{19}, b) = \varnothing \end{array}\right\} = \{q_{17}\} \begin{array}{l} \text{con transiciones } \lambda: \\ \{q_{17}, q_{18}\} = C_2 \end{array}$$

Luego, la Tabla 4.37 corresponde a la función de transición del AFD equivalente y su grafo se representa en la Figura 4.57.

f '	a	b
→*C_0	C_1	C_2
*C_1	C_3	C_4
C_2	C_5	C_6
*C_3	C_3	C_2
*C_4	C_5	C_6
C_5	C_5	C_5
*C_6	C_3	C_2

Tabla 4.37

AFD' = $(\{a, b\}, \{C_0, C_1, C_2, C_3, C_4, C_5, C_6\}, C_0, \{C_0, C_1, C_3, C_4, C_6\}, f')$

c) Minimización del AFD

El AFD' es conexo, por lo que no hay estados que deban eliminarse.

El conjunto cociente inicial es $Q/E_0 = \{\{C_2, C_5\}, \{C_0, C_1, C_3, C_4, C_6\}\} = P_1^0 \cup P_2^0$, donde $P_1^0 = Q - \{C_0, C_1, C_3, C_4, C_6\}$ y $P_2^0 = \{C_0, C_1, C_3, C_4, C_6\}$, es decir:

$$P_1^0 = \{C_2, C_5\} \text{ y } P_2^0 = \{C_0, C_1, C_3, C_4, C_6\}$$

A partir de la función de transición ***f*'** puede comprobarse:

$f'(C_2, a) = C_5 \in P_1^0$ $\qquad$ $f'(C_5, a) = C_5 \in P_1^0$

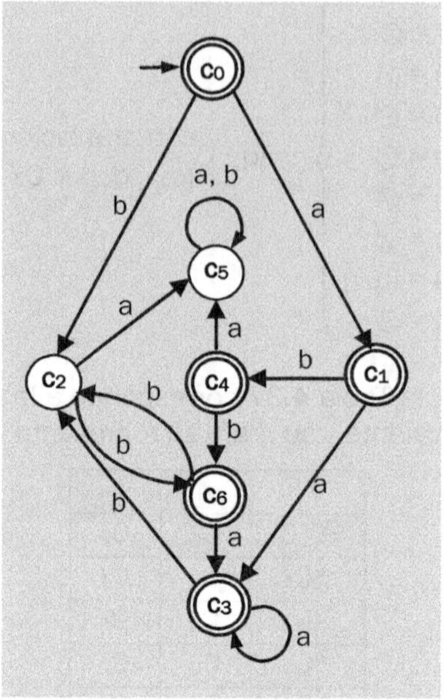

Figura 4.57: Grafo del AFD equivalente.

$f'(C_2, b) = C_6 \in P_2^0$ | $f'(C_5, b) = C_5 \in P_1^0$

$f'(C_0, a) = C_1 \in P_2^0$ | $f'(C_1, a) = C_3 \in P_2^0$

$f'(C_3, a) = C_3 \in P_2^0$ | $f'(C_0, b) = C_2 \in P_1^0$

$f'(C_1, b) = C_4 \in P_2^0$ | $f'(C_3, b) = C_2 \in P_1^0$

$f'(C_4, a) = C_5 \in P_1^0$ | $f'(C_6, a) = C_3 \in P_2^0$

$f'(C_4, b) = C_6 \in P_2^0$ | $f'(C_6, b) = C_2 \in P_1^0$

Los elementos de $\mathbf{P_1^0}$ tienen diferente comportamiento ante las entradas **a** y **b**, por lo que se reconoce que no pertenecen a una misma clase. Por otra parte, de los cinco elementos de $\mathbf{P_2^0}$ solo C_0, C_3 y C_6, presentan igual comportamiento.

Luego, los estados C_2 y C_5 no son equivalentes entre sí, los estados C_0, C_3 y C_6 sí lo son, pero no son equivalentes a C_1 y C_4.

Es decir que:

$$Q/E_1 = \{\{C_1\}, \{C_2\}, \{C_4\}, \{C_5\}, \{C_0, C_3, C_6\}\}$$
$$= P_1^1 \cup P_2^1 \cup P_3^1 \cup P_4^1 \cup P_5^1,$$

donde

$P_1^1 = \{C_1\}$, $P_2^1 = \{C_2\}$, $P_3^1 = \{C_4\}$, $P_4^1 = \{C_5\}$ y $P_5^1 = \{C_0, C_3, C_6\}$

Nuevamente, a partir de la función de transición ***f '*** puede comprobarse que:

$f'(C_0, a) = C_1 \in P_1^1$	$f'(C_3, a) = C_3 \in P_5^1$
$f'(C_6, a) = C_3 \in P_5^1$	$f'(C_0, b) = C_2 \in P_2^1$
$f'(C_3, b) = C_2 \in P_2^1$	$f'(C_6, b) = C_2 \in P_2^1$

El elemento C_0 de $\mathbf{P_5^1}$ tiene diferente comportamiento ante las entradas **a** y **b**, por lo que se reconoce que no pertenece a la misma clase que C_3 y C_6. Luego, el estado C_0 no es equivalente con los estados C_3 y C_6. Es decir que:

$$Q/E_2 = \{\{C_0\}, \{C_1\}, \{C_2\}, \{C_4\}, \{C_5\}, \{C_3, C_6\}\}$$
$$= P_1^2 \cup P_2^2 \cup P_3^2 \cup P_4^2 \cup P_5^2 \cup P_6^2,$$

donde:

$P_1^2 = \{C_0\}$, $P_2^2 = \{C_1\}$, $P_3^2 = \{C_2\}$,

$P_4^2 = \{C_4\}$, $P_5^2 = \{C_5\}$ y $P_6^2 = \{C_3, C_6\}$

Según la función de transición ***f '***:

$f'(C_3, a) = C_3 \in P_6^0$	$f'(C_6, a) = C_3 \in P_6^0$
$f'(C_3, b) = C_2 \in P_3^0$	$f'(C_6, b) = C_2 \in P_3^0$

Los elementos de $\mathbf{P_6^2}$ tienen igual comportamiento ante las entradas **a** y **b**, por lo que se reconoce que pertenecen a una misma clase.

Los estados $\mathbf{C_3}$ y $\mathbf{C_6}$ son equivalentes, luego $Q/E_2 = Q/E_3$.

La Tabla 4.38 corresponde a la función de transición del AFD'' mínimo y su grafo se representa en la Figura 4.58.

Su definición formal:

$$\text{AFD''} = (\{0,1\}, \{P_1, P_2, P_3, P_4, P_5, P_6\}, P_1, \{P_1, P_2, P_4, P_6\}, f'')$$

f''	a	B
→*P_1	P_2	P_3
*P_2	P_6	P_4
P_3	P_5	P_6
*P_4	P_5	P_6
P_5	P_5	P_5
*P_6	P_6	P_3

Tabla 4.38

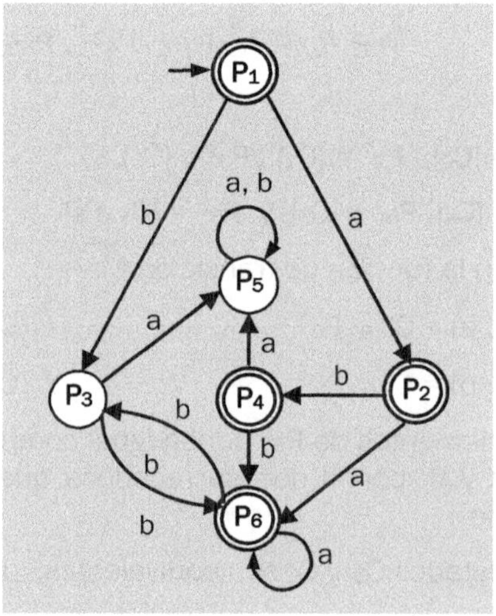

Figura 4.58: Grafo del AFD mínimo.

Autómatas con pila

5

Introducción

El *Autómata con Pila* (AP), en inglés *Push Down Automata*, es básicamente un autómata finito al que se le ha incorporado una memoria de pila. La memoria de pila o memoria LIFO (*Last In First Out*) incrementa la capacidad de resolver problemas del autómata finito convencional, al incorporarle la posibilidad de memorizar total o parcialmente la cadena leída y cualquier otra marca que ayude al procesamiento de la misma. Así, el AP dispone de registros de memoria que puede usar ventajosamente, aun a pesar de las limitaciones propias de las memorias LIFO. Como ya fue anticipado en el Capítulo 1, los autómatas con pila son capaces de reconocer lenguajes generados por gramáticas menos restringidas que las regulares: las gramáticas independientes de contexto o tipo 2. El hecho de que todos los lenguajes de computación respondan a este tipo de gramáticas hace que los AP sean muy estudiados y estén ampliamente difundidos como elementos centrales en los compiladores y en otras numerosas aplicaciones.

Una variante muy interesante del autómata con pila convencional es el *Autómata con Pila Bidireccional* (APB), que surge de incorporar memoria de pila en un AFDB como los estudiados en el Capítulo 3. A diferencia de lo que ocurre con éstos, los APB aumentan la capacidad de reconocimiento de los AP y pueden operar algunos lenguajes provenientes de gramáticas tipo 1. Además, la bidireccionalidad permite en muchos casos simplificar notablemente los diseños. Otro atractivo de los APB es la existencia de algoritmos muy eficientes para su simulación en computadoras, como es el de Cook.[1]

Autómatas con pila deterministas y no deterministas

Agregarle una memoria de pila a un autómata finito convencional implica incorporarle dos nuevos componentes: el alfabeto de símbolos de la pila y, entre ellos, un símbolo especial destinado a servir de referencia, llamado marca de fondo de pila. Este último es necesario debido a la naturaleza de los accesos LIFO y con el fin de permitir comprobar si la pila ya está descargada.

Definición del AP

Tal cual lo anticipado, el autómata con pila es un autómata finito al que le fue incorporado una memoria LIFO. Por tal motivo, mantiene su alfabeto de entrada, conjunto de estados, estado inicial, estados de aceptación y función de transición. Luego a la definición se incorporan el alfabeto de pila y la marca de referencia, por lo que el AP es una séptupla. Se define:

$$AP = (\Sigma_E, \Gamma, Q, q_0, \#, A, f)$$

donde

Σ_E : Alfabeto de símbolos de entrada

Γ : Alfabeto de símbolos de la pila

Q : Conjunto finito y no vacío, de estados posibles

q_0 : Estado inicial de operación, $\mathbf{q_0 \in Q}$

A : Conjunto de estados de aceptación, $\mathbf{A \subseteq Q}$

$\#$: Símbolo de referencia de pila, $\mathbf{\# \in \Gamma}$ y $\mathbf{\# \notin} \Sigma_E$

f : Función de transición

Es indudable que, al incorporar una memoria de pila, es necesario prever su reconocimiento y operación por parte del autómata y esto debe

[1] "Lenguajes, gramáticas y autómatas", Rafael Cases Muñoz (Ref. Coo71, Pg. 219).

ser contemplado en la función de transición. En el caso de un AP no determinista (APND), se trata de una relación, que toma la forma:

$$f\colon Q \times (\Sigma_E \cup \{\lambda\}) \times \Gamma \rightarrow P(Q \times \Gamma^*)$$

A partir de la observación de esta formulación, se deduce que:

a) El comportamiento del autómata en un intervalo de tiempo dado queda determinado por tres argumentos, que son: *i*) el estado actual, *ii*) el símbolo de entrada y *iii*) el símbolo leído de tope de la pila.

b) A partir de estos tres argumentos, queda definido: *i*) el próximo estado del autómata y *ii*) la acción sobre la pila. Esta acción consiste en la grabación de varios símbolos, la de uno solo o de ninguno (**λ**), y esto último corresponde al caso en que la pila es descargada, es decir, leída y no grabada. Además, el autómata moverá el cabezal sobre la cinta de entrada a la próxima posición de lectura.

c) Las condiciones que hacen no determinista al AP definido son: *i*) que en un cierto intervalo de tiempo el APND puede operar sin leer la cadena de entrada (transición λ), *ii*) que en algunos casos haya varias opciones de próximo estado y carga de pila, las que quedan agrupadas en un elemento del conjunto potencia $P(Q \times \Gamma^*)$ y *iii*) una combinación de ambas condiciones.

En el caso del AP determinista (APD), la literatura presenta dos opciones para la definición de la función de transición. La primera surge al eliminar la transición **λ** y admitir una sola condición de próximo estado y acción sobre la pila. La función queda definida entonces como:

$$f\colon Q \times \Sigma_E \times \Gamma \rightarrow Q \times \Gamma^*$$

La segunda definición posible de la función de transición del APD es la siguiente:

$$f\colon Q \times (\Sigma_E \cup \{\lambda\}) \times \Gamma \rightarrow Q \times \Gamma^*$$

con la condición que si $\boldsymbol{f(q, \lambda, b)}$ está definida para $\mathbf{q \in Q}$ y $\mathbf{b \in \Gamma}$, entonces necesariamente $\boldsymbol{f(q, a, b)}$ no debe estarlo para todo $\mathbf{a \in \Sigma_E}$.

Representación

Como pudo observarse, la función de transición de los APD y APND tiene tres argumentos y esto imposibilita su representación mediante una tabla. Para casos en los que la cantidad de estados y la cantidad de símbolos de pila es poco numerosa, puede recurrirse a una tabla en la que cada fila corresponda a un elemento de $Q \times \Gamma$ y cada columna a un elemento del alfabeto de entrada Σ_E o λ. Además, para todos los casos sigue siendo válida la representación mediante grafos y ésta es la opción más utilizada. En estos casos, los arcos dirigidos son rotulados con una etiqueta **a, b / α**, donde $a \in \Sigma_E$ representa el símbolo de entrada leído, $b \in \Gamma$ el símbolo leído del tope de pila y $\alpha \in \Gamma^*$ representa la cadena grabada sobre la pila, de tal forma que el último símbolo de misma quede en la cima de la pila. Las dos formas de representación, tabla y grafo serán utilizadas en los ejemplos que se presentan en este capítulo.

Concepto de configuración o descripción instantánea

Al igual que en los AF, es necesario definir la condición en la que se encuentra un autómata con pila en un intervalo de tiempo **t** dado y, para ello, se recurre a la descripción instantánea o configuración:

$$K_t = (q , \beta , \delta)$$

donde **q** representa el estado en que se encuentra el AP, **β** la subcadena de entrada pendiente de ser leída y **δ** el contenido de la pila. A partir de esta definición y ante una cadena de entrada **α**, tal que $\alpha \in \Sigma_E^*$, se puede reconocer la *configuración inicial* como:

$$K_0 = (q_0 , \alpha , \#)$$

De igual forma, se define la *configuración final* como:

$$K_n = (q , \lambda , \delta)$$

donde la cadena debe haber sido completamente leída. En este caso, las condiciones a ser cumplidas por el estado **q** y el contenido de la pila **δ** son diversas y se especifican en el siguiente apartado.

El tránsito de una configuración a otra es también aquí denominado *movimiento*, es decir que si existe la transición **f(p, a, b) = (q, bb)**, el movimiento del estado **p** al **q**, leyendo el símbolo de entrada **a**, extrayendo de la cima de la pila el símbolo de pila **b** y almacenando en la pila la cadena **bb**, queda representado como:

$$(p , a\beta, \delta b) \vdash (q , \beta, \delta bb)$$

y el movimiento desde la configuración inicial a la final es representado:

$$(q_0, \alpha, \#) \vdash^* (q, \lambda, \delta)$$

donde $\vdash^*$ representa una cantidad finita de movimientos.

Por último, y tal como ocurrió con los AFD y APND, el comportamiento de los autómatas con pila ante una cierta cadena de entrada queda convenientemente representado por los árboles de configuraciones o descripciones instantáneas.

Aceptación de lenguajes

Se admite que hay varias formas de aceptación de lenguajes por parte de los autómatas con pila. En todos los casos, las sentencias de los lenguajes deben conducir al autómata con pila desde su configuración inicial hasta su configuración final, y la diferencia está en las condiciones que definen la configuración final de aceptación, que son las siguientes:

a) Aceptación por vaciado de pila

$L = \{\alpha \,/\, (q_0, \alpha, \#) \vdash^* (q, \lambda, \#)$ con $q_0, q \in Q$, $\alpha \in \Sigma_E^*$, $\# \in \Gamma\}$

b) Aceptación por estado final

$L = \{\alpha \,/\, (q_0, \alpha, \#) \vdash^* (q, \lambda, \delta)$ con $q_0 \in Q$, $q \in A$, $\alpha \in \Sigma_E^*$, $\delta \in \Gamma^+$, $\# \in \Gamma\}$

c) Aceptación por vaciado de pila y estado final

$L = \{\alpha \,/\, (q_0, \alpha, \#) \vdash^* (q, \lambda, \#)$ con $q_0, q \in Q$, $q \in A$, $\alpha \in \Sigma_E^*$, $\# \in \Gamma\}$

Nótese que en todos los casos la sentencia ha sido completamente leída y la exigencia o no de pila vacía distinguirá dos tipos característicos de problemas que serán estudiados a través de los ejemplos presentados en lo que sigue.

No equivalencia de los APD y APND

Los Autómatas con Pila No Deterministas (APND) no tienen necesariamente Autómatas con Pila Deterministas (APD) equivalentes que acepten los mismos lenguajes. Es muy importante notar que esta falta de equivalencia no significa que no pueda existir un autómata con pila determinista que acepte una cadena específica del lenguaje, pero se trataría de una equivalencia muy restringida que carecería de generalidad. En los Ejemplos 5.1 y 5.2, se ilustra este problema.

AP deterministas y transiciones λ

Al estudiarse los autómatas finitos en el Capítulo 3, se dijo que, por tratarse de máquinas abstractas, se prescindía de la técnica de implementación del medio de entrada y se utilizaba el concepto genérico de una *cinta de entrada* y su correspondiente cabezal. Es decir que se admite que la máquina es capaz de reconocer el momento en el que ha completado la lectura de una cadena, sin necesidad de precisar el modo en el que lo hace.

El autómata con pila es una evolución del autómata finito y el razonamiento anterior, en cuanto al reconocimiento de que una cadena de entrada ha sido completamente leída, es igualmente válido. Sin embargo, el autómata con pila utiliza también en su operación un tercer argumento, que es el símbolo presente en el tope de la pila (memoria LIFO), y dos de las condiciones de aceptación de sentencias requieren que la pila se encuentre tal como estaba al comenzar la máquina a operar (ver Aceptación de lenguajes). Esta situación se identifica como de *pila vacía* y, para ello, el *AP* incluye en su definición un símbolo de su alfabeto de pila que es explícitamente declarado *marca del fondo de la pila* (**#**) y que permite identificar esta condición.

Por este motivo, una vez que el AP ha completado la lectura de una sentencia, debe verificarse que la pila se encuentra vacía y la única forma es leerla y comprobar que el símbolo leído es precisamente la *marca de fondo de pila* **#**. Por esta razón, en los ejemplos presentados en este capítulo, cuando los autómatas han completado la lectura de la cadena de entrada, realizan un movimiento adicional que está destinado a verificar la condición de la pila y, en caso de estar vacía, transitar al estado de aceptación. Aquí, la cadena de entrada ya ha sido leída y esta lectura adicional de la pila se representa como una transición **λ** (sin leer en su entrada).

Es importante advertir que, pese a la transición **λ**, esto por sí solo no define al *AP* como no determinista (ver Aceptación de lenguajes punto c). En efecto, si se completó la lectura de la sentencia de entrada con el autómata en un cierto estado **q**, el *AP* será determinista siempre que:

$$| f(q, \lambda, \#) | = 1 \text{ y } f(q, a, \#) = \varnothing \text{ para todo símbolo } a \in \Sigma_E$$

y será considerado no determinista cuando:

$$f(q, \lambda, \#) \neq \varnothing \text{ y } f(q, a, \#) \neq \varnothing \text{ para algún símbolo } a \in \Sigma_E.$$

Se sugiere comprobar que los *AP* de los próximos ejemplos 5.2, 5.5 y 5.6 son no deterministas, mientras que los *AP* de los ejemplos 5.1, 5.3

y 5.4 son deterministas, en este caso, a pesar de la transición **λ**.

Ejemplo 5.1

Se presenta como primer ejemplo el caso del reconocimiento de un palíndromo de largo impar, donde el carácter central es un separador que no está presente en el prefijo que lo antecede. Es decir que la cadena a ser aceptada toma la forma general **β = ZcZ^{-1}**, donde **Z∈{a, b}***. Se pide: a) proponer el grafo de un autómata que acepte este tipo de cadenas, b) representarlo formalmente y c) comprobar el comportamiento del autómata ante la cadena de entrada **α = abbcbba**.

a) Grafo del autómata con pila

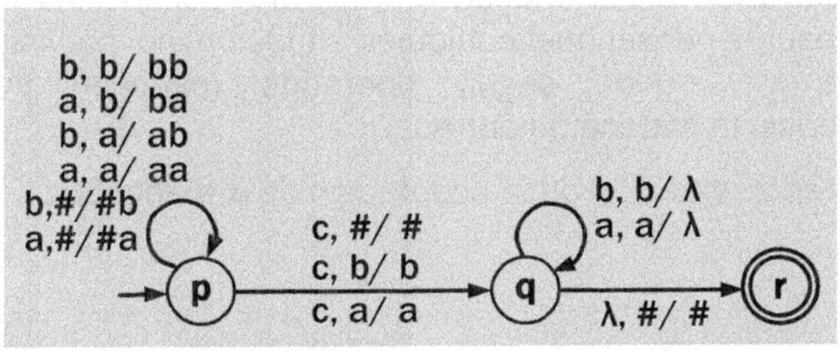

Figura 5.1: Grafo del AP del Ejemplo 5.1.

Se aprovecha este primer ejemplo para reiterar la convención sobre los rótulos que identifican los arcos del grafo: **a, #/ #a** significa que el símbolo de entrada es **a**, el símbolo leído del tope de pila es **#** y se graba sobre la pila la cadena **#a**. Esto implica reponer la **#** e incorporar la **a** leída de la entrada. Nótese que también pudo solo haberse repuesto el símbolo leído, en este caso **#** o no haber grabado nada (**λ**). También debe notarse que en la convención adoptada la marca de la pila es el primer carácter de la izquierda y crece hacia la derecha.

b) La definición formal es: $AP = (\Sigma_E, \Gamma, Q, q_0, \#, A, f)$ donde:

Σ_E = { a, b, c }

Γ = { #, a, b }

Q = { p, q, r }

q_0 = p

\# = pila vacía.

A = { r }

f:	a	b	c	λ
p, #	p, #a	p, #b	q, #	
p, a	p, aa	p, ab	q, a	
p, b	p, ba	p, bb	q, b	
q, #				r, #
q, a	q, λ			
q, b		q, λ		

Tabla 5.1: Función *f* del *AP* del Ejemplo 5.1

Nótese que no se han incluido condiciones de no aceptación de sentencias que no pertenecen al lenguaje, por lo cual la función ***f*** es parcial, asumiéndose que cualquier situación no prevista hará que el autómata no pueda seguir operando (*cancela*) y rechace en consecuencia la cadena de entrada.

c) Representación de la aceptación de **α = abbcbba**

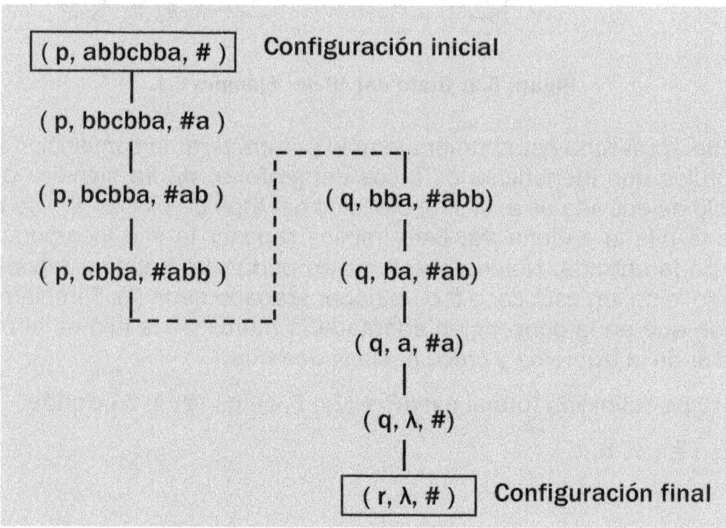

Figura 5.2: Árbol de descripciones instantáneas de α = abbcbba.

Obsérvese que, mientras el *AP* se encuentra en el estado **p**, la pila está destinada a almacenar una imagen invertida de la cadena de entrada. El AP se mantiene en esta condición hasta que lee el símbolo **c**, con el cual transita al estado **q**, y a partir de allí verifica que la secuencia de los siguientes símbolos de entrada sean los mismos encontrados en la pila. En estos casos, la pila funciona como un almacén de la cadena de entrada y para la operación de este APD es indispensable el separador **c**. Si a través de esta verificación se completa la lectura de la cadena y la misma responde a la forma general $\mathbf{ZcZ^{-1}}$, el *AP* tendrá la pila vacía (**#** en el tope de pila) y la entrada es aceptada. Si esto no ocurre el autómata cancelará su funcionamiento, que es la condición de error.

La necesidad del separador **c** implica una severa limitación ya que en muchos lenguajes esta condición puede no ser posible o no ser conveniente. Cabe preguntarse qué ocurre si los palíndromos no disponen de ese separador, es decir que tienen la forma general $\mathbf{ZZ^{-1}}$, y este interrogante da lugar al siguiente ejemplo.

Ejemplo 5.2

Se presenta aquí el caso del reconocimiento de un palíndromo de largo par, donde no hay carácter central, lo que implica que la cadena a ser aceptada toma la forma general $\boldsymbol{\beta} = \mathbf{ZZ^{-1}}$, donde $\mathbf{Z} \in \{\mathbf{a, b}\}^*$. Al igual que en el ejemplo anterior se pide: a) proponer el grafo de un autómata que acepte este tipo de cadenas, b) representarlo formalmente y c) comprobar el comportamiento del autómata ante la cadena de entrada $\boldsymbol{\alpha}$ = **abbbba**.

a) Grafo del autómata con pila

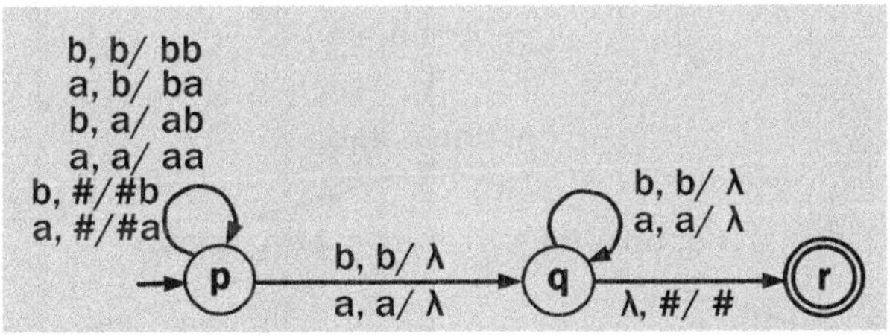

Figura 5.3: Grafo del AP del Ejemplo 5.2.

b) La definición formal es *AP* = (Σ_E, Γ, Q, q_0, #, A, *f*) donde:

Σ_E = { a, b }

Γ = { #, a, b }

Q = { p, q, r }

q_0 = p

\# = pila vacía.

A = { r }

f:	a	b	λ
p, #	p, #a	p, #b	
p, a	p, aa q, λ	p, ab	
p, b	p, ba	p, bb q,λ	
q, #			r, #
q, a	q, λ		
q, b		q, λ	

Tabla 5.2: Función *f* del AP del Ejemplo 5.2

En este caso, ante cada lectura la ausencia de un separador obliga al autómata tanto a cargar la pila como a verificarla contra el siguiente símbolo de entrada. Esto es debido a la imposibilidad que tiene el autómata de reconocer en cada momento si ya llegó a la mitad del palíndromo, lo que lo convierte en un APND. Este es uno de los casos en que no hay un APD equivalente que cumpla la misma función.

c) Representación de la aceptación de **α = abbbba**

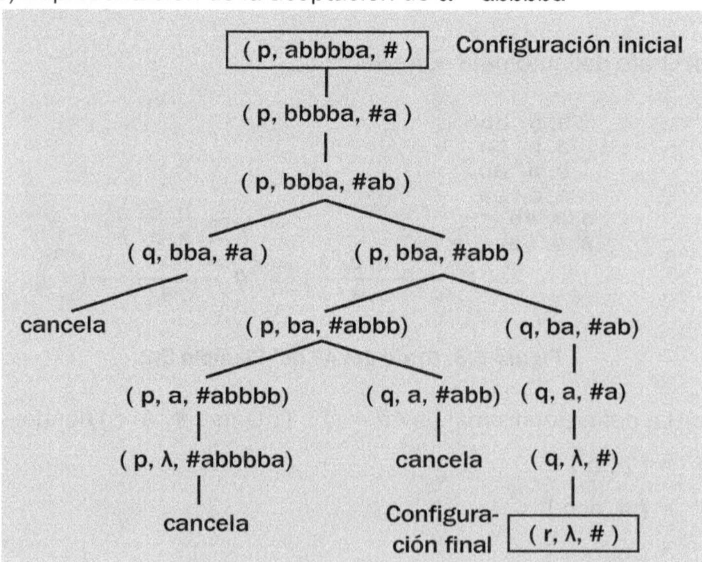

Figura 5.4: Árbol de descripciones instantáneas de α = abbbba.

El árbol de descripciones instantáneas muestra lo anticipado, en el sentido que en el estado **p**, y teniendo el símbolo **b** tanto en la entrada como en la cima de la pila, el AP debe explorar dos opciones: cargar la entrada en la pila manteniéndose en el estado **p** y contrastar la entrada con el contenido de la pila, desapilar y pasar a **q**.

Ejemplo 5.3

En los ejemplos anteriores, la pila fue utilizada para poder comparar entre sí dos partes de la cadena de entrada, un prefijo contra un sufijo. Una variante se presenta cuando la pila es utilizada para comprobar que las cantidades totales de ciertos símbolos sean las mismas y esto es lo propuesto en este ejemplo. Se busca verificar que la cadena responda a la forma general $\beta = a^m b^n c^j d^k$, donde m+n=j+k y $|\beta| > 0$. Similarmente a los casos anteriores se pide: a) Proponer el grafo de un autómata que acepte este tipo de cadenas y b) representarlo formalmente.

En este caso, se utiliza un único símbolo auxiliar que es almacenado en la pila por cada **a** o **b** que se lee de la entrada (los cuenta) y se descarga por cada **c** o **d** (los descuenta), esperándose completar la lectura de la entrada con la pila vacía.

a) Grafo del autómata con pila:

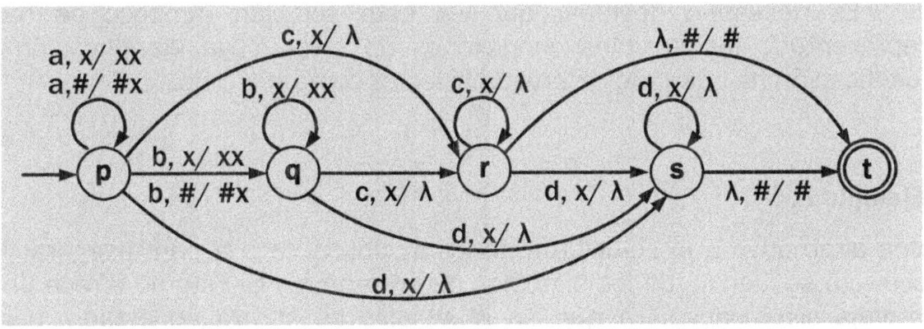

Figura 5.5: Grafo del AP del Ejemplo 5.3 (no se incluye estado de error).

b) La definición formal es $AP=(\Sigma_E, \Gamma, Q, q_0, \#, A, f)$, donde los siete componentes son:

Σ_E = { a, b, c, d }

Γ = { x, # }

Q = { p, q, r, s, t }

q_0 = p

= pila vacía.

A = { t }

f:	a	b	c	d	λ
p, #	p, #x	q, #x			
p, x	p, xx	q, xx	r, λ	s, λ	
q, x		q, xx	r, λ	s, λ	
r, x			r, λ	s, λ	
r, #					t, #
s, x				s, λ	
s, #					t, #

Tabla 5.3: Función *f* del AP del Ejemplo 5.3.

Como puede apreciarse, es necesario asegurar que los símbolos estén ordenados y que las cantidades de cada uno cumplan la relación m+n = j+k. Para lo primero, se utiliza la secuencia de estados p, q, r, s y lo segundo está a cargo de la pila.

Es necesario destacar que en esta solución tampoco se han representado las posibles condiciones de error, cuya identificación y justificación ha quedado reservada al lector como ejercicio.

Ejemplo 5.4

Una alternativa a la solución anterior es utilizar la pila para asegurar la correcta secuencia de los símbolos de entrada **a** y **b**. Esto no ofrece una ventaja significativa, ya que en el AP solo se ahorra un estado, pero muestra una variante interesante en la utilización de la memoria LIFO. La idea que aquí se propone es validar los símbolos leídos según el carácter que se encuentra en el tope de la pila. Como se comprueba fácilmente, esto no es aplicable a la secuencia de los símbolos **c** y **d**, que debe estar asegurada a través de diferentes estados del autómata.

Al igual que en el ejemplo anterior, se requiere: a) Proponer el grafo de un autómata que acepte este tipo de cadenas ($\beta = a^m b^n c^j d^k$, donde m+n = j+k y | β | > 0) y b) representarlo formalmente.

a) Grafo del autómata con pila:

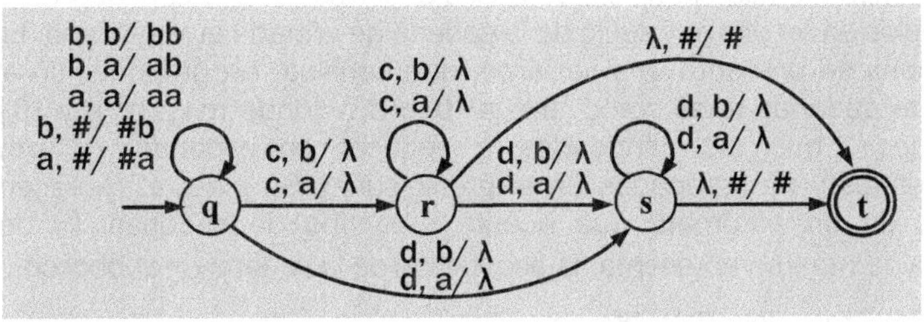

Figura 5.6: Grafo del AP del Ejemplo 5.4.

b) Su definición formal es *AP*=(Σ_E, Γ, Q, q_0, #, A, *f*), donde los siete componentes son:

Σ_E = { a, b, c, d }

Γ = { #, a, b }

Q = { q, r, s, t }

q_0 = q

\# = pila vacía.

A = { t }

f:	a	b	c	d	λ
q, #	q, #a	q, #b			
q, a	q, aa	q, ab	r, λ	s, λ	
q, b		q, bb	r, λ	s, λ	
r, a			r, λ	s, λ	
r, b			r, λ	s, λ	
r, #					t #
s, a				s, λ	
s, b				s, λ	
s, #					t, #

Tabla 5.4 Función *f* del AP del Ejemplo 5.4.

También aquí se ha dejado al lector la identificación y justificación de las posibles condiciones de error, similares a las del ejemplo anterior.

Ejemplo 5.5

En los dos últimos ejemplos, se buscó confirmar que la cantidad de ciertos símbolos en un prefijo y sufijo de la cadena de entrada era la misma. En este ejemplo, se presenta una variante, que consiste en proponer un AP que acepte cadenas tales como $\beta = a^m b^n c^j d^k$, donde m+j=n+k y |β| > 0. Es decir, que las cantidades a verificar corresponden a símbolos alternados y no agrupados en el prefijo-sufijo. Se pide: a) representar el grafo de un autómata que acepte este tipo de cadenas, b) definirlo formalmente y c) representar la aceptación de la cadena **α=abbbcccd**.

a) Grafo del autómata con pila:

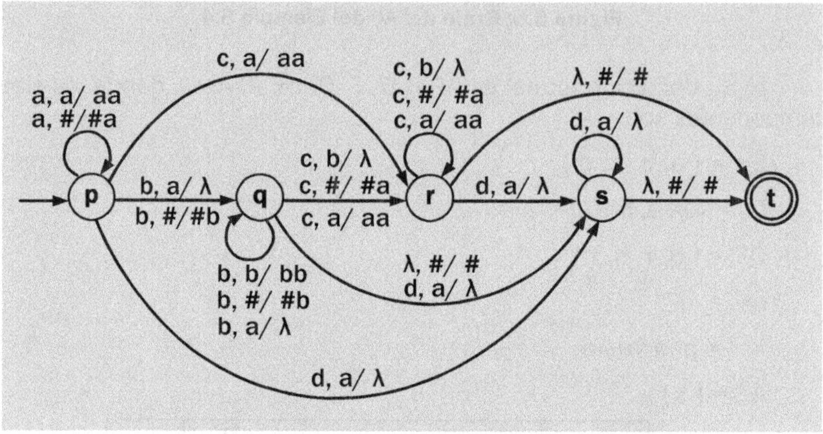

Figura 5.7: Grafo del AP del Ejemplo 5.5 (no se incluye estado de error).

b) Definición formal del *AP* = (Σ_E, Γ, Q, q_0, #, A, *f*), donde los siete componentes son:

f:	a	b	c	d	λ
p, #	p, #a	q, #b			
p, a	p, aa	q, λ	r, aa	s, λ	
q, #		q,#b	r,#a		s,#
q, a		q, λ	r, aa	q, λ	
q, b		q, bb	r, λ		
r, #			r,#a		t, #
r, a			r, aa	s, λ	
r, b			r, λ		
s, #					t, #
s, a				s, λ	

Tabla 5.5: Función *f* del AP del Ejemplo 5.5.

c) Representación de la aceptación de **α = abbbcccd**

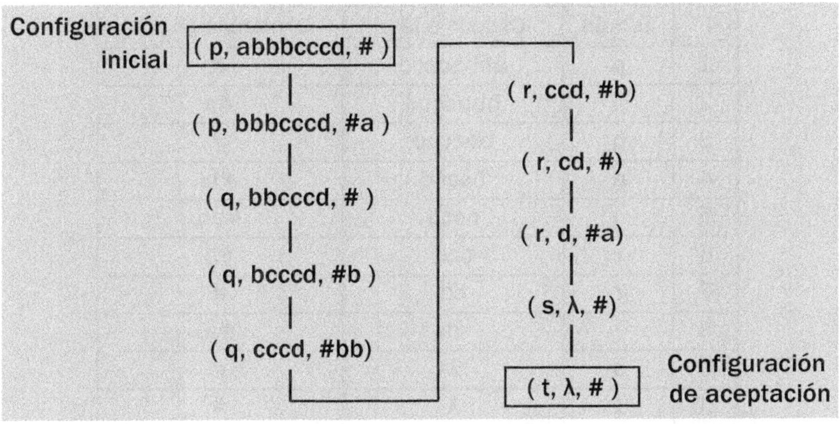

Figura 5.8: Árbol de descripciones instantáneas de α = abbbcccd.

Aquí se han utilizado dos símbolos excluyentes que se acumulan con diferente significado en la pila a medida que es leída la cadena de entrada. El carácter **a** representa el exceso de entradas **a** o **c** sobre las entradas **b** o **d**, mientras que se utiliza el carácter **b** para indicar lo contrario. Obviamente que al completarse la lectura de una cadena correcta la pila debe haber quedado vacía.

Con esta solución propuesta, recae sobre la pila la responsabilidad de asegurar el requerido equilibrio en la cantidad de caracteres de diferente tipo y el orden en la secuencia de entrada es controlado a través de cambios de estado. También aquí se ha dejado al lector la tarea de identificar las posibles condiciones de error.

Una alternativa al árbol de descripciones instantáneas en la representación del proceso de aceptación de cierta cadena por parte de un *AP* es la llamada *tabla operativa*. Esta tabla tiene una fila por cada intervalo de tiempo y muestra en sus columnas el estado, la cadena a ser leída y el contenido de la pila, es decir, los componentes de la configuración o descripción instantánea. Ofrece la ventaja de ser una representación más compacta que el árbol de configuraciones, pero tiene una gran limitación al no facilitar la representación de caminos alternativos. Por esta razón, la tabla operativa es poco recomendable para mostrar el comportamiento de autómatas no deterministas.

En la Tabla 5.6 se presenta la secuencia operativa del proceso de aceptación de la cadena mostrado en el árbol de configuraciones de la Figura 5.8. Estas representaciones son denominadas "tablas operativas".

N°	Estado	Cadena a leer	Contenido de pila
1	p	abbbcccd	#
2	p	bbbcccd	#a
3	q	bbcccd	#
4	q	bcccd	#b
5	q	cccd	#bb
6	r	ccd	#b
7	r	cd	#
8	r	d	#a
9	s	λ	#
10	t	λ	#

Tabla 5.6: Tabla operativa de la aceptación de la cadena α = abbbcccd.

Ejemplo 5.6

En este ejemplo, se presenta una última variante en la utilización de la memoria de pila. El objetivo es validar una clave que debe contener los cinco dígitos impares ordenados en forma creciente, sin perjuicio que los mismos dígitos estén además presentes en otras posiciones. Ejemplos de claves correctas son 291437567819 y 5143850729, mientras que 514386O729 es una clave incorrecta por la falta del digito cinco. Se pide: a) representar el grafo de un autómata para validar estas claves, b) definirlo formalmente y c) representar la aceptación de la clave 91325879 con la tabla operativa. Se dejan nuevamente al lector la identificación de las posibles condiciones de error, que corresponden a la lectura completa de la cadena de entrada sin haber detectado la secuencia 1-3-5-7-9.

a) Grafo del autómata con pila

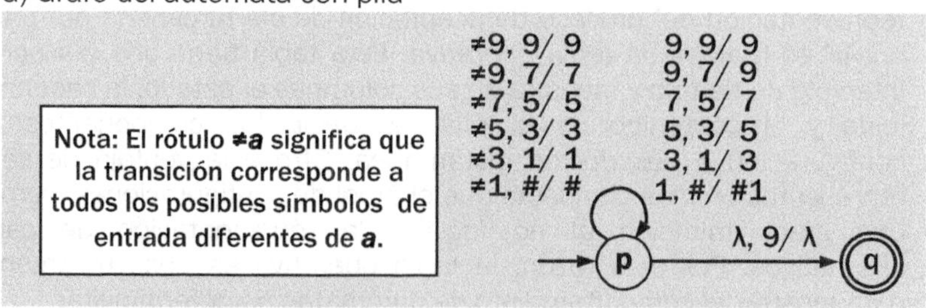

Figura 5.9: Grafo del AP del Ejemplo 5.6 (no incluye estado de error).

b) La definición formal del *AP* tendrá como componentes a:

Σ_E = {0, 1, 2, 3, ... 9} , q_0 = p , Q = { p, q }

Γ = {#, 1, 3, 5, 7, 9} , # = pila vacía , A = { q }

f:	1	3	5	7	9	λ	Pares
p,#	p,#1	p,#	p,#	p,#	p,#		p, #
p,1	p, 1	p, 3	p, 1	p, 1	p, 1		p, 1
p,3	p, 3	p, 3	p, 5	p, 3	p, 3		p, 3
p,5	p, 5	p, 5	p, 5	p, 7	p, 5		p, 5
p,7	p, 7	p, 7	p, 7	p, 7	p, 9		p, 7
p,9	p, 9	p, 9	p, 9	p, 9	p, 9	q, λ	p, 9

Tabla 5.7: Función *f* del *AP* del Ejemplo 5.6.

c) Tabla operativa de la validación de la cadena **91325879**:

No	Estado	Cadena a leer	Contenido de pila
1	p	91325879	#
2	p	1325879	#
3	p	325879	#1
4	p	25879	#3
5	p	5879	#3
6	p	879	#5
7	p	79	#5
8	p	9	#7
9	p	λ	#9
10	q	λ	#

Tabla 5.8: Tabla operativa del Ejemplo 5.6.

Llegado a este punto se ha completado, a través de sus conceptos fundamentales y numerosos ejemplos, una presentación general de los autómatas con pila determinista y no determinista. Se pudo comprobar que se trata de un autómata finito dotado de una memoria LIFO y que este nuevo recurso amplía enormemente el alcance de los problemas que este autómata puede resolver. En el apartado siguiente se muestra una de las principales aplicaciones del autómata con pila, que es la comprobación que las sentencias de los lenguajes de programación responden a las exigencias de sus gramáticas.

Autómatas con pila asociados a una gramática

Los autómatas con pila destinados a validar ciertos lenguajes fueron definidos hasta aquí a través de un proceso de prueba y error, inspeccionando la forma general de las cadenas del lenguaje y aplicando intuición y experiencia. Pudo comprobarse en los ejemplos anteriores que se trata de un procedimiento efectivo pero nada sistemático, que carece de generalidad. Además, nadie puede asegurar que han sido considerados todos los posibles tipos de sentencias que forman parte de cierto lenguaje. Lo expuesto puede ilustrarse con el esquema presentado en la Figura 5.10.

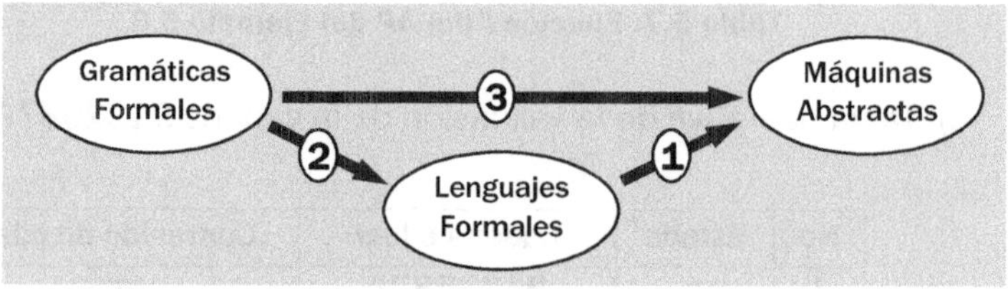

Figura 5.10: Vínculo entre gramáticas, lenguajes y máquinas.

Lo realizado fue definir las máquinas reconocedoras a partir de una inspección de las sentencias de un lenguaje, lo que es representado por la línea de flujo "1". Sin embargo, como todo lenguaje formal responde a una gramática (línea de flujo "2"), lo que se propone es definir las máquinas abstractas a partir de sus reglas de producción (línea de flujo "3"). Esta idea ya fue puesta en práctica cuando se definieron autómatas finitos a partir de las reglas de reescritura de gramáticas regulares y lo que se hace ahora es extenderla para la definición de autómatas con pila a partir de gramáticas independientes de contexto. Este enfoque permite superar la ya señalada falta de generalidad y asegura que la máquina propuesta, reconocerá todas las posibles sentencias de un lenguaje especificado por una gramática.

En el caso de las gramáticas independientes del contexto, estos autómatas llevan el nombre de *analizadores sintácticos* y cobran una especial importancia por tratarse de las gramáticas de los lenguajes de programación. Los analizadores sintácticos fueron intensivamente estudiados a partir de 1970, coincidiendo con la inquietud por proponer, formalizar e implementar nuevos lenguajes y sus compiladores, entre ellos el Pascal (1970), Prolog (1970), C (1971), SmallTalk (1971), PL/M

(1972), Modula-2 (1978), ADA (1979) y C++ (1983), por citar los más conocidos. A partir de este enorme esfuerzo de investigación y desarrollo, se detectaron numerosos patrones de funcionamiento de los analizadores sintácticos, que condujeron a la creación de programas generadores de analizadores. Puede citarse como ejemplo el caso de *Yacc* (*Yet Another Compiler-Compiler*) que genera analizadores sintácticos en lenguaje de programación C, basados en una gramática del lenguaje escrita en notación BNF. Otro ejemplo es el generador de analizadores sintácticos de código abierto *JavaCC* (*Java Compiler-Compiler*) que entrega sus resultados en el lenguaje de programación Java. La denominación de "Compiler Compiler" proviene del hecho que estos generadores tienen por finalidad la construcción de analizadores sintácticos, los que a su vez forman parte de la *etapa de análisis* de los compiladores. Esta etapa incluye las fases de *análisis léxico*, destinado a identificar los componentes del lenguaje, *análisis sintáctico*, que verifica que la estructura responda a las reglas de reescritura de la gramática, y finalmente la fase de *análisis semántico* que se ocupa del sentido y contenido lógico de las sentencias. Habiendo llegado a este punto se recomienda al lector remitirse al Apéndice A con el fin de familiarizarse con los conceptos de compiladores.

En una primera clasificación, los analizadores sintácticos pueden agruparse en *descendentes* y *ascendentes*. Dentro de estos grupos se distinguen familias de analizadores que responden a diferentes criterios, entre ellos las formas normales en las que deben estar expresadas las producciones de las gramáticas. El determinismo de los analizadores y la utilización de procedimientos recursivos, son otros criterios de clasificación.

Analizadores Sintácticos Descendentes (ASD)

El *Analizador Sintáctico Descendente* (ASD), en inglés *Top-Down Parser*, comienza a operar a partir del axioma de la gramática y procura desarrollar por izquierda el árbol de derivación sintáctica a medida que la sentencia es leída. Si este proceso puede ser continuado hasta completarse la lectura de la cadena significa que la misma responde a las producciones de la gramática y, por lo tanto, es aceptada.

A. ASD para gramáticas en Forma Normal de Greibach (FNG)

Dada la gramática G = (Σ_T, Σ_N, S, P) cuyas reglas de producción están en forma normal de Greibach, se define el siguiente autómata con pila:

$$AP = (\Sigma_T, \Sigma_N \cup \{\#\}, \{p, q, r\}, p, \#, \{r\}, f)$$

y la función de transición se define a partir de las reglas de reescritura según la manera en que estas reglas están estructuradas:

$$\left.\begin{array}{lll} -A := a\eta & \Rightarrow & f(q, a, A) = (q, \eta) \\ -A := \lambda & \Rightarrow & f(q, \lambda, A) = (q, \lambda) \\ -A := a & \Rightarrow & f(q, a, A) = (q, \lambda) \end{array}\right\} \begin{array}{l} A \in \Sigma_N \\ a \in \Sigma_T \\ \eta \in \Sigma_N^* \end{array}$$

a las que se agregan $f(p, \lambda, \#) = (q, \#S)$

$f(q, \lambda, \#) = (r, \#)$

Esta definición de la función de transición implica que para toda forma sentencial que pueda ser derivada por izquierda, tal como $\mathbf{S \rightarrow^* \beta\alpha}$, donde $\beta \in \Sigma_T^*$, $\alpha \in \Sigma_N^*$ será posible el movimiento $\mathbf{(q, \beta, \#) \vdash^* (q, \lambda, \alpha)}$.

Es decir que si la gramática permite derivar por izquierda la forma sentencial $\boldsymbol{\beta\alpha}$, significa que a partir de la lectura de la cadena $\boldsymbol{\beta}$ el autómata podrá pasar a una configuración en la que $\boldsymbol{\beta}$ haya sido leída y $\boldsymbol{\alpha}$ esté cargada en la pila. Esta afirmación no es obvia y su verificación será objeto del Ejemplo 5.8 que se presenta más adelante.

El grafo de este autómata, de solo tres estados, aceptará las sentencias desarrolladas a partir de la gramática G por vaciado de pila y estado de aceptación, tal como fue definido al tratar la aceptación de lenguajes por parte del *AP*. El grafo de este analizador sintáctico descendente toma la forma:

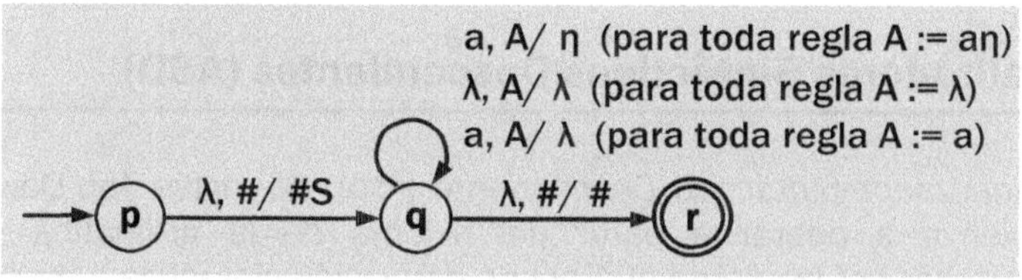

Figura 5.11: analizador sintáctico descendente para FNG.

Ejemplo 5.7

Determine el analizador sintáctico que corresponde a la gramática cuya definición y producciones se muestran a continuación. Compruebe luego la aceptación de la cadena $\boldsymbol{\delta = aab}$. La gramática **G** está expresada en forma normal de Greibach:

G = ({a, b}, {A, B, C, D}, A,P

P={A:=bBC | aB | λ , B:=aD | aC | a, C:=b, D:=bD | bC})

La definición formal del analizador sintáctico o autómata con pila es:

$$AP = (\Sigma_E, \Gamma, Q, q_0, \#, A, f)$$

$$AP = (\{a, b\}, \{\#, A, B, C, D\}, \{p, q, r\}, p, \#, \{r\}, f)$$

La función de transición es presentada en la Tabla 5.9, el grafo del analizador sintáctico en la Figura 5.12 y el árbol de configuraciones o descripciones instantáneas del proceso de aceptación de la cadena propuesta en la Figura 5.13, a continuación. Se sugiere al lector comprobar la relación entre estas tres representaciones.

f:	a	b	λ
p, #			q, #A
q, A	q, B	q, BC	q, λ
q, B	q, C q, D q, λ		
q, C		q, λ	
q, D		q, D q, C	
q, #			r, #

Tabla 5.9: Función de transición del analizador sintáctico descendente.

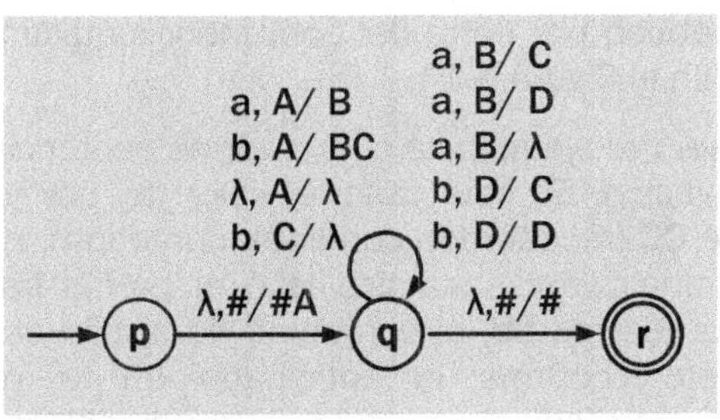

Figura 5.12: Grafo del analizador sintáctico descendente.

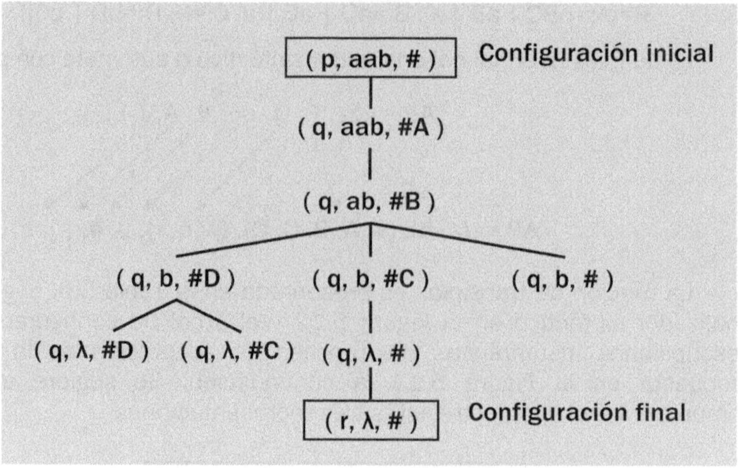

Figura 5.13: Árbol de configuraciones para β=aab del Ejemplo 5.7.

Ejemplo 5.8

Comprobar que, si la gramática del ejercicio anterior permite derivar por izquierda la forma sentencial **βα**, el autómata podrá, a partir de la lectura de la cadena **β**, llegar a una configuración en la que **β** ha sido leída y **α** esté cargada en la pila.

Para mostrarlo, se comienza por derivar una sentencia por izquierda, por ejemplo la que sigue:

$$\mathbf{A \rightarrow bBC \rightarrow baDC \rightarrow babDC \rightarrow babb\overset{\alpha}{\boxed{CC}} \rightarrow babbbC \rightarrow babbbb}$$

Por su parte, la representación de la aceptación de la misma sentencia **δ = babbbb** por parte del analizador sintáctico toma la forma que se muestra en la Figura 5.14.

Considérese, por ejemplo, la cuarta forma sentencial obtenida en el proceso de derivación. En este caso, el valor del prefijo **β** es **babb** y el sufijo **α** contiene **CC** (recuadrado con línea punteada). Puede observarse que cuando el analizador sintáctico leyó el prefijo **babb**, es decir, la cadena que falta leer es **bb**, el contenido de la pila es **α=CC** (también recuadrado). Esto confirma lo anticipado en la presentación del analizador. Se sugiere comprobar que puede establecerse en todos los casos esta misma relación, entre las formas sentenciales de la derivación de la cadena **babbbb** y las descripciones instantáneas del comportamiento del autómata.

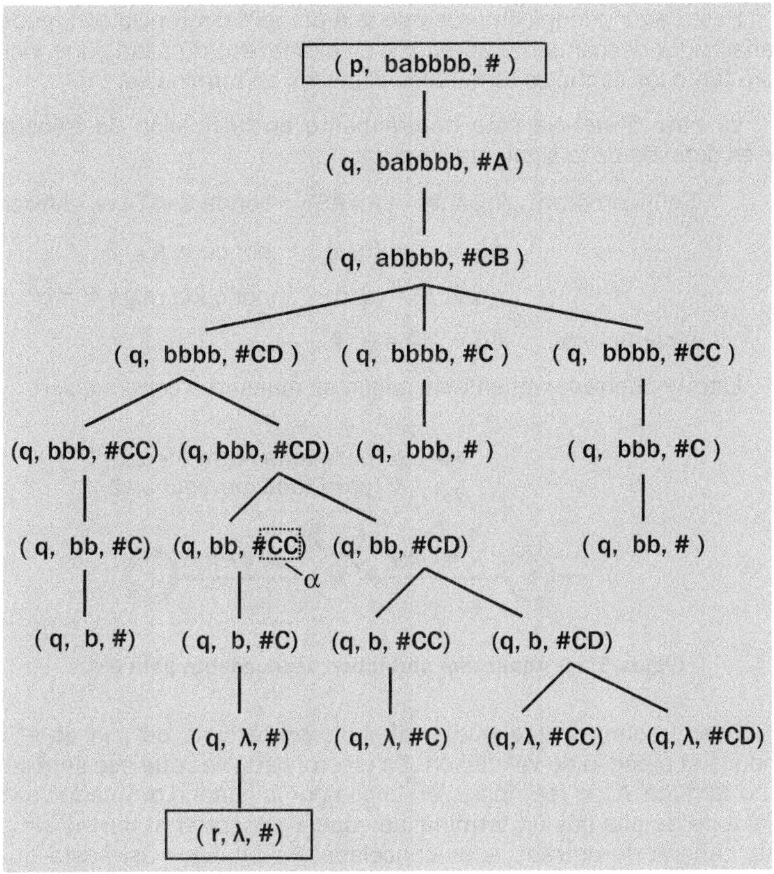

Figura 5.14: Árbol de descripciones instantáneas para δ = babbbb.

B. ASD para gramáticas independientes del contexto en forma general

Se presenta ahora un analizador sintáctico que no requiere la previa conversión de la gramática a una forma normal, es decir que admite que las reglas de reescritura tengan la forma general **A:=α**, siendo **$A \in \Sigma_N$** un símbolo no terminal y **$\alpha \in (\Sigma_T \cup \Sigma_N)^*$**.

Dada una gramática definida como **$G = (\Sigma_T, \Sigma_N, S, P)$** el autómata con pila no determinista se define como:

$$AP = (\Sigma_T, \Sigma_T \cup \Sigma_N \cup \{\#\}, \{p, q, r\}, p, \#, \{r\}, f)$$

Hasta aquí puede comprobarse una primera diferencia con respecto al analizador descendente anterior y es el alfabeto de pila **Γ**, que incluye ahora tanto los símbolos terminales como los no terminales.

La otra diferencia está naturalmente en la función de transición, que es definida de la siguiente manera:

Se incorporan:	$f(p, \lambda, \#) = (q, \#S)$	donde $S \in \Sigma_N$ es el axioma
	$f(q, a, a) = (q, \lambda)$	por cada $a \in \Sigma_T$
	$f(q, \lambda, A) = (q, \alpha)$	por cada regla $A := \alpha$
y por último:	$f(q, \lambda, \#) = (r, \#)$.	

Este AP puede representarse según se muestra a continuación:

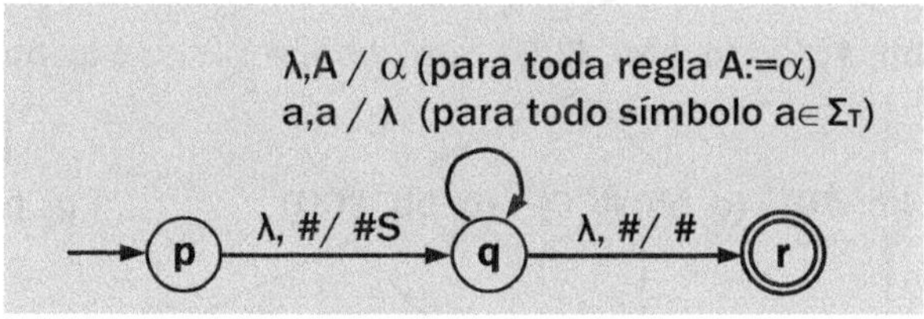

Figura 5.15: Analizador sintáctico descendente para GIC.

Puede comprobarse que el símbolo en la cima de pila es el que conduce el proceso de validación. En efecto, cada vez que ese símbolo es un no terminal **A**, se reemplaza en la pila por la cadena **α**, y cada vez que en el tope de pila hay un terminal se espera encontrar el mismo símbolo en la cadena de entrada, y es cancelado. Se prosigue así hasta que la sentencia de entrada es completamente leída y en esa condición la pila debería estar vacía. Aquí debe observarse que pueden haber múltiples reglas de reescritura con el mismo símbolo no terminal en el primer miembro, y esto hace que se trate nuevamente de un APND.

Los dos analizadores sintácticos descendentes hasta aquí estudiados, son esencialmente no deterministas y suelen ser llamados en general, LL básicos. El acrónimo LL proviene del inglés *Left-Left*, donde la primera ***L*** se refiere a que la cadena es leída de izquierda a derecha y la segunda ***L*** a que el proceso que desarrolla corresponde al de una derivación por izquierda. El prestigioso Niklaus Wirth, precursor de la ciencia de la computación y autor de lenguajes tales como Pascal y Modula, dedicó especial atención a los analizadores sintácticos LL y propuso numerosas variantes tendientes a su optimización a través de procesos de preanálisis, generando los analizadores predictivos llamados

LL(k). El recurso del preanálisis se presenta más adelante y posibilita disponer de analizadores LL deterministas.

Ejemplo 5.9

Empleando la misma gramática del Ejemplo 5.7 defina el AP y compruebe la aceptación de la cadena **δ = aab**.

G = ({a, b}, {A, B, C, D}, A, P)

P = {A := bBC | aB | λ , B := aD | aC | a, C := b, D := bD | bC}

La definición formal del autómata con pila es:

AP = ({a, b}, {#, A, B, C, D, a, b} , {p, q, r}, p, #, {r}, *f*)

y en base a la definición del analizador sintáctico se construye la tabla de transición 5.10, mostrada a continuación:

f:	a	b	λ
p,#			q,#A
q, A			q,bBC q,aB q,λ
q, B			q,aD q,aC q,a
q, C			q,b
q, D			q,bD q,bC
q, a	q, λ		
q, b		q, λ	
q,#			r, #

Tabla 5.10: Relación de transición del ap del Ejemplo 5.9.

Las múltiples definiciones de la relación de transición que se presentan en las celdas correspondientes a las transiciones λ, dan claramente al autómata generado su característica de no determinista. Esto hará que existan varios caminos distintos desde una configuración inicial hasta una final, para el tratamiento de una cadena dada, como se comprobará a continuación.

En la Figura 5.16 se presenta el grafo correspondiente:

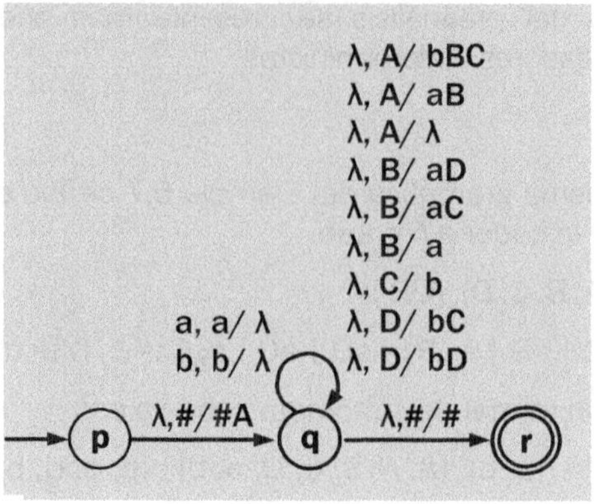

Figura 5.16: Grafo del AP del Ejemplo 5.9.

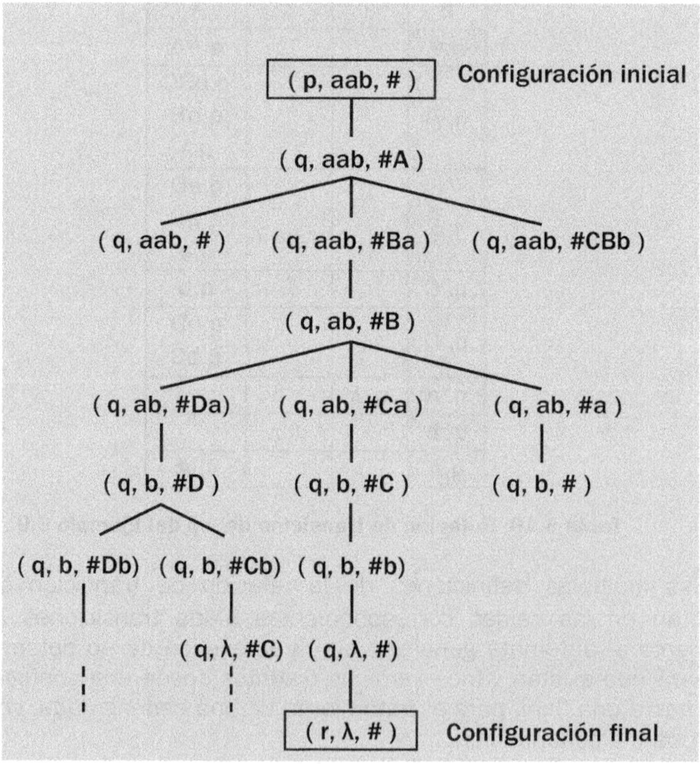

Figura 5.17: Árbol de configuraciones para δ=aab del Ejemplo 5.9.

El árbol de descripciones instantáneas mostrado en la Figura 5.17, corresponde al proceso efectuado por el autómata definido sobre la cadena **δ = aab**; puede verse su frondosa ramificación provocada por el no determinismo.

Analizadores Sintácticos Ascendentes (ASA)

Los *Analizadores Sintácticos Ascendentes* (ASA) comprueban la validez de la sentencia operando de abajo hacia arriba. Es decir, recorren el árbol de derivación sintáctica desde las hojas hacia su raíz, que es el axioma de la gramática. En inglés, son denominados *Bottom-Up Parsers* y, en general, estos analizadores disponen de mayor poder de reconocimiento que los analizadores descendentes. Hay numerosas propuestas que responden a esta concepción ascendente y aquí se van a considerar los denominados LR básicos, que son no deterministas, y cuyo nombre proviene de las cadenas que son leídas de izquierda a derecha (***L**eft*) y se sigue un proceso de reducción por izquierda. Debe recordarse aquí que la reducción es el proceso por el cual se transita desde la sentencia al axioma de la gramática, aplicando las reglas de producción en orden inverso, es decir que se opera en sentido opuesto al de la derivación. Además, puede comprobarse que a una reducción por izquierda le corresponde una derivación por derecha (***R**ight*) y de allí el segundo carácter de la denominación LR.

Al igual que en los analizadores descendentes, la formulación básica de los ascendentes es esencialmente no determinista. Esto se origina en la búsqueda del camino hacia la aceptación de la cadena y es conocido como *el problema del retroceso*: al existir varios caminos a seguir, se debe probar primero uno de ellos y si no se consigue el objetivo (aceptación) deberá volverse e intentarlo por otro. Los analizadores más avanzados recurren a algoritmos que simulan y resuelven de manera determinista un problema esencialmente no determinista, lo que permite implementar los analizadores LL y LR sin la necesidad de costosas búsquedas en árboles con factores de ramificación elevado. Estas soluciones son sumamente imaginativas e interesantes, pero por requerir un extenso tratamiento y no ser nuestro objetivo entrar aquí en detalles de implementación, quedan fuera del alcance previsto para este libro; se mostrarán sin embargo, algunos ejemplos simples de analizadores sintácticos con preanálisis en el punto 4 de este capítulo.

Volviendo específicamente a los *analizadores sintácticos aAscendentes*, en lo sucesivo, se trabajará con el LR no determinista básico y se lo utilizará en ejemplos y ejercicios. Así, dada una gramática independiente de contexto **G = (Σ_T, Σ_N, S, P)**, se presenta un analizador sintáctico ascendente que es implementado con un autómata con pila no determinista con los siguientes componentes:

$$AP = (\Sigma_T, \Sigma_T \cup \Sigma_N \cup \{\#\}, \{p, q\}, p, \#, \{q\}, f)$$

Su función de transición es definida de la siguiente forma:

	$f(p, a, b) = (p, ba)$	para todo $a \in \Sigma_T$ y $b \in (\Sigma_T \cup \Sigma_N)$
	$f(p, \lambda, \alpha) = (p, A)$	por cada regla A:=α en P
y por último:	$f(p, \lambda, \#S) = (q, \#)$	donde S = axioma

Con respecto a la operación de este autómata, deben observarse diversos aspectos:

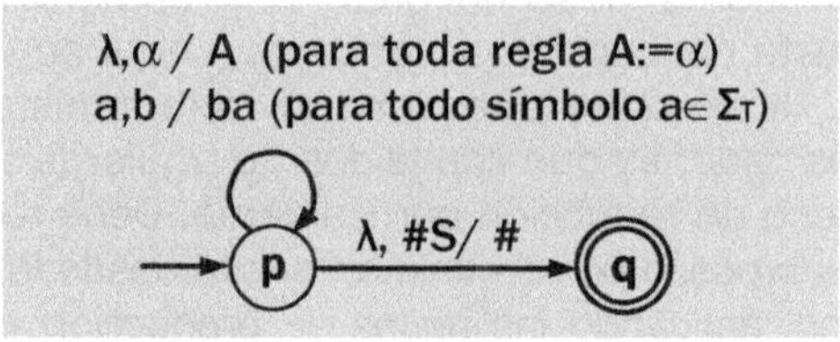

Figura 5.18: Analizador sintáctico ascendente para GIC.

- En cada intervalo de tiempo, se presenta la opción de desplazar un nuevo símbolo **a** de la entrada a la pila, o reducir una cadena **α** ya almacenada en la pila. Esto motiva también que se llame a estos analizadores *por reducción y desplazamiento*.
- Para poder hacer la reducción se debe reconocer la cadena α en la pila, lo que implica identificar anticipadamente varios símbolos en la pila; esto plantea una contradicción con la concepción de la memoria tipo lifo en la que solo se hace visible el símbolo que se encuentra en su tope. El problema se resuelve apelando al no determinismo del ap, con lo cual se puede asumir en la práctica a la pila como una estructura híbrida que opera como tal, pero admite la observación de todo su contenido.
- En la reducción de la cadena α, seguramente se presentarán diferentes opciones ya que es probable que numerosas producciones tengan a α en su segundo miembro. Por su lado, en el desplazamiento desde la entrada hacia la pila, también se presenta siempre la opción de seguir apilando símbolos de entrada o efectuar una reducción.
- La cadena será aceptada si a través de su completa lectura pudo conducirse la reducción hasta dejar en la pila solo el axioma de la gramática.

Ejemplo 5.10

Definir un analizador sintáctico ascendente para la gramática del Ejemplo 5.7:

G = ({a, b}, {A, B, C, D}, A,
{A:=bBC | aB | λ , B:=aD | aC | a, C:=b, D:=bD | bC})

y comprobar que la sentencia **δ = babbbb** pertenece al lenguaje generado por ella. Para ello, se presenta la función de transición en la Tabla 5.11 y el grafo del *AP* en la Figura 5.19.

f:	a	b	λ
p, bBC			p,A
p, aB			p,A
p, λ			p,A
p, aD			p,B
p, aC			p,B
p, a			p,B
p, b			p,C
p, bC			p,D
p, bD			p,D
p, x	p, xa	p, xb	
p, A			q,λ

Tabla 5.11: Función de transición *f* del AP del Ejemplo 5.10.

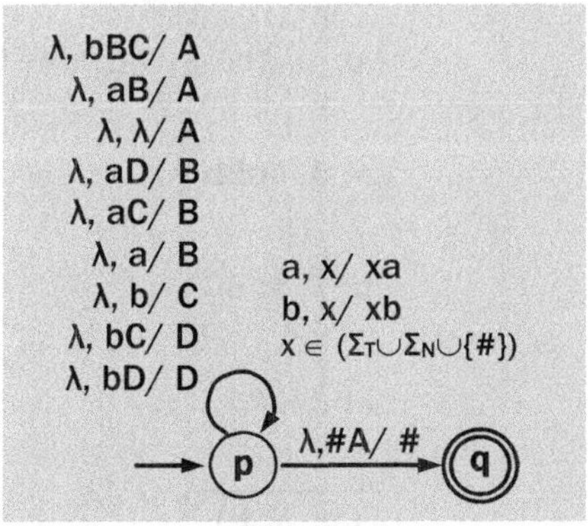

Figura 5.19: Grafo del AP del ejemplo 5.10.

El árbol de descripciones instantáneas que corresponde a la validación de la cadena **δ = babbbb** es mostrado en la Figura 5.20, donde puede verse la gran cantidad de ramificaciones provocadas por el no determinismo del autómata diseñado con la técnica de análisis sintáctico ascendente.

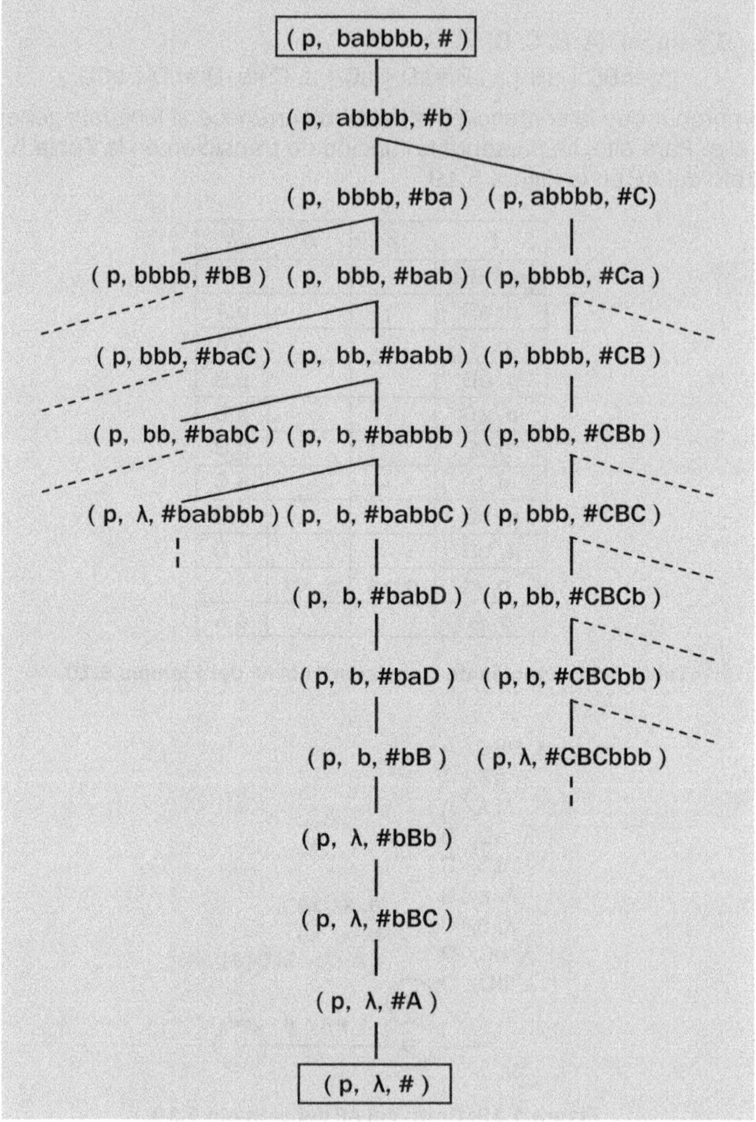

Figura 5.20: Árbol de configuraciones para δ = babbbb.

En el árbol de la figura anterior, se muestra la secuencia de movimientos desde la configuración inicial hasta la configuración final de aceptación, y también se muestran, con fines ejemplificativos, algunas de las ramificaciones que no conducen a aceptar la cadena. Como puede comprobarse, primero se traslada la cadena de entrada a la pila, hasta un punto en el que sea posible comenzar con la reducción hacia el axioma, y luego se concreta la reducción hasta que el axioma queda en la pila. Como ya se señaló, también puede comprobarse que se trata de un árbol con una enorme cantidad de alternativas, cuya exploración demanda un considerable esfuerzo.

Para facilitar la interpretación de la operación realizada por el AP se muestra a continuación la derivación por derecha generada de la sentencia y su árbol de derivación sintáctico.

$$A \rightarrow bBC \rightarrow bBb \rightarrow baDb \rightarrow babDb \rightarrow babbCb \rightarrow babbbb$$

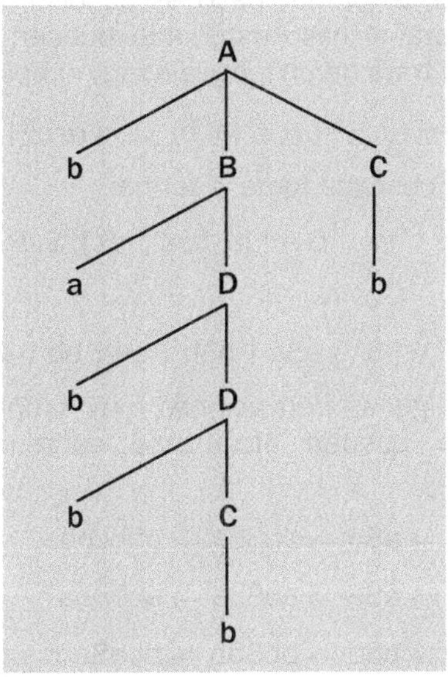

Figura 5.21: Árbol de derivación de la sentencia δ = babbbb.

Se recomienda al lector seguir la actividad del analizador sintáctico ascendente sobre el árbol de descripciones instantáneas y la progresiva reducción de la sentencia, utilizando las producciones, hasta alcanzar el axioma. Como ya fue anticipado, esto es la demostración concluyente de que la sentencia fue generada a partir de las reglas de producción de la gramática y, por lo tanto, pertenece al lenguaje generado por ella.

Ejemplo 5.11

En el Ejemplo 5.1, se propuso un autómata con pila capaz de reconocer un lenguaje de palíndromos de largo impar y, en el Ejemplo 5.2, se propuso otro AP para palíndromos de largo par. A partir de estos ejemplos, se comprobó que el primer problema podía ser resuelto por un AP determinista y el segundo requería de un AP no determinista. Ambos autómatas fueron definidos a partir de un reconocimiento de las particularidades de las sentencias correspondientes a cada caso.

En este ejemplo, se utilizarán los conceptos aprendidos sobre analizadores sintácticos y se propondrán máquinas capaces de reconocer similares lenguajes, solo que se lo hará a partir de las reglas de reescritura de la gramática que los genera.

Naturalmente, el primer paso es conocer las producciones de la gramática, que para el caso estudiado pueden ser determinadas con facilidad ya que se trata de un lenguaje muy simple:

$$L = \{ \alpha c \alpha^{-1} \mid \alpha \in \{a, b\}^{+}\} \cup \{ \alpha \alpha^{-1} \mid \alpha \in \{a, b\}^{+}\}$$

La gramática buscada toma la forma:

$$G = \{ \{a, b, c\}, \{ S \}, S, P \}$$

donde:

$$P = \{ S := aSa \mid bSb \mid aa \mid bb \mid aca \mid bcb \}$$

Se realizan algunas derivaciones muy simples para confirmar que desde el axioma pueden alcanzarse sentencias del tipo de las consideradas:

$$S \rightarrow aSa \rightarrow abSba \rightarrow abbcbba$$

$$S \rightarrow aSa \rightarrow abSba \rightarrow abbbba$$

$$S \rightarrow bSb \rightarrow bbSbb \rightarrow bbaSabb \rightarrow bbaacaabb$$

A. Analizador sintáctico descendente

En primer lugar, se implementa un analizador sintáctico descendente que opera con la forma general de las gramáticas tipo 2 de Chomsky. El autómata queda definido como:

$$AP = (\{a, b, c\}, \{a, b, c, S, \#\}, \{p, q, r\}, p, \#, \{r\}, f)$$

El grafo es mostrado en la siguiente figura y se deja al lector la presentación de la función de transición en una tabla.

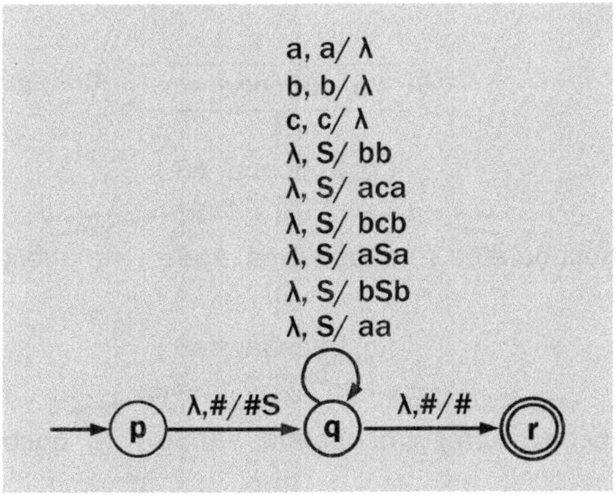

Figura 5.22: Grafo del analizador sintáctico descendente.

Como se ve, la definición del autómata es una tarea totalmente sistemática que responde a un patrón estándar, donde lo único específico son las transiciones que dependen de las reglas de reescritura. En este caso, el árbol de descripciones instantáneas que representa la aceptación de la sentencia **δ = abbcbba** se muestra en la Figura 5.23.

En la figura puede observarse que cada vez que el axioma **S** queda al tope de pila se presenta en el árbol un factor de ramificación igual a la cantidad de reglas de producción que tiene a **S** en el primer miembro. En este caso, esto ocurre tres veces y eso lleva a que el árbol de descripciones instantáneas presente un total de 18 opciones que deben ser exploradas. Nótese que en el árbol de la Figura 5.23 se representan solo algunas de las posibles opciones y con líneas de trazos se indica que hay otras. Aquí cabe comparar el árbol de la Figura 5.23 con el de la Figura 5.2, que resuelve un problema similar sin ramificaciones por tratarse de un AP determinista, o el de la Figura 5.4 que corresponde a la aceptación de una cadena similar y presenta solo cuatro opciones a ser exploradas.

Esto es una demostración de que toda ventaja tiene siempre algún costo, y en este caso la disponibilidad de un analizador sistemático y general paga el precio de un mayor esfuerzo para confirmar la aceptación o no de una sentencia. Se invita al lector a reflexionar sobre esto.

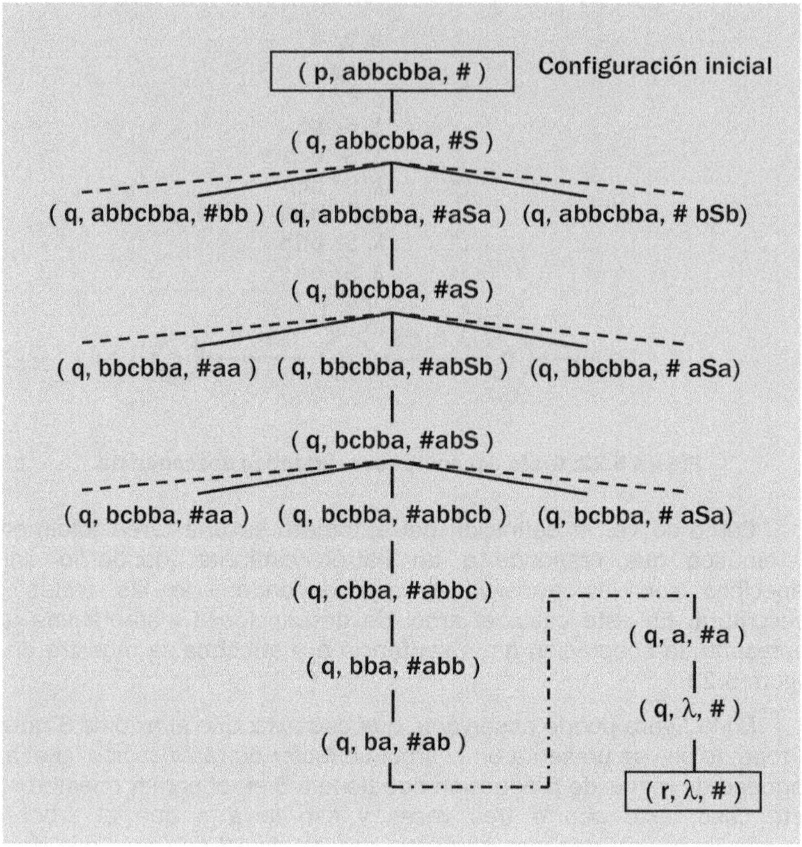

Figura 5.23: Árbol de configuraciones para δ = abbcbba.

B. Analizador sintáctico ascendente

El mismo problema será resuelto mediante un analizador sintáctico de tipo ascendente, mostrando su definición, el grafo en la Figura 5.24 y nuevamente se deja al lector la presentación de la función de transición en una tabla.

El autómata queda definido como:

$$AP = (\{a, b, c\}, \{a, b, c, S, \#\}, \{p, q\}, p, \#, \{q\}, f)$$

Aquí también la definición del autómata es una tarea sistemática con un patrón estándar, que queda orientado a resolver cierto problema específico a partir de sus transiciones que surgen de las reglas de producción de la gramática. El árbol de descripciones instantáneas representado en la Figura 5.25 corresponde a la aceptación de la misma sentencia **δ = abbcbba**.

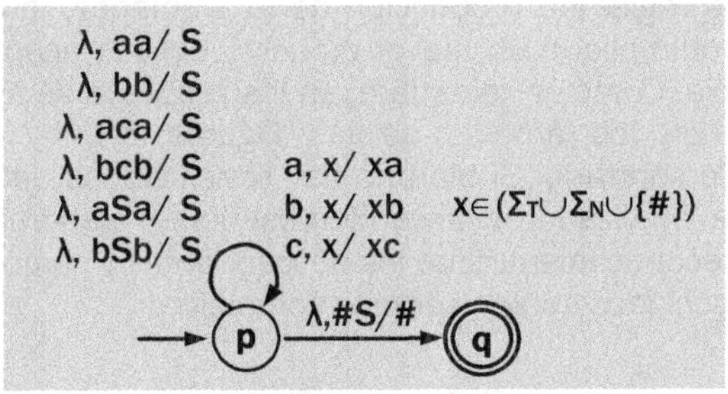

Figura 5.24: Grafo del analizador sintáctico ascendente.

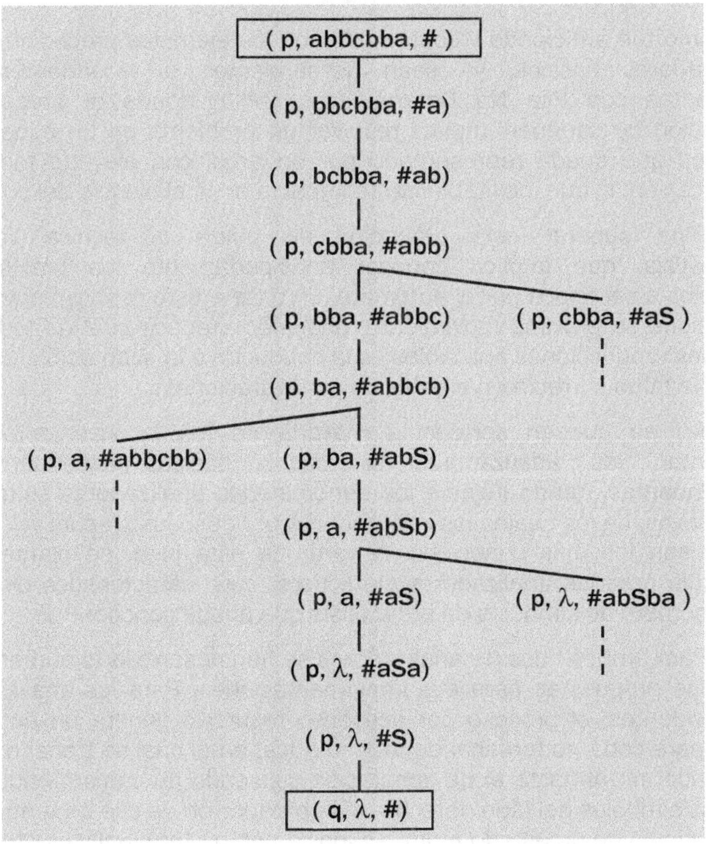

Figura 5.25: Árbol de configuraciones para δ = abbcbba.

En este caso, el árbol de descripciones instantáneas presenta menos ramificaciones que el árbol que corresponde al analizador descendente, pero ésta no es una regla general. Esto depende de la variedad de las reglas de producción de la gramática, lo que hace que uno u otro árbol implique un mayor esfuerzo para la aceptación de una misma sentencia. Como se recordará, en los procesos de reconocimiento representados en los árboles de las Figuras 5.14 y 5.20, ocurrió precisamente lo contrario. Si bien no hay conclusiones definitivas, como ya se dijo, los analizadores ascendentes tienen generalmente mayor capacidad de reconocimiento que los descendentes y como contrapartida los procesos asociados suelen ser más complejos.

Analizadores sintácticos con preanálisis

Tal como fue anticipado y confirmado con los ejemplos precedentes, los *analizadores* básicos, ya sean descendentes o ascendentes, son Autómatas con Pila No Deterministas (APND) donde el proceso de validación de cadenas implica resolver un problema en un espacio de estados que queda representado por un árbol con elevado factor de ramificación, lo que inevitablemente impacta en la eficiencia del proceso.

Para superar esta limitación se utiliza la técnica llamada ***preanálisis***, que implica conocer anticipadamente los próximos **k** símbolos a ser leídos por el autómata. En base a este conocimiento, el AP selecciona su próximo movimiento, pudiendo predecir cuál de todas las posibles producciones aplicables es la conducirá a la aceptación (esto es, elegir la rama correcta en el árbol de configuraciones).

Así se pueden sortear la mayoría de los inconvenientes que presentan los analizadores sintácticos básicos ascendentes y descendentes, dando lugar a los denominados analizadores sintácticos *predictivos*, de los cuales los analizadores por descenso recursivo, LL(**k**) y LR(**k**), son los más conocidos. A partir de esta idea, se plantea una jerarquía para los analizadores sintácticos, cuya característica distintiva es el número de símbolos de preanálisis que puede conocer.

Para ambos tipos de analizadores se han desarrollado numerosas y variadas propuestas para sus implementaciones. Para los analizadores descendentes, el proceso por descenso recursivo genera un autómata finito para cada no terminal de la gramática, en el cual se transita desde el estado inicial hasta el de aceptación siguiendo un camino etiquetado con los símbolos del lado derecho de la producción de ese no terminal. Si la transición de un estado a otro se indica con un terminal y ese terminal es el símbolo de preanálisis, se efectiviza la transición; si la transición hacia el siguiente estado está indicada con un símbolo no terminal, entonces "se ejecuta" el AF definido para el mismo (ver Ejemplo 5.12). Otro analizador descendente (no recursivo) es el denominado LL(**k**) en el cual se adiciona una tabla de decisión al AP que permite seleccionar la alternativa a utilizar en caso de haber más de una (ver Ejemplos 5.12 y 5.13). Para que estos analizadores puedan construirse, la gramática independiente del contexto debe ser no ambigua, no debe tener recursión por izquierda y sus producciones deben estar factorizadas por izquierda; con esto se intenta lograr que con un solo símbolo de preanálisis se sepa qué regla utilizar.

En el caso de los analizadores LR(**k**), se mencionan, a continuación, algunos de los más importantes:

- LR(**0**): No utiliza preanálisis, por lo que es apropiado cuando las producciones de las gramáticas no generan transiciones alternativas. Es el más fácil de implementar y, a la vez, el que dispone de menor poder de reconocimiento.
- SLR(**1**): Utiliza un solo símbolo de preanálisis y su nombre (del inglés) significa *Simple* LR.
- LR(**1**): Es un analizador ascendente LR clásico que utiliza un símbolo de preanálisis. La implementación de su AP conduce a estructuras de datos muy grandes y ha justificado el desarrollo de generadores automáticos.
- LALR(**1**): Su nombre proviene del inglés *Look-Ahead* LR, en el que se combina la potencia del LR**(1)** con la simplicidad y eficiencia del SLR **(1)**. Éste es el método que utiliza YACC para la generación de analizadores sintácticos en C.

Todas estas versiones de LR anexan una tabla al AP que guía su funcionamiento cuando hay alternativas.

En su forma más elemental, el preanálisis implica conocer anticipadamente el siguiente símbolo al actualmente leído por el autómata (k = 1). Con el objetivo de esclarecer las ideas en torno a este tema se hará en este apartado una introducción a los analizadores LL(1). Para ello, se han seleccionado algunos ejemplos simples que se desarrollan a continuación.

Ejemplo 5.12

Sea $\mathbf{L}_{(5.12)}=\{\mathbf{a}^n\mathbf{b}^n \ / \ n\geq 0\}$ el sencillo lenguaje de cadenas de **{a, b}*** que tienen un prefijo formado solo por símbolos **a**, al cual le continúa un sufijo formado solo por símbolos **b**, de igual largo.

Una gramática independiente del contexto para este lenguaje es:

$$G_{(5.12)} = (\{a, b\}, \{S\}, S, \{S := aSb \mid \lambda\})$$

donde la primera producción se utiliza en una derivación desde el axioma **S**, para hacer crecer los prefijos y sufijos hasta el largo requerido (aplicándola **n** veces), y la segunda sirve, a la vez, para terminar este ciclo de aplicación de la primera regla, como para obtener la cadena vacía en el caso **n=0**.

El autómata con pila que reconoce el lenguaje generado por la gramática, según procedimiento presentado al estudiar el analizador sintáctico descendente, se muestra a continuación:

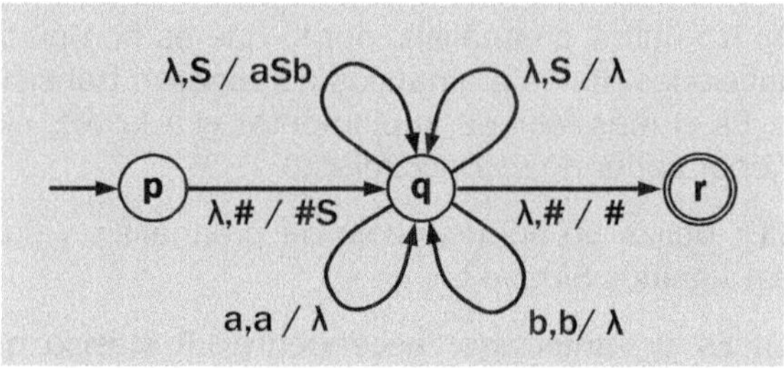

Figura 5.26: Grafo del AP del Ejemplo 5.12.

Nótese que en el grafo solo se muestran las transiciones que se diseñaron para la aceptación de las cadenas del lenguaje $L_{(5.12)}$; luego toda situación no prevista que pudiera presentarse para una cadena en particular, llevará al autómata a rechazarla.

$$AP = (\{a, b\}, \{a, b, S, \#\}, \{p, q, r\}, p, \#, \{r\}, f)$$

f:	a	b	λ
p, #			q, #S
q, S			q, aSb q, λ
q, a	q, λ		
q, b		q, λ	
q, #			r, #

Tabla 5.12: Definición formal del AP del Ejemplo 5.12.

También en la tabla de la función ***f*** de su definición formal, solo se muestran aquellas filas correspondientes a combinaciones de estado y símbolo de pila que producen transiciones válidas para algún símbolo de entrada o λ. En particular, puede verse en ella el no determinismo de este autómata, cuando se encuentra en el estado **q** estando el axioma **S** en la cima de la pila: sin leer en su entrada (transición λ), podrá optar por reemplazar el símbolo **S** en la pila por la cadena **aSb** o sencillamente extraerlo.

Este no determinismo del AP hace que el proceso de análisis de una cadena, tenga que explorar posiblemente más de una rama del árbol de descripciones instantáneas para aceptarla. Al querer confeccionar un programa de cómputo que lo implemente, éste podrá en su código:

a) Desarrollar una estrategia de vuelta atrás cronológica (*backtracking*) cuando encuentre la situación de no determinismo, para reemplazar en la pila **S** por la cadena **aSb** y continuar analizando la cadena que resta por leer, para retornar a este punto en caso de no aceptación e intentarlo nuevamente por el otro camino, eliminando **S** de la pila y efectuando nuevamente el proceso de la cadena por leer (seguir la otra rama posible del árbol de configuraciones).[2]

b) Aplicar la técnica de preanálisis, esto es, "espiar" el siguiente símbolo de la cadena que resta por leer en la entrada ¡sin leerlo!, para poder determinar cuál regla es conveniente aplicar, anticipando de esta forma la rama correcta del árbol de descripciones instantáneas a seguir. Si aún hay un símbolo **a** por leer, conviene reemplazar **S** en la pila por **aSb**, pero si el siguiente símbolo a leer es **b** (lo que dice que se terminó el prefijo de aes), entonces conviene eliminar **S** de la pila sin reemplazarlo.

Interesa ahora diseñar un algoritmo de análisis sintáctico para este lenguaje con la segunda propuesta, esto es, utilizando preanálisis para obtener un algoritmo predictivo. Usaremos primero el algoritmo de análisis sintáctico por descenso recursivo y luego, un algoritmo descendente no recursivo ***LL*(1)**.

Para el análisis sintáctico por descenso recursivo, se genera un *AFND* para cada símbolo no terminal; en este caso solo lo tenemos a **S**

---

2 Un algoritmo de vuelta atrás (retroceso) denominado **KPM**, por *Knuth Parsing Machine*, codificado en lenguaje Pascal puede verse en el Apéndice A del libro de Sanchis Llorca y Galán Pascual: Compiladores, Ed. Parainfo, Madrid, España, 1988.

(ver Figura 5.27). Por la primera producción **S:=aSb**, se crean los estados **S**, **p**, **q** y **r** con las transiciones adecuadas para cada símbolo del lado derecho de la producción. Por la producción **S:=λ**, se agrega la transición **λ** desde el estado inicial **S** al estado **r** de aceptación.

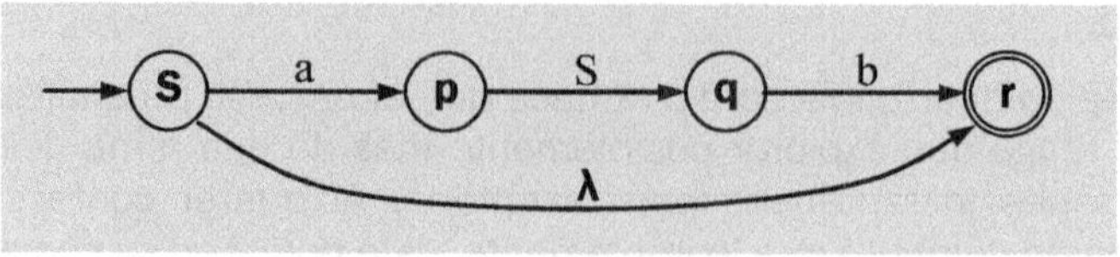

Figura 5.27: AFND para S en algoritmo de descenso recursivo del Ejemplo 5.12.

La transición **λ** de la Figura 5.27 se "ejecutará" si el símbolo de preanálisis es **b**. Si por el contrario, el símbolo de preanálisis es **a**, el autómata lo leerá y pasará al estado **p** y deberá "re-ejecutarse" para poder pasar al estado **q** (eso indica la etiqueta **S** de la transición de **p** a **q**; de aquí la denominación *recursivo* del algoritmo). Si puede llegar desde el estado **S** hasta el estado **r** en la re-ejecución, al retornar a la ejecución original el nuevo estado será **q** y, si estando en este estado puede leer un símbolo **b** en su entrada, pasará al estado **r** aceptando la cadena de entrada.

Este procedimiento puede presentarse conceptualmente en pseudocódigo como se muestra a continuación en la Figura 5.28; la variable *preanálisis* siempre contiene el siguiente símbolo de la cadena de entrada a ser leído y se ha supuesto que luego de la cadena de entrada a procesar, se cuenta con un símbolo **$** de fin de cadena.

Para el caso de que éste procedimiento de la Figura 5.28 se ejecute teniendo una cadena de **{a, b}*** para analizar en su entrada (terminada con un símbolo $), el mismo podrá:

a) Rechazar la cadena al no poder leer un símbolo esperado (Figura 5.28-3). Nótese que el llamado a leer un símbolo **a** luego de saber por el preanálisis que efectivamente existe una **a** en la entrada, no producirá nunca un error; pero no puede saberse si luego de re-ejecutar el procedimiento **S** y que éste termine, se tendrá un símbolo **b** a leer.

b) Rechazar la cadena de entrada por contener un símbolo no perteneciente al alfabeto de entrada (Figura 5.28-2) o por terminación anticipada.

c) Aceptar la cadena al detectar el símbolo de fin de cadena (Figura 5.28-1) luego de una cadena del formato requerido.

```
Procedimiento Descenso-Recursivo
   aceptada = "No"
   Si (preanálisis == '$')
      aceptada = "Si"          Cadena vacía
   Sino
      Ejecutar S
   Fin-Si
   Imprimir valor de aceptada
Fin-Procedimiento-Descenso-Recursivo

Procedimiento S
   Si (preanálisis == 'a')
      Ejecutar Leer-Símbolo('a')
      Ejecutar S                   Llamada recursiva
      Ejecutar Leer-Símbolo('b')
      Si (preanálisis == '$')
         aceptada = "Si"        1
      Fin-Si
   Sino
      Si (preanálisis == 'b')
         /* transición λ */
      Sino
         Informar Error y Rechazar
      Fin-Si
   Fin-Si                              2
Fin-Procedimiento-S.

Procedimiento Leer-Símbolo(símbolo esperado)
   Si (preanálisis == símbolo esperado)
      Leer el siguiente símbolo de entrada
   Sino
      Informar Error y Rechazar
   Fin-Si
Fin-Procedimiento-Leer-Símbolo.           3
```

Figura 5.28: Procedimiento de análisis sintáctico predictivo por descenso recursivo para el Ejemplo 5.12.

En la Tabla 5.13, se muestra la secuencia de acciones producidas por el algoritmo de la Figura 5.28, al operar sobre algunas cadenas de entrada.

Procedimiento	Preanálisis	Cadena a Leer	Acciones
DR	a	aabb$	aceptada = "No"
DR	a	aabb$	Ejecutar S
DR - S	a	aabb$	. Ejecutar Leer-Símbolo('a')
DR - S - LS	a	abb$	. . Leer símbolo de entrada
DR - S	a	abb$	. Ejecutar S
DR - S - S	a	abb$	. . Ejecutar Leer-Símbolo('a')
DR - S - S - LS	b	bb$	. . . Leer símbolo de entrada
DR - S - S	b	bb$	. . Ejecutar S
DR - S - S - S	b	bb$	. . . /* transición λ */
DR - S - S	b	bb$	. . Ejecutar Leer-Símbolo('b')
DR - S - S - LS	b	b$	. . . Leer símbolo de entrada
DR - S	b	b$	. Ejecutar Leer-Símbolo('b')
DR - S	$	$	. . Leer símbolo de entrada
DR - S	$	$	aceptada = "Si"
DR	$	$	Imprimir aceptada ⇒ **SI**
Procedimiento	Preanálisis	Cadena a Leer	Acciones
DR	a	a$	aceptada = "No"
DR	a	a$	Ejecutar S
DR - S	a	a$	. Ejecutar Leer-Símbolo('a')
DR - S - LS	$	$	. . Leer símbolo de entrada
DR - S	$	$	. Ejecutar S
DR - S - S	$	$	. . Error y Rechazar ⇒ **NO**
Procedimiento	Preanálisis	Cadena a Leer	Acciones
DR	b	b$	aceptada = "No"
DR	b	b$	Ejecutar S
DR - S	b	b$	. /* transición λ */
DR	b	b$	Imprimir aceptada ⇒ **NO**

Tabla 5.13: Proceso de cadenas aabb, a y b con algoritmo de descenso recursivo.

Se pasará ahora a diseñar un analizador sintáctico predictivo no recursivo ***LL*(1)**, donde el número entre paréntesis indica el número de símbolos de preanálisis tenidos en cuenta. Para ello, debe construirse la tabla de decisión ***M*** que, asociada al AP de la Figura 5.26, permita su funcionamiento en forma determinista. Obviaremos aquí el procedimiento de construcción de ***M***, pero apelando a los comentarios anteriores sabemos que si el símbolo de preanálisis es **a** debe usarse **S:=aSb** y si es **b** entonces lo aconsejado es usar **S:=λ**.

Así se construye la tabla de análisis sintáctico $M(\Sigma_N,\Sigma_T)$; esta tabla tiene como encabezados de sus filas a los no terminales de la gramática y de sus columnas a los símbolos terminales de la gramática y al símbolo **$** de fin de cadena. En cada celda, se colocará una o ninguna producción, de acuerdo al anterior criterio.

$M(\Sigma_N,\Sigma_T)$	a	b	$
S	S := aSb	S := λ	S := λ

Tabla 5.14: Tabla de análisis sintáctico LL(1) del Ejemplo 5.12.

Con esta tabla asociada al autómata con pila, el procedimiento de análisis de una cadena de entrada, puede verse en la Figura 5.29. El algoritmo se ha desarrollado en pseudocódigo y utiliza un procedimiento *Leer-Símbolos* idéntico al de la Figura 5.28.

```
Procedimiento LL
   Crear pila P y Poner(#)
   Si (preanálisis ≠ '$')
      Poner(S)
      Mientras (preanálisis ≠ '$')
         Según sea cimaDePila:
          a|b) Si (cimaDePila == preanálisis)
                  Leer-Símbolo(preanálisis)
                  Sacar()
               Sino
                  Informar Error y Rechazar
               Fin-Si
            S) Si (M[cimaDePila, preanálisis] no está vacía)
                  Sacar()
                  Poner(lado derecho de la producción de la celda)
               Sino
                  Informar Error y Rechazar
               Fin-Si
            #) Informar Error y Rechazar
      Fin-Mientras
   Fin-Si
   Si (cimaDePila == '#')
      Aceptar
   Sino
      Informar Error y Rechazar
   Fin-Si
Fin-Procedimiento-LL.
```

Figura 5.29: Algoritmo del analizador sintáctico LL(1) del Ejemplo 5.12.

Se ha utilizado una estructura de datos pila (**P**), una variable *cimaDePila* que siempre contiene el próximo símbolo a sacar de la pila y dos funciones usuales:

a) **Poner(α)**: es una función que inserta en la pila los símbolos de la cadena α (de terminales y no terminales), en orden inverso al presentado, de tal forma que el primer símbolo de la cadena quede en la cima de la pila.

b) **Sacar()**: es la función de extracción de un símbolo de la pila, que retira el símbolo en la cima de la pila.

Preanálisis	Cadena a Leer	Pila	Cima de Pila	Acciones
a	aabb$	λ	λ	Se crea la pila
a	aabb$	#	λ	Poner(#)
a	aabb$	S#	S	Poner(S)
a	aabb$	S#	**S**	Sacar() y Poner(**aSb**)
a	aabb$	aSb#	a	Leer(a) y Sacar()
a	abb$	Sb#	**S**	Sacar() y Poner(**aSb**)
a	abb$	aSbb#	a	Leer(a) y Sacar()
b	bb$	Sbb#	**S**	Sacar() y Poner(λ)
b	bb$	bb#	b	Leer(b) y Sacar()
b	b$	b#	b	Leer(b) y Sacar()
$	$	#	#	**Aceptar**
Preanálisis	Cadena a Leer	Pila	Cima de Pila	Acciones
a	a$	λ	λ	Se crea la pila
a	a$	#	λ	Poner(#)
a	a$	S#	S	Poner(S)
a	a$	Sb#	**S**	Sacar() y Poner(**aSb**)
a	a$	aSb#	a	Leer(a) y Sacar()
$	$	Sb#	S	**Rechazar**
Preanálisis	Cadena a Leer	Pila	Cima de Pila	Acciones
b	b$	λ	λ	Se crea la pila
b	b$	#	λ	Poner(#)
b	b$	S#	S	Poner(S)
b	b$	Sb#	**S**	Sacar() y Poner(**aSb**)
b	b$	aSb#	a	**Rechazar**

Tabla 5.15: Proceso de cadenas aabb, a y b con algoritmo LL(1).

La tercera función usual en el manejo de estructuras LIFO, que verifica si la pila está vacía, se implementa como en el autómata con pila almacenando como primer símbolo un **#**, a modo de marca del fondo de pila.

El algoritmo al ser ejecutado con una cadena de símbolos del alfabeto de entrada **{a, b}**, terminada con el símbolo de fin de cadena **$**, funciona exactamente como indica el ***AP*** que implementa la gramática del lenguaje $L_{(5.12)}$ y es guiado por la tabla ***M***, para seleccionar las producciones que conviene utilizar en cada paso.

Ejemplo 5.13

Recuérdese ahora, la pequeña gramática de expresiones aritméticas propuesta en el Ejemplo 31 del Capítulo 2:

G = ({num, +, *, (,)}, {E}, E,{E := E + E | E * E | (E) | num})

Como se discutió en su oportunidad, esta gramática es ambigua y tiene recursión por izquierda en el símbolo no terminal **E**. Se quiere desarrollar un algoritmo de análisis sintáctico descendente para ella, pero como se discutió oportunamente, una gramática con las características de **G**, no puede ser tratada por los algoritmos de descenso recursivo o **LL(1)**. Por ello, se inicia el estudio quitando la recursión por izquierda, para lo cual creamos un nuevo no terminal X y las nuevas producciones:

E := (E)X | numX ; X := +EX | *EX | λ

quedando la gramática en el formato:

G' = ({num, +, *, (,)}, {E, X}, E,{E := (E)X | numX, X := +EX | *EX | λ})

Con la esperanza de que esta versión equivalente no sea ambigua, se intenta construir un analizador sintáctico LL**(1)** (predictivo no recursivo). Obviando nuevamente el procedimiento de generación de la tabla ***M***, que está fuera del alcance de este libro, se obtiene la Tabla 5.16, donde se detectan celdas con más de una producción. Esto indica que la gramática no es LL**(1)** y que no puede armarse un analizador sintáctico descendente predictivo no recursivo para ella.

Sin embargo, nótese que de cada par de reglas en las celdas ***M*(X,+)** y ***M*(X,*)**, una de ellas es la regla no generativa **X:=λ**. Esta ambigüedad podría quitarse ya que, si se sabe que el símbolo de preanálisis es **+** cuando en la cima de la pila se encuentra el no terminal **X**, no hay dudas de que aplicar la regla generativa **X:=+EX** es lo adecuado, y lo mismo sucede en el caso de tener un símbolo de preanálisis ***** respecto de la regla **X:=*EX**.

$M(\Sigma_N,\Sigma_T)$	num	+	*	(	)	$
E	E:=numX			E:=(E)X		
X		X:=+EX X:=λ	X:=*EX X:=λ		X:=λ	X:=λ

Tabla 5.16: Tabla de análisis sintáctico no recursivo del Ejemplo 5.13.

Por ello, puede elegirse esta forma de quitar la ambigüedad y quedarse con la Tabla 5.17 como válida para los propósitos de análisis sintáctico de cadenas. Las celdas vacías indican como siempre, situaciones en las que habrá de anunciarse un error.

$M(\Sigma_N,\Sigma_T)$	num	+	*	(	)	$
E	E:=numX			E:=(E)X		
X		X:=+EX	X:=*EX		X:=λ	X:=λ

Tabla 5.17: Tabla de análisis sintáctico (modificada) del Ejemplo 5.13.

Actividades prácticas

Ejercicios propuestos de APD y APND

Ejercicio 1

Construir un AP por cada ítem, que verifique si los paréntesis y/o corchetes se encuentran balanceados, es decir que por cada símbolo de apertura debe haber uno de cierre.

a) (( ))

b) (( )) ((( )))

c) [( ) (( ))]

Ejercicio 2

Para cada condición diseñar un AP que verifique si en un byte leído:

a) La cantidad de **1s** en los cuatro primeros bits es la misma que en los cuatro últimos.

b) La cantidad de **0s** en los cuatro primeros bits es la misma que la cantidad de **1s** en los cuatro últimos.

c) Los cuatro primeros bits constituyen la imagen refleja de los cuatro últimos.

d) Los cuatro últimos bits constituyen la imagen refleja negada de los cuatro primeros.

Ejercicio 3

Diseñar un AP que verifique si dos nibbles leídos, separados por el símbolo ***** (asterisco) tienen ambos la misma cantidad de **1s**.

Ejercicio 4

Diseñar un AP para cada uno de los lenguajes definidos a continuación:

a) $L_1 = \{0^n10^n \mid n \geq 1, \Sigma = \{ 0, 1 \}\}$

b) $L_2 = \{a^pb^nc^p \mid p \geq 1, n > 0, \Sigma = \{ a, b, c\}\}$

c) $L_3 = \{0^n1^{2n} \mid n \geq 1, \Sigma = \{ 0, 1 \}\}$

Ejercicio 5

Verificar si los autómatas con pila de los Ejemplos 5.2, 5.5 y 5.6 son no deterministas. Explicar detalladamente el motivo en cada caso.

Ejercicio 6

Incluir las condiciones de error en los autómatas con pila de los Ejemplos 5.1, 5.3 y 5.4, y verificar si son deterministas. Explicar detalladamente cada caso.

Ejercicio 7

Describir y justificar las condiciones de error que pueden presentarse en los Ejemplos 5.1, 5.2, 5.3 y 5.4 brindando detalles de cada caso.

Ejercicios propuestos de analizadores sintácticos

Ejercicio 8

Dada la siguiente gramática formal G_1 = ({a, b, c},{S, M, N},S, P_1) con P_1= {S:=cMc, M:=aMa | bNb | c, N:=a | b | c}, se pide:

a) Construir un analizador sintáctico descendente (grafo) y verificar el funcionamiento del mismo con la palabra **α=cabcbac**. Usar un árbol de descripciones instantáneas y la tabla operativa.

b) Construir un analizador sintáctico ascendente (grafo), y verificar el funcionamiento del mismo con la misma palabra **α=cabcbac** del caso anterior. Usar un árbol de descripciones instantáneas y tabla operativa.

Ejercicio 9

Resolver el Ejercicio 8.a utilizando el analizador sintáctico descendente específico para gramáticas expresadas en forma normal de Greibach. Representar su grafo y verificar su funcionamiento al leer la misma palabra **α= cabcbac**. Representar el árbol de descripciones instantáneas y hacer un análisis comparativo del comportamiento de ambos analizadores sintácticos.

Ejercicio 10

Construir: a) un analizador sintáctico descendente y b) un analizador ascendente, que reconozcan el lenguaje producido por la siguiente gramática. Verificar los comportamientos en cada caso a través de árboles de descripciones instantáneas. La cadena de entrada es α= bbaaaa.

G2 = ({a, b}, {A, B, S}, S, P2), con

P2 = {S:=bAaB, A:=bBa | b, B:=Ab | a}

Ejercicios resueltos de APD y APND

Ejercicio 11

Construir un AP que verifique que los paréntesis, corchetes y llaves se encuentren balanceados y ordenados jerárquicamente en cadenas tales como α = {[()()][()]}(){[()]}.

Estas cadenas provienen de expresiones algebraicas a las que se les han eliminados las variables, constantes y operadores aritméticos, dejando solamente los símbolos objeto del análisis sintáctico.

Solución

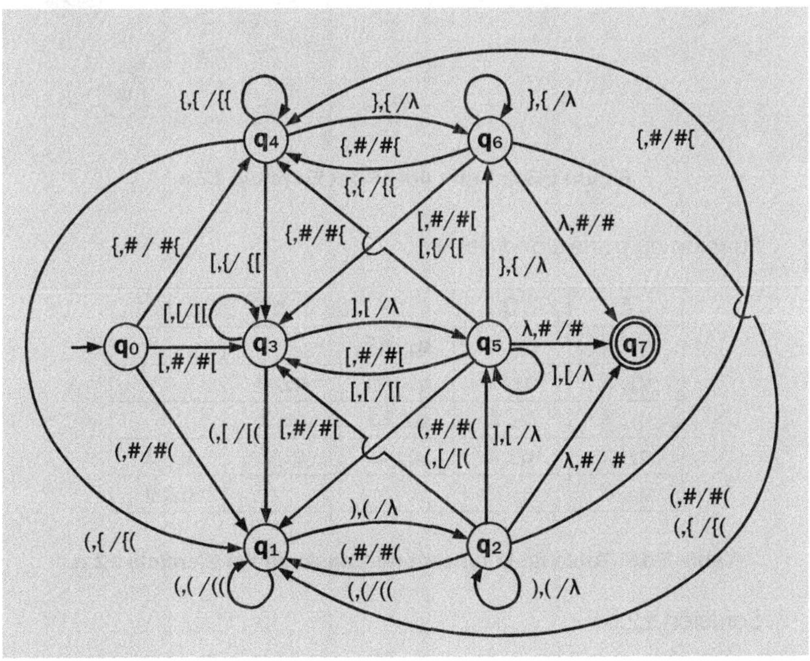

Figura 5.30: Grafo del autómata con pila del Ejercicio 11.

Ejercicio 12

Diseñar un AP por cada uno de los siguientes ítems, que verifique si para dos nibbles leídos, separados por el símbolo * (asterisco)

a) El primer nibble tiene la misma cantidad de **1s** que **0s** el segundo.

b) El primer nibble constituye la imagen refleja del segundo.

c) El segundo nibble es la imagen refleja negada del primero.

Solución 12.a

$$AP = (\{0,1\}, \{1,\#\}, \{q_0,q_1,q_2,q_3,q_e\}, q_0, \#, \{q_3\}, f)$$

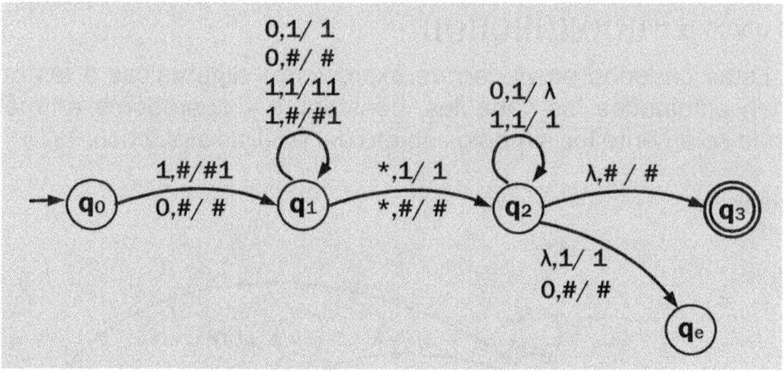

Figura 5.31: Grafo del AP del Ejercicio 12.a.

Función de transición ***f*** del AP:

f:	0	1	*	λ
q_0, #	q_1, #	q_1, #1		
q_1, #	q_1, #	q_1, #1	q_2, #	
q_1, 1	q_1, 1	q_1, 11	q_2, 1	
q_2, 1	q_2, λ	q_2, 1	q_e, 1	q_e, 1
q_2, #	q_e, #			q_3, #

Tabla 5.18: Tabla de la función de transición del Ejercicio 12.a.

Solución 12.b

$$AP = (\{0, 1\}, \{0, 1, \#\}, \{q_0, q_1, q_2, q_3, q_e\}, q_0, \{q_3\}, \#, f)$$

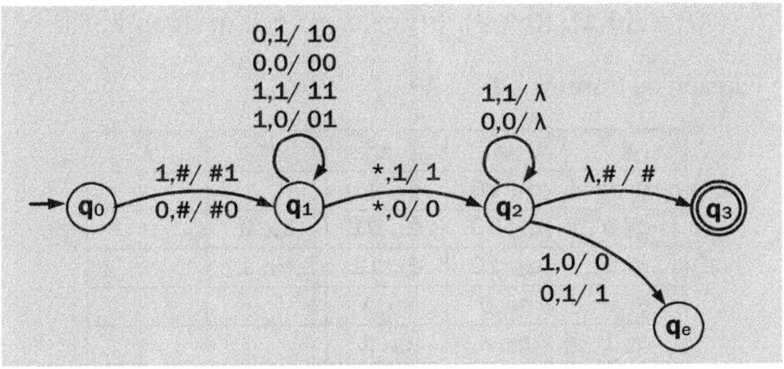

Figura 5.32: Grafo del AP del Ejercicio 12.b.

Función de transición ***f*** del *AP:*

f:	0	1	*	λ
q_0,#	q_1, #0	q_1, #1		
q_1,0	q_1, 00	q_1, 01	q_2, 0	
q_1,1	q_1, 10	q_1, 11	q_2, 1	
q_2,0	q_2, λ	q_e, 0		
q_2,1	q_e, 1	q_2, λ		
q_2,#				q_3, #

Tabla 5.19: Tabla de la función de transición del Ejercicio 12.b.

Solución 12.c

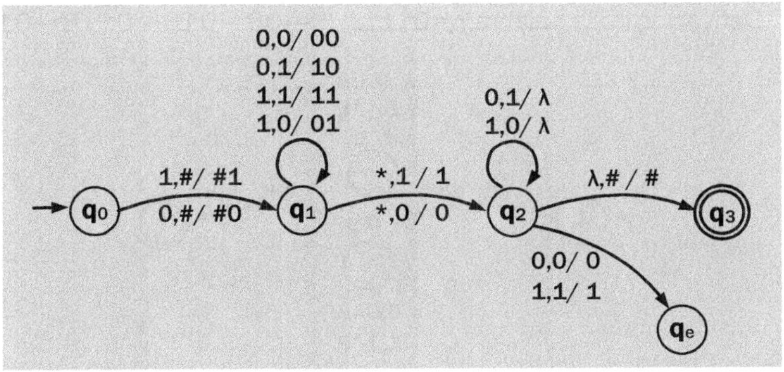

Figura 5.33: Grafo del AP del Ejercicio 12.c.

$AP = (\{0,1\}, \{0,1,\#\}, \{q_0,q_1,q_2,q_3,q_e\}, q_0, \{q_3\}, \#, f)$

Función de transición **f** del *AP:*

f:	0	1	*	λ
q_0,#	q_1, #0	q_1, #1		
q_1,0	q_1, 00	q_1, 01	q_2, 0	
q_1,1	q_1, 10	q_1, 11	q_2, 1	
q_2,0	q_e, 0	q_2, λ		
q_2,1	q_2, λ	q_e, 1		
q_2,#				q_3, #

Tabla 5.20: Tabla de la función de transición del Ejercicio 12.c.

Ejercicios resueltos de analizadores sintácticos

Ejercicio 13

Construir: a) un analizador sintáctico descendente y b) un analizador ascendente, que reconozcan el lenguaje producido por la gramática mostrada más abajo. En cada caso, representar los grafos y verificar sus comportamientos ante la lectura de la cadena **α=0111** con las tablas operativas y los árboles de descripciones instantáneas.

G = ({0, 1}, {B, S}, S, P) siendo P = {S:=0B, B:=1B, B:=1}

Solución 13.a (Analizador Sintáctico Descendente - ASD)

Derivación de la palabra **α=0111**: S→0B→01B→011B→0111

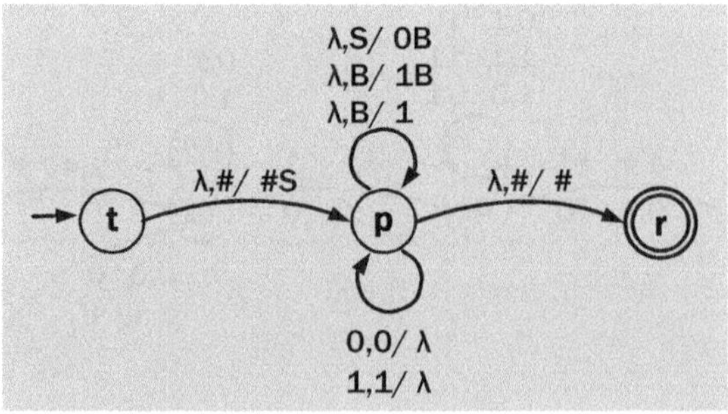

Figura 5.34: Grafo del AP del Ejercicio 13.a (ASD).

$AP = (\{0, 1\}, \{0, 1, B, S, \#\}, \{t, p, r\}, t, \#, \{r\}, f)$

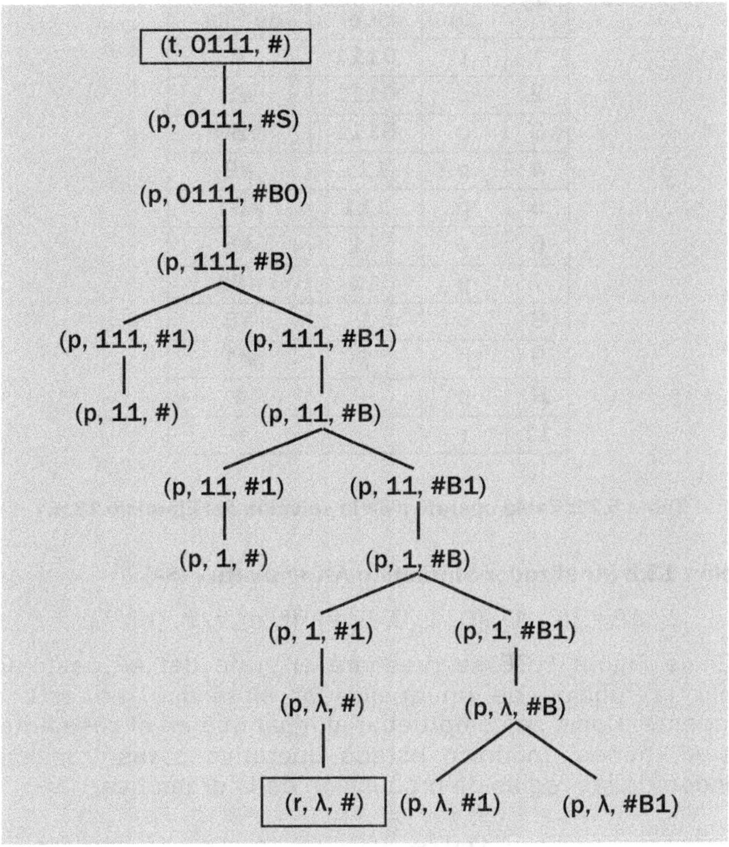

Figura 5.35: Árbol de descripciones instantáneas del Ejercicio 13.a.

En la Figura 5.34 se presenta el grafo del AP y en la Figura 5.35 se muestra el árbol de descripciones instantáneas del proceso de aceptación de la cadena α, donde sus ramificaciones ponen en evidencia la condición no determinista del AP.

En la Tabla 5.21, se muestra la correspondiente tabla operativa, que solo contiene las descripciones instantáneas de los movimientos que conducen a la aceptación de la cadena. En ambos casos, la aceptación se manifiesta con el arribo a la configuración final, que contiene el estado **r**, la cadena ha sido completamente leída y la pila está vacía.

No	Esta-do	Cadena a leer	Contenido de Pila
1	t	0111	#
2	p	0111	#S
3	p	0111	#B0
4	p	111	#B
5	p	111	#B1
6	p	11	#B
7	p	11	#B1
8	p	1	#B
9	p	1	#1
10	p	-	#
11	r	-	#

Tabla 5.21: Tabla operativa de la solución del Ejercicio 13.a.

Solución 13.b (Analizador Sintáctico Ascendente - ASA)

$$AP = (\{0, 1\}, \{0, 1, B, S, \#\}, \{t, p\}, t, \#, \{p\}, f)$$

En la Figura 5.36 se presenta el grafo del AP destinado a cumplir la función de un analizador sintáctico, en este caso ascendente. Como se comprueba, al igual que en el caso anterior, estos AP tienen un único estado operativo cuyas transiciones dependen de las reglas de producción de la gramática.

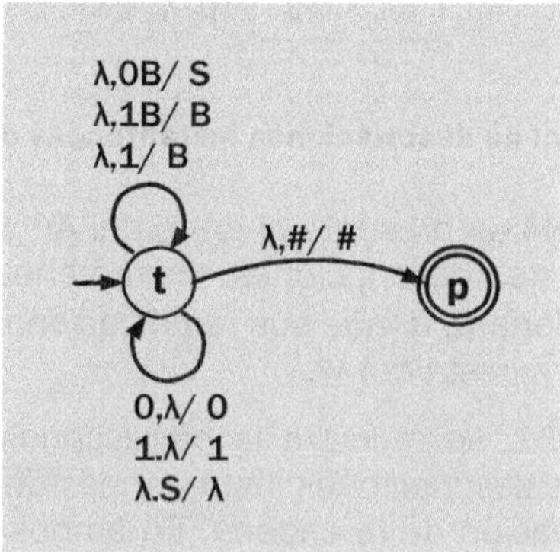

Figura 5.36: Grafo del AP del Ejercicio 13.b (ASA).

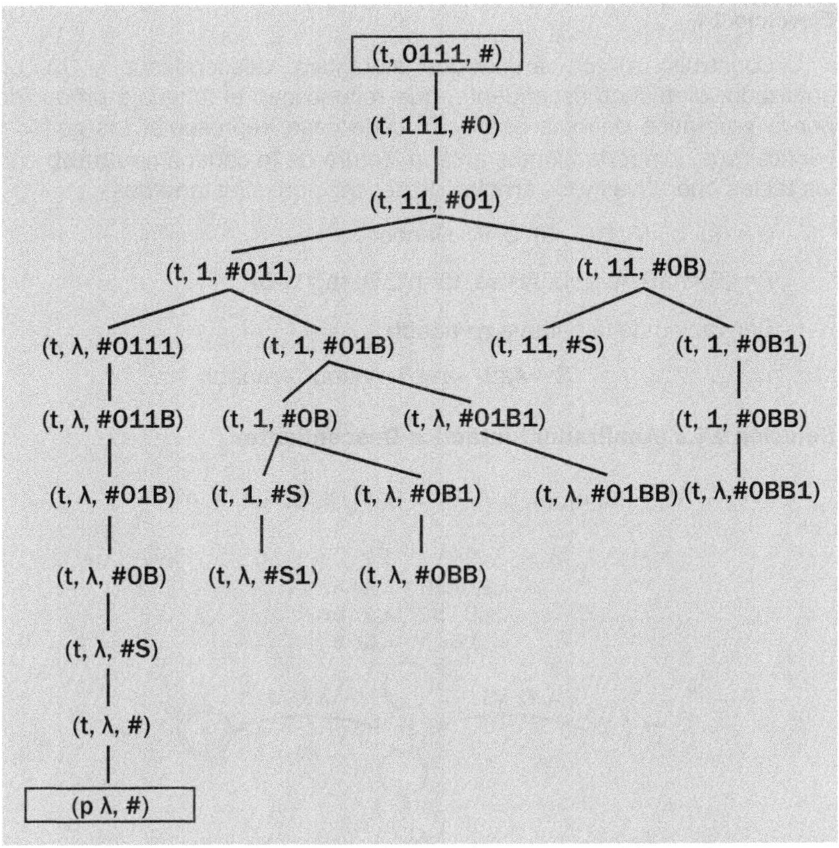

Figura 5.37: Árbol de descripciones instantáneas del Ejercicio 13.b (ASA).

No	Estado	Cadena a leer	Contenido de Pila
1	t	0111	#
2	t	111	#0
3	t	11	#01
4	t	1	#011
5	t	-	#0111

No	Estado	Cadena a leer	Contenido de Pila
6	t	-	#011B
7	t	-	#01B
8	t	-	#0B
9	t	-	#S
10	t	-	#
11	p	-	#

Tabla 5.22: Tabla operativa de la solución del Ejercicio 13.b.

Ejercicio 14

Construir: a) un analizador sintáctico descendente y b) un analizador sintáctico ascendente, que reconozcan el lenguaje producido por la gramática definida abajo. En cada caso, representar los grafos y verificar sus comportamientos ante la lectura de la cadena **α=aaabb** con las tablas operativas y los árboles de descripciones instantáneas.

G = ({a, b}, {A, B, C, S}, S, P), siendo:

P = {S:=AaB, A:= bB, A:=aa, B:=bC, B:=b, C:=b}

Derivación de la palabra **α=aaabb**:

S→AaB→aaaB→aaabC→aaabb

Solución 14.a (Analizador Sintáctico Descendente)

AP = ({a, b}, {a, b, A, B, C, S, #}, {t, p, r}, t, #, {r}, *f*)

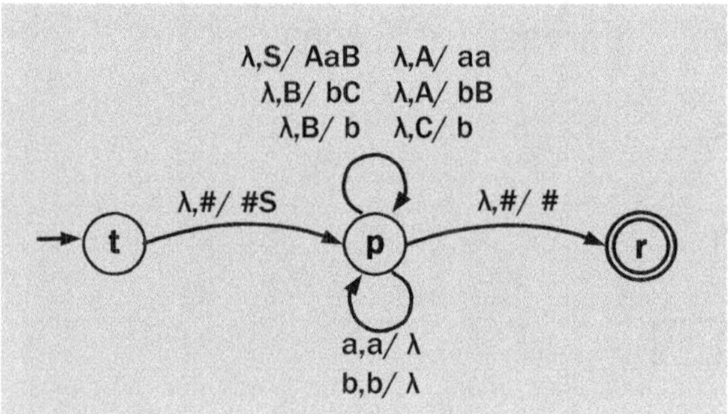

Figura 5.38: Grafo del AP del Ejercicio 14.a (ASD).

No	Estado	Cadena a leer	Contenido de Pila	No	Estado	Cadena a leer	Contenido de Pila
1	t	aaabb	#	7	p	bb	#B
2	p	aaabb	#S	8	p	bb	#Cb
3	p	aaabb	#BaA	9	p	b	#C
4	p	aaabb	#Baaa	10	p	b	#b
5	p	aabb	#Baa	11	p	-	#
6	p	abb	#Ba	12	r	-	#

Tabla 5.23: Tabla operativa de la solución del Ejercicio 14.a.

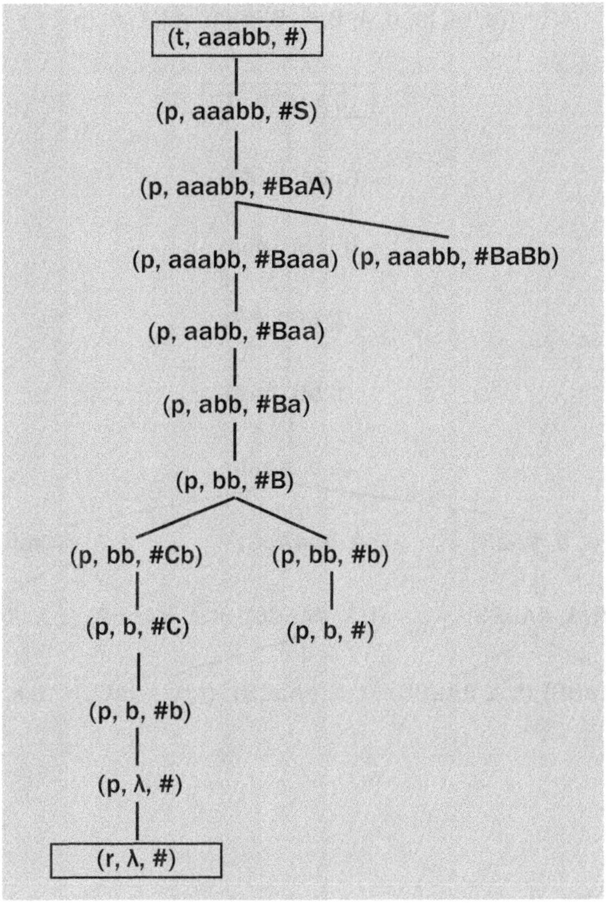

Figura 5.39: Árbol de descripciones instantáneas del Ejercicio 14.a.

Solución 14.b (Analizador Sintáctico Ascendente)

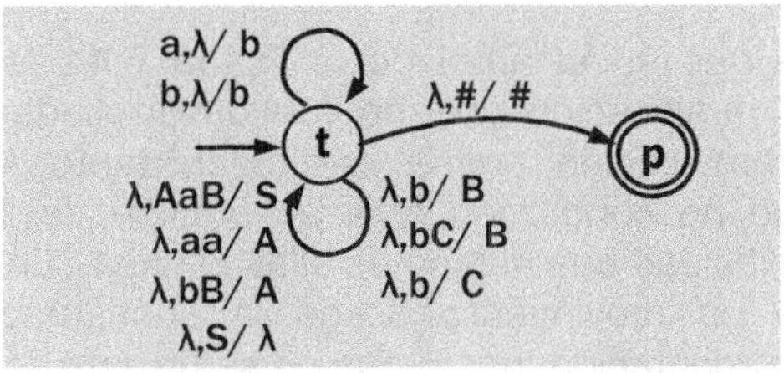

Figura 5.40: Grafo del AP del Ejercicio 14.b (ASA).

AP = ({a, b}, {a, b, A, B, C, S, #}, {t, p,}, t, #, {p}, *f*)

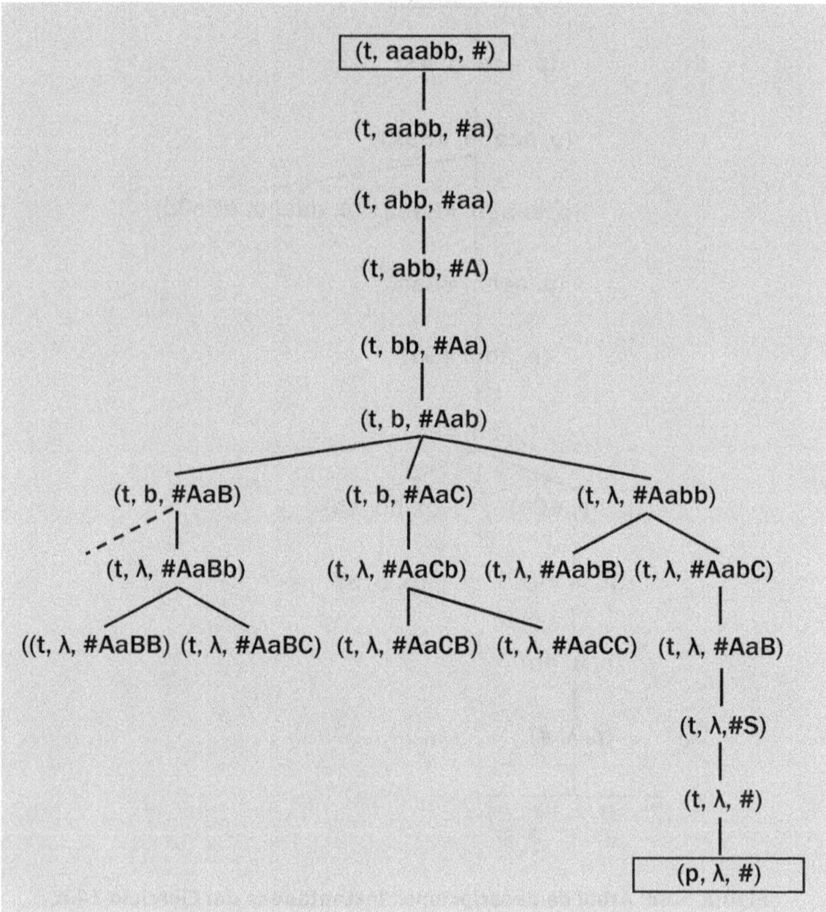

Figura 5.41: Árbol de descripciones instantáneas del Ejercicio 14.b.

Obsérvese que en el árbol de la Figura 5.41 la línea de trazos representa una ramificación que no fue desarrollada por razones de espacio. Esta ramificación podría dar lugar, tanto a secuencias de movimientos que no conduzcan a la aceptación de la cadena, como también a la posibilidad que alguna de ellas lo haga. En este último caso habría más de un movimiento desde la configuración inicial a la configuración de aceptación, por lo que no se trataría de un árbol sino de un grafo.

No	Esta-do	Cadena a leer	Contenido de Pila
1	t	aaabb	#
2	t	aabb	#a
3	t	abb	#aa
4	t	abb	#A
5	t	bb	#Aa
6	t	b	#Aab
7	t	-	#Aabb
8	t	-	#AabC
9	t	-	#AaB
10	t	-	#S
11	t	-	#
12	p	-	#

Tabla 5.24: Tabla operativa de la solución del Ejercicio 14.b.

Es conveniente reiterar aquí que las tablas operativas son un recurso apropiado para documentar el movimiento del AP desde su configuración inicial hasta la aceptación de la cadena, pero debe tenerse presente que en los APND se trata solo de una rama del árbol de descripciones instantáneas. En estos casos, no debe perderse de vista que el verdadero esfuerzo conducente a la aceptación de una cadena solo queda en evidencia al visualizarse completamente su árbol.

Los indicadores mas usuales para reconocer la magnitud de este esfuerzo son normalmente dos: a) el factor de ramificación medio, es decir la cantidad media de opciones que se presentan en cada nodo del árbol y b) la profundidad del mismo, es decir la cantidad de transiciones que componen el mejor (si son varios) movimiento desde la configuración inicial a la configuración final.

Como es de esperarse, el mejor analizador sintáctico será aquél que permita validar las sentencias de un lenguaje con los menores factores de ramificación medio y la menor profundidad en sus árboles.

Autómata linealmente acotado y máquina de Turing

6

Aspectos generales

Llegado a este punto en el que ya se han estudiado tres de las principales máquinas abstractas: el autómata finito, el autómata finito bidireccional y el autómata con pila, resulta conveniente recordar el esquema de la Figura 6.1 ya visto en el Capítulo 1, que mostraba la jerarquía de estas máquinas y las relaciones entre ellas.

El punto de partida en este esquema es el autómata finito (AF), al cual se le incorporaron recursos adicionales para dar lugar a dos nuevos autómatas: el autómata con pila (AP) y el autómata finito bidireccional (AFDB). En el primer caso, se incorporó una memoria LIFO, que tuvo fuerte impacto, ya que le dio al AP la capacidad de reconocer lenguajes generados por gramáticas tipo 2. Esta máquina resultó la base de los analizadores sintácticos, que reconocen a los modernos lenguajes de programación y constituyen una parte central de sus compiladores. El segundo caso pareció menos trascendental, ya que al incorporar el movimiento del cabezal en dos sentidos, solo pudo obtenerse alguna mejora en la eficiencia del AF, pero ninguna capacidad adicional. Sin embargo, llegó la hora de comprobar la importancia de esta mejora, al servir el AFDB de base a una nueva máquina, *autómata linealmente acotado*, que a su vez conduce a la *máquina de Turing*.

Es así que el autómata finito bidireccional es un autómata finito al que se le incorporó la posibilidad de seleccionar el sentido del próximo movimiento del cabezal en cada transición. Como se recordará, fue necesario limitar la cinta de entrada y, para ello, se definió un nuevo alfabeto de cinta Γ, formado por el alfabeto de entrada Σ_E y dos símbolos especiales destinados a demarcar los extremos del medio de lectura ($\vdash$ y $\dashv$). Así, una cadena α a ser procesada es representada en la cinta por $\vdash\alpha\dashv$. Cabe acotar que esos símbolos, reconocidos como BOT (*Begin Of Tape*) y EOT (*End Of Tape*) eran de uso frecuente para demarcar los límites de las cintas magnéticas, de intenso uso en computadores durante mucho tiempo.

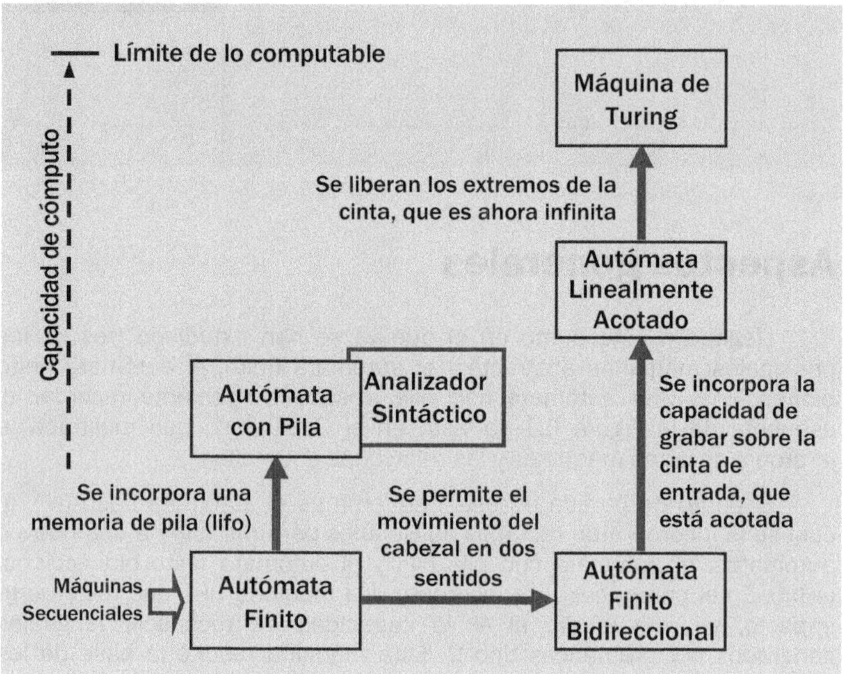

Figura 6.1: Jerarquía de máquinas abstractas.

Como consecuencia de estos nuevos símbolos, la función de transición del AFDB fue ampliada para reconocerlos y también para definir el sentido del movimiento del cabezal en cada posible transición. Para ello, se definió un nuevo alfabeto de movimientos **{I, N, D, P}** que representa las tres posibilidades de desplazamiento del cabezal de entrada: izquierda (I), neutro (N), derecha (D) y la parada de la máquina (P).[1] A partir de todo lo expuesto, el AFDB fue definido como:

$$AFDB = (\Sigma_E, \Gamma, Q, q_0, A, f)$$

donde: $\Gamma = \Sigma_E \cup \{\vdash, \dashv\}$ y donde $f: Q \times \Gamma \rightarrow Q \times \{I, N, D, P\}$.

Nótese que la función de transición así definida encierra en realidad dos funciones: una propiamente de transiciones entre estados y otra de movimientos del cabezal. Es decir, ***f*** resume en sí misma a:

$$p=f^T(q,a) \text{ y } m=f^M(q,a) \text{ siendo } p,q \in Q,\ a \in \Gamma,\ m \in \{I,N,D,P\}$$

La novedad es que el autómata finito bidireccional tiene la posibilidad de quedar encerrado en ciclos infinitos, condición que es imposible en los autómatas cuyos cabezales de entrada se mueven regularmente en un mismo sentido. Esta nueva circunstancia no es poca cosa, ya que significa que la operación de este tipo de autómata no necesariamente implica un proceso efectivo o algoritmo.

Autómata linealmente acotado y máquina de Turing

Dando al autómata finito bidireccional la posibilidad de grabar sobre la cinta, se obtiene una nueva máquina abstracta llamada *Autómata Linealmente Acotado* (ALA). Ahora bien, la capacidad de grabar implica la ampliación del alfabeto de cinta Γ con la incorporación de símbolos auxiliares reunidos en un nuevo alfabeto Ω. Como se comprobará en los ejercicios, los símbolos auxiliares agrupados en Ω son una consecuencia natural de la capacidad de grabación que ahora exhibe la nueva máquina abstracta, que le permite al propio autómata incorporar otros símbolos en la salida y distinguir si un cierto símbolo fue o no procesado. En este último caso, el cabezal puede pasar varias veces sobre un mismo símbolo y ser necesario distinguir sucesivas condiciones a lo largo del proceso.

El autómata linealmente acotado queda definido como:

---

1 Respecto de la definición dada en el Capítulo 3, aquí se incorpora una nueva acción que el autómata puede ejecutar en lugar de mover su cabezal, la instrucción **P** de parada. Esto no altera significativamente la esencia de la máquina AFDB, pero es útil a los fines de presentar la definición del ALA y la MT que se está introduciendo.

$$ALA = (\Sigma_E, \Gamma, Q, q_0, A, f)$$

donde:

Σ_E : Alfabeto de símbolos de entrada

Γ : Alfabeto de cinta, $\Gamma = \Sigma_E \cup \{\vdash, \dashv\} \cup \Omega$

Q : Conjunto finito, no vacío, de estados posibles.

q_0 : Estado inicial de operación, $q_0 \in Q$

A : Conjunto de estados de aceptación, $A \subseteq Q$

f : Función de transición, $f: Q \times \Gamma \rightarrow Q \times \Gamma \times \{I, N, D, P\}$

Como puede observarse, cuatro de los componentes son los mismos del AFDB: Σ_E, Q, q_0 y A. El alfabeto de cinta $\mathbf{\Gamma}$ fue ampliado con símbolos auxiliares $\mathbf{\Omega}$ y la otra variante está en la función de transición, que debe incorporar las previsiones para efectuar la grabación de un símbolo sobre la cinta en cada intervalo de tiempo. Nótese que no se trata más de una cinta de entrada sino más bien de una cinta de trabajo o medio de entrada/salida, de largo igual al de la cadena a ser procesada.

Esto significa que la llamada *función de transición* encierra ahora en realidad tres funciones: la de transiciones entre estados (f^T), la de movimientos del cabezal (f^M) y una nueva que es la función de salida (f^S). Las dos primeras ya fueron definidas y la última se expresa como:

$$b = f^S(q, a) \text{ con } q \in Q, a \in \Gamma \text{ y } b \in \Gamma$$

Ahora bien, si se permite a la cinta extenderse más allá de la cadena a ser procesada, es necesario eliminar las marcas que la limitan. En este caso, se debe definir un símbolo que, por defecto, ocupará el resto del medio de entrada/salida y usualmente se utiliza para este fin el ***b*** (blanco). La ausencia de límites implica que este medio se extiende ahora hasta el infinito, conformando una enorme área de trabajo o memoria auxiliar. Con esta muy importante variante, el autómata linealmente acotado se convierte en una *Máquina de Turing*:

$$MT = (\Sigma_E, \Gamma, Q, q_0, A, f, b)$$

Los componentes de la MT son los mismos ya definidos para el ALA, con la única excepción del alfabeto de cinta, que debe ser redefinido ya que se eliminaron las marcas de inicio y fin de cinta. Además, debe observarse que en la definición de la máquina de Turing se incluye el símbolo ***b***, que por defecto ocupa el resto de la cinta no utilizada. El alfabeto de cinta de la MT es entonces $\mathbf{\Gamma = \Sigma_E \cup \Omega \cup \{b\}}$.

A lo largo del libro, a través de un proceso que comenzó con la presentación de las máquinas secuenciales y el autómata finito, se llegó al modelo computacional introducido por Alan Turing en su trabajo de 1936 y publicado por la *Sociedad Matemática de Londres*. Turing ideó un modelo matemático abstracto que formalizó el concepto de algoritmo y con el cual demostró que existían problemas que una máquina no podía resolver. Así Turing respondió a la cuestión planteada por David Hilbert sobre si las matemáticas son *decidibles*, es decir, capaces de resolver cualquier problema a partir de un método axiomático general.

Definiciones referidas al ALA y MT

Configuración

El *Autómata Finito Determinista Bidireccional* (AFDB), el *Autómata Linealmente Acotado* (ALA) y la *Máquina de Turing* (MT) constituyen una clase de máquinas abstractas caracterizadas por la capacidad de mover el cabezal en los dos sentidos sobre el medio de entrada. Como se recordará del Capítulo 3, esto llevó a que en el AFDB desaparezca el concepto de *cadena a ser leída*, que era clásico del AF y AP, y se presente la necesidad de replantear la definición de *configuración* o *descripción instantánea*. En efecto, para la completa definición de la condición en la que se encuentra un AFDB en un instante dado **t** se requieren tres componentes, que son: *i*) el estado actual **q**, *ii*) el contenido de la cinta de entrada, representado en este caso por cierta cadena $\boldsymbol{\alpha}$ y *iii*) la posición del cabezal **k** sobre la misma. Luego:

$$K_t = (q, \vdash\alpha\dashv, k) \quad ; \quad \alpha = \text{constante}$$

La configuración o descripción instantánea del ALA y máquina de Turing MT tiene los mismos componentes, con la salvedad de que, al poder grabar sobre la cinta, alteran progresivamente la cadena de entrada en cada transición, convirtiéndola en sucesivas cadenas $\boldsymbol{\beta_t}$. En el caso del autómata linealmente acotado, las cadenas $\boldsymbol{\beta_t}$ mantienen la misma longitud y su configuración es definida como:

$$K_t = (q, \vdash\beta_t\dashv, k) \quad ; \quad |\beta_t| = \text{cte.}, \ t = 0, 1, 2, \ldots n$$

Por último, en la máquina de Turing, la configuración o descripción instantánea es definida como:

$$K_t = (q, \beta_t, k) \quad ; \quad \beta_t \neq \text{cte.}, \ t = 0, 1, 2, \ldots n$$

En este caso, β_t representa el contenido de la parte de la cinta que es efectivamente utilizada en cada intervalo de tiempo, dejando de lado los extremos seminfinitos ocupados con **ƀ**, que pueden ser uno o ambos.

En resumen, en el AFDB la cinta es exclusivamente un medio de entrada y, por lo tanto, permanece inalterado, en el ALA, la cinta es un medio de entrada/salida cuyo sector utilizado tiene un largo que permanece inalterado, por estar acotado, y en la MT la cinta es también un medio de entrada/salida, pero que durante su operación cambia en contenido y extensión. Esto último permite disponer de todo el espacio necesario, lo que en la práctica equivale a operar en un medio infinito.

Convenciones de representación

Como ya fue anticipado, tanto en el ALA como en la MT, la función de transición reúne en realidad tres funciones, que son: *i*) transición de estados, *ii*) salida y *iii*) movimiento del cabezal. En la tabla que representa la función de transición, se deben definir entonces el próximo estado, el símbolo a ser grabado y el movimiento que corresponde a cada condición de operación, separados por comas.

En los grafos, los arcos son etiquetados con la simbología **e/s,m**, que representan el símbolo leído (**e**), el símbolo grabado (**s**) y el código del movimiento del cabezal (**m**). Ejemplos de movimientos de un ALA y de una MT serían los siguientes:

$$(p, \vdash 0101 \dashv, 1) \vdash (q, \vdash 1101 \dashv, 2) \ ; \ (p, 0101, 1) \vdash (q, 1101, 2)$$

que implica que la función de transición incluye a **f(p, 0) = (q, 1, D)** y que el cabezal pasó de la posición **1** a la posición **2**. Ambos movimientos son representados con el fragmento de grafo que se muestra en la Figura 6.2:

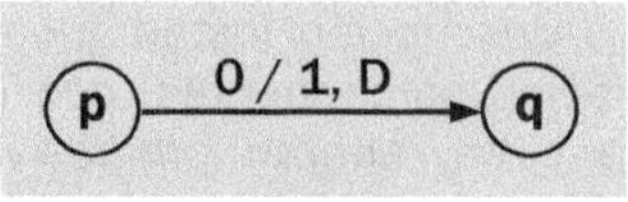

Figura 6.2: Transición del estado p al q ante la lectura de 0.

El árbol de configuraciones no suele ser la opción más conveniente para representar el comportamiento de un ALA o una MT al procesar cierta cadena de entrada. En especial, cuando se trata de árboles lineales provenientes del estudio de máquinas abstractas deterministas.

En su lugar, se suele emplear una secuencia de esquemas que muestran el fragmento utilizado de la cinta y la posición del cabezal, que es representado por el símbolo del estado actual. Por ejemplo, si un sector del árbol de configuraciones, mostrado en la Figura 6.3, representa la operación de cierto autómata linealmente acotado a partir de un instante dado, la secuencia de esquemas correspondientes es mostrada en la Figura 6.4.

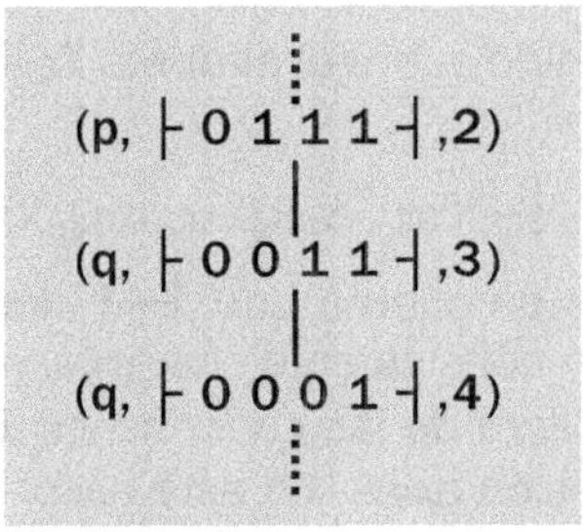

Figura 6.3: Fragmento del árbol de configuraciones de un ALA.

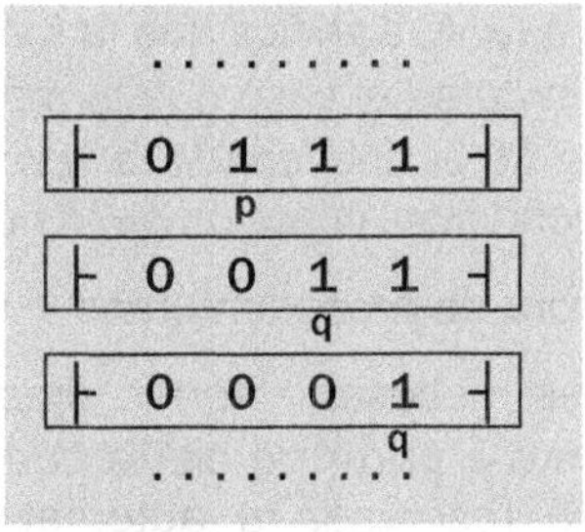

Figura 6.4: Secuencia de esquemas de configuraciones de un ala.

Como pudo apreciarse, se trata de representaciones equivalentes que pueden utilizarse indistintamente, aunque la última está más difundida. Aquí resulta más inmediato visualizar el estado de la máquina en cada instante de tiempo, la posición del cabezal y las sucesivas transformaciones del medio de entrada / salida, representado por la cinta. Cabe aquí reiterar que este recurso es recomendado para autómatas deterministas, ya que no facilita la representación de caminos alternativos o ramificaciones de un árbol.

Interpretaciones del ALA y MT

Los autómatas linealmente acotados y las máquinas de Turing admiten dos interpretaciones: *reconocedoras de lenguajes* y *ejecutoras de procedimientos*.

A. Máquina reconocedora de lenguajes

Un lenguaje **L** definido sobre el alfabeto Σ_E, es reconocido por un ALA o máquina de Turing **M** si:

$$L = \{\alpha / (q_0, \alpha, 1) \vdash^* (q_A, \beta, k),\ q_0 \in Q,\ q_A \in A,\ \alpha \in \Sigma_E^*,\ \beta \in \Gamma^+\}$$

Aquí debe tenerse en cuenta que $\vdash^*$ denota una cantidad finita de movimientos y, por consiguiente, de intervalos de tiempo, lo que implica que ante cualquiera de las cadenas ***$\alpha \in$ L la máquina se detiene*** en un estado de aceptación $q_A \in A$. En este caso, se dice que **L = L(M)**, es decir que el lenguaje definido sobre el alfabeto Σ_E es reconocido por la máquina **M** (en el caso del ALA, **k** debe indicar el fin de cinta $\dashv$).

Por el contrario, si el estado final alcanzado al detenerse no es de aceptación, es decir que $q_A \notin A$, significa que la máquina **M** ha rechazado la cadena α. Puede también darse el caso que la máquina no se detenga con α, entonces se dirá que **M** es indiferente a α ya que ni la acepta ni la rechaza. En esta última condición, la acción de **M** no determina un algoritmo.

B. Máquina ejecutora de procedimientos

Para comenzar, es necesario tener presente que la tarea de ejecutar un procedimiento a partir de cierta cadena α por parte de una máquina abstracta está reservada a autómatas que disponen de la capacidad de grabar sobre la cinta de entrada, como es el caso del ALA y la MT. Es decir, convertir una cadena de entrada en una cadena de salida. En la mayoría de los casos, se tratará de procedimientos efectivos que, a partir de una cantidad finita de movimientos, convertirán la cadena inicial α en otra cadena final β que cumplirá ciertas condiciones. Se trata de máquinas que pueden caracterizarse como traductoras, por establecer una relación entre entrada y salida. Para una MT:

$$(q_0, \alpha, 1) \vdash^* (q_f, \beta, k),\ \text{donde}\ q_0, q_f \in Q,\ \alpha \in \Sigma_E^*,\ \beta \in \Gamma^+$$

Sin embargo, hay situaciones en las que el objetivo es el propio proceso y no una cierta cadena final β, tratándose muchas veces de casos en que la máquina cumple infinitas veces un mismo ciclo. En estos casos, interesa la sucesión de estados que recorre reiteradamente el autómata, ya que los mismos suelen estar asociados a condiciones de control. Es decir que la salida del autómata no está representada por la cadena final **β** sino por la sucesión de los estados alcanzados en un cierto orden. A continuación, se define un proceso que comienza en el estado **p** a partir de cierta cadena inicial **α** y que reiteradamente transita por los estados **p**, **q**, **r**, **s**, **t**. Luego, en el Ejemplo 6.8, se ilustra en detalle uno de estos casos.

$$(p, \alpha, 1) \vdash^{\infty} \ldots [p, q, r, s, t], \quad p, q, r, s, t \in Q, \quad \alpha \in \Sigma_E^*$$

Máquina de Turing modular

El concepto de máquina modular se refiere a la construcción de autómatas mayores a partir de aislar y asignar sus funciones principales a máquinas individuales específicas, que luego son incorporadas a la principal. Esto es, en especial, aplicable a la máquina de Turing ya que se ve facilitado por la disponibilidad de una cinta de E/S infinita.

Esta idea no es otra cosa que una concepción *modular* de una máquina de Turing, concepto análogo al aplicado en el desarrollo e implementación de sistemas convencionales de computación. Este es un enfoque altamente recomendable, como mínimo a nivel conceptual, con el fin de hacer más clara y entendible la operación de la MT a partir de la distinción de sus funciones principales. Es así que en una máquina de Turing modular su función de transición aparecerá sectorizada en correspondencia con los módulos o subprogramas que la componen.

Se brindan, a continuación, algunos ejemplos, comenzando por una *máquina de Turing reconocedora*, en concordancia con el orden en que fueron definidas en el punto anterior las interpretaciones que admite este tipo de máquinas abstractas.

Ejemplo 6.1

Se presenta el ejemplo clásico de reconocer a través de una máquina de Turing el lenguaje dependiente del contexto $L = \{c^n d^n e^n \ / \ n > 0\}$. Para ello, se propone el autómata $MT = (\Sigma_E, \Gamma, Q, q_0, A, f, b\!\!\!/)$, donde:

$\Sigma_E = \{c, d, e\}$ $\quad \Omega = \{X, Y, Z\}$ $\quad q_0 = p$

$\Gamma = \{c, d, e\} \cup \Omega \cup \{b\!\!\!/\}$ $\quad Q = \{p, q, r, s, t, u\}$ $\quad A = \{u\}$

La definición se completaría con la función de transición pero, en este caso, se comienza por plantear su grafo, que es presentado en la Figura 6.5. Como allí puede observarse, la lógica implementada verifica la repetición de secuencias **c..d..e..** y a medida que estos símbolos son encontrados son reemplazados por los símbolos auxiliares **X**, **Y** y **Z**. El autómata sale del ciclo de revisión de la cadena al regresar al estado **p** y encontrar que no hay más símbolos **c**. En ese caso, recorre la cadena hacia la derecha y se detiene en el primer espacio en blanco. Por el contrario, la ausencia de alguno de los tres símbolos en la secuencia impide que la máquina arribe a su estado de aceptación. Se sugiere al lector verificar que esto último es cierto, probando la operación de la MT con diferentes cadenas ajenas al lenguaje.

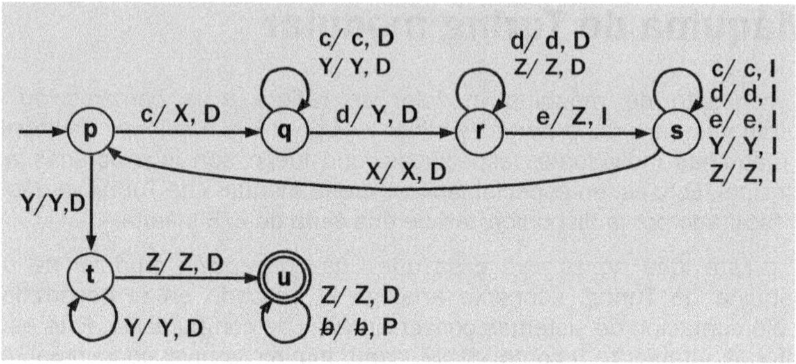

Figura 6.5: Grafo de la MT que acepta cadenas de tipo $\alpha = c^n d^n e^n$.

Para completar la definición de esta MT, es necesario presentar su función de transición, como se muestra en la Tabla 6.1:

f	c	d	e	X	Y	Z	ƀ
→p	q,X,D				t,Y,D		
q	q,c,D	r,Y,D			q,Y,D		
r		r,d,D	s,Z,I			r,Z,D	
s	s,c,I	s,d,I	s,e,I	p,X,D	s,Y,I	s,Z,I	
t					t,Y,D	u,Z,D	
*u						u,Z,D	u,ƀ,P

Tabla 6.1: Función de la MT que acepta cadenas de tipo $\alpha = c^n d^n e^n$.

La última tarea es comprobar la aceptación de una cierta cadena del lenguaje, por ejemplo: α = **ccddee** y, para ello, se utiliza una secuencia de esquemas de configuraciones, como se muestra en la Figura 6.6.

	Cinta	Estado		Cinta	Estado		Cinta	Estado
00	ƀ c c d d e e ƀ	p	07	ƀ X c Y d Z e ƀ	s	14	ƀ X X Y Y Z Z ƀ	s
01	ƀ X c d d e e ƀ	q	08	ƀ X c Y d Z e ƀ	s	15	ƀ X X Y Y Z Z ƀ	s
02	ƀ X c d d e e ƀ	q	09	ƀ X c Y d Z e ƀ	p	16	ƀ X X Y Y Z Z ƀ	s
03	ƀ X c Y d e e ƀ	r	10	ƀ X X Y d Z e ƀ	q	17	ƀ X X Y Y Z Z ƀ	s
04	ƀ X c Y d e e ƀ	r	11	ƀ X X Y d Z e ƀ	q	18	ƀ X X Y Y Z Z ƀ	p
05	ƀ X c Y d Z e ƀ	s	12	ƀ X X Y Y Z e ƀ	r		. . . . . .	
06	ƀ X c Y d Z e ƀ	s	13	ƀ X X Y Y Z e ƀ	r	22	ƀ X X Y Y Z Z ƀ	u

Figura 6.6: Comprobación de la aceptación de α = ccddee por la MT.

A partir de un análisis de este primer ejemplo de una máquina de Turing reconocedora de lenguajes, se pueden sacar algunas conclusiones:

a) Para reconocer este lenguaje no es necesario utilizar espacio adicional al ocupado originalmente por las sentencias, lo que significa que para cumplir esta tarea es posible utilizar un autómata linealmente acotado. La definición de este último seria idéntica a la MT presentada, solo que la cadena evaluada debería estar acotada por los símbolos delimitadores $\vdash$ y $\dashv$.

b) Surge naturalmente otra pregunta: ¿pueden este tipo de sentencias ser reconocidas por autómatas de una menor capacidad, por ejemplo autómatas con pila? Para responder con certeza a este interrogante, lo más apropiado es identificar la gramática más simple capaz de generar este lenguaje y determinar su tipo. No sin esfuerzo, se llega a ver que esta gramática tiene las siguientes reglas de producción:

P = {S := cBSe | cde, Bc := cB, Bd := dd }

Una vez conocida la gramática, se comprueba con facilidad que no se trata de una gramática independiente de contexto y, por lo tanto, de no haber una más simple que la presentada, su lenguaje no puede ser aceptado por un autómata con pila.

Ejemplo 6.2

Continuando con otro ejemplo de MT reconocedora de lenguajes, se propone desarrollar un autómata que acepte lenguajes de palíndromos, tales como **L = {$\alpha c \alpha^{-1}$ / $\alpha \in$ {a, b}+, |{$\alpha c \alpha$-1| = 2|α|+1} U {$\alpha\alpha^{-1}$ / $\alpha \in$ {a, b}$^+$}**, que ya fue objeto del desarrollo de autómatas con pila (Ejemplos 5.1 y 5.2) y analizadores sintácticos (Ejercicio 1) en el Capítulo 5. Algunos de estos AP eran no deterministas, pero si las MT pueden resolver cualquier problema (que tenga solución), seguramente habrá una MT capaz de cumplir la misma función y éste es el objeto del ejemplo que se presenta.

Puede anticiparse que será necesario disponer de símbolos auxiliares para identificar los caracteres ya procesados, agrupados en el alfabeto **Ω**. También que no será necesario ocupar espacio adicional al de la cadena original, por lo que en este caso se implementara un ALA en lugar de una MT. Cabe recordar que los ALA reconocen lenguajes generados por gramáticas dependientes del contexto, que incluyen a las gramáticas independientes del contexto (que generan los lenguajes reconocidos por los AP), por lo que la elección del ALA debería ser correcta.

Vale la pena comentar que no hay una recomendación definitiva sobre si conviene diseñar un autómata planteando primero su grafo o su función de transición, ya que esto en realidad depende de las preferencias de cada uno. Así como en el Ejemplo 6.1 se propuso un grafo para luego definir la función de transición, aquí se hace lo contrario.

El ALA que se propone como solución, queda definido por los siguientes componentes:

Σ_E = {a, b, c} Ω = {X, Y}

Γ = {a, b, c} **U** Ω Q = {p, q, r, s, t, u, v}

q_0 = p A = { v }

La función de transición es representada en la Tabla 6.2 y el grafo del ALA reconocedor es luego presentado en la Figura 6.7.

f	a	b	c	X	Y	⊢	⊣
→p	q,X,D	r,Y,D	p,c,D	v,X,P	v,Y,P		
q	q,a,D	q,b,D	q,c,D	s,X,I	s,Y,I		s,⊣,I
r	r,a,D	r,b,D	r,c,D	t,X,I	t,Y,I		t,⊣,I
s	u,X,I						
t		u,Y,I					
u	u,a,I	u,b,I	u,c,I	p,X,D	p,Y,D		
*v							

Tabla 6.2: Función de transición del ALA del Ejemplo 6.2.

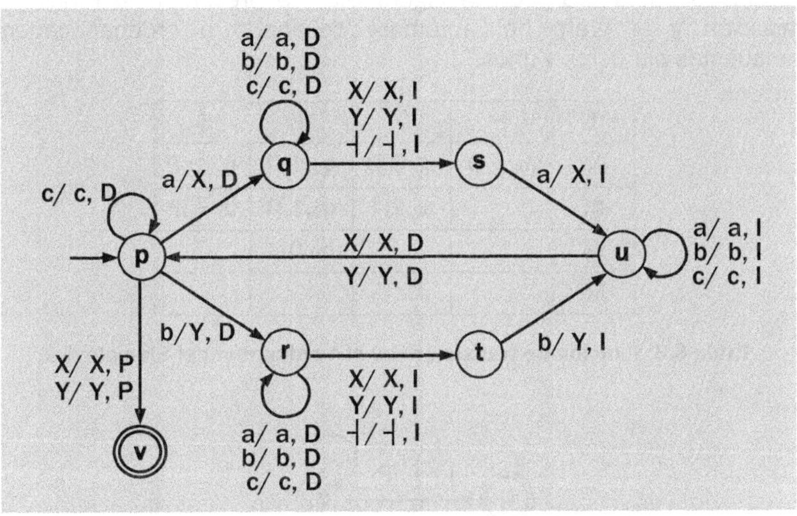

Figura 6.7: Grafo del ALA que reconoce lenguajes de palíndromos.

Es así que un único autómata determinista es capaz de reconocer tanto los palíndromos de largo par como los de largo impar. También vale la pena comentar que pudieron haberse planteado otras lógicas diferentes para resolver este mismo problema. Una de ellas es la de implementar una MT que se comporte como un *AP* y donde la memoria LIFO es almacenada en la cinta, a continuación de la cadena que es evaluada. Se deja al lector definir esta máquina, lo mismo que comprobar el buen funcionamiento de la recientemente diseñada.

Ejemplo 6.3

Se propone ahora diseñar una máquina ejecutora de procedimientos. En este caso, destinada a ordenar en forma creciente los símbolos de las cadenas binarias de cualquier longitud que sean representadas en su cinta. Es decir que una cadena tal como **α = 010101** debe ser convertida en otra cadena **β = 000111** y, para ello, se propone un ALA.

El autómata ordenador queda definido como (Σ_E, Γ, Q, q_0, A, *f*) donde:

$\Sigma_E = \{0, 1\}$ $\qquad\Gamma = \{0, 1, \vdash, \dashv\}$

$Q = \{q_0, q_1, s_0, u\}$ $\qquad q_0 = q_0$

$A = \{u\}$

En la Tabla 6.3 y en la Figura 6.8, se presentan la función de transición y el grafo del autómata destinado a ordenar cadenas compuestas por ceros y unos.

f	⊢	0	1	⊣
→q_0	q_0,⊢,D	q_0,0,D	q_1,1,D	u,⊣,P
q_1		s_0,1,I	q_1,1,D	u,⊣,P
s_0			q_0,0,I	
*u				

Tabla 6.3: Función de transición del ALA ordenador del Ejemplo 6.3.

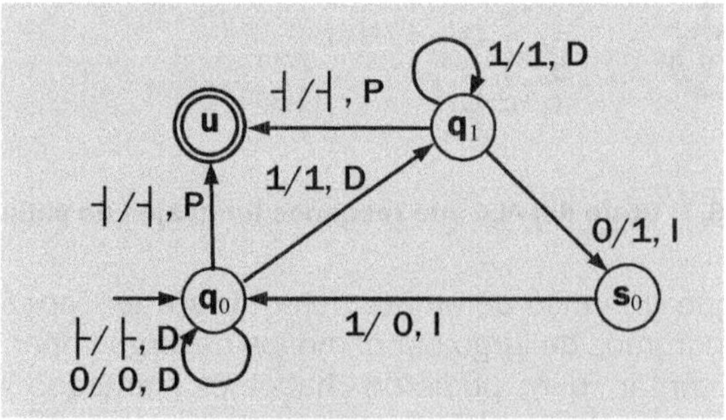

Figura 6.8: Grafo del autómata ordenador.

Como puede observarse, los estados que van siendo adoptados por el autómata representan condiciones específicas de operación, tales como:

q_0 : Lectura de símbolos cero.

q_1 : Lectura de símbolos uno.

s_0 : Después de un símbolo uno se encontró un símbolo cero.

Una vez definido el autómata se evalúa su desempeño. Para ello se muestra a continuación la secuencia de configuraciones del ALA al ordenar la cadena **α** = 1100 hasta convertirla en la cadena **β** = 0011, para lo cual demanda 22 intervalos de tiempo. La secuencia de esquemas de configuraciones es representada en la Figura 6.9.

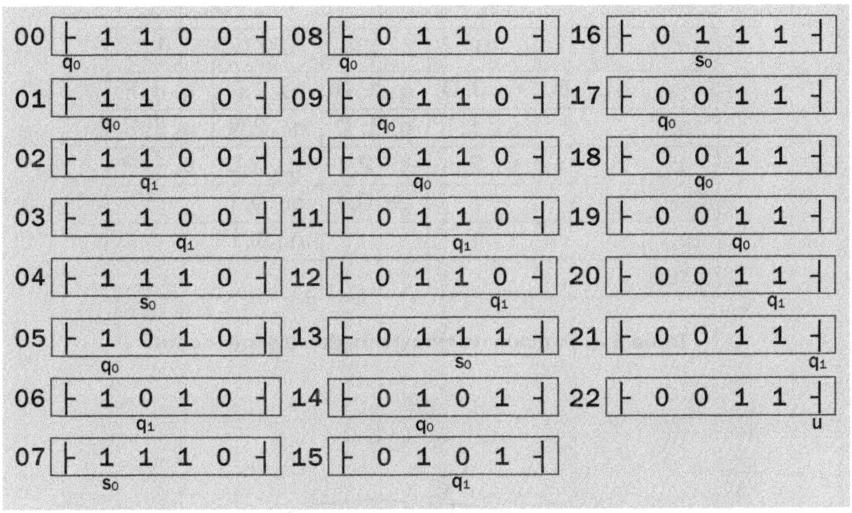

Figura 6.9: Secuencia de esquemas de configuraciones del Ejemplo 6.3.

En este esquema, puede observarse que el comportamiento básico en el proceso de ordenamiento es intercambiar las secuencias **10** por la secuencia **01**. Nótese que, después de cada intercambio, el cabezal vuelve a avanzar buscando la siguiente secuencia **10** o el final de la cadena. Una vez alcanzado el final de la cadena se transita a un estado de aceptación y la máquina se detiene.

Ejemplo 6.4

A continuación, se busca ampliar el autómata del ejemplo anterior para que reordene en forma creciente cadenas con más símbolos. En este caso, definidas sobre el alfabeto Σ_E = {0, 1, 2}. Aquí tampoco es necesario utilizar la cinta más allá del espacio ocupado por la cadena a ser ordenada y, por tal motivo, vuelve a plantearse un autómata linealmente acotado. Es conveniente aclarar que el largo de las cadenas reconocidas no debe estar limitado. Como ejemplo, una cadena tal como **α = 012201** debe ser convertida en la cadena **β = 001122**.

El autómata ordenador queda definido ***ALA* = (Σ**$\boldsymbol{\Sigma_E}$**, Γ, Q, q_0, A, *f*)**, la función de transición es mostrada en la Tabla 6.4 y el grafo es mostrado en la Figura 6.10.

Σ_E = {0, 1, 2 }   Γ = {0, 1, 2, ⊢, ⊣ }

Q = {q_0, q_1, q_2, s_0, s_1, u} q_0 = q_0 A = {u}

f	⊢	0	1	2	⊣
→q_0	q_0, ⊢, D	q_0, 0, D	q_1, 1, D	q_2, 2, D	u, ⊣, P
q_1		s_0, 1, I	q_1, 1, D	q_0, 2, N	u, ⊣, P
q_2		s_0, 2, I	s_1, 2, I	q_2, 2, D	u, ⊣, P
s_0			q_0, 0, I	q_0, 0, I	
s_1				q_0, 1, I	
*u					

Tabla 6.4: Función de transición del ALA ordenador.

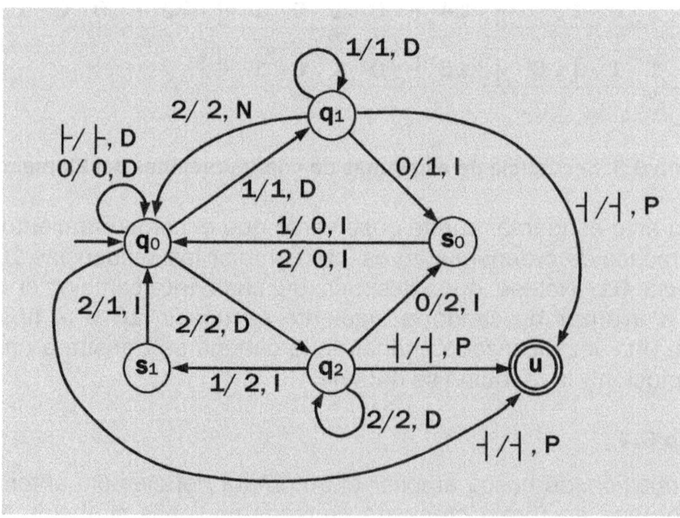

Figura 6.10: Grafo del ALA ordenador.

Como puede observarse, el autómata capaz de reconocer cadenas sobre el alfabeto **{0, 1}** del Ejemplo 6.3 fue ampliado para reconocer ahora cadenas sobre el alfabeto **{0, 1, 2}**. Fue necesario extender la concepción lógica del primer autómata para incorporar la detección de las nuevas secuencias **20** y **21** y convertirlas respectivamente en **02** y **12**. Para ello, fue necesario incorporar dos estados adicionales con el siguiente significado:

q_2 : Lectura de símbolos 2 (dos).

s_1 : Después de un símbolo 2 (dos) se encontró un 1 (uno).

A partir de los nuevos estados, debieron incorporarse las transiciones para reconocer las secuencias ya indicadas y realizar las conversiones necesarias. Aquí se recomienda al lector advertir la presencia de la transición con movimiento *neutro* entre el estado q_1 y q_0, que está etiquetada como **2,2/N**. Nótese que con este recurso se mantiene sin cambios el contenido de la cinta y solo se cambia de estado, de manera de posibilitar la lectura del símbolo **2** desde el estado q_0. Este ejemplo sirve para mostrar que, en programación, los pequeños detalles pueden tener fuerte impacto en las soluciones y para confirmarlo se invita al lector a plantear alternativas que no utilicen movimientos *neutros*.

Una vez que se ha propuesto una solución al problema, en la Figura 6.11, se presenta la secuencia de esquemas de configuraciones que corresponde al procesamiento de la cadena **α = 2012**.

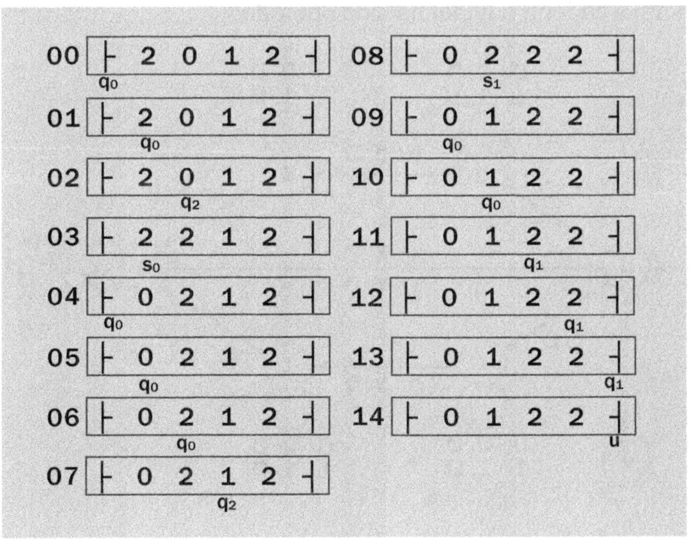

Figura 6.11: Secuencia del esquema de configuraciones del ALA ordenador.

Ejemplo 6.5

Se propone diseñar una máquina ejecutora de procedimientos que duplique las cadenas binarias que estén definidas sobre su cinta. En este caso, la cinta es extendida para alojar la copia, por lo que la tarea estará a cargo de una máquina de Turing. Se prevé un espacio en blanco entre la cadena original y su copia.

La máquina de Turing se define $MT = (\Sigma_E, \Gamma, Q, q_0, A, f, b\!\!\!/)$, donde

$\Sigma_E = \{0, 1\}$

$\Omega = \{X, Y\}$

$\Gamma = \{0, 1\} \cup \Omega \cup \{b\!\!\!/\}$

$Q = \{p, q, r, s, t, u, v\}$

$q_0 = p$

$A = \{v\}$

Se comienza por definir el grafo de la máquina de Turing, que es representada en la Figura 6.12. Como puede observarse, se asume que la máquina esta inicialmente en el estado **p** y el cabezal de E/S sobre el primer símbolo de la izquierda. A partir de allí, por cada símbolo binario la MT reproduce el mismo símbolo a la derecha de la cadena original, separada por un espacio en blanco. Esta operación se repite hasta que la totalidad de la cadena original ha sido operada.

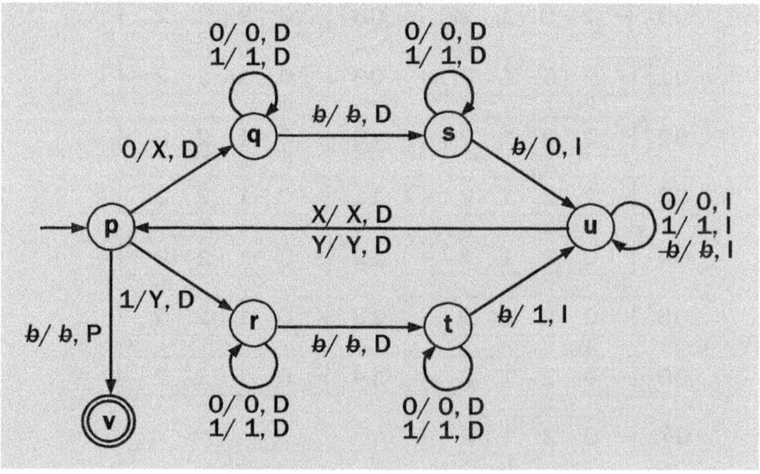

Figura 6.12: Grafo de la MT duplicadora de cadenas binarias.

Para completar la definición formal de la máquina de Turing, hay que describir su función de transición, que es representada en la Tabla 6.5.

f	0	1	ȸ	X	Y
→p	q, X,D	r, Y,D	v, ȸ,P		
q	q, 0,D	q, 1,D	s, ȸ,D		
r	r, 0,D	r, 1,D	t, ȸ,D		
s	s, 0,D	s, 1,D	u, 0,I		
t	t, 0,D	t, 1,D	u, 1,I		
u	u, 0,I	u, 1,I	u, ȸ,I	p, X,D	p, Y,D
*v					

Tabla 6.5: Función de transición de la MT duplicadora de cadenas.

Como en casos anteriores, se sugiere al lector verificar el buen funcionamiento de esta máquina y también plantear variantes en la lógica de la misma.

Es necesario reconocer que, en los ejemplos presentados, no se han identificado las condiciones de error ni se han definido estados que caractericen estas condiciones. Por tal motivo, las funciones de transición de estas máquinas son *funciones parciales* por no estar definidas para todos los posibles valores de sus argumentos, lo que queda en evidencia por las celdas en blanco en las tablas correspondientes. Es decir que estas MT o ALA llegan a una condición de indefinición ante una cadena a ser rechazada (*un error*), por lo que no se alcanzará el estado de aceptación buscado. Una alternativa es definir explícitamente un estado de error (de no aceptación) y las condiciones que conducen a él, por lo que se sugiere incorporar los estados y condiciones de error en los ejemplos anteriores.

Se presentan, a continuación, dos ejemplos poco convencionales, en los que los autómatas tienen la finalidad de medir intervalos de tiempo operando como cronómetros y temporizadores. Son dos conceptos muy similares, pero distintos. En el primer caso, se desea medir un intervalo de tiempo arbitrario (cronómetro), y en el segundo, reconocer el cumplimiento de un intervalo predefinido (temporizador).

Ejemplo 6.6

En este ejemplo, se utiliza un ALA para representar un cronómetro (contador incremental) que suma unidades de tiempo a partir de un valor inicial representado por cuatro dígitos sobre su cinta. El cronómetro se detendrá al alcanzarse el máximo valor que puede ser representado, que es **0000** (9999 + 1).

El autómata linealmente acotado propuesto queda definido a continuación, con la función de transición mostrada en la Tabla 6.6.

ALA = (Σ_E, Γ, Q, q_0, A, *f*), donde:

Σ_E = {0, 1, 2, 3, 4, 5, 6, 7, 8, 9}

$\Gamma = \Sigma_E \cup \{ \vdash, \dashv \}$

Q = {p, q, r, s}

q_0 = p

A = {s}

Cabe aquí aclarar que con el fin de reducir la cantidad de columnas de la tabla, se utiliza el símbolo genérico "n" para representar valores en el rango [0..8] y "n+1" para hacer referencia al valor siguiente en cada caso:

f	$\vdash$	n	9	$\dashv$
→ p	p, $\vdash$, D	p, n, D	p, 9, D	q, $\dashv$, I
q		q, n+1, N	r, 0, I	
r	s, $\vdash$, P	p, n+1, D	r, 0, I	
*s				

Tabla 6.6: Función de transición del cronómetro del Ejemplo 6.6.

El grafo del cronómetro representado con el ALA es mostrado en la Figura 6.13:

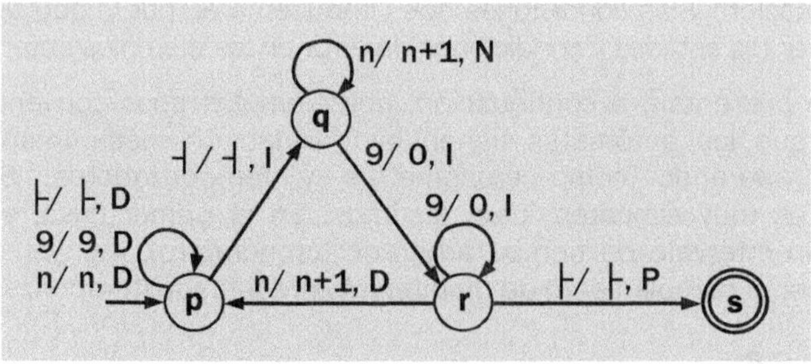

Figura 6.13: Grafo del cronómetro del Ejemplo 6.6.

Como ejemplo, se estudia el comportamiento del ALA cuando se inicia el cronometro con un valor **9997** en la cinta y para representar el proceso se utiliza una secuencia de esquemas de configuraciones, como se muestra en la Figura 6.14. El número que se presenta a la izquierda indica la transición y como ya fue anticipado un mismo símbolo debajo de la cinta indica el estado y posición del cabezal en cada caso.

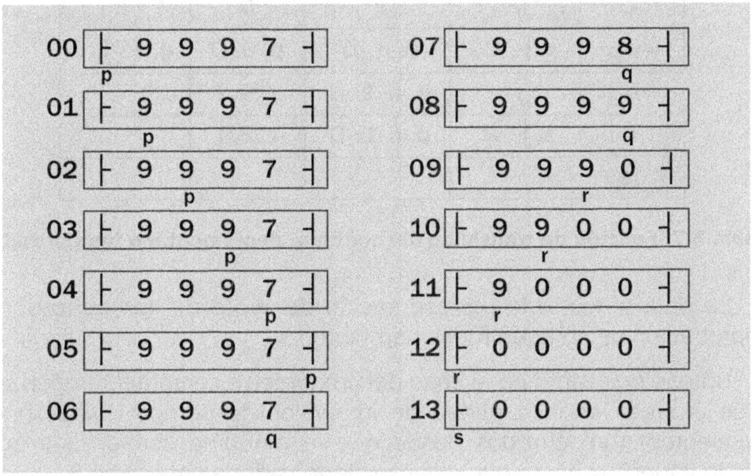

Figura 6.14: Secuencia de configuraciones del cronómetro.

La interpretación de la función de cada estado es la siguiente:

p : posicionar el cabezal en el dígito menos significativo.

q : incrementar el dígito menos significativo hasta alcanzar nueve.

r : grabar cero, retroceder el cabezal e incrementar el dígito en uno.

Ejemplo 6.7

Representar un temporizador (contador decremental) con un ALA que resta unidades de tiempo a partir de un valor inicial predefinido que es representado por cuatro dígitos sobre la cinta. El temporizador se detiene al alcanzar el valor **0000**.

Al igual que en el Ejemplo 6.6, el *ALA* queda definido por los siguientes componentes:

$\Sigma_E = \{0, 1, 2, 3, 4, 5, 6, 7, 8, 9\}$ $\Gamma = \Sigma_E \cup \{ \vdash, \dashv \}$

$Q = \{p, q, r, s\}$ $q_0 = p$ $A = \{s\}$

y la función de transición es mostrada en la Tabla 6.7. Como en el ejemplo anterior, se utiliza un símbolo genérico "**n**" para reducir la cantidad de columnas de la tabla. En este caso, "**n**" representa valores en el rango [1..9] y "**n-1**" hace referencia a un número anterior a "**n**".

f	⊢	n	0	⊣
→p	p, ⊢, D	p, n, D	p, 0, D	q, ⊣, I
q		q, n-1, N	r, 9, I	
r	s, ⊢, P	p, n-1, D	r, 9, I	
*s				

Tabla 6.7: Función de transición del contador decremental o temporizador.

Se deja al lector la representación del grafo del temporizador y la comprobación de su buen funcionamiento.

Nótese que tanto en el caso del cronómetro como del temporizador, lo que interesa es la cantidad de intervalos de tiempo (transiciones o movimientos) transcurridos desde que la máquina comienza a operar sobre la cadena α hasta que alcanza cierta cadena específica β.

Ejemplo 6.8

Al reconocerse que la ejecución de procedimientos es una de las dos principales interpretaciones de la máquina de Turing, se mencionó que hay casos en que no interesa la cadena de salida, sino la sucesión de estados que adopta reiteradamente el autómata, ya que aquí los estados están asociados a condiciones de control. Es decir que la salida del autómata no es una cadena final β sino una sucesión de los estados que son reiteradamente alcanzados en un cierto orden. La mayoría de los electrodomésticos, tales como los hornos de microondas y lavarropas automáticos, son claros ejemplos de casos en los que ciertas acciones de control (activación de campos magnéticos, apertura de válvulas de agua, encendido de un motor, etc.) están asociados al estado de operación del equipo en cuestión. Naturalmente, detrás de ese automatismo, se ha definido una máquina de estados que fue implementada en algún lenguaje de programación y fue cargada en la memoria ROM del microcontrolador del dispositivo. Este es un caso muy simple, y ampliamente difundido, de lo que se denomina *sistema embebido*, importantísimo campo del desarrollo de software.

A efectos de ilustrar este tipo de aplicaciones a través de un ejemplo concreto, se presentará un autómata linealmente acotado que tiene la misión de controlar un semáforo vial. Es decir activar tres luces diferentes (verde, amarillo y rojo) durante ciertos intervalos de tiempo.

Para implementar la secuencia de colores se adoptan los estados q_V, q_A y q_R, que debe cada uno permanecer activo cierta cantidad de unidades de tiempo, representados por las constantes T_V (verde), T_A (amarillo) y T_R (rojo) respectivamente.

Este autómata opera en forma indefinida, sin detenerse nunca, para lo cual se implementa un ALA con la siguiente definición:

Σ_E = {0, 1, 2, 3, 4, 5, 6, 7, 8, 9} $\Gamma = \Sigma_E \cup \{\vdash, \dashv\}$

Q = $\{q_V, q_A, q_R\}$ $q_0 = q_V$

A = { } $T_V = 8$, $T_A = 2$, $T_R = 9$

La función de transición es mostrada en la Tabla 6.8 en la que se utiliza el símbolo genérico **n** para representar valores en el rango [1..9].

f	$\vdash$	0	n	$\dashv$
$\rightarrow q_V$	$q_V, \vdash$, D	q_A, T_A, N	q_V, n-1, N	
q_A		q_R, T_R, N	q_A, n-1, N	
q_R		q_V, T_V, N	q_R, n-1, N	

Tabla 6.8: Función de transición del semáforo vial.

El grafo del ALA de control del semáforo toma la forma:

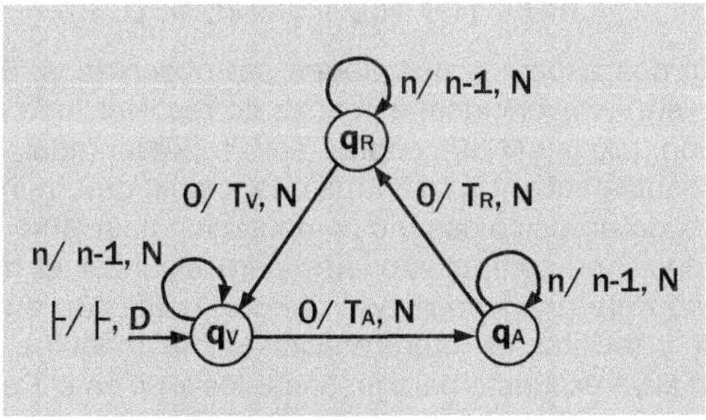

Figura 6.15: Grafo del ALA de control del semáforo del Ejemplo 6.8.

Sobre el problema resuelto, es necesario hacer algunas observaciones:

- Se trata de un ALA que ejecuta un procedimiento de control en el que cada estado activa uno de los colores del semáforo.
- La máquina opera en un ciclo infinito, por lo que no tiene previsto una condición de finalización ni estado de aceptación.
- Se utiliza una única posición de la cinta de E/S con el fin de almacenar el contador y el cabezal permanece inmóvil sobre el mismo.
- El tiempo de permanencia de cada color del semáforo es representado por las constantes T_V, T_A y T_R que toman valores específicos según cada caso.

Máquina de Turing No Determinista (MTND)

La máquina de Turing convencional, tal como fue propuesta por su creador en 1936, es determinista. Es decir que cada par (estado, símbolo leído) está relacionado con una única terna (próximo estado, símbolo grabado, movimiento del cabezal) a través de la función de transición.

En caso de que exista para al menos un par (estado, símbolo leído) más de una terna (próximo estado, símbolo grabado, movimiento del cabezal), se está ante una Máquina de Turing No Determinista (MTND). En este caso, la relación de transición es definida:

$$f\colon Q \times \Gamma \rightarrow P(Q \times \Gamma \times \{I, N, D, P\})$$

Hay aquí dos aspectos que deben ser observados: *i*) dado que la MTD (determinista) convencional es capaz de resolver todo problema que tenga solución, toda MTND podrá ser representada por una MT determinista equivalente, y *ii*) mientras que una MT determinista acepta la entrada siguiendo un único camino computacional, la MTND debe explorar un árbol de opciones computacionales para alcanzar el mismo fin. Sin embargo, el *no determinismo* puede quedar justificado en la necesidad de simplificar y facilitar la interpretación de la máquina. Es decir, un motivo similar al ya expuesto para justificar los AFND en el Capítulo 4.

En resumen, la capacidad de cómputo de la MTD y la MTND será equivalente, en el sentido de que serán capaces de reconocer los mismos lenguajes o hacer las mismas transformaciones. No obstante, para un mismo problema, la velocidad de ejecución podrá no ser la misma.

Si la máquina opera secuencialmente y la MTD reconoce cierta palabra de largo **n** en un tiempo de orden **t(n)**, una MTND requerirá un tiempo máximo de orden $\mathbf{2^{t(n)}}$ (luego se aclarará qué significa *orden*). Esto resulta así, por tener que analizar secuencialmente un *árbol computacional* y la entrada será aceptada si cualquiera de las ramas del árbol finaliza en un estado de aceptación. Para explorar exhaustivamente este árbol ramificado, que se pone de manifiesto al representar las descripciones instantáneas (o configuraciones), se utilizan diferentes estrategias denominadas *búsquedas primero en anchura* y *búsquedas primero en profundidad*, según el orden en que el árbol es explorado.

Por el contrario, si la máquina pudiese operar en paralelo, los resultados se invierten. El no determinismo permitiría reducir el tiempo demandado por la solución de los problemas y resolver problemas de complejidad exponencial en un tiempo polinómico. El concepto de complejidad computacional será tratado más adelante, en el apartado "Complejidad de la máquina de Turing".

Por último, queda otro aspecto por considerar y es el referido a las transiciones λ (transiciones espontáneas entre estados *sin leer* en la cinta) en las máquinas de Turing. Existiendo en las MT el movimiento *neutro*, es decir, la posibilidad de cambiar de estado sin alterar la posición del cabezal, ¿se justifican las transiciones λ? Se deja al lector analizar las posibles respuestas a este interrogante y sus justificaciones.

Ejemplo 6.9

Se desea reconocer el lenguaje $\mathbf{L = \{\alpha\alpha^{-1} \ / \ \alpha \in \{a,b\}^*\}}$ mediante una máquina de Turing que tenga la misión de comprobar que todas las cadenas de un lenguaje son palíndromos, operando desde el centro hacia fuera y desconociendo anticipadamente la posición de los centros de las mismas.

En este caso, una opción es prever una máquina previa que identifique primero el centro de la cadena evaluada, para luego activar una segunda máquina que controle su composición, es decir, verificar que se trate de un palíndromo.

La segunda opción para resolver este problema es una MTND, que no necesita conocer anticipadamente el centro de la cadena evaluada, y es éste el procedimiento adoptado a continuación. Se propone entonces la MTND que tiene la siguiente definición, con la relación de transición mostrada en la Tabla 6.9:

$\Sigma_E = \{a, b\}$ $\qquad\qquad \Gamma = \Sigma_E \cup \{b\!\!\!/\} \cup \{A, B\}$

$Q = \{p, q, r, s, t, u, v\}$ $\qquad q_0 = p \qquad A = \{v\}$

f	a	b	A	B	ƀ
→p	p, a, D q, A, D	p, b, D r, B, D			u, ƀ, P
q	s, A, I	u, b, P	q, A, D	q, B, D	
r	u, a, P	s, B, I	r, A, D	r, B, D	
s	q, A, D	r, B, D	s, A, I	s, B, I	t, ƀ, P
t			t, a, D	t, b, D	v, ƀ, P
u					
*v					

Tabla 6.9: Relación de transición *f* de la MTND reconocedora de palíndromos.

La representación del grafo de la MTND se presenta en la Figura 6.16 y el árbol de descripciones instantáneas que corresponde a la validación de la cadena α = **ababbaba** se muestra en la Figura 6.17:

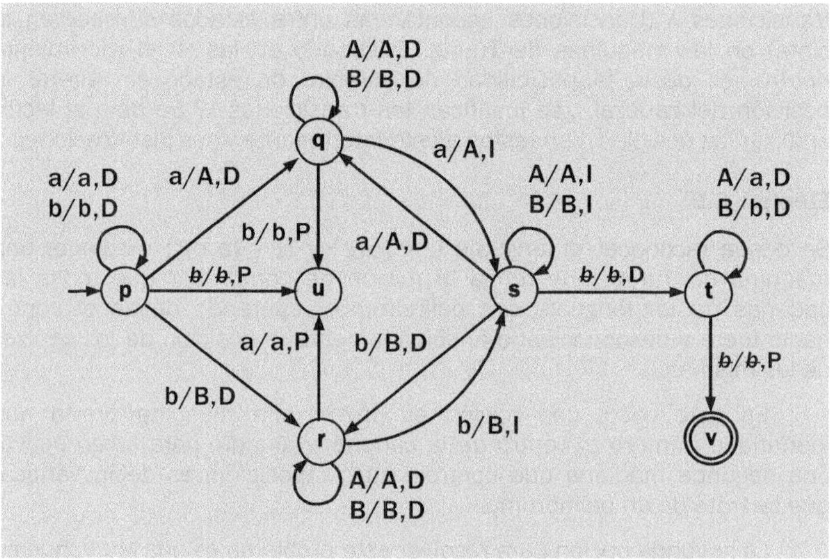

Figura 6.16: Grafo de la MT para aceptar cadenas tipo α = ababbaba.

El problema que resuelve esta MTND es la necesidad de comparar entre sí las dos mitades de una cadena, desconociendo el centro de la misma. Por esta razón, ante cada lectura el autómata presume que es esa la mitad de la cadena y verifica que el siguiente símbolo sea su simétrico.

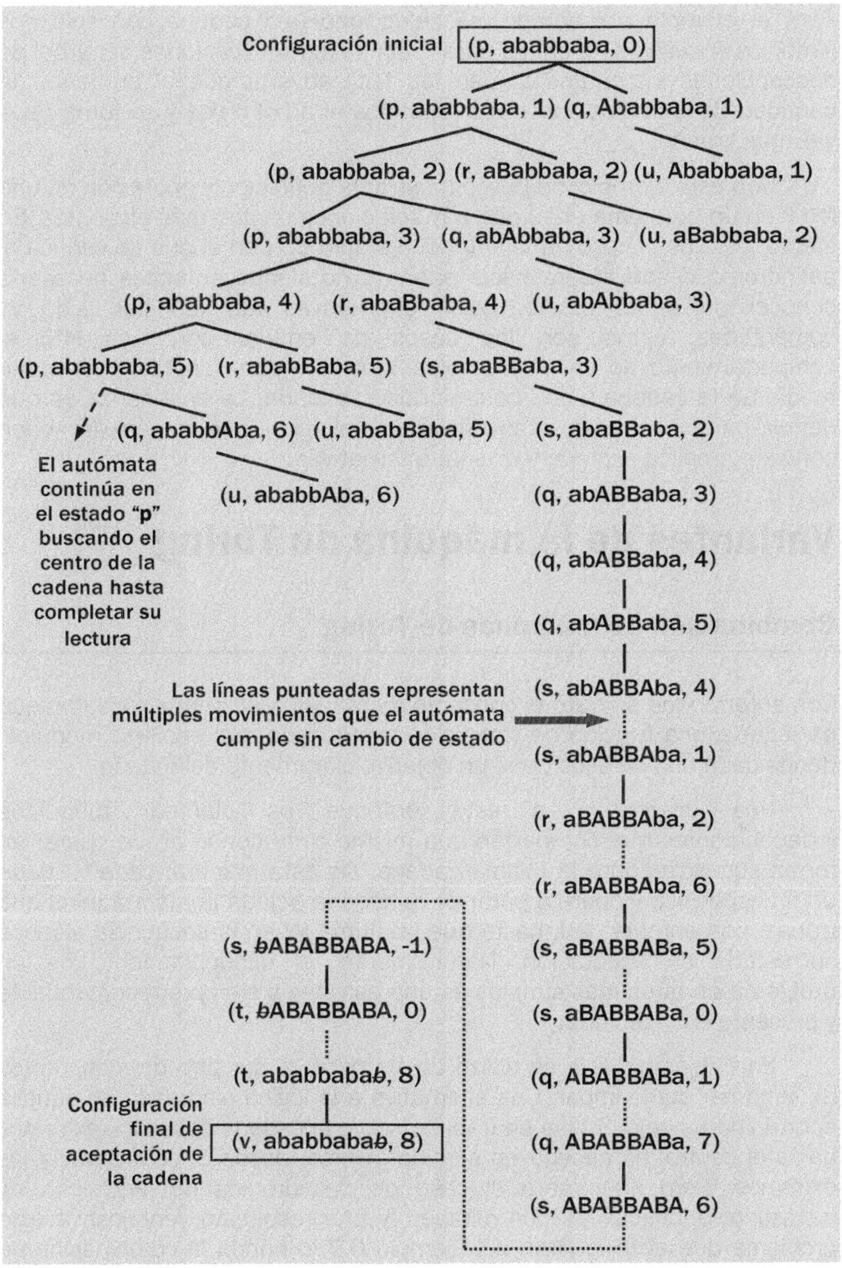

Figura 6.17: Árbol de aceptación de la cadena α = ababbaba.

Para el ejemplo presentado, se seleccionó una cadena con solo dos símbolos sucesivos repetidos para reducir las ramificaciones del árbol de descripciones instantáneas, pero es fácil advertir que al aumentar la cantidad de símbolos sucesivos repetidos el árbol crece y se torna cada vez más grande.

Con este ejemplo, se buscó mostrar la definición y operación de una MTND en un problema en el que hay soluciones mucho más eficientes. En efecto, este es el caso de la MTD del ejemplo 6.2, en el que se verifica al palíndromo desde afuera hacia adentro, no siendo entonces necesario conocer su punto medio. Otras alternativas también han sido ya comentadas, como son los casos de emular con una MTD el comportamiento de un AP o emplear una MTD para identificar el punto medio de la cadena y con posterioridad validarla. La enseñanza es que definir máquinas abstractas eficientes, al igual que desarrollar buen software, implica explorar y evaluar alternativas.

Variantes de la máquina de Turing

Combinación de máquinas de Turing

Con anterioridad se trató el concepto de máquina de Turing modular, que da lugar a una función de transición sectorizada que encierra módulos, donde cada uno de ellos tiene un objetivo claramente delimitado.

Una alternativa a este enfoque es plantear máquinas independientes que compartan una misma cinta con el fin de operar en forma sucesiva sobre la misma cadena. De esta manera, cada MT tiene un fin específico y opera a partir de la cadena dejada por la máquina que trabajó con anterioridad, hasta que la última MT en la secuencia alcance su estado de aceptación. Naturalmente, el desdoblamiento de un problema en otros más simples es una estrategia siempre recomendable y presente en ingeniería.

En el Ejemplo 6.2, se utilizó un ALA para validar palíndromos, tantos de largo par como impar. Una alternativa a la lógica planteada en aquella oportunidad, que consistía en trabajar sobre la cadena desde los extremos hacia el centro, es hacerlo en sentido inverso, desde el centro hacia los extremos. Pero aquí, para el caso de palíndromos de largo par, es necesario identificar las dos mitades, y una respuesta ventajosa a este problema que evita la MTND del Ejemplo 6.9 lo brinda la combinación de dos MT. La primera MT cumple la función de distinguir las dos mitades, reemplazando en una de ellas los símbolos de entrada por símbolos auxiliares. Una vez completada esta tarea, la segunda MT verifica que se trate verdaderamente de un palíndromo.

Máquina Universal de Turing

Se denomina así a una MT que recibe en su cinta una descripción codificada de otra máquina de Turing y produce como resultado de su ejecución, el mismo resultado que produciría la MT descripta en la cinta.

Esta máquina recibe el nombre de *universal* por ser capaz de simular el comportamiento de cualquier otra máquina de Turing y fue propuesta por el mismo Alan Turing en 1936. Es así que la MTU funciona como una plataforma para interpretar y ejecutar las MT que sean descriptas en su cinta.

Para implementar una MTU, es necesario definir la forma en que la MT es codificada sobre la cinta, pudiendo adoptarse diversos criterios o *protocolos* de representación. Obviamente, deben definirse la cantidad de estados, los elementos de la función de transición y la cadena que debe ser aceptada o procesada. Para ello, se usan separadores que permitan identificar los diversos campos sobre la cinta.

La MTU encierra un concepto muy potente, pero a la vez muy laborioso y de difícil materialización. Una opción es utilizar simuladores específicos para este caso. Los simuladores serán estudiados en el siguiente capítulo.

Máquina de Turing generalizada

Para generalizar la máquina de Turing, se incorpora más "*hardware*" a su versión original. En particular, se diseña esta nueva máquina con un número arbitrario (pero finito) de cintas de entrada/salida que, a su vez, pueden tener múltiples cabezales de lectura/escritura.

Como es habitual, y sin perjuicio de su generalización, esta máquina de Turing debe quedar especificada por su función de transición ***f***, como ocurre con cualquier MT convencional. En efecto, aquí se deben prever las acciones a ser desarrolladas sobre todas las cintas por todos los cabezales de entrada/salida reconocidos por el autómata, lo que puede llegar a hacerla singularmente compleja. Una consecuencia es la necesidad de adoptar precauciones para evitar inconsistencias impensadas hasta ahora, como sería el caso de conductas contradictorias por parte de distintos cabezales, el resguardo de la integridad de los datos para prevenir que dos o más cabezas intenten escribir distintos símbolos sobre la misma posición o que los movimientos de los cabezales conduzcan a ciclos cerrados infinitos, llamados *abrazos mortales*. Todas precauciones habituales en programación.

Una forma de facilitar la definición de las MTG es imponerles algunas restricciones. La más habitual es prever que haya una sola cinta de entrada en la que se permite *leer*, que haya una sola cinta de salida en la que se permite *escribir*, y que en estas cintas de E/S el cabezal solo pueda moverse a la derecha. El resto de las cintas son consideradas *de trabajo*, en las que se permite la lectura y escritura y los cabezales sobre ellas pueden moverse en ambos sentidos.

Puede demostrarse que estas máquinas *multicinta* y *multicabezal* pueden ser simuladas por la máquina de Turing ordinaria, lo que es obvio ya que se sabe que esta última está en capacidad de resolver cualquier problema que tenga solución. Es decir, la máquina de Turing generalizada puede aportar mayor eficiencia o facilidad operativa, pero de ninguna manera implica la incorporación de capacidad adicional para resolver nuevos problemas.

Ejemplo 6.10

En el Ejemplo 6.5, se estudió una máquina ejecutora de procedimientos destinada a duplicar las cadenas binarias definidas sobre su cinta, y aquí parece apropiado proponer una alternativa para cumplir este mismo trabajo, solo que mediante una MTG de dos cabezales. Para comenzar, y debido a las múltiples variantes posibles, es necesario definir las restricciones de la forma en que la MTG operará. En este caso, se proponen dos cabezales, uno de entrada y el otro de salida, que se encuentran inicialmente sobre el primer símbolo de la izquierda de la cadena a ser duplicada. Naturalmente, el resto de la cinta a ambos lados de la sentencia está ocupada por *blancos*.

En esta máquina, debe definirse el movimiento de ambos cabezales, quedando la función de transición compuesta por cuatro funciones básicas que son las siguientes:

q_{K+1}	$= f^1(q_K, e_K)$	**transición de estados**
s_K	$= f^2(q_K, e_K)$	**salida de la máquina**
me_K	$= f^3(q_K, e_K)$	**movimiento cabezal entrada**
ms_K	$= f^4(q_K, e_K)$	**movimiento cabezal de salida**

que, como se anticipó, definen el próximo estado, la salida, el movimiento del cabezal de entrada y el movimiento del cabezal de salida respectivamente. Al reunir las cuatro funciones en una única tabla de transición, se tiene:

$$f\,(q_k\,,\, e_k) = (q_{k+1},\, s_k,\, me_k,\, ms_k)$$

La *configuración* o *descripción instantánea*, ya definida y estudiada con anterioridad para la MT convencional, en este caso, debe ser redefinida en concordancia con la arquitectura de la MTG propuesta. Por ello, queda expresada a través de cuatro componentes, que son:

$$K_t = (q,\ \beta_t,\ k_E,\ k_S)$$

donde k_E y k_S representan las posiciones de los dos cabezales. Volviendo al problema a resolver, al igual que en el Ejemplo 6.5 se prevé un espacio en blanco entre la cadena original y su copia.

La MTG es definida $MT = (\Sigma_E, \Gamma, Q, q_0, A, f, ƀ)$, donde:

$\Sigma_E = \{0, 1\}$	$\Omega = \varnothing$ (vacío)
$\Gamma = \{0, 1\} \cup \Omega \cup \{ƀ\} = \{0, 1, ƀ\}$	$Q = \{p, q, r, s\}$
$q_0 = p$	$A = \{s\}$

En la solución propuesta, se debe comenzar por posicionar ambos cabezales en los lugares convenientes para iniciar el proceso, pero como el cabezal de salida no tiene forma de saber *dónde está* (no lee), debe ser acompañado por el cabezal de entrada hasta su posición inicial, y luego este último regresa al primer símbolo de la izquierda de la cadena a ser duplicada. El grafo del autómata es presentado en la Figura 6.18:

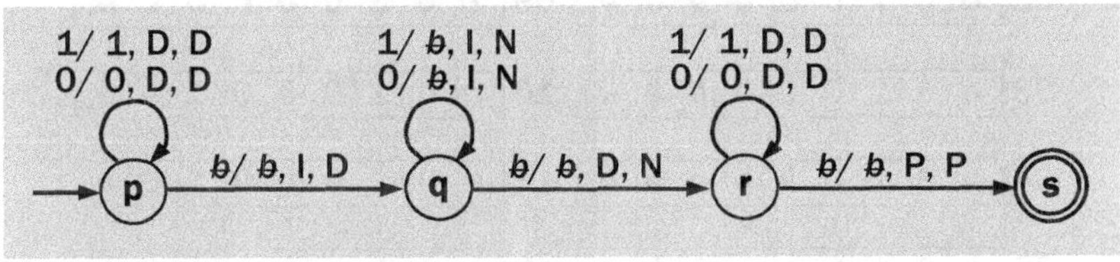

Figura 6.18: Grafo de la MTG duplicadora de cadenas binarias.

Como puede observarse en el grafo de la Figura 6.18, los estados están asociados a las siguientes acciones:

- **p** : mover ambos cabezales, sin alterar la cadena de entrada, hasta encontrar el extremo derecho de la cadena.
- **q** : retroceder solo el cabezal de entrada a su posición inicial, mientras que el cabezal de salida queda sobre el segundo *blanco* a la derecha de la cadena a ser duplicada.

r : avanzar simultáneamente con ambos cabezales hacia la derecha: mientras los símbolos de la cadena son leídos por el cabezal de entrada, son grabados en la cinta por el cabezal de salida.

s : reconocer la detención de la máquina cuando el cabezal de entrada lee *blanco*, que significa que se completó la lectura de la cadena.

Se completa la definición formal de la MTG con la función de transición, que es presentada en la Tabla 6.10:

f	0	1	ƀ
→p	p, 0, D, D	p, 1, D, D	q, ƀ, I, D
q	q, ƀ, I, N	q, ƀ, I, N	r, ƀ, D, N
r	r, 0, D, D	r, 1, D, D	p, ƀ, P, P
*s			

Tabla 6.10: Relación de transición de la MTG duplicadora de cadenas.

Para ejemplificar la operación de la máquina propuesta, se presentan en la Figura 6.19 los esquemas de configuraciones correspondientes a la duplicación de la cadena α = **010**:

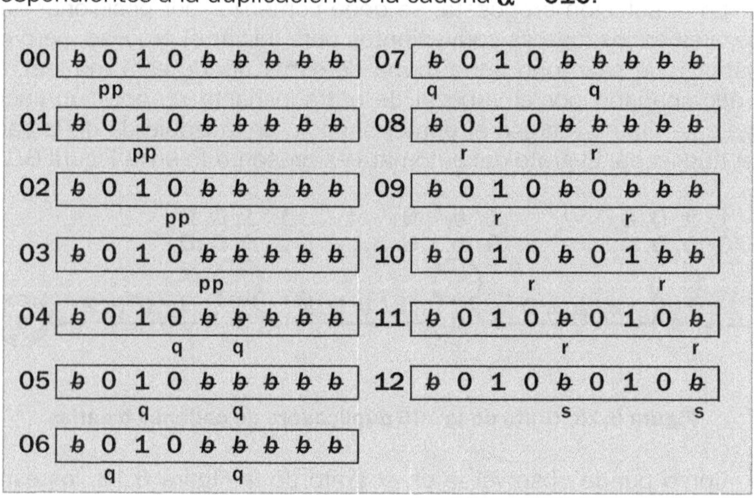

Figura 6.19: Esquemas de configuraciones de la operación de la MTG.

Se recomienda al lector desarrollar el esquema de configuraciones correspondiente a la MT del Ejemplo 6.5 duplicando la cadena α = **010** y comparar el desempeño de ambas máquinas.

Otras máquinas de Turing generalizadas

En las máquinas de Turing generalizadas presentadas hasta ahora, los medios de entrada/salida son unidimensionales y simbolizados como *cintas*, es decir, medios claramente secuenciales. Una alternativa para generalizar las MT es incrementar las dimensiones de estos medios, convirtiendo las cintas en planos bidimensionales o aun en espacios tridimensionales. Obviamente, que estos elementos extendidos de E/S deben también estar divididos en casilleros o posiciones de almacenamiento contiguos, solo que distribuidos en dos o tres dimensiones. En estos casos, los movimientos previstos para los cabezales deben ser acordes a las dimensiones de estos medios, resultando que las funciones de transición de la MTG quedan definidas como:

MTG con un cabezal sobre un medio de E/S bidimensional:

$$f\colon Q \times \Gamma \rightarrow Q \times \Gamma \times \{E, O, N, S, T, P\}$$

MTG con un cabezal sobre un medio de E/S tridimensional:

$$f\colon Q \times \Gamma \rightarrow Q \times \Gamma \times \{E, O, N, S, U, D, T, P\}$$

donde los movimientos posibles, según el caso, son: (E) este, (O) oeste, (N) norte, (S) sur, (U) arriba, (D) abajo, (T) neutro y (P) parada. Debe observarse que un mayor número de cabezales debería estar acompañado de las previsiones sobre las distintas entradas, sus salidas y los movimientos posibles asignados a cada uno.

Es interesante notar que, al generalizarse los medios de entrada / salida, la *MTG* anticipó conceptualmente los diferentes medios que progresivamente fueron estando disponibles a lo largo del tiempo a medida que se fue desarrollando la tecnología, tales como cintas magnéticas (medios unidimensionales), disquetes (medios bidimensionales) y discos rígidos de varios platos y múltiples cabezales (medios tridimensionales). Más recientemente, se hicieron frecuentes las memorias EEPROM y su evolución hacia la memoria *FLASH*, que si bien presentan características técnicas esencialmente distintivas, desde el punto de vista macroscópico de las aplicaciones pueden ser vistas como medios de almacenamiento multidimensionales con diversos modos de direccionamiento, asimilables a los medios conceptuales vinculados a las MTG.

Las máquinas de Turing han sido también generalizadas para incluir la aleatoriedad, disponiendo de transiciones que, en un mismo estado, son elegidas de forma aleatoria y dan lugar a familias de máquinas probabilísticas.

Complejidad de la máquina de Turing

Concepto de complejidad

Desde un punto de vista informático, intuitivamente se asocia el concepto de complejidad con los recursos de cómputo requeridos para resolver un problema, y desde la Ciencia de la Computación, la *Teoría de la Complejidad Computacional* se ocupa de este tema.

La Teoría de la Complejidad Computacional siempre aparece vinculada a la *Teoría de la Computabilidad*, aunque sus objetivos son esencialmente distintos. El foco de la Teoría de la Computabilidad está en la existencia o no de procedimientos que permitan resolver cierto problema, es decir, deja de lado aspectos referidos a la implementación y ejecución de los sistemas computacionales y se concentra en la comprobación de la factibilidad de la existencia de tal solución. En caso afirmativo, se dice que cierta función es computable o calculable. La Teoría de la Complejidad Computacional, por su lado, es la que se ocupa del esfuerzo asociado para completar ese cómputo.

La complejidad computacional fue siempre motivo de interés. En los comienzos de la era de la computación, esto fue una consecuencia natural de los magros recursos disponibles: escasa memoria y reducida capacidad de proceso. Desde entonces y hasta la actualidad, los avances de la tecnología vienen incrementando en forma sostenida la capacidad y calidad de los recursos de computación. Sin embargo, paralelamente, los objetivos de los sistemas informáticos son cada vez más ambiciosos y eso lleva a que el interés por la complejidad computacional mantenga así plena vigencia.

Intuitivamente, se considera que un problema es complejo si su resolución requiere el empleo de un algoritmo complejo. Este último es, a su vez, complejo si su aplicación involucra cálculos complicados y/o su lógica subyacente es complicada. En consecuencia, el concepto de complejidad no parece ser cuantificable o medible, sino más bien subjetivo. Inclusive la complejidad de un mismo problema parece cambiar a medida que el encargado de resolverlo mejora su capacitación, adopta una actitud apropiada y, más aún, el nivel de complejidad puede variar significativamente dependiendo de la persona que emita el juicio.

Sin embargo, es necesario poder comparar la complejidad de los problemas o confrontar distintas posibles soluciones para resolver uno de ellos, y es éste el campo en el que se desarrolla la Teoría de la Complejidad.

Medidas de la complejidad

Por lo expuesto, es necesario disponer de indicadores de la complejidad intrínseca de los problemas. Indicadores objetivos en los que esté claro el grado de dependencia con la habilidad de la persona a cargo de resolver estos problemas, con los algoritmos que puedan ser utilizados y con las características de los medios de cálculo disponibles. Ésta es la única forma de disponer de indicadores objetivos que brinden valores reconocibles y comparables.

Para asegurar esto último, es decir, la independencia entre las mediciones de los indicadores de complejidad y el medio de cálculo utilizado, se adopta un recurso común para todos los estudios de complejidad y este recurso es la *máquina de Turing*. De esta manera, no solo se dispone de un ambiente bien definido donde trabajar, sino que además las conclusiones obtenidas son fácilmente transferibles a otros sistemas computacionales.

Una de las primeras medidas de complejidad para máquinas de Turing fue la propuesta por Shannon en 1956, que apuntaba a la *complejidad estructural* de la máquina y proponía como parámetro al producto del número de estados por el número de símbolos de cinta: $|Q|.|\Gamma|$. Este enfoque, despertó gran interés en el ámbito de la simulación, donde se destacan los siguientes teoremas:

- *Teorema 1 de Shannon*: Cualquier máquina de Turing con **m** símbolos y **n** estados puede ser simulada por otra máquina de Turing con exactamente ***dos*** estados y **4.*m*.*n*+*m*** símbolos. En particular, existe una máquina universal de Turing de solo dos estados. Además, toda máquina universal de Turing necesita al menos dos estados.
- *Teorema 2 de Shannon*: Cualquier máquina de Turing con **m** símbolos y **n** estados puede ser simulada por otra con exactamente dos símbolos y menos de **8.*m*.*n*** estados.

La complejidad estructural propuesta por Shannon no conduce a la determinación de la complejidad operativa de la máquina, por lo que esta propuesta es poco utilizada. Como alternativa, se propuso determinar indirectamente la complejidad de los problemas a partir de la medición de los recursos necesarios para resolverlos. Esta nueva propuesta se apoyó en la obvia convicción que resolver un problema de elevada complejidad demandará más recursos que resolver un problema sencillo. Es así que a partir de entonces se adoptaron el ***tiempo*** y el ***espacio*** como los indicadores más representativos de la complejidad de los problemas.

El primer indicador se refiere a la cantidad de intervalos o unidades elementales de tiempo que demanda completar una computación, es decir, la ejecución de un proceso. Este indicador es definido como *Complejidad Temporal* ***T(n)*** del problema y es expresado en función del tamaño ***n*** del problema o de sus datos.

El segundo indicador es la cantidad de espacio de almacenamiento requerido para resolverlo y se apoya en la idea de que al aumentar la complejidad de un proceso aumenta también el espacio que su solución demanda. Este parámetro es reconocido como la *Complejidad Espacial,* ***E(n)*** del problema y también es expresado en función de ***n***.

Obsérvese que las complejidades temporales y espaciales son parámetros diferentes y normalmente sus valores van a diferir para un mismo cálculo. Sin embargo, no son totalmente independientes ya que en **m** intervalos de tiempo una *MT* tiene acceso a un máximo de **m+1** celdas de su cinta. Es decir que si ***T(n) = m***, siempre ***E(n) ≤ m*+1**.

Llegado a este punto, y para un cierto problema dado, es necesario encontrar expresiones que relacionen las complejidades temporales y espaciales de las soluciones con el tamaño de los datos **n**. Se busca algo muy importante, que es conocer la forma en la que crecen las demandas de recursos a medida que crece la dimensión del problema a ser resuelto. Estas expresiones suelen responder a tres formas generales: la polinomial, la exponencial y la logarítmica, sirviendo de referencia los siguientes ejemplos:

Expresión polinomial:	$An^4 + Bn^3 + Cn^2 + Dn + E$	$= O(n^4)$
Expresión exponencial:	$A2^n + B$	$= O(2^n)$
Expresión logarítmica:	$A \log n + B$	$= O(\log n)$

Como consecuencia de estas expresiones se define la complejidad temporal lineal, polinómica, logarítmica, exponencial, etcétera, según la naturaleza de la relación que la vincula con su dimensión **n**. Por ejemplo, si las unidades de tiempo que demanda la solución de un problema de dimensión **n** es $T(n) = 3.n^3 + 6.n + 12$, se dirá que su complejidad temporal es polinómica, en este caso, de grado tres.

Nótese que estas expresiones tienen un término dominante que se acentúa al crecer la dimensión **n**, hasta tener una importancia excluyente. Se llega así al concepto del ***orden*** de la complejidad de los problemas, que se caracteriza con la letra **O** (denominada *notación O grande*), y se representan por ejemplo como $O(n^3)$, $O(2^n)$ u $O(\log n)$.

Clases de problemas

A partir de las formas generales de las expresiones de complejidad, se clasifican los problemas en las siguientes dos grandes clases:

- ***Clase P***: Incluye los problemas que pueden ser resueltos en tiempo polinómico por una MT determinista. Los problemas de complejidad temporal polinómica son denominados ***tratables***, es decir, pueden ser resueltos en la práctica en un tiempo razonable.
- ***Clase NP***: Incluye los problemas que pueden ser resueltos por una *MT* no determinista en tiempo polinómico, lo que en la práctica conduce en general a una complejidad exponencial. Al llevarse la dimensión del problema **n** a valores de utilidad práctica el tiempo de proceso alcanza valores inimaginables. Estas soluciones carecen por lo tanto de interés y estos problemas son calificados como ***intratables***. Su nombre *NP* proviene del inglés ***N****on-deterministic* ***P****olynomial time*.

Como una MTD es un caso particular de una MTND, claramente se cumple que $P \subseteq NP$. Aún los investigadores no han podido determinar si la inclusión es estricta (¿$P \neq NP$?) y éste es actualmente uno de los problemas no resueltos más importantes de la matemática; para quien lo resuelva, el *Clay Mathematics Institute* ha establecido un premio de un millón de dólares (*The Millenium Prize*). En relación a este problema, se definió (y se investiga con intensidad) la clase de problemas ***NP-completos***, un subconjunto problemas difíciles de NP, a los que todos los otros problemas NP pueden reducirse en tiempo polinómico.

La distinción entre clases no se manifiesta en problemas de pequeño tamaño **n**, donde todos los algoritmos de solución de los mismos parecen ser similares, pero sí se pone de manifiesto cuando los algoritmos son aplicados a datos de gran tamaño, que son los que revisten interés práctico. Es un error grave y frecuente confiar en que la creciente capacidad de las máquinas es suficiente para resolver estos problemas.

Medición de la complejidad

Una vez definidos los indicadores de complejidad, estos deben ser evaluados para cada caso particular. Necesariamente, habrá un problema a resolver y un algoritmo propuesto para alcanzar ese fin, para lo que es necesario reconocer los tres tipos de situaciones que se presentan:

1. La determinación de los indicadores de complejidad temporal y espacial, pueden obtenerse a través de un proceso inductivo que se apoya en un estudio detallado del algoritmo utilizado. Este estudio permitirá definir expresiones generales que serán válidas para cualquier tamaño del problema estudiado, como ocurre en el caso del Ejemplo 6.11 que se verá a continuación.

2. El algoritmo es lo suficientemente enmarañado como para que no sea fácil o posible obtener las expresiones de complejidad a través de su análisis. En estos casos, se hacen evaluaciones de los indicadores de complejidad resultantes para ciertas dimensiones del problema, se proponen grados para el polinomio que representa su complejidad y se calculan algebraicamente los coeficientes del polinomio. En el Ejemplo 6.12, se determinan las expresiones de complejidad de esta manera. Pueden utilizarse programas específicos (simuladores) para conocer los valores de los indicadores de complejidad, que permitan el posterior cálculo de los coeficientes del polinomio.

3. El caso es similar al anterior, solo que los indicadores de complejidad no dependen únicamente de la dimensión del problema sino también de la forma en la que se presentan los datos. Puede citarse como ejemplo el caso de un algoritmo de ordenamiento de un vector, que reconoce dos condiciones extremas: *i*) el vector ya está previamente ordenado y *ii*) está completamente desordenado. En el caso de la MT del Ejemplo 6.4, las cadenas extremas de entrada estarían representadas por **001122** y **221100**, cuyo ordenamiento obviamente no requiere el mismo esfuerzo. En estos casos, se suelen utilizar dos valores de complejidad: a) el que corresponde a la condición extrema que demanda el máximo esfuerzo y representa una cota superior a la complejidad del problema y b) el de la condición de trabajo más probable (una situación media).

En todos los ejemplos citados, las expresiones de complejidad buscadas tienen las finalidades de permitir: i) conocer los órdenes de las complejidades de los problemas, ii) cuantificar esas complejidades para ciertas dimensiones específicas y poder hacer previsiones referidas a los recursos necesarios para resolverlos y iii) comparar entre sí diferentes problemas o distintas formas de abordar un mismo problema.

En el Ejemplo 6.13, se compara la complejidad temporal de una máquina de Turing destinada a verificar cadenas que están repetidas con un separador (Ejemplo 6.11) con la de otra máquina de Turing que verifica que la segunda cadena sea la inversa de la primera (Ejemplo 6.12).

Para cerrar esta breve introducción a la complejidad computacional resulta justo mencionar a Edsger Dijkstra (1930-2002), quien hizo numerosos y muy importantes aportes a la ciencia de la computación y, en particular, al análisis de la complejidad de algoritmos.

Ejemplo 6.11

Se considera una máquina de Turing destinada a reconocer el lenguaje **L** = {α#α / $\alpha \in${0, 1}$^+$}. Para cumplir esta función, la MT propuesta avanza sobre la cinta a partir de cada símbolo del prefijo α hasta superar el separador **#**, y luego busca confirmar la presencia del mismo símbolo en la misma posición en el sufijo α. Se requiere conocer la complejidad temporal y espacial de este problema.

Se toma como referencia una cadena $\beta = \alpha\#\alpha$, donde $|\alpha| = 4$, es decir que $|\beta| = 2|\alpha|+1$. A partir del largo de la cadena, se deben inducir las expresiones de las complejidades temporal y espacial correspondientes. Para ello, se muestra en la Figura 6.20 un esquema en el que se representan las traslaciones del cabezal y la cantidad de unidades de tiempo que corresponde a cada una en función del largo n = $|\beta|$ = 9.

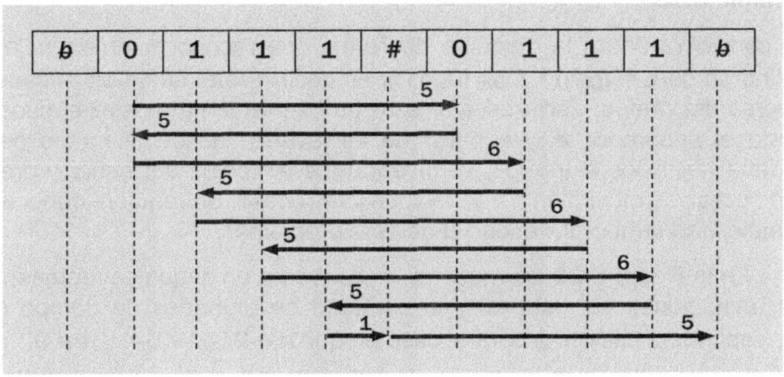

Figura 6.20: Esquema del proceso de aceptación de $\alpha\#\alpha$.

Se analizan los movimientos para expresarlos en función de n, deduciendo:

- Un primer movimiento, desde el primer símbolo del prefijo hasta el primer símbolo del sufijo, que demanda 0,5(n+1) unidades de tiempo.
- Los retrocesos desde el sufijo hasta el prefijo. Habrá un total de $|\alpha|$ = 0,5(n-1) retrocesos, cada uno de los cuales demanda 0,5(n+1) unidades de tiempo.
- Los movimientos de avance de la primera a la segunda cadena. Hay $|\alpha|$ = 0,5(n-1) avances con 0,5(n+1)+1 unidades de tiempo.

A partir de este análisis, se deduce que la complejidad temporal es:

$$T(n) = \frac{n+1}{2} + \left(\frac{n-1}{2}\right)\left(\frac{n+1}{2}\right) + \left(\frac{n-1}{2}\right)\left[\left(\frac{n+1}{2}\right) + 1\right]$$

$$T(n) = \frac{n+1}{2} + \frac{n^2-1}{4} + \frac{n^2-1}{4} + \frac{n-1}{2} = \frac{n^2}{2} + n - \frac{1}{2} = O(n^2)$$

y la complejidad espacial es:

$$E(n) = n = O(n)$$

Para el caso específico en que n = 9 se tiene $T(n)$ = 49 y $E(n)$ = 9.

Ejemplo 6.12

Se considera ahora la máquina de Turing que reconoce un lenguaje de palíndromos **L = {$\alpha\#\alpha^{-1}$ / $\alpha\in$ {0, 1}$^+$}**, es decir que el sufijo es la cadena inversa del prefijo. Para resolver este problema, la MT mueve el cabezal hasta el separador **#**, y a partir de allí avanza desde el medio de la cadena hacia los extremos, verificando los símbolos del sufijo y prefijo con sucesivos movimientos de avance y retroceso. Se requiere conocer la complejidad temporal y espacial de este problema.

En la Figura 6.21, se muestra un esquema en el que se representan las traslaciones del cabezal y la cantidad de unidades de tiempo que corresponde a cada una para el caso en que $n = 2|\alpha|+1 = |\beta| = 9$.

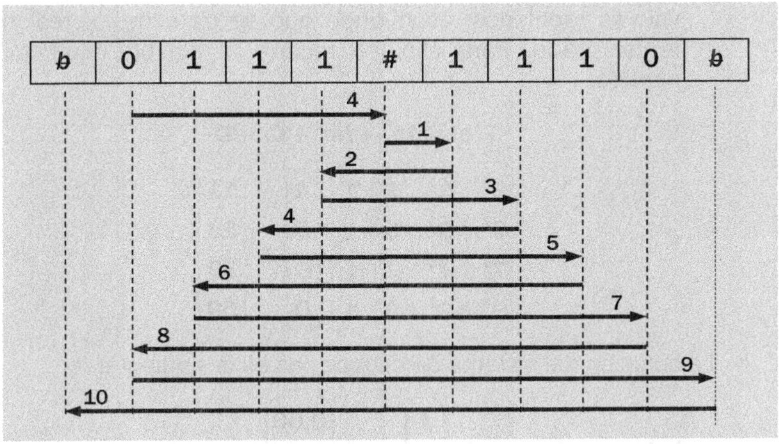

Figura 6.21: Esquema del proceso de aceptación de $\alpha\#\alpha^{-1}$.

A diferencia del caso anterior, los movimientos son aquí progresivamente más largos y la determinación de las expresiones buscadas de complejidad temporal y espacial de una cadena de largo genérico *n* no es tan intuitiva. Tampoco es algo difícil, y se invita al lector a comprobar anticipadamente, siguiendo un procedimiento similar al anterior, que la complejidad temporal del problema es:

$$T(n) = 0{,}5\, n^2 + 2n + 0{,}5 = O(n^2)$$

Sin embargo, hay casos de complejidad verdaderamente elevada y para superar esta dificultad, se recurre al procedimiento ya anticipado como Caso 2 al tratar la "medición de la complejidad" en el apartado anterior. Para ello:

- Se determina el total de intervalos de tiempo necesarios para verificar cadenas de ciertos largos (ejemplo n = 3, 5, 7 y 9), incluyendo naturalmente los movimientos de avance y de retroceso del cabezal. En el análisis, se tuvieron en cuenta los movimientos finales para asegurar que se alcanzaron los **ƀ** en ambos extremos. Estos valores son presentados en la Tabla 6.11.

Largo de la cadena	n	3	5	7	9
Intervalos de tiempo	***T(n)***	11	23	39	59

Tabla 6.11: Total de movimientos de avance y retroceso.

- Se calculan los coeficientes del polinomio que responden a estos valores tabulados, asumiendo que se trata de expresiones de tercer grado. Para ello, se recurre al álgebra matricial y se plantea:

$$T(n) = An^3 + Bn^2 + Cn + D$$

$$\begin{bmatrix} 3^3 & 3^2 & 3 & 1 \\ 5^3 & 5^2 & 5 & 1 \\ 7^3 & 7^2 & 7 & 1 \\ 9^3 & 9^2 & 9 & 1 \end{bmatrix} \begin{Bmatrix} A \\ B \\ C \\ D \end{Bmatrix} = \begin{Bmatrix} 11 \\ 23 \\ 39 \\ 59 \end{Bmatrix}$$

La solución del sistema de ecuaciones es la siguiente:

$$\begin{Bmatrix} A \\ B \\ C \\ D \end{Bmatrix} = \begin{Bmatrix} 0{,}00 \\ 0{,}50 \\ 2{,}00 \\ 0{,}50 \end{Bmatrix}$$

El valor nulo del coeficiente *A* significa que la complejidad temporal es correctamente representada por un polinomio de segundo grado, es decir, $O(n^2)$. A partir de los valores de los restantes coeficientes *B*, *C* y *D*, se dispone de la expresión de la complejidad temporal que corresponde a la validación de la cadena:

$$T(n) = \frac{1}{2}n^2 + 2n + \frac{1}{2} = O(n^2)$$

Una segunda alternativa para obtener estas mismas expresiones consiste en recurrir al Excel, obteniendo con este recurso gráfico las curvas y expresiones presentadas en la Figura 6.22.

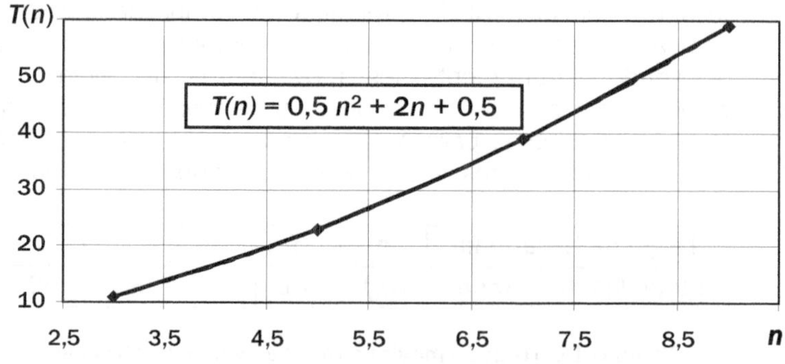

Figura 6.22: Curva de tendencia de T(n).

Para cumplir esta tarea los pasos son: *i*) representar gráficamente en Excel los datos de la Tabla 6.11, *ii*) aproximar las curvas con polinomios de diversos grados hasta obtener representaciones no oscilantes y *iii*) solicitar las expresiones de las fórmulas de las curvas de tendencia.

Por su parte, la máquina no utiliza memoria auxiliar por lo que su complejidad espacial es:

$$E(n) = n = O(n)$$

Nótese que las expresiones obtenidas deben siempre ser utilizadas para valores de n que estén próximos al intervalo de los casos conocidos, donde aquí fueron $3 \leq n \leq 9$. Nunca es conveniente hacer predicciones para un valor muy lejano del intervalo simulado (por ejemplo $n > 100$) porque podría ocurrir que en la zona conocida haya varias funciones que representen correctamente los puntos, pero que luego divergen cuando n crece. En ese caso, la predicción puede arrojar resultados erróneos. La importancia práctica de poder predecir el desempeño de un algoritmo ante volúmenes muy grandes de datos es obvia y no merece mayores comentarios.

Ejemplo 6.13

Comparar las complejidades temporales de las máquinas de Turing que validan las cadenas de las formas generales $\beta = \alpha\#\alpha^{-1}$ y $\beta = \alpha\#\alpha$.

La complejidad temporal obtenida para $\beta=\alpha\#\alpha^{-1}$ es (Ejemplo 6.12):

$$T(n) = \frac{1}{2}n^2 + 2n + \frac{1}{2}$$

y la complejidad temporal obtenida para $\beta = \alpha\#\alpha$ es (Ejemplo 6.11):

$$T(n) = \frac{1}{2}n^2 + n - \frac{1}{2}$$

La relación entre ambas es:

$$R_T(n) = \frac{\frac{n^2}{2} + 2n + \frac{1}{2}}{\frac{n^2}{2} + n - \frac{1}{2}}$$

y considerando problemas de dimensión elevada, lo que en este caso significa que las cadenas analizadas son de gran longitud, se tiene:

$$\lim_{n\to\infty} R_T(n) = \lim_{n\to\infty} \frac{\frac{n^2}{2}+2n+\frac{1}{2}}{\frac{n^2}{2}+n-\frac{1}{2}} = \lim_{n\to\infty} \frac{\frac{1}{2}+\frac{2}{n}+\frac{1}{2n^2}}{\frac{1}{2}+\frac{1}{n}-\frac{1}{2n^2}} = 1$$

Lo que comprueba que cuando la dimensión de los datos (largo de la cadena estudiada) es grande, las complejidades temporales de ambos problemas son las mismas. Es decir que la relación R_T tiene una tendencia asintótica a uno. Esto se visualiza con claridad en la representación gráfica de R_T en función de n de la Figura 6.23.

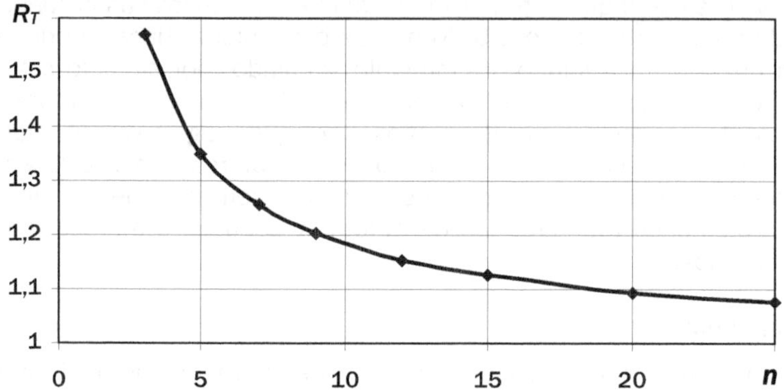

Figura 6.23: Curva de la relación de complejidades de ambos casos.

En resumen, se comprobó que las complejidades operativas de las máquinas de Turing propuestas para resolver ambos problemas son las mismas. Estas complejidades operativas quedaron representadas por la complejidad temporal **T(*n*)** y la complejidad espacial **E(*n*)**.

La conclusión desde el punto de vista del problema tratado es que, verificar la presencia de dos cadenas iguales en la cinta de entrada, ya sea que estén repetidas o una sea la inversa de la otra, demandan el mismo esfuerzo en términos del tiempo de proceso y espacio requerido.

Sería interesante hacer esta misma comparación en base a la complejidad estructural de Shannon, lo que requiere disponer de las tablas de las funciones de transición de ambas máquinas de Turing. Se sugiere al lector hacer esta comparación y sacar sus conclusiones. También cabe reiterar que este mismo tipo de análisis es utilizado cuando se debe identificar el mejor algoritmo para resolver un mismo problema.

Isomorfismos de la máquina de Turing y el ALA con sus gramáticas

Ya fue establecido en el Capítulo 1 que los lenguajes son el vínculo entre las máquinas abstractas y las gramáticas, quedando definidos isomorfismos entre ellos. En el caso de la *máquina de Turing*, los lenguajes reconocidos son denominados *recursivamente enumerables* y provienen de *gramáticas sin restricciones*. Los lenguajes recursivos enumerables son también denominados *estructurados por frases* y constituyen el conjunto de todos los lenguajes que describen procedimientos computacionales. Cabe recordar que fue el propio Chomsky el que estableció en 1959 la equivalencia entre las *gramáticas sin restricciones* o Tipo 0 y las máquinas de Turing. Al presentarse, en el Capítulo 2, la jerarquía de Chomsky se estableció que estas gramáticas no presentaban restricciones en sus reglas de producción, de allí su nombre, salvo la obvia necesidad de que la parte izquierda de la regla debe incluir al menos un símbolo no Terminal. Otro aspecto destacado es que estas gramáticas pueden tener reglas compresoras, incluyendo las no generativas.

Bajando un nivel en la jerarquía de máquinas se encuentra el autómata linealmente acotado y aquí el isomorfismo es planteado con las gramáticas dependientes de contexto, siendo el vínculo los lenguajes generados que llevan su mismo nombre. Aquí las reglas de producción se ven restringidas por la necesidad de un contexto y no se admiten reglas compresoras, salvo que se trate de la regla lambda. Fue Sige-Yuki Kuroda el que en 1964 estableció el vínculo entre los ALA y las gramáticas Tipo 1. Posteriormente propuso una forma normal para estas gramáticas, de la misma manera que Chomsky y Greibach propusieron las formas normales para las gramáticas Tipo 2 que llevan sus nombres. Se denomina Forma Normal de Kuroda.

Al igual que con los autómatas finitos y los autómatas con pila, se han establecido numerosos procedimientos para definir máquinas de Turing y autómatas linealmente acotados a partir de sus gramáticas, e igualmente en sentido inverso se dispone de procedimientos para definir las gramáticas capaces de generar lenguajes a ser reconocidos por ciertas máquinas de Turing o ALA. Sin embargo, entrar en mayor profundidad en estos isomorfismos queda fuera de los objetivos de este libro y al lector interesado en este tema se le sugiere remitirse a la obra de Alfonseca Cubero y otros, referencia 4.

Actividades prácticas

Ejercicios propuestos del Autómata Linealmente Acotado (ALA)

Ejercicio 1

Para cada uno de los siguientes ítems, construir un autómata linealmente acotado que, dada una cadena $\alpha \in \{0, 1\}^+$ escrita en su cinta y encerrada entre los símbolos de inicio y fin de cinta, acepte aquellas que:

a) Tengan un número par de ceros.
b) Tengan un número impar de unos.
c) Tengan un número par de caracteres.
d) Tengan, a la vez, un número par de ceros y un número par de unos.

Ejercicio 2

Identificar las posibles condiciones de error cuando el autómata linealmente acotado del Ejemplo 6.2 verifica que las cadenas de entrada son palíndromas de largo par o impar. Incorporar el estado de error al correspondiente grafo y completar la tabla de la función de transición.

Ejercicio 3

Proponer un ALA que reemplace la presencia de subcadenas **00** por **11** en una cadena que no tiene una longitud predeterminada. Por ejemplo, el ALA transformará la cadena α=**00101100** en la cadena β=**11101111**.

Ejercicio 4

Proponer una solución alternativa al problema presentado en el Ejemplo 6.3, que es el de ordenar en forma creciente los símbolos de las cadenas binarias representadas en su cinta. Comparar ambos autómatas utilizando como indicador la complejidad estructural de Shannon.

Ejercicio 5

Se desea diseñar un autómata linealmente acotado que comande el siguiente efecto visual en un cartel luminoso: una barra de seis segmentos (símbolo **=**) tiene un largo inicial de seis y color rojo, progresivamente su largo se reduce en uno (alternativamente por cada extremo) hasta desaparecer y luego comienza nuevamente a crecer, esta vez de color verde. La secuencia en que la barra se reduce y aumenta cambiando de color se repite indefinidamente. Presentar el grafo, la función de transición del ALA y un ejemplo que demuestre su correcta operación.

Ejercicios propuestos de la Máquina de Turing (MT)

Ejercicio 6

Comprobar que la función que cumple la siguiente máquina de Turing es verificar si una cadena formada por bits, es de longitud par o impar. Al finalizar graba una **P** si la cadena resultó ser par o una **I** en caso contrario. La cadena no tiene longitud fija.

Solución

MT = ({0,1}, {0,1,I,P,ƀ}, {p,q,r}, p, {r}, *f*, ƀ)

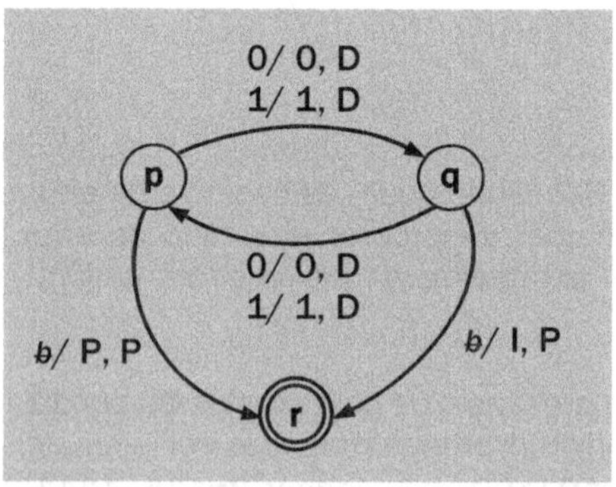

f	0	1	ƀ
→p	q,0,D	q,1,D	r,P,P
q	p,0,D	p,1,D	r,I,P
*r			

Figura 6.24. Tabla 6.12: Grafo y función de transición de la máquina de Turing del Ejercicio 6.

Ejercicio 7

Construir una MT que verifique en una cadena formada por bits, si la cantidad de **0s** (ceros) es par o impar y grabe la letra **P** si es par o **I** si es impar, al finalizar la cadena. La cadena no tiene longitud fija.

		↓
Ejemplo:	Entrada	ƀ0100110ƀ
	Salida	ƀ0100110Pƀ

Ejercicio 8

Diseñar una MT que verifique en una cadena formada por bits, si la cantidad de **1s** (unos) es par o impar. En caso de que sea par, al finalizar la comprobación, negar la cadena (cambiar ceros por unos y viceversa), en caso contrario, la máquina solo se detiene. La cadena no tiene longitud fija.

		↓
Ejemplo:	Entrada	ƀ101011ƀ
	Salida:	ƀ010100ƀ (cadena negada)

Ejercicio 9

Construir una MT que opere sobre el alfabeto **Σ = {A, B, C, D, E, F, G, H, I}** y sustituya las subtiras en una cadena dada según se indica:

BA por **FG** y **DE** por **HI**

		↓
Ejemplo:	Entrada	ƀCFHBAAGDEƀ
	Salida	ƀCFHFGAGHIƀ

Ejercicio 10

Diseñar una MT que cree la imagen refleja de la entrada después de un * (asterisco), dejando inalterada al finalizar la cadena original.

		↓
Ejemplo:	Entrada	ƀABB*ƀ
	Salida	ƀABB*BBAƀ

Ejercicio 11

Diseñar una MT que verifique si dos palabras separadas por un * (asterisco) son iguales (en este caso, acepta la cadena de entrada).

↓

Ejemplo: ƀ**0010*0010**ƀ

Ejercicio 12

Diseñar una MT que copie el primer nibble de un byte sobre el segundo, que se encuentra separado por un * (asterisco).

		↓
Ejemplo:	Entrada	ƀ1001*0011ƀ
	Salida	ƀ1001*1001ƀ

Ejercicio 13

Construir una MT que intercambie el primer nibble por el segundo, estando ambos separados por un * (asterisco).

↓

Ejemplo: Entrada ƀ1001*0011ƀ
Salida ƀ**0011***1001**ƀ

Ejercicio 14

Construir una MT que reordene en orden ascendente una cadena de bits de cualquier longitud y la grabe sobre la cinta a partir de un * (asterisco).

↓

Ejemplo: Entrada ƀ0110100*ƀ
Salida ƀ0110100***0000111**ƀ

Ejercicio 15

Construir una MT que verifique en una cadena formada por bits, que haya la misma cantidad de **0s** (ceros) que de **1s** (unos). La cadena no tiene longitud fija.

↓

Ejemplo: ƀ**00100111**ƀ (la misma cantidad de **0** que de **1**)

Ejercicio 16

Construir una MT para reconocer cada uno de los lenguajes presentados en el ejercicio 4 del Capítulo 5 (autómatas con pila).

Ejercicio 17

Identificar las posibles condiciones de error cuando la máquina de Turing del Ejemplo 6.1 evalúa sus cadenas de entrada. Incorporar el estado de error en el correspondiente grafo y completar la tabla de la función de transición.

Ejercicio 18

Proponer una MT que resuelva el problema del Ejemplo 6.2 comportándose como un autómata con pila, implementando para ello una memoria LIFO en un sector de la cinta. Presentar el grafo de la MT, su función de transición y comparar esta solución con la del Ejemplo 6.2 utilizando como criterio la complejidad estructural de Shannon.

Ejercicio 19

Proponer una máquina de Turing que, para el caso de palíndromos de largo par, resuelva el problema del Ejemplo 6.2 en dos etapas: primero, identificando la mitad de la cadena y luego, comprobando que se trata verdaderamente de un palíndromo. Se sugiere leer los comentarios referidos a este problema al tratarse la *Combinación de Máquinas de Turing* en el teórico de este capítulo.

Ejercicio 20

Proponer una solución alternativa para el problema de ordenar cadenas de un alfabeto de tres símbolos **{0, 1, 2}**, sin utilizar un movimiento neutro **N** como fue el caso del Ejemplo 6.4. Presentar el grafo de la MT, su función de transición y comparar esta solución con la anterior utilizando como criterio la complejidad estructural de Shannon.

Ejercicio 21

Para aceptar las cadenas del lenguaje propuesto en el ejemplo 6.9 se propuso una MTND. Se pide como alternativa diseñar una MTD y comparar ambas máquinas utilizando la complejidad estructural de Shannon.

Ejercicios propuestos de complejidad de la máquina de Turing

Ejercicio 22

Determinar las expresiones de complejidad temporal **T(*n*)** y complejidad espacial **E(*n*)** en función del largo ***n*** de la cadena procesada en el caso de la máquina de Turing presentada en el Ejemplo 6.1, destinada a validar cadenas de la forma general $\alpha = c^k d^k e^k$, donde $k > 0$.

Ejercicio 23

Determinar las expresiones de complejidad temporal **T(*n*)** y espacial **E(*n*)** en función del largo de la cadena ***n*** en el caso de la MT resuelta en el Ejercicio 10, destinada a generar una imagen refleja de la entrada.

Ejercicio 24

Determinar las expresiones de complejidad temporal **T(*n*)** y espacial **E(*n*)** en el caso de la MT resuelta en el Ejercicio 13, destinada a intercambiar dos nibbles.

Ejercicios resueltos del Autómata Linealmente Acotado (ALA)

Ejercicio 25

Construir un ALA que acepte cadenas de la forma general $\alpha = a^i b^j$ para cada uno de los siguientes casos, donde $i > 0$ y $j > 0$; **a)** $i > j$, **b)** $i < j$ y **c)** $i = j$.

Solución 25.a

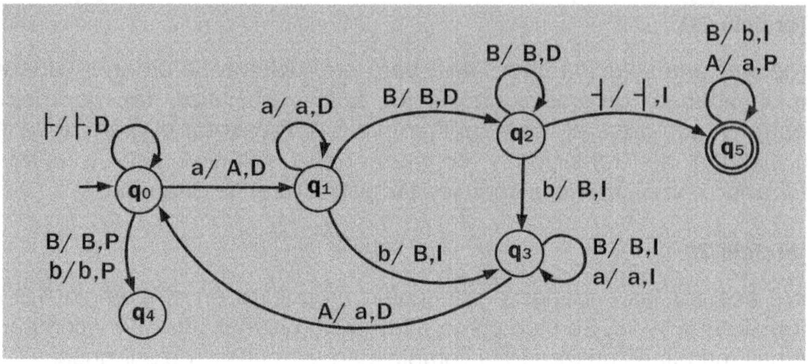

Figura 6.25: Grafo del autómata linealmente acotado del Ejercicio 25.a.

ALA = ({a,b}, {a,b,A,B, ⊢,⊣ }, {q_0, q_1, q_2, q_3, q_4,q_5}, q_0, {q_5}, *f*)

Solución 25.b

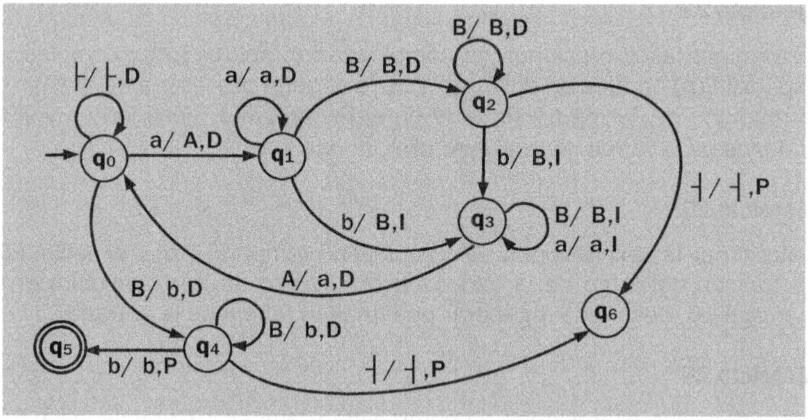

Figura 6.26: Grafo del autómata linealmente acotado del Ejercicio 25.b.

ALA = ({a,b}, {a,b,A,B, ⊢,⊣ }, {q_0, q_1, q_2, q_3, q_4,q_5,q_6}, q_0, {q_5}, *f*)

Solución 25.c

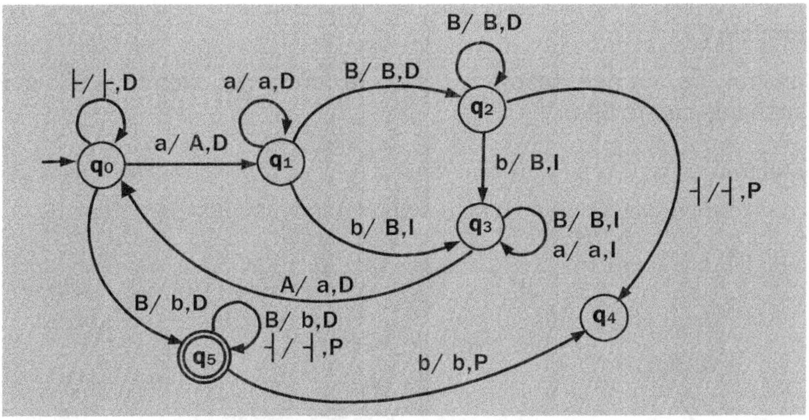

Figura 6.27: Grafo del autómata linealmente acotado del Ejercicio 25.c.

ALA = ({a,b}, {a,b,A,B, ⊢,⊣ }, {q_0, q_1, q_2, q_3, q_4,q_5}, q_0, {q_5}, *f*)

Ejercicio 26

Dado cualquier número binario α, construir un ALA que lo sobrescriba como α^{-1}, su cadena recíproca. La solución es:

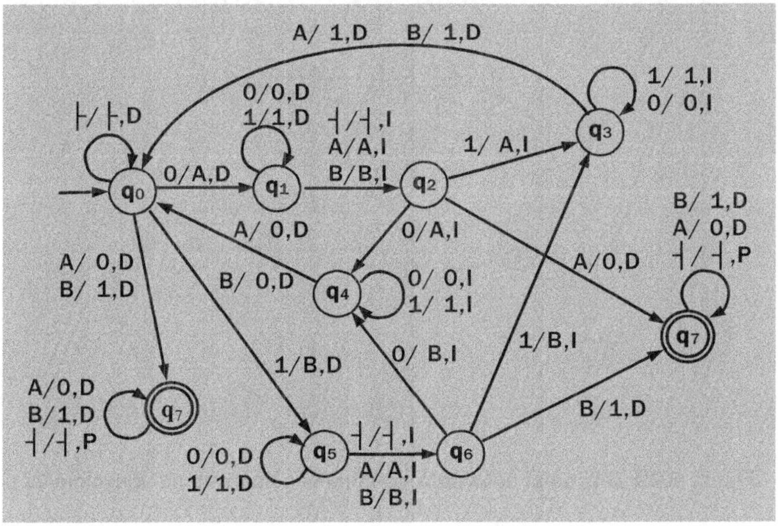

Figura 6.28: Grafo del autómata linealmente acotado del Ejercicio 26 (Notar que el estado final q_7 está repetido para mayor claridad).

$ALA = (\{0,1\}, \{0,1,A,B, \vdash,\dashv \}, \{q_0, q_1, q_2, q_3, q_4,q_5,q_6,q_7\}, q_0, \{q_7\}, f)$

Ejercicio 27

Construir un ALA que acepte bytes de la forma $\alpha\alpha$, siendo α cualquier cadena de cuatro bits.

Solución

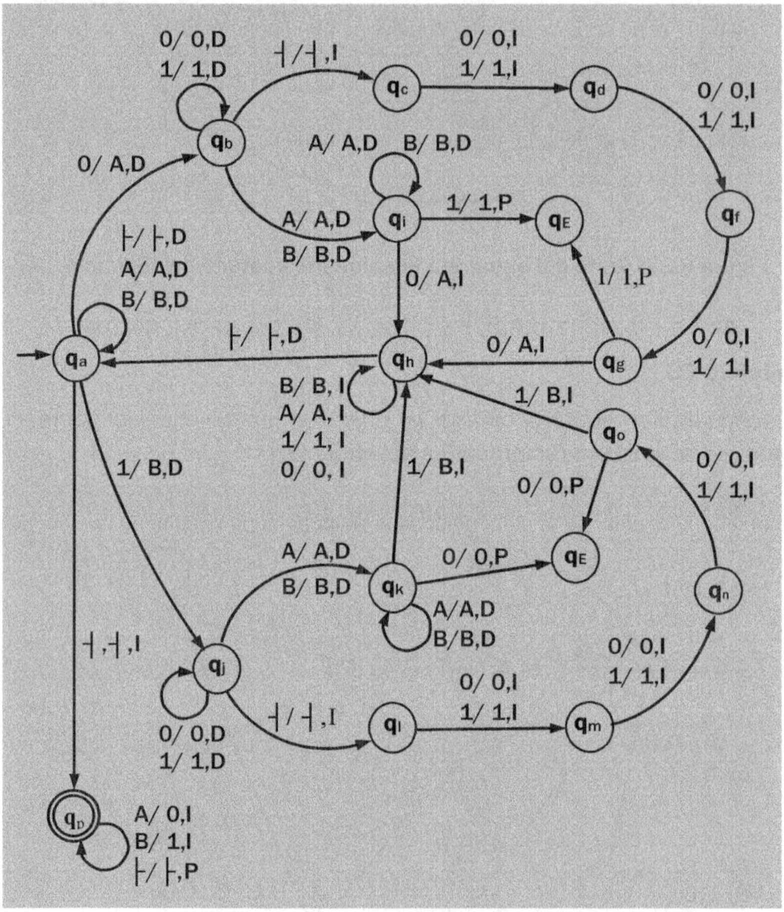

Figura 6.29: Grafo del autómata linealmente acotado del Ejercicio 27.

$ALA = (\{0,1\}, \{0,1,A,B, \vdash,\dashv \}, \{q_a, q_b, q_c, q_d, q_E, q_f, q_g, q_h, q_i, q_j, q_k, q_l, q_m, q_n, q_o, q_p\}, q_a, \{q_p\}, f)$

Nótese que en el grafo de la solución propuesta, representado en la Figura 6.29, el estado "q_E" que representa la condición de error se encuentra repetido para mayor claridad.

Ejercicios resueltos de la Máquina de Turing (MT)

Ejercicio 28

Diseñar una MT tal que dada una palabra, encuentra las subcadenas **00** y las cambie por **11** y las subcadenas **11** las cambie por **00**. La palabra finaliza cuando se lee un ƀ (blanco).

Ejemplo: Entrada ƀ0100101101 1ƀ

Salida ƀ0111100000 0ƀ

Solución

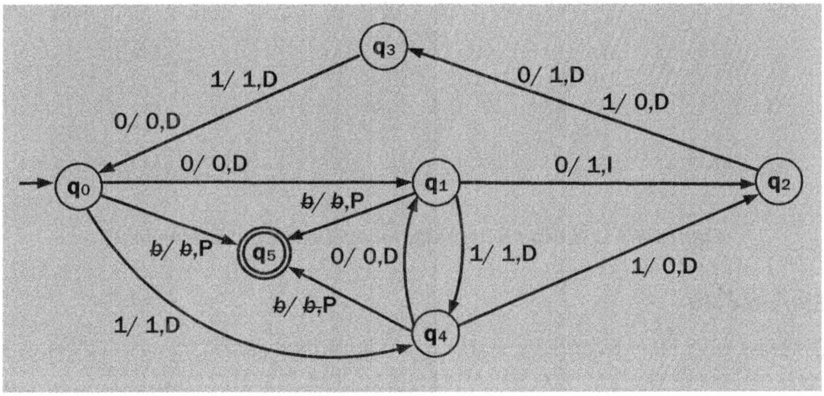

Figura 6.30: Grafo de la máquina de Turing del Ejercicio 28.

$MT = (\{0,1\}, \{0,1, ƀ\}, \{q_0, q_1, q_2, q_3, q_4, q_5\}, q_0, \{q_5\}, f, ƀ)$

Ejercicio 29

Construir una MT que copie el nibble que se encuentra a la derecha del * (asterisco) sobre el que se encuentra a la izquierda del mismo.

$MT = (\{0,1\}, \{0,1, A, B, ƀ\}, \{q_0, q_1, q_2, q_3, q_4, q_5, q_6, q_7\}, q_0, \{q_7\}, f, ƀ)$

Solución

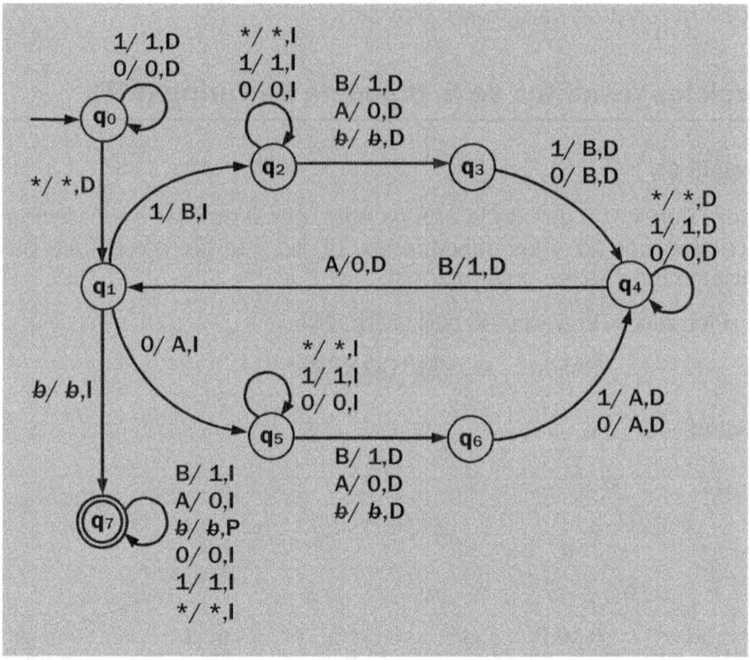

Figura 6.31: Grafo de la máquina de Turing del Ejercicio 29.

Ejercicio 30

Diseñar una MT por cada uno de los siguientes casos, donde la entrada está dada por dos nibbles separados por un * (asterisco).

a) Intercambiar los dos primeros bits del primer nibble, por los dos primeros bits del segundo nibble.

Ejemplo	Entrada	ƀ0101*1100ƀ
	Salida	ƀ1101*0100ƀ

b) Intercambiar los dos primeros bits del primer nibble, por los dos últimos bits del segundo nibble.

Ejemplo:	Entrada	ƀ0101*1100ƀ
	Salida	ƀ0001*1101ƀ

c) Intercambiar los dos últimos bits del primer nibble, por los dos primeros bits del segundo nibble.

Ejemplo: Entrada ƀ0101*0011ƀ
Salida ƀ0100*0111ƀ

d) Intercambiar los dos últimos bits del primer nibble, por los dos últimos bits del segundo nibble.

Ejemplo: Entrada ƀ0101*1100ƀ
Salida ƀ0100*1101ƀ

Solución 30.a

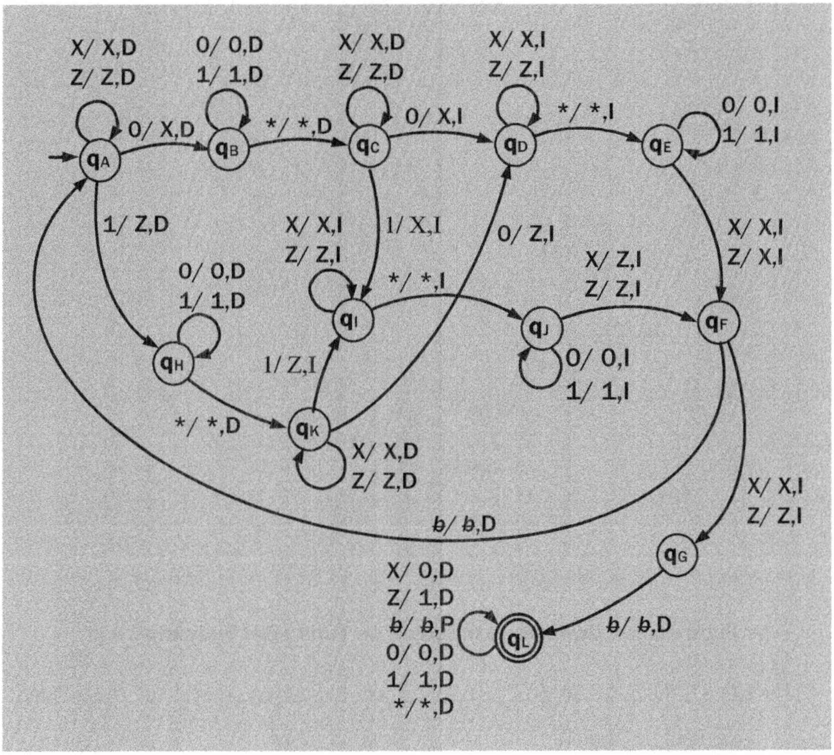

Figura 6.32: Grafo de la máquina de Turing del Ejercicio 30.a.

MT =({0,1}, {0,1, X, Z, ƀ}, {q_A, q_B, q_C, q_D, q_E, q_F, q_G, q_H, q_I, q_J, q_K, q_L}, q_A, {q_L}, *f*, ƀ)

Solución 30.b

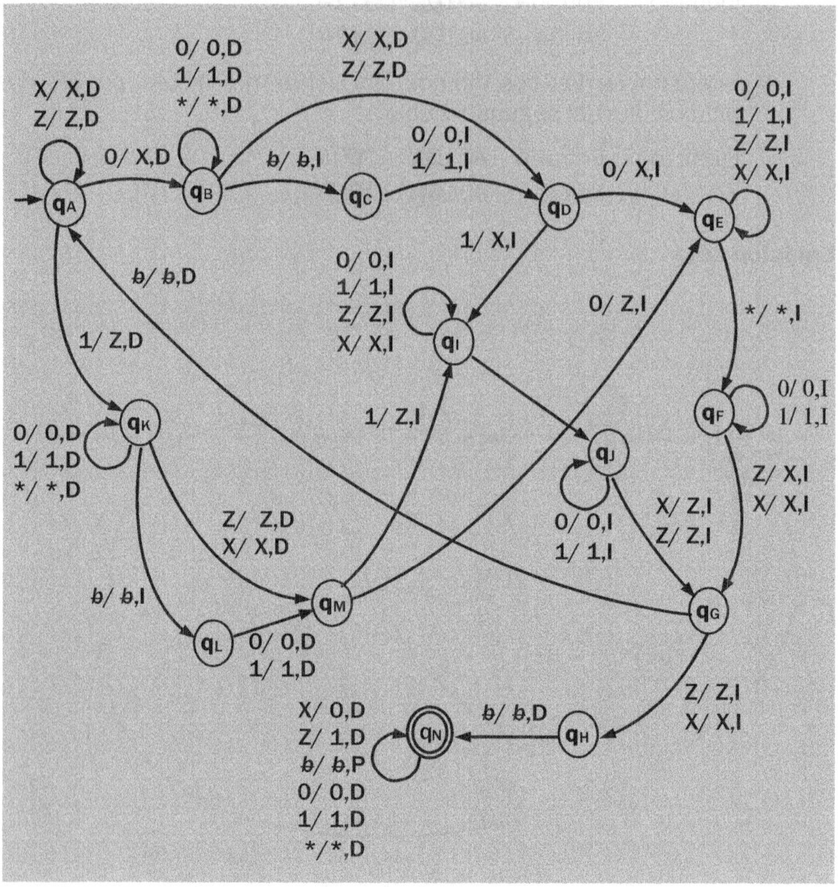

Figura 6.33: Grafo de la máquina de Turing del Ejercicio 30.b.

$MT = (\{0,1\}, \{0,1,X,Z,ƀ\}, \{q_A, q_B, q_C, q_D, q_E, q_F, q_G, q_H, q_I, q_J, q_K, q_L, q_M, q_N\},$
$q_A, \{q_N\}, f, ƀ)$

Solución 30.c

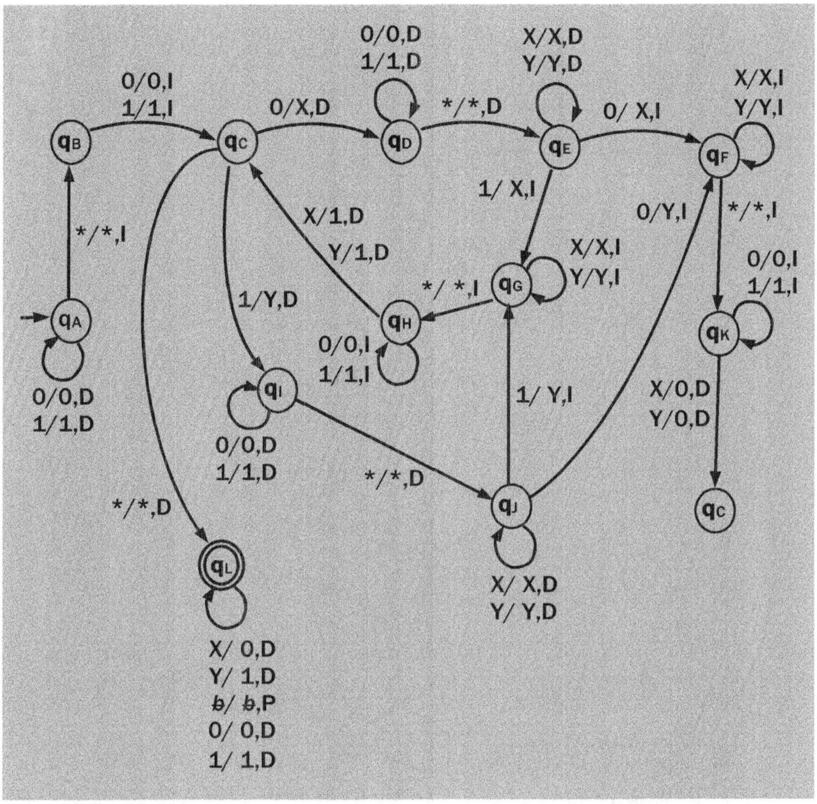

Figura 6.34: Grafo de la máquina de Turing del Ejercicio 30.c.

MT = ({0,1}, {0, 1, X, Z, ƀ}, {q_A, q_B, q_C, q_D, q_E, q_F, q_G, q_H, q_I, q_J, q_K, q_L}, q_A, {q_L}, *f*, ƀ)

Nótese que en el grafo de la solución propuesta, representado en la Figura 6.34, el estado "**q**C" se encuentra repetido para mayor claridad.

Solución 30.d

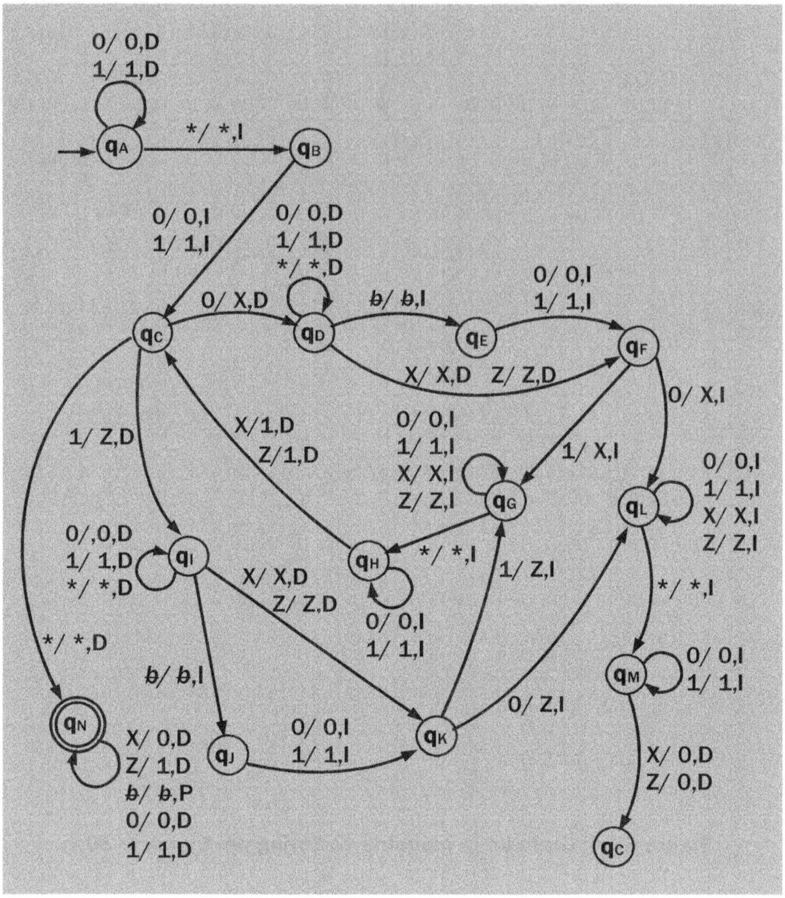

Figura 6.35: Grafo de la máquina de Turing del Ejercicio 30.d.

$$MT = (\{0,1\}, \{0,1,X,Z,\not{b}\}, \{q_A,q_B,q_C,q_D,q_E,q_F,q_G,q_H,q_I,q_J,q_K,q_L,q_M,q_N\},$$
$$q_A, \{q_N\}, f, \not{b})$$

Al igual que en ejercicios anteriores, el estado "q_C" se encuentra repetido para mayor claridad, tal como lo muestra el grafo representado en la Figura 6.35.

Ejercicios resueltos a través de soluciones alternativas

Ya se ha expuesto que no hay una única solución para resolver un cierto problema. Por el contrario, siempre hay variadas alternativas, y para compararlas debe adoptarse un criterio, como puede ser su simplicidad lógica, el espacio requerido (complejidad espacial), el tiempo de proceso demandado (complejidad temporal), etc.

Para esclarecer esta idea se propone resolver las cuatro variantes del ejercicio 30 a través de un tipo de solución que reconoce dos etapas: *i)* identificación de los bits a ser intercambiados, para lo cual se utilizan dos símbolos auxiliares Ω_1={a,b} y *ii)* concreción del intercambio de los bits ya identificados, utilizándose los símbolos auxiliares Ω_2={A,B}.

Al adoptarse este enfoque, la primera etapa demanda un procedimiento específico de identificación para cada caso, mientras que en todos los casos la etapa de intercambio de bits es exactamente la misma. Con este fin, la *MT* que cumple esta segunda etapa es definida con suficiente generalidad como para contemplar todos los casos que puedan presentarse.

El enfoque propuesto queda encuadrado en el concepto de combinación de máquinas de Turing, que ya fue presentado al desarrollarse los conceptos teóricos, y la ventaja que ofrece no requiere de mayores comentarios. La *MT* de la etapa *ii* es definida, implementada y probada una sola vez, con el ahorro de tiempo que esto significa, adoptando la forma de un "componente".

Sin embargo, al igual de lo que ocurre en programación, estas soluciones generales no necesariamente son las más eficientes, y con seguridad cada caso tiene soluciones específicas de menor complejidad espacial y temporal. Al utilizar el enfoque propuesto, se obtiene mayor claridad conceptual y el reaprovechamiento de un mismo componente, pagando el costo de menor eficiencia operativa. Por lo tanto, la conveniencia de implementar este tipo de soluciones debe ser analizada en cada situación.

Con posterioridad a la presentación de estas soluciones alternativas, se hará una comparación de las complejidades de las soluciones del Ejercicio 30. Se recomienda al lector definir soluciones específicas o bien utilizar las soluciones propuestas en las figuras 6.32 a 6.35 para comparar las complejidades con la de la siguiente solución general propuesta.

Las soluciones alternativas son identificadas como 30.a' a 30.d' y sus grafos se presentan en las figuras 6.36 a 6.39.

Solución 30.a'

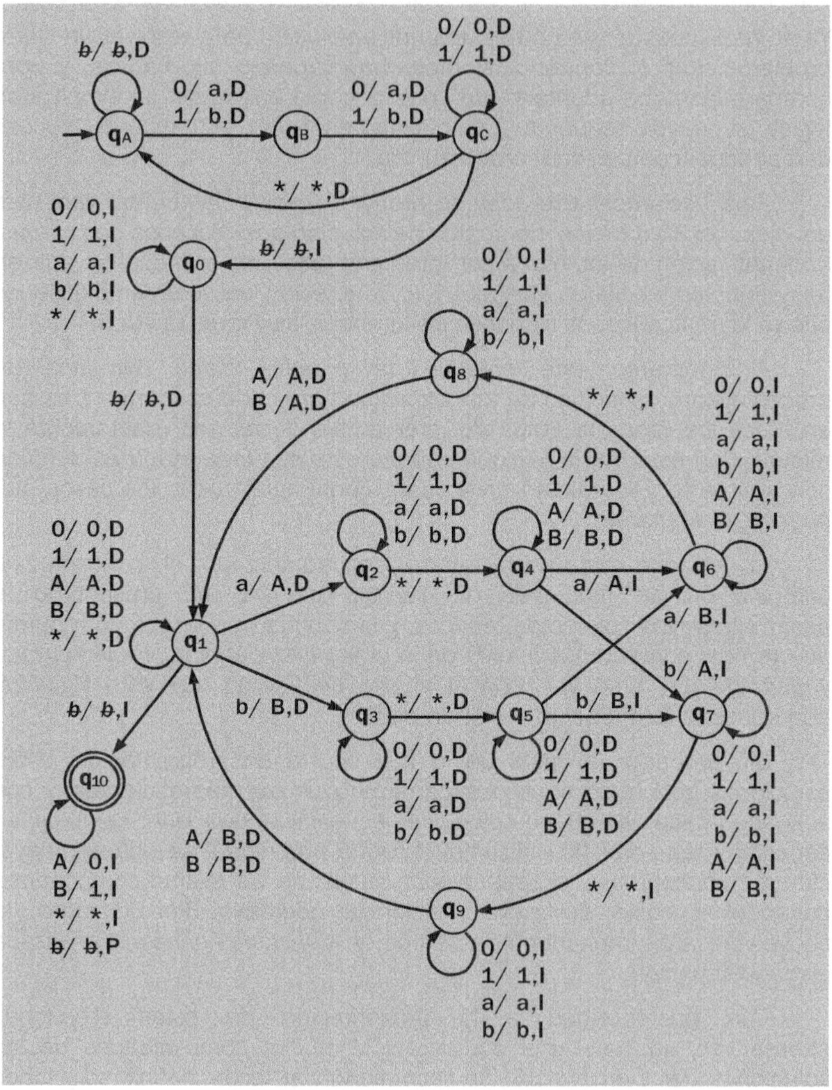

Figura 6.36: Grafo de la máquina de Turing del Ejercicio 30.a'.

$$MT = (\{0,1,*\},\ \{0,1,*,a,b,A,B,\text{ƀ}\},$$

$$\{q_A,q_B,q_C,q_0,q_1,q_2,q_3,q_4,q_5,q_6,q_7,q_8,q_9,q_{10}\},\ q_A,\ \{q_{10}\},\ f,\ \text{ƀ}\}$$

Solución 30.b'

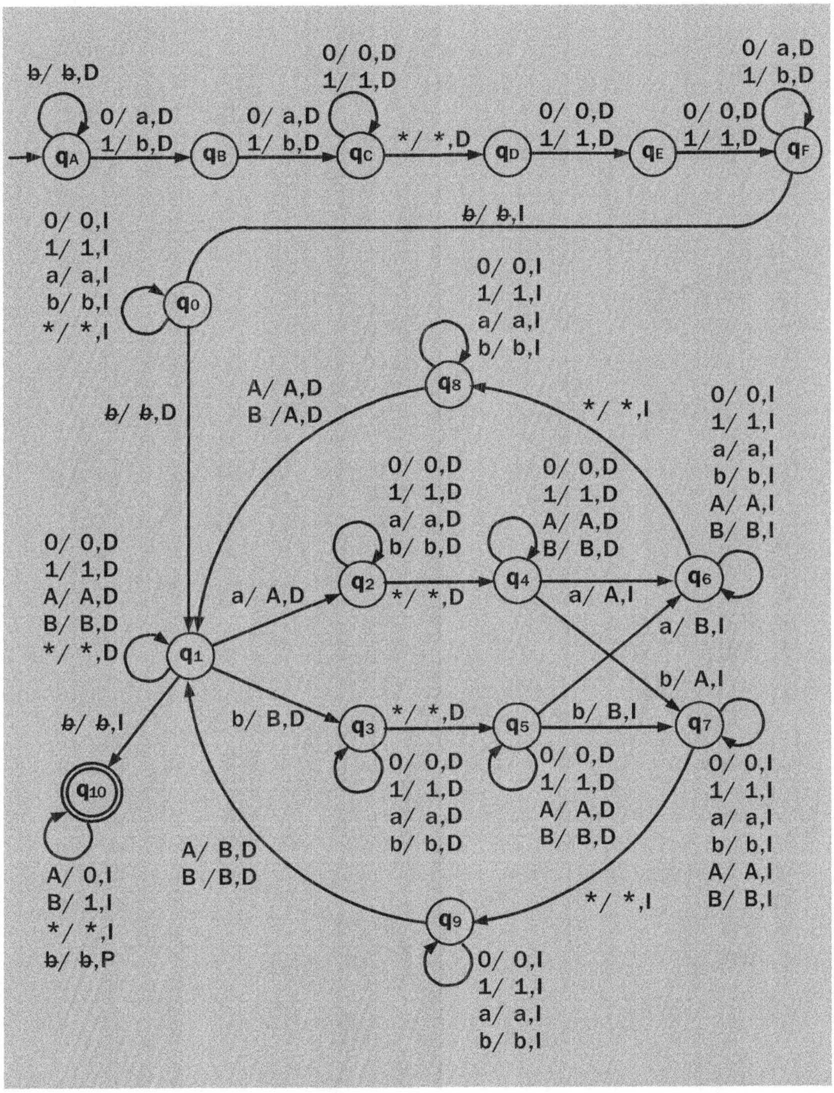

Figura 6.37: Grafo de la máquina de Turing del Ejercicio 30.b'.

$$MT=(\{0,1,*\},\{0,1,*,a,b,A,B,ƀ\},\{q_A,q_B,q_C,q_D,q_E,q_F,q_0,q_1,q_2,q_3,q_4,q_5,q_6,q_7,q_8,q_9,q_{10}\},\ q_A,\{q_{10}\},\ f,\ ƀ)$$

Solución 30.c'

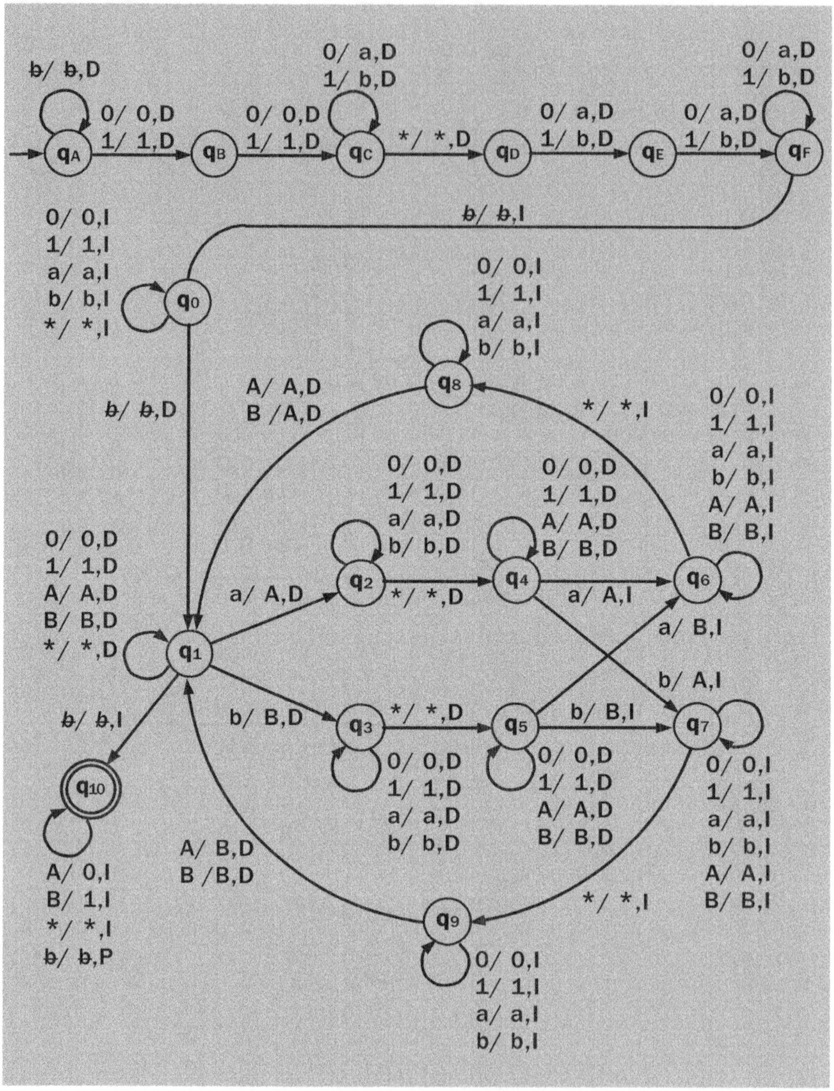

Figura 6.38: Grafo de la máquina de Turing del Ejercicio 30.c'.

$$MT = (\{0,1,*\},\{0,1,*,a,b,A,B,\not{b}\},\{q_A,q_B,q_C,q_D,q_E,q_F,$$
$$q_0,q_1,q_2,q_3,q_4,q_5,q_6,q_7,q_8,q_9,q_{10}\},q_A,\{q_{10}\},f,\ \not{b}\}$$

Solución 30.d’

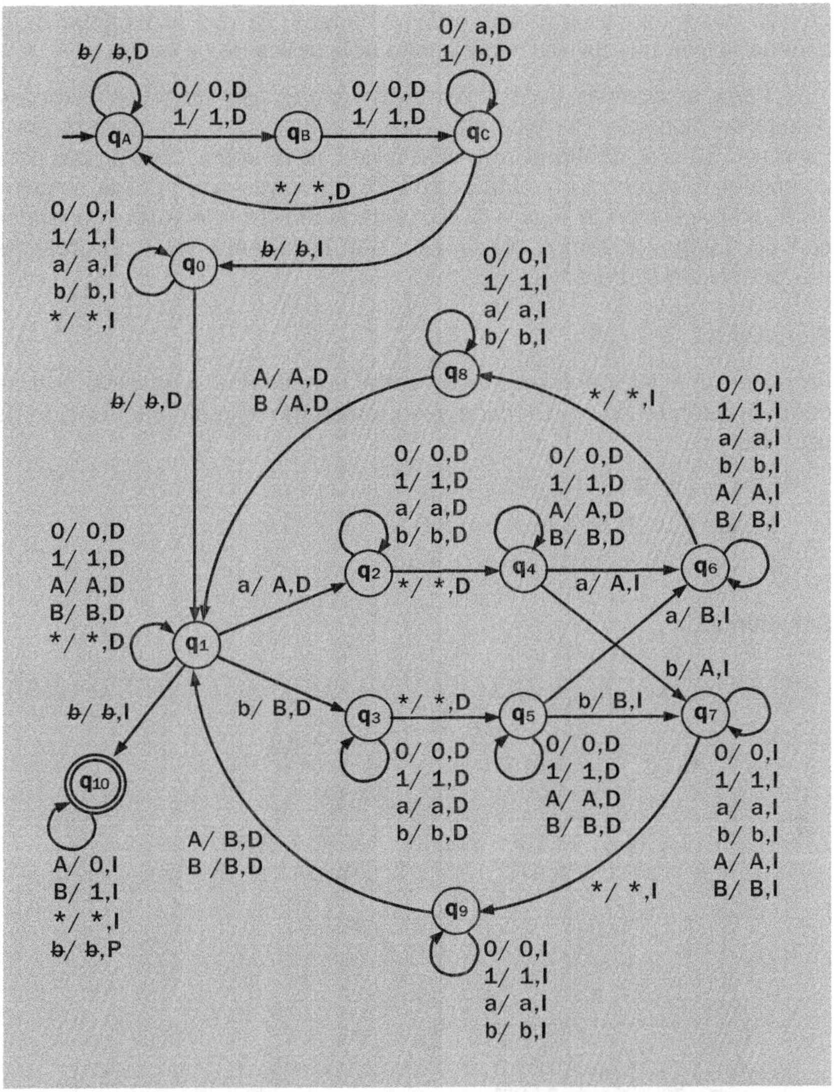

Figura 6.39: Grafo de la máquina de Turing del Ejercicio 30.d’.

$MT=$ ({0,1,*},{0,1,*,a,b,A,B,ƀ},{$q_A,q_B,q_C,q_0,q_1,$
$q_2,q_3,q_4,q_5,q_6,q_7,q_8,q_9,q_{10}$}, q_A, {q_{10}}, *f*, ƀ}

Si se analizan las complejidades temporales de las dos soluciones propuestas para cualquiera de los casos del Ejercicio 30, se comprueba que no dependen de la longitud de la cadena, ya que la longitud de la cadena no cambia. Es una complejidad polinómica de orden cero.

Pero, si además se comparan en cada caso dichas constantes, resultarán distintas. Por ejemplo, para la solución 30.a propuesta en la Figura 6.32, la cantidad de intervalos de tiempo necesarios para completar el algoritmo resulta ser de 36, mientras que para la solución 30.a' propuesta en la Figura 6.36, la cantidad de intervalos requeridos son 60. Luego, podemos concluir en que la primera solución presenta mayor eficiencia operativa.

Ejercicio 31

Proponer una MT para reconocer cada uno de los lenguajes que se definen a continuación. En cada caso, presentar el grafo y la función de transición.

a) $L = \{ 1^n 2^n 3^n \mid n > 0 \}$
b) $L = \{ 1^m 2^n 3^m \mid m > 0, n > 0 \}$
c) $L = \{ 1^m 2^n 3^m 4^n \mid m > 0, n > 0 \}$

Solución 31.a

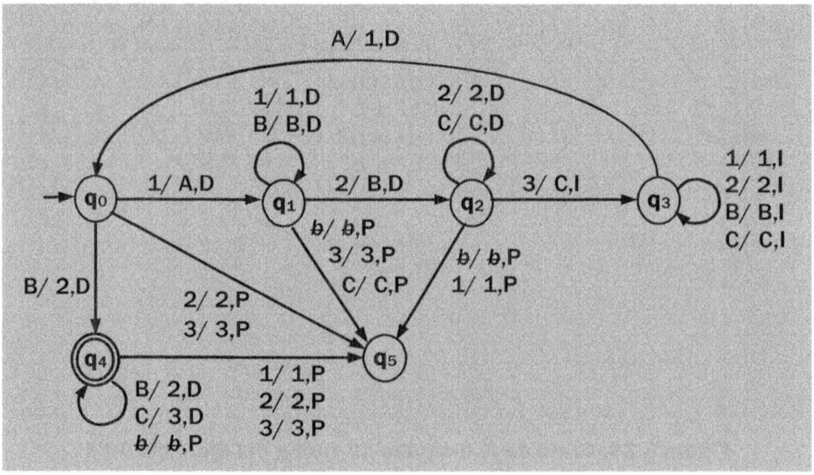

Figura 6.40: Grafo de la máquina de Turing del Ejercicio 31.a.

$MT = (\{1,2,3\},\{1,2,3,A,B,C,b\},\{ q_0, q_1, q_2, q_3, q_4, q_5 \}, q_0, \{ q_4\}, f, b)$

f	1	2	3	A	B	C	ƀ
→q_0	q_1,A,D	q_5,2,P	q_5,3,P		q_4,2,D		
q_1	q_1,1,D	q_2,B,D	q_5,3,P		q_1,B,D	q_5,C,P	q_5,ƀ,P
q_2	q_5,1,P	q_2,2,D	q_3,C,I			q_2,C,D	q_5,ƀ,P
q_3	q_3,1,I	q_3,2,I		q_0,1,D	q_3,B,I	q_3,C,I	
*q_4	q_5,1,P	q_5,2,P	q_5,3,P		q_4,2,D	q_4,3,D	q_4,ƀ,P
q_5							

Tabla 6.13: Función de transición de la MT del Ejercicio 31.a.

Observación

Esta máquina es similar a la ya resuelta en el Ejemplo 6.1. La diferencia está en el alfabeto de entrada y que, en este ejercicio, se ha incorporado un estado que corresponde a errores de entrada, por lo que se reconocen las condiciones que provocan movimientos a ese estado.

Solución 31.b

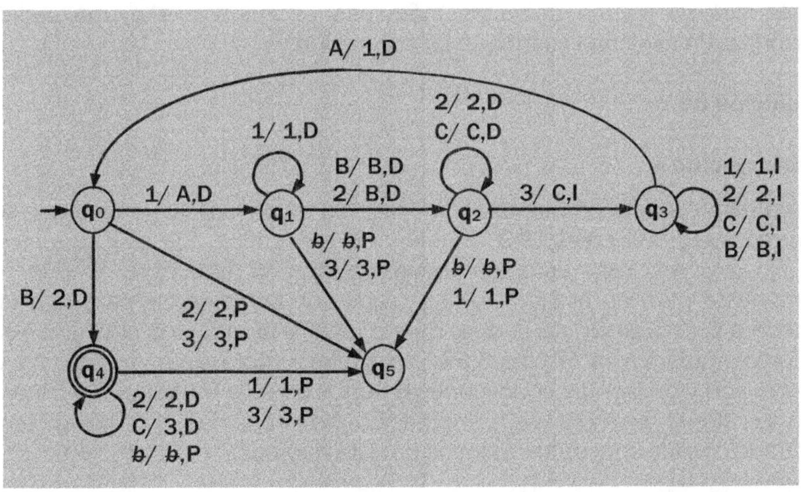

Figura 6.41: Grafo de la máquina de Turing del Ejercicio 31.b.

MT = ({1,2,3},{1,2,3,A,B,C,ƀ },{ q_0, q_1, q_2, q_3, q_4, q_5 }, q_0, { q_4}, *f*, ƀ)

f	1	2	3	A	B	C	ƀ
→q_0	q_1,A,D	q_5,2,P	q_5,3,P		q_4,2,D		
q_1	q_1,1,D	q_2,B,D	q_5,3,P		q_2,B,D		q_5,ƀ,P
q_2	q_5,1,P	q_2,2,D	q_3,C,I			q_2,C,D	q_5,ƀ,P
q_3	q_3,1,I	q_3,2,I		q_0,1,D	q_3,B,I	q_3,C,I	
*q_4	q_5,1,P	q_4,2,D	q_5,3,P			q_4,3,D	q_4,ƀ,P
q_5							

Tabla 6.14: Función de transición de la MT del Ejercicio 31.b.

Observación

Para reconocer el lenguaje previsto se presenta una variante de la máquina de Turing del ejercicio anterior. La diferencia está en que ahora basta con que la cadena tenga por lo menos un **2**, como separador entre un prefijo de **1s** y un sufijo de **3s**, ambos de la misma longitud. Se invita al lector que analice las diferencias entre ambas máquinas, que identifique las condiciones de error previstas en cada una, las compare, y determine si alguna de estas máquinas es vulnerable a una cadena errónea. En ese caso, justifique su conclusión.

Solución 31.c

Observación

Para resolver este problema se lo desdobla en dos, 1) se verifica que sea correcto el prefijo $\alpha=1^m2^n3^m$ y luego 2) se verifica que sea correcto el sufijo $2^n3^m4^n$. Para esto, se recurre a dos MT iguales a la que fue propuesta para en el Ejercicio 31.b, que son combinadas para que una opere a continuación de la otra, dando lugar a la máquina cuyo grafo fue representada en la Figura 6.36. Se sugiere representar la función de transición y revisar las condiciones de error de esta máquina. Se trata de un excelente ejemplo de combinación de máquinas de Turing, tema tratado con los conceptos teóricos de este capítulo.

$$MT = (\{1,2,3,4\},\{1, 2, 3, 4, A, B, C, E, ƀ\},\{q_0, q_1, q_2, q_3, q_4, q_5, q_6, q_7, q_8, q_9\}, q_0, \{q_4\}, f, ƀ)$$

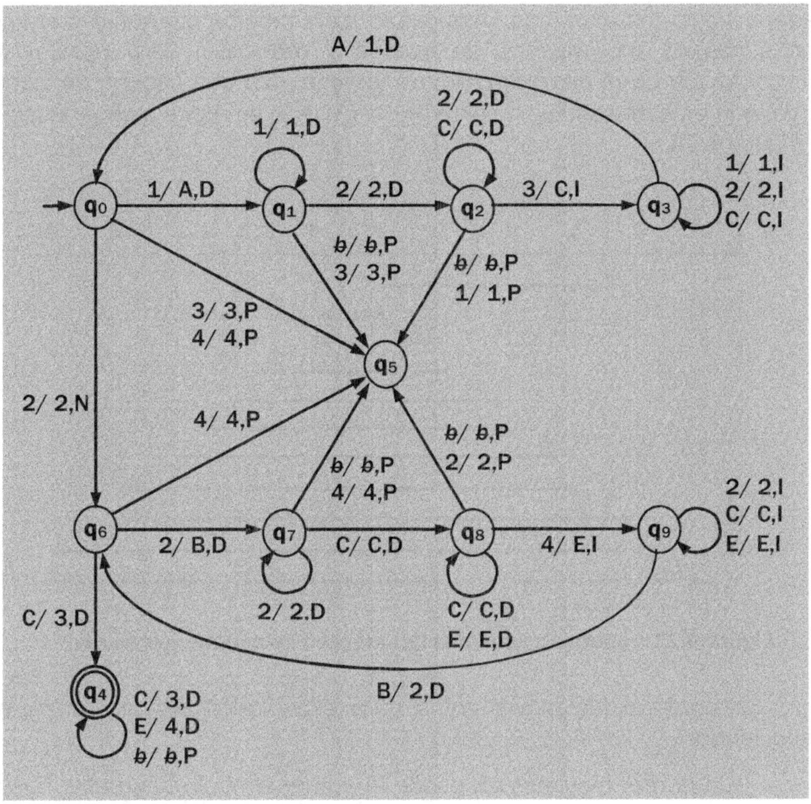

Figura 6.42: Grafo de la máquina de Turing del Ejercicio 31.c.

Ejercicios resueltos de complejidad de Máquina de Turing

Ejercicio 6.32

Se desea conocer la expresión de la complejidad temporal de una máquina de Turing que reconoce un lenguaje de palíndromos **L = {α#α^{-1} / $\alpha \in$ {0, 1}$^+$}**, es decir que el sufijo es la cadena inversa del prefijo. Este problema ya fue resuelto en el Ejemplo 6.12, pero en aquella oportunidad se optó por determinar la expresión buscada a partir de resultados obtenidos con simuladores de la MT, al resolver cadenas de cierto largo y por medio del álgebra matricial.

Como se recordará, para validar las cadenas la MT mueve el cabezal hasta el separador **#**, y a partir de allí avanza desde el medio de la cadena hacia los extremos, verificando los símbolos del sufijo y prefijo con sucesivos movimientos de avance y retroceso. Para facilitar la interpretación de la operación de la máquina, con una cadena de cierto largo, que en este caso es $n = 2|\alpha|+1 = |\beta| = 9$, se repite a continuación la Figura 6.21.

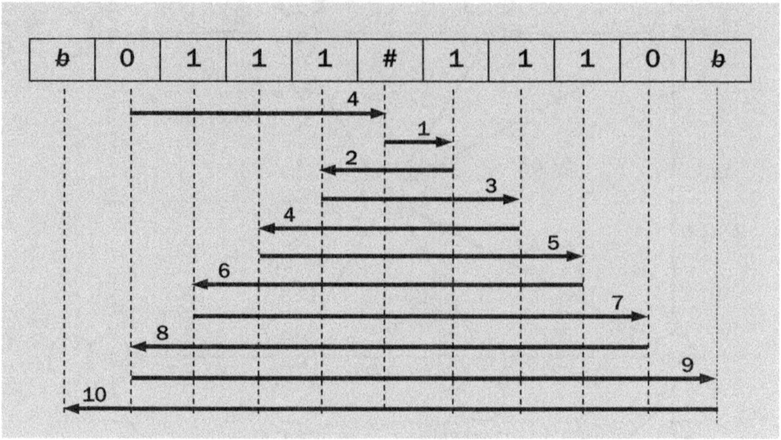

Figura 6.21 (repetida): Esquema del proceso de aceptación de $\alpha\#\alpha^{-1}$.

Se analizan los movimientos para expresarlos en función de ***n***, deduciendo:

- Un primer movimiento, desde el primer símbolo del prefijo hasta el separador de la cadena, requiere de 0,5.(n-1) unidades de tiempo.
- El tiempo que demandan los movimientos de avance desde los sucesivos símbolos del prefijo a los del sufijo se determinan considerando la media de los valores extremos (primero y último) por la cantidad de avances: [1/2.(1 + n)].[1/2.(1+n)].
- El tiempo que demandan los movimientos de retroceso desde los sucesivos símbolos del sufijo a los del prefijo se determinan de la misma manera: [1/2.(2 + n + 1)]. [1/2.(1+n)].

En resumen, combinando las expresiones anteriores se obtiene:

$$T(n) = \frac{n-1}{2} + \left[\left(\frac{1+n}{2}\right) + \left(\frac{2+n+1}{2}\right)\right]\left(\frac{1+n}{2}\right) = \frac{n-1}{2} + \frac{(2n+4)(n+1)}{4} =$$

$$= \frac{n-1}{2} + \frac{2n^2+6n+4}{4} = \frac{1}{2}n^2 + 2n + \frac{1}{2} = O(n^2)$$

Como puede comprobarse, es la misma expresión obtenida en el Ejemplo 6.12 a través del álgebra matricial, o de un gráfico, a partir de los intervalos de tiempo demandados para procesar ciertas cadenas de diferente largo.

Simuladores de máquinas abstractas

7

Introducción

Como ya fue visto, las máquinas abstractas son de gran utilidad en la validación de lenguajes. A esto se deben agregar otras aplicaciones tales como el análisis de la computabilidad de funciones, la evaluación de la complejidad de algoritmos y la selección de alternativas para la resolución de problemas, entre otras. Como contrapartida, la operación de estos autómatas es muy laboriosa y susceptible a errores. Esto hace que las máquinas abstractas sean candidatas naturales para ser operadas a través de procesos de simulación, es decir, programas de computación que representan estos autómatas y facilitan la interpretación de su comportamiento en diferentes condiciones.

Además de posibilitarse así un uso efectivo de autómatas finitos, autómatas con pila, autómatas linealmente acotados y máquinas de Turing, las herramientas de simulación tienen aquí un gran valor didáctico porque conducen a la integración de conocimientos de distintas disciplinas, como son la Teoría de la Computación, la Programación y la Ingeniería de Software. De esta manera, se contribuye a un aprendizaje efectivo en una disciplina que es esencialmente abstracta.

Lo expuesto justifica ampliamente que se incluya una breve introducción a los simuladores en los cursos de Teoría de la Computación, para lo cual se comienza necesariamente con la definición y distinción de términos que son de uso habitual en este campo.

Simulación y otros conceptos relacionados

Parece oportuno comenzar por citar la definición formulada por Claude Shannon (1976) que dice: "*la simulación es el proceso de diseñar un modelo de un sistema y llevar a término experiencias con él, con la finalidad de comprender su comportamiento o evaluar nuevas estrategias dentro de ciertos límites, para su funcionamiento*". Esta definición podría ser más específica, con referencia al tema tratado, diciendo que la simulación es una técnica destinada a conducir experiencias en una computadora digital, incluyendo las relaciones matemáticas y lógicas necesarias para describir el comportamiento de modelos de sistemas en el dominio del tiempo.

Estas definiciones abarcan tanto a procesos que se desarrollan completamente en el recinto del computador como también a otros que deben reproducir el entorno exterior, tanto visual como físico. Estos últimos pueden incluir la recreación de sensaciones originadas a partir de ciertas variables físicas como la velocidad, aceleración, fuerza, etcétera, que en simulación constituyen lo que se denomina *entorno virtual* o *sintético*. Como ejemplo del primer tipo, pueden mencionarse los juegos de simulación de vuelo, que recrean combates aéreos con aviones de diversos tipos, y como ejemplo del segundo, los sistemas de simulación de vuelo para entrenamiento de pilotos de líneas aéreas.

Es interesante comprobar que la rapidez de los procesadores, las capacidades de memoria y las opciones de representación visual fueron desde siempre el límite de las posibilidades de simulación, y esto sigue siendo cierto aún hoy a pesar de todos los progresos experimentados por la tecnología computacional. En efecto, esto es así ya que a medida que se dispone de mejores recursos son también más ambiciosos los objetivos planteados para los procesos de simulación. A título de ejemplo, puede citarse que la rapidez de los últimos computadores y el procesamiento paralelo han estimulado la simulación numérica de comportamientos dinámicos en el dominio del tiempo, resolviendo problemas que hasta hace poco solo se estudiaban, con muchas restricciones, en el dominio de la frecuencia. Pasando a otro campo, nótese que todas las películas *animadas* pueden verse como el resultado de un proceso de simulación sobre un entorno gráfico.

Llegado a este punto es necesario distinguir los conceptos de *emulación* y *simulación*, pudiendo comprobarse que en muchos casos son utilizados en forma incorrecta, confusa o indistinta ya que aun recurriendo al diccionario, es difícil establecer una diferencia clara entre sus significados: el concepto de emulación está asociado a "la imitación de lo que otro hace" y el de simular a "la representación o imitación de una cosa".

En informática, *un emulador* toma la forma de un programa destinado a recrear internamente el funcionamiento de una arquitectura diferente a la de la plataforma en la que se lo ejecuta. El emulador utiliza los recursos de la máquina donde opera, imitando el comportamiento de otro hardware (CPU, memoria y canales de entrada/salida) y/o de otro sistema operativo. Su finalidad es posibilitar la ejecución de programas de computadora en una plataforma diferente de aquella para la cual fueron escritos originalmente. Por lo tanto, un emulador debe reproducir de forma precisa las características del dispositivo que se está emulando.

En la práctica, esto puede resultar realmente difícil. Hay casos en los que el comportamiento exacto del sistema emulado no está completamente documentado y debe ser deducido mediante ingeniería inversa. En otros, se debe dar especial importancia a la rapidez, ya que si el emulador no actúa tan rápidamente como lo hace el hardware original no podrán reproducirse condiciones de sincronización de tareas, evaluarse técnicas de asignación de prioridades o analizarse casos de conflictos y colisiones.

En la actualidad, estamos muy familiarizados con los emuladores que posibilitan la operación de videojuegos de consolas en computadoras personales o también la recreación sobre PC de videojuegos desarrollados para computadores antiguos, ahora obsoletos. Pasando a un ejemplo más profesional, hay emuladores que recrean el ambiente de trabajo de *mainframes* sobre computadores personales, tanto con fines didácticos como también de desarrollo y evaluación de sistemas.

En resumen, se aplicará el término *simulador* para hacer referencia a una herramienta o producto final específicamente diseñado para recrear un sistema, un fenómeno o una máquina abstracta, usualmente con el fin de analizar sus características y estudiar su comportamiento, y se reservará el término *emulador* para hacer referencia a un software que tiene la finalidad de soportar aplicaciones destinadas a otra plataforma (de software y/o hardware), diferente de aquella para la que fueron originalmente construidos.

También suelen confundirse los conceptos de simulador y prototipo. Un *prototipo* es, según el diccionario, "el primer ejemplar de alguna cosa que se toma como modelo para crear otros de la misma clase". Ya se dijo que los simuladores son en sí mismos sistemas destinados a recrear ciertos comportamientos. Por el contrario, los prototipos son un recurso de los procesos evolutivos de desarrollo de software para estudiar alternativas o proponer soluciones. Muy probablemente, el desarrollo de todo buen simulador ha involucrado la construcción previa de varios prototipos.

Habiendo hecho estas distinciones, en lo sucesivo, se estudiarán los *Simuladores de Máquinas Abstractas* (SMA). Se trata de software destinado a definir y recrear el comportamiento de máquinas abstractas, como es el caso de autómatas finitos, autómatas con pila, máquinas de Turing y sus variantes.

Especificación de requerimientos de un SMA

Suele atribuirse a los emuladores de microcontroladores ser la fuente de inspiración de los Simuladores de Máquinas Abstractas (SMA), aunque no hay evidencia definitiva de ello. Si bien las máquinas abstractas son muy anteriores (Turing, 1936), la simulación como herramienta de desarrollo de software tiene amplia difusión en la verificación y validación de programas para microcontroladores. Éstos normalmente están desarrollados en lenguajes de bajo nivel, para ejecutar en ausencia de sistema operativo, lo que implica operar desde la aplicación directamente sobre los recursos de hardware (registros, interrupciones, etcétera) con una programación minuciosa y muy susceptible a errores. Es por esta razón que se da crédito a la idea de que las experiencias sobre la simulación del comportamiento de programas de microcontroladores han contribuido a la definición de las especificaciones de requerimientos para la simulación de máquinas abstractas.

Es importante observar que los requerimientos que se presentan a continuación podrán servir de base tanto para el diseño de un simulador como también para la evaluación y comparación de simuladores existentes.

Requerimientos funcionales de un SMA

Se entiende por *requerimientos funcionales* a los servicios que debe proveer un sistema para cumplir con su fin específico, en este caso, el simulador. Son los siguientes:

a) Definir los dominios de operación, representados por el alfabeto de entrada, alfabeto de cinta, alfabeto de pila y alfabeto de estados, según sea el tipo de máquina.

b) Editar, almacenar y recuperar la función de transición, que será definida como una tabla.

c) Definir las condiciones iniciales de operación, que incluyen la cadena de entrada, el estado inicial, los estados finales y las posiciones de cabezales de lectura/escritura en caso de que correspondan.

d) Verificar la consistencia entre los dominios de operación, la función de transición y las condiciones iniciales de operación. Como ejemplo, para el caso de un AFD debe verificarse: *i*) $p, q \in Q$ y $e \in \Sigma_E$ para toda transición $f(p, e) = q$ y *ii*) $q_0 \in Q$, $F \subseteq Q$ y $\alpha \in \Sigma_E^*$ para la aceptación de toda cadena α.

e) Ejecutar, a partir de la configuración inicial, los movimientos necesarios hasta alcanzar una configuración final, que podrá ser de aceptación o rechazo.

f) Admitir dos modos de operación: *i*) completa, que cumplirá todos los movimientos necesarios desde la configuración inicial a la final y *ii*) paso a paso, donde cada paso implica la ejecución de un solo movimiento y es activado mediante un comando del sistema.

g) Determinar métricas o indicadores de operación, complejidad y/o eficiencia con el fin de facilitar la evaluación del desempeño de las máquinas y las comparaciones entre ellas. Estos indicadores dependerán de la máquina simulada y pueden incluir, por ejemplo, la complejidad temporal, complejidad espacial, factor de ramificación media de los árboles de descripciones instantáneas, relación tiempo/largo de cadena, etcétera.

Requerimientos no funcionales de un SMA

Los *requerimientos no funcionales* se refieren a propiedades emergentes del sistema en su conjunto, que son requeridas como consecuencia de las funciones específicas que deben ofrecerse (que ya fueron consideradas en el punto anterior). Además, normalmente se incluyen también aquí las restricciones a los servicios o funciones ofrecidas. En el caso del SMA, los principales requerimientos no funcionales son:

a) Portabilidad: El programa debe operar en cualquier plataforma Windows 2000, XP o superior sin la necesidad de cargar librerías específicas o productos de terceros ajenos al sistema operativo. Es decir que el archivo ejecutable debe incluir toda función o recurso especial necesario para su operación.

b) Facilidad de uso: La operación del SMA debe ser simple, amigable y natural, y en los casos en los que sea necesario debe haber una ventana que despliegue la ayuda correspondiente.

c) Robustez: El SMA debe estar preparado para reconocer el ingreso de datos incorrectos, que dará lugar a las advertencias del caso y la no autorización del inicio del proceso de simulación. Se debe asegurar que estos errores no serán nunca causa de falla. También se debe detectar la eventualidad de la repetición de una misma configuración, que sería un indicador de haber entrado en un lazo o ciclo infinito.

d) Eficiencia: Se trata de un requerimiento esencial de los procesos de simulación que involucran cálculo numérico intensivo (number crunching), que no es el caso de los SMA. Sin embargo, la eficiencia debe ser considerada en el caso de la simulación de autómatas no deterministas con elevado factor de ramificación en sus árboles de descripciones instantáneas. La eficiencia también abarca a las actividades auxiliares como son la definición de los dominios y condiciones de operación.

Interfaz gráfica (GUI)

Es conveniente que el SMA disponga de una interfaz gráfica destinada tanto a visualizar la condición de operación de la máquina como a ingresar los respectivos comandos. Los principales requerimientos vinculados con la interfaz del usuario son los siguientes:

a) Facilidad para la edición de dominios, función de transición y condiciones iniciales de operación.
b) Representación de los componentes formales del autómata a lo largo de todo el proceso de simulación.
c) Representación de la configuración del autómata en cada intervalo de tiempo. Para el caso de la cinta de entrada (AF, AFB o AP) o entrada/salida (ALA, MT), es recomendable optar por una cinta estática sobre la cual se desplaza el cabezal de entrada o entrada/salida. Junto con la configuración, se debe además incluir la identificación de la cantidad de intervalos de tiempo transcurridos desde el inicio de la operación.
d) Opción de *debugging* que permita alterar el contenido de la cinta de entrada o entrada/salida según el caso durante la operación del autómata.
e) Representación de un histórico de los sucesivos movimientos desde la configuración inicial a la final (árbol de descripciones instantáneas).

f) Representación gráfica del árbol de configuraciones o descripciones instantáneas ya mencionado. Esta representación es especialmente recomendable para mostrar todas las posibles secuencias de movimientos en la simulación de autómatas no deterministas.
g) Opción para la visualización de los indicadores de operación ya definidos en el punto g de Requerimientos funcionales.

Estándares de calidad

El estándar internacional que es tradicional para la evaluación de la calidad del software es el ISO/IEC 9126, que está siendo remplazado por el nuevo estándar ISO 25000. En ambos estándares, se clasifica la calidad del software a través de un conjunto estructurado de características y subcaracterísticas que son denominados *factores de calidad*, que pueden ser perfectamente aplicables a la evaluación de simuladores. Los factores de calidad contemplados son los siguientes: *i*) funcionalidad, *ii*) fiabilidad, *iii*) usabilidad, *iv*) eficiencia, *v*) mantenibilidad y *vi*) portabilidad. Se sugiere al lector informarse sobre los detalles y significados de las subcaracterísticas que están incluidas en estos factores de calidad.

Arquitectura de los simuladores

Al plantearse la arquitectura básica de un sistema, se identifican sus componentes principales y la interrelación entre ellos. En el caso de los SMA, su arquitectura es muy simple y se presenta en la Figura 7.1.

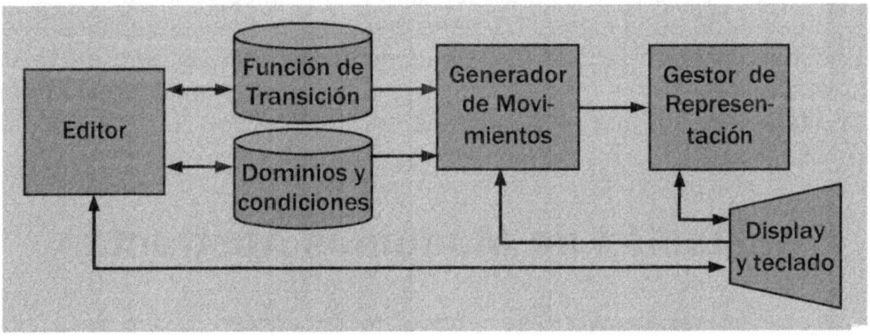

Figura 7.1: Esquema de un SMA.

Como puede observarse en el esquema, se proponen tres módulos principales que son los siguientes:

Editor

Está destinado a la carga y actualización de dominios, función de transición y condiciones iniciales de operación (requerimientos funcionales a, b, c, y d, requerimientos no funcionales a, b, c, y d, finalmente requerimientos de interfaz gráfica a).

Generador de movimientos

Representa el núcleo operativo del sistema, su misión es ejecutar los movimientos de las máquinas de estados y hacer las actualizaciones en la configuración según corresponda a cada tipo de autómata (requerimientos funcionales e, f y g, requerimientos no funcionales a, c y d).

Gestor de representación

Tiene a cargo la interfaz gráfica con el usuario durante la operación de la máquina abstracta, mostrar su evolución y poner a su disposición los comandos que puedan corresponder en cada caso (requerimientos no funcionales a y b, requerimientos de interfaz gráfica b, c, d, e, f y g).

El diseño de un simulador admite múltiples variantes y el esquema presentado en la Figura 7.1 tiene únicamente fines ejemplificativos. Aquí debe considerarse que hay simuladores específicos para cierto tipo de autómatas y otros más generales que permiten simular varias máquinas diferentes, lo que indudablemente impacta en la arquitectura del sistema.

Simulación de Máquinas Abstractas

A través de la Web, se puede tener acceso a los más diversos simuladores de máquinas abstractas, principalmente autómatas finitos, autómatas con pila y máquinas de Turing. Algunos de estos simuladores han sido objeto de un desarrollo muy cuidadoso e incluyen propuestas verdaderamente ingeniosas que merecen ser consideradas.

Las propuestas disponibles pueden ser agrupadas en: *i*) simuladores *on-line*, es decir, que se operan en forma interactiva a través de la Web y *ii*) productos ejecutables que deben ser descargados e instalados localmente. También es necesario reconocer que los mejores simuladores son de acceso restringido a miembros de organizaciones o que requieren de un pago previo, mientras que los simuladores de acceso gratuito son, en general, más simples y limitados, representando opciones con fines didácticos.

Se invita al lector a que identifique y seleccione en la Web propuestas sobre simuladores, para luego utilizar los criterios detallados anteriormente para evaluarlos y hacer un análisis comparativo. Se enfatiza que es muy recomendable hacer estos estudios comparativos, que pueden tener dos posibles objetivos diferentes: *i*) disponer de un buen simulador para la evaluación y comparación de algoritmos a través de máquinas abstractas y *ii*) reunir antecedentes como paso previo a iniciar el diseño, desarrollo e implementación de un simulador propio.

A continuación y con la finalidad de servir de ejemplo, se muestran algunos detalles de simuladores de desarrollo propio.

Simulador de máquinas de Turing convencionales

Se presenta la interfaz gráfica y operativa de un simulador de máquinas de Turing que fue desarrollado con la finalidad de evaluar la complejidad de algoritmos y comparar diferentes soluciones implementadas a través de estas máquinas abstractas. En este caso, se ha previsto que la totalidad de comandos, características de la máquina simulada, condiciones de operación y registros históricos estén siempre disponibles, a la vista del operador. De esta manera, se busca agilizar los procesos de simulación y de evaluación del desempeño de las máquinas evaluadas. Con la finalidad de facilitar su objetivo específico, el simulador lee desde un archivo de texto la función de transición de la máquina y sus condiciones de operación y al completar el proceso almacena los resultados en el mismo archivo. Estos resultados incluyen indicadores de complejidad temporal y espacial.

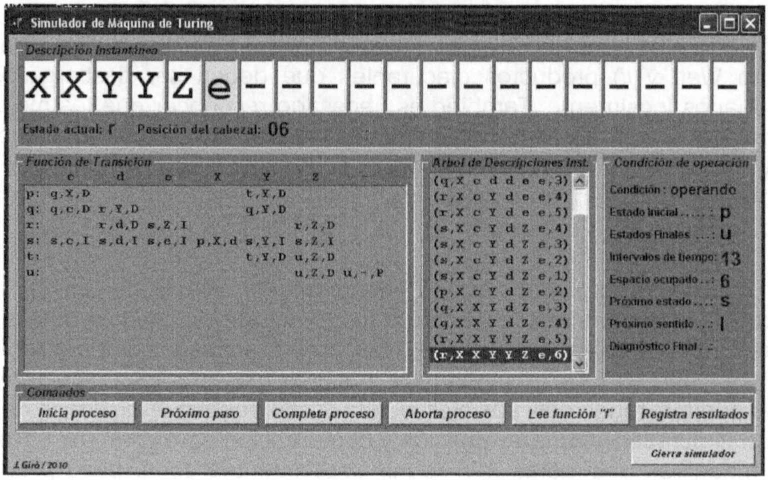

Figura 7.2: Pantalla GUI del simulador de máquinas de Turing.

Debido a la finalidad del simulador no se le incorporó un editor de la función de transición y de la cadena a ser evaluada, que sería necesario en caso de querer utilizar esta herramienta con fines didácticos. En la Figura 7.2, se muestran detalles del simulador, que ha sido implementado en un lenguaje visual de última generación y está destinado a operar sobre Sistema Operativo Windows XP o equivalente. Es este caso se lo muestra resolviendo el Ejemplo 6.1 ya estudiado en el Capítulo 6.

Simulador de una máquina de Turing generalizada

Otro caso de simulación muy interesante se presenta a partir de una máquina de Turing generalizada, del tipo de las ya vistas en el Capítulo 6. En este caso, la máquina de Turing generalizada se obtiene extendiendo la cinta de E/S a dos dimensiones (un plano) y plantear la máquina como un móvil que puede desplazarse libremente sobre esa superficie. El plano soporta una cuadrícula que no es más que una extensión de los casilleros de la cinta a la segunda dimensión, y la máquina se posiciona sobre uno de estos casilleros, lee su color (entrada), eventualmente lo cambia por otro color (salida), se desplaza a un casillero contiguo según su dirección de marcha (rumbo) y opcionalmente gira 90° a la derecha o a la izquierda. Nótese que la dirección de marcha define el sentido del movimiento del móvil (Norte, Sur, Este u Oeste) y el cambio de rumbo es referido a la dirección de marcha, es decir es relativo al móvil (Derecha,

Neutro o Izquierda). Esto es habitual al definir cambios de rumbo en náutica (estribor o babor) o en aeronaves (viraje derecho o izquierdo). El cambio de rumbo Neutro implica que no hay tal cambio, es decir que el rumbo se mantiene.

La función de transición define la conducta de este móvil y lo lleva a seguir trayectorias muy curiosas, razón por la cual a las máquinas de este tipo se las ha denominado *Termitas de Turing*.

Como es sabido, la *configuración* de la máquina de Turing es una terna que incluye el estado actual, el medio de E/S y su posición (p, v, d). Sin embargo, en una MT convencional, la posición d es un escalar referido a un número de casillero de cinta, mientras que en este caso es una terna que define su ubicación sobre el plano y sentido del movimiento (o dirección de marcha), (x, y, r), donde $r = \{N, S, E, O\}$ (Norte, Sur, Este, Oeste). Es decir que en la *Termita de Turing* la *configuración* o *descripción instantánea* quede definida:

p: estado de la máquina en un instante dado

v: arreglo que almacena el contenido del plano bidimensional

d: terna ordenada (x, y, r) que define la posición del móvil sobre el plano y su dirección de marcha, ya definidas.

A partir de esta máquina, pueden desarrollarse modelos biológicos progresivamente más complejos e interesantes, según se detalla: *i*) se activan numerosas máquinas que operan en forma simultánea sobre la misma superficie, *ii*) se les asocia a las máquinas un contador que determina sus niveles de energía en todo momento. Las MT pierden energía a medida que transcurre el tiempo, la aumentan al "reabastecerse" y, para ello, se distribuyen aleatoriamente sobre la superficie casilleros de cierto color, que representan "fuentes de aprovisionamiento". Cuando ocasionalmente una máquina agota su energía, "muere". *iii*) En algunos casos, se distinguen varios tipos de máquinas que responden a una jerarquía de "predadores" y "presas".

Con estas y otras ideas básicas, pueden proponerse escenarios de *vida artificial* y también recrease modelos biológicos o ecosistemas. Con estos últimos, se estudia la evolución de poblaciones de seres vivos en el tiempo, disponiéndose de un enfoque alternativo a los modelos de *predador-presa* propuestos por Lotka-Volterra a través de la integración numérica de las ecuaciones diferenciales que gobiernan el problema.

El simulador que se muestra a continuación es un ejemplo básico que reproduce el comportamiento de una máquina de Turing que se desplaza sobre una superficie plana que está inicialmente con todas sus cuadrículas de un mismo color (blanco) y progresivamente los cambia de color cuando transita sobre ellos. La operación de esta máquina comienza en cierto punto y orientación predeterminados (configuración inicial). A partir de allí, realiza un movimiento muy complejo y aparentemente errático, aunque claramente determinado por la función de transición, que lleva a que se justifique la denominación de *Termita de Turing*.

La locomoción de esta máquina no es un dato relevante (¿rodillos?) pero sí es importante destacar que reconoce una dirección de movimiento y su lateralidad (izquierda y derecha) con respecto a su eje de marcha. Es decir, los la MT_1 presentada a continuación responde a la definición formal:

$$MT_1 = (\{B,N\}, \{B,N,b\!\!\!/\}, \{q\}, q, \varnothing, f)$$

$$\text{donde } f\text{: } Q \times \Gamma \rightarrow Q \times \Gamma \times \{I, D\}$$

y la función de transición *f* es representada en la Tabla 7.1, donde puede observarse que en este caso muy simple la MT se mantiene siempre en un único estado. También debe observarse que en el caso propuesto siempre hay cambios de rumbo, es decir, carece del cambio Neutro (*N*).

f	B	N
q	q , N , *I*	q , B , *D*

Tabla 7.1: Función *f* de la MT_1.

En la Figura 7.3, que se incluye a continuación, se representa sobre la cuadrícula que constituye el medio de E/S la trayectoria del móvil después de haber cumplidos 920 intervalos de tiempo. En la Figura 7.4, se muestra la condición en que se encuentra la superficie una vez transcurridos 3500 intervalos de tiempo.

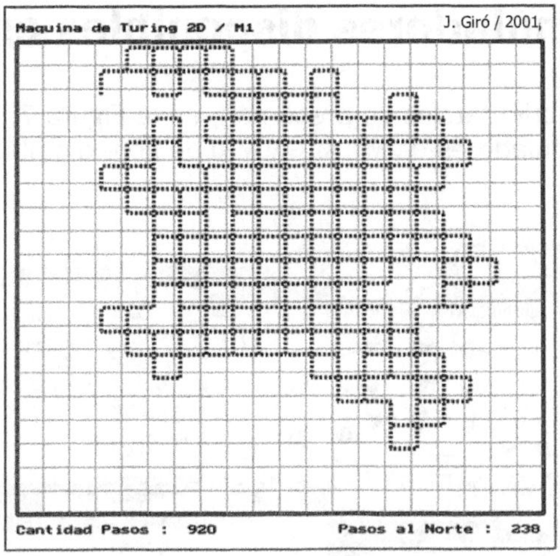

Figura 7.3: Trayectoria de la MT_1 al cabo de 920 intervalos de tiempo.

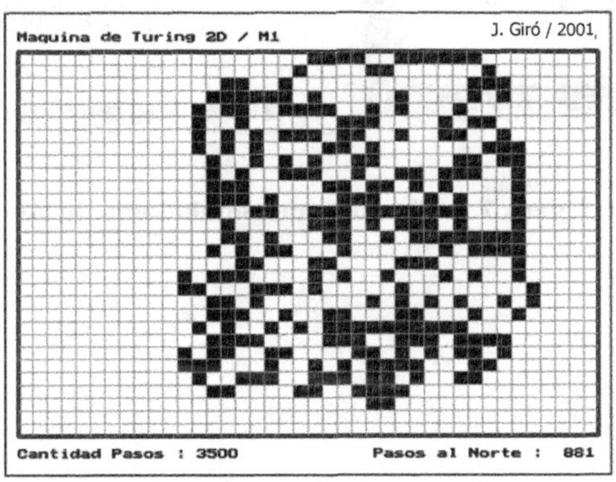

Figura 7.4: Composición de la superficie al cabo de 3500 intervalos.

Nótese que el ejemplo corresponde a una máquina básica que tiene un único estado y su operación no tiene definido un final, por lo que operará indefinidamente. Tampoco tiene previsto el consumo y el reaprovisionamiento de energía, ni la presencia simultánea de más de un móvil sobre la superficie. Como es de esperarse, se obtienen conductas más complejas incorporando funciones de transición que operen a partir de un conjunto de estados más numeroso e incluyan el cambio de rumbo *N*.

Otros simuladores disponibles en la Web

Solo con fines orientativos se presentan, en la Figura 7.5, algunos de los numerosos simuladores de MT, MTG y MTU de libre distribución disponibles en la Web.[1]

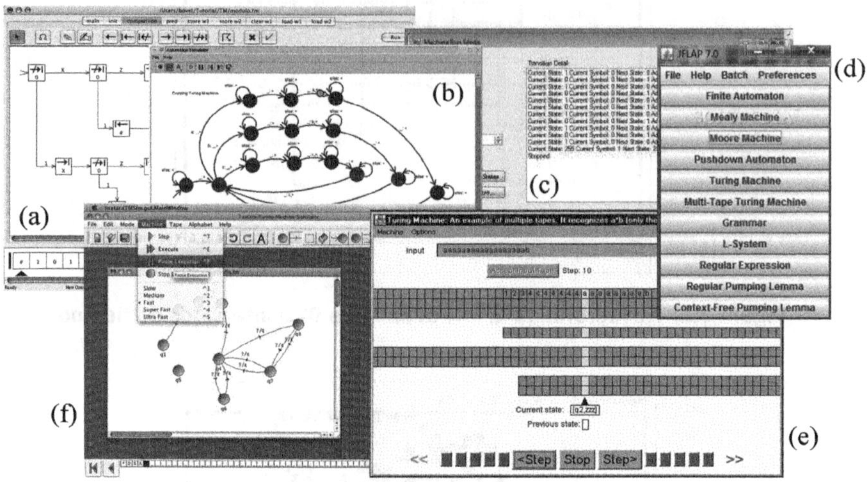

Figura 7.5: Ejemplos de simuladores de MT.

1
a) Visual Automata Simulator: http://www.cs.usfca.edu/~jbovet/vas.html
b) Automaton Simulator: http://ozark.hendrix.edu/~burch/proj/ autosim/ index.html
c) TMProbe: http://tmprobev10.sourceforge.net/
d) JFLAP: http://www.jflap.org/
e) Turing Machine Simulator: http://introcs.cs.princeton.edu/java/74turing/
f) Tuatara: http://tuataratmsim.sourceforge.net/

Actividades prácticas

Trabajo práctico especial

Objetivos generales

- Comparar dos simuladores de máquinas de Turing considerando requerimientos funcionales, no funcionales y de interfaz gráfica, para identificar y justificar el que a su criterio, es considerado como el mejor.
- Determinar las expresiones de la complejidad temporal y espacial de un problema resuelto a través de una máquina de Turing.

Actividades específicas a realizar

a. Buscar dos simuladores de máquinas de Turing en la Web y compararlos.

   Para la comparación, se debe utilizar un proceso de evaluación que asigne un puntaje a las diferentes condiciones previstas en la especificación de requerimientos de los simuladores. Utilizar el siguiente criterio de calificación: 0 (condición que no aplica o no se cumple), 1 (cumple con reservas) y 2 (condición que se cumple totalmente).

b. Explicar y justificar el funcionamiento del simulador elegido en el punto anterior considerando las propiedades de la máquina simulada, sus modos de operación y funcionalidades previstas. Mostrar ejemplos aplicando el simulador a no menos de tres máquinas de Turing.

c. Aplicar el simulador elegido en el primer punto para determinar las expresiones de la complejidad temporal y espacial de una máquina de Turing.

d. Verificar que las expresiones determinadas sean las correctas. Para ello, emplearlas en el cálculo de la complejidad temporal y espacial que corresponde a cadenas de entrada de largo diferente.

e. Presentar un informe que describa el trabajo realizado, reproduzca los resultados obtenidos y exprese conclusiones.

Otros ejercicios propuestos

Ejercicio 1

Utilizando un simulador determinar las expresiones de la complejidad temporal de la máquina de Turing del Ejemplo 6.4 (Capítulo 6) en las siguientes condiciones: a) la cadena de entrada ya está ordenada, b) la cadena está ordenada en sentido inverso al deseado y c) el orden de los símbolos de la cadena es aleatorio. Comparar las expresiones de complejidad y comentar los resultados.

Ejercicio 2

Utilizando un simulador determinar las expresiones de la complejidad temporal de las máquinas de Turing propuestas en los Ejercicios 18 y 19 (Capítulo 6). A partir de la comparación de las expresiones, identificar la solución más conveniente.

Ejercicio 3

Utilizando un simulador determinar la expresión de la complejidad temporal de la máquina de Turing propuesta en el Ejercicio 20 (Capítulo 6) en las mismas condiciones que en el Ejercicio 1 (ver arriba) y comparar los resultados.

Introducción a la semántica de lenguajes

8

Aspectos generales

Como ya fue visto con anterioridad, en el estudio de los lenguajes se distinguen la *gramática* y la *semántica*. La gramática se ocupa del análisis de las estructuras de las frases, y dentro de la gramática, la *morfología* analiza las formas que toman las palabras, la *sintaxis* se ocupa de cómo combinar las palabras para formar frases correctas y la *fonética* trata al lenguaje hablado.

Por su parte, la semántica se ocupa del estudio del significado que es atribuible a expresiones sintácticamente bien formadas. El término *semántica* proviene del griego, *semantikos* (significado relevante), y se refiere al sentido o interpretación de los signos lingüísticos, tales como los símbolos, las palabras y las expresiones.

Fue Noam Chomsky quien en 1956 propuso su *Teoría de las Gramáticas Transformacionales*, en la que presentó la *gramática generativa* y estableció las bases de la *lingüística matemática*. Esta nueva disciplina posicionó a la sintaxis en el centro de la investigación lingüística, cambiando la perspectiva, la orientación y métodos de investigación en el estudio de los lenguajes. Esto no solo revolucionó el estudio de los lenguajes naturales, sino que tuvo un fuerte impacto en las entonces incipientes propuestas referidas a los lenguajes de computación y sus gramáticas. En efecto, las ideas de Chomsky fueron inmediatamente aprovechadas por la naciente *Ciencia de la Computación*, que en esa misma época estaba proponiendo los primeros lenguajes formales y desarrollando sus compiladores. Con este aporte, los lenguajes de computación experimentaron un rápido desarrollo y una sostenida evolución. Estos nuevos lenguajes, denominados de alto nivel, permitieron alcanzar una capacidad de abstracción apropiada para la especificación de datos, de su lógica y control, con independencia de la máquina que tiene a cargo la ejecución de los procesos. Se consolidó así el compilador como la principal herramienta de desarrollo e implementación de programas de computadora.

Resulta aquí oportuno insistir en la distinción entre los lenguajes *naturales* y los *formales*. Los primeros evolucionan permanentemente según los usos y costumbres de los pueblos, y sus gramáticas deben regularmente adaptarse a esta realidad. Por el contrario, los lenguajes *formales*, que tienen a los lenguajes de programación de computadoras como una de las principales aplicaciones, son desarrollados a partir de gramáticas previamente establecidas y no admiten excepciones o desviaciones. Esto se debe a que las gramáticas formales están obligadas a cumplir con el requisito primordial de estructurar mensajes que no ofrezcan dudas, condición esencial para el desarrollo de compiladores y, en general, de todas las aplicaciones informáticas.

Lo dicho no debe hacer pensar que la lingüística computacional solo se ocupa de los lenguajes formales. El procesamiento del lenguaje natural, que incluye la traducción automática, el reconocimiento del habla y el diálogo con sistemas expertos, entre otros, son campos de intenso estudio.

Conceptos de semántica de lenguajes

A partir de lo ya expuesto, puede anticiparse que **se entiende por semántica de un lenguaje, al conjunto de reglas que especifican el significado de toda sentencia sintácticamente correcta, escrita en el mismo.** En el caso de los lenguajes de programación, existen dos formas básicas que permiten describir sus contenidos semánticos: la *especificación natural* y la *especificación formal*.

La especificación natural se basa precisamente en utilizar el lenguaje natural para definir las características semánticas que no sean deducibles de la gramática que describe sintácticamente el lenguaje. En este caso, deben comprobarse tanto las especificaciones semánticas relatadas en lenguaje natural, como las derivadas de la sintaxis del lenguaje de programación. Al no disponerse de reglas fijas, se deben incorporar al compilador procedimientos y/o funciones que son denominadas semánticas y que tienen por finalidad establecer y comprobar esas especificaciones. Dependiendo de la complejidad de las mismas, estas rutinas serán procedimientos independientes o simplemente sentencias intercaladas entre las específicas del análisis sintáctico para incorporarle las condiciones semánticas.

Ejemplo 8.1

En el clásico libro *El Lenguaje de Programación C* de Kernighan y Ritchie, el Apéndice A contiene el "Manual de Consulta de C". En el mismo, se explica cómo se usa el lenguaje y qué significa cada una de sus sentencias. Por ejemplo, dice:

"Proposición Condicional:

Las dos formas de la proposición condicional son

- ***if*** *(expresión) proposición*
- ***if*** *(expresión) proposición* **else** *proposición*

En ambos casos, se evalúa la expresión y si es distinta de cero se ejecuta la primera proposición. En el segundo caso, la segunda sentencia solo se ejecuta cuando la expresión es 0. La ambigüedad del "else" se resuelve asociando cada **else** *con el último* **if** *libre encontrado, como es usual".*

Aquí se explica en lenguaje natural cómo funciona un condicional en el lenguaje C. Véase que se indica que el valor de la expresión cero es considerado como falso y cualquier otro valor distinto de cero, debe ser considerado verdadero. Además, se indica la forma en que se debe resolver la ambigüedad del **else**, ya que con la especificación dada, una sentencia como:

if (a > 0) if (a < 0) b=2; else b=3;

tiene dos posibles árboles de análisis sintáctico, uno asociando el **else** al primer **if** y el otro asociándolo al segundo. El manual indica que el segundo caso es el correcto, pero esto no está explícito en la regla sintáctica, por lo que deberá ser un procedimiento semántico el que busque el anterior **if** al **else** y efectúe la asociación.

Nótese que nada se dice acerca de la implementación efectiva de esta instrucción de control, por lo cual los constructores de compiladores podrán hacer diversos diseños y tomar sus decisiones al respecto.

Lo expuesto hace que la especificación semántica natural resulte atractiva por ser en principio inteligible, pero la experiencia demuestra que describir por este medio todas las características de un lenguaje de programación de modo preciso es una tarea ardua, muy compleja, difícilmente estandarizable y sensible a omisiones y errores.

Por su parte, las especificaciones formales de la semántica de los lenguajes de programación se efectúan sobre la base de una formulación matemática rigurosa del significado o comportamiento esperado de programas. Numerosos autores, tales como Nielson (1992) y Labra (2003), han puntualizado los diversos casos en que se pone de manifiesto y se justifica la necesidad de hacer especificaciones formales de semántica, entre los que se destacan los siguientes:

a) Diseño de nuevos lenguajes de programación, registrando decisiones sobre construcciones particulares y facilitando la identificación de errores u omisiones.

b) Necesidad de estandarización de los lenguajes mediante la publicación de su semántica de un modo universalmente reconocible.

c) Diseño e implementación de los procesadores de los nuevos lenguajes (compiladores o intérpretes) y de los generadores de compiladores.

d) Necesidad de identificar posibles ambigüedades en las implementaciones de procesadores de lenguajes de programación o en sus documentos descriptivos.

e) Comprensión de los lenguajes por parte de los programadores.

f) Verificación de propiedades de programas a través de pruebas de corrección (verificación) o de la información relacionada con su ejecución.

Debe notarse que el ordenamiento cronológico de los casos presentados está justificado: el diseño de nuevos lenguajes (a), da lugar a la necesidad de su estandarización (b), deben implementarse sus procesadores (c), es esencial asegurar la ausencia de ambigüedades (d), los lenguajes deben ser difundidos entre sus destinatarios (e), que son los programadores, y finalmente los programas resultantes, que representan el producto esperado, deben poder ser verificados (f).

La enorme importancia práctica del último caso citado, la verificación de programas (f), merece dejar de lado por el momento a la semántica y poner el foco en este tema. Modernamente, está fuera de toda discusión la conveniencia de poder realizar pruebas efectivas de corrección a partir de la inspección del código de los programas, lo que es definido como *verificación estática*. Para ello, el compilador y sus herramientas complementarias desempeñan un papel central. Con este fin, se ha realizado un importante esfuerzo de investigación y se lo continúa haciendo.

La contrapartida es la *verificación dinámica*, que implica la realización de pruebas de corrección en tiempo de ejecución. Aquí es necesario puntualizar que la *verificación dinámica* permite identificar la presencia de errores, pero nunca asegurar la ausencia de ellos. Así, al considerarse el alto valor práctico que indudablemente tiene la *verificación dinámica*, debe tenerse en cuenta que solo es posible asegurar la corrección de los programas a partir de pruebas sobre todas las entradas y condiciones de operación posibles, lo que puede dar lugar a un enorme esfuerzo que en la práctica es inviable.

Para superar esta dificultad, el esfuerzo se viene orientando a obtener suficiente conocimiento sobre el comportamiento de los programas a partir del examen anticipado de sus códigos y no de los resultados de sus ejecuciones. Y se recurre a la *verificación estática* para probar anticipadamente su corrección. Aquí es también muy importante revisar los conceptos de verificación y validación, muchas veces confundidos. Mientras que la *verificación* se ocupa de la corrección de los programas, la *validación* tiene por finalidad la comprobación que éstos satisfacen a sus especificaciones.

Retomando ahora el tema del análisis semántico, es necesario reconocer que así como para la especificación formal de la sintaxis de un lenguaje se dispone de la notación BNF (*Backus-Naur Form*), que permite hacer una descripción normalizada de su gramática, para la especificación semántica no hay ningún método estándar de aplicación general y universalmente aceptado. Es así que la descripción del comportamiento de las distintas construcciones de un lenguaje de programación puede ser abordada desde distintos puntos de vista, distinguiéndose dos grandes enfoques:

1. Los que utilizan metalenguajes de especificación semántica.
2. Aquellos que usan gramáticas atribuidas o gramáticas con atributos.

En los primeros, se distinguen a su vez las propuestas que están orientadas a definir modelos de aquellas otras que tienen por finalidad definir propiedades. Lo expuesto puede resumirse en el esquema presentado a continuación en la Figura 8.1.

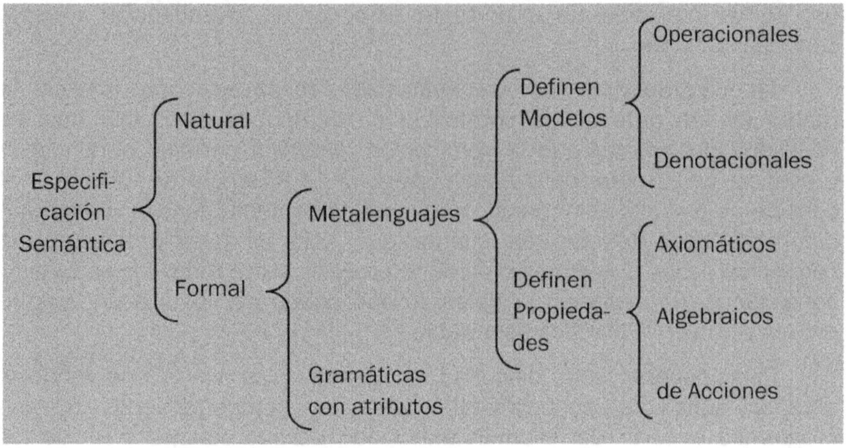

Figura 8.1: Distintos enfoques de la especificación semántica de lenguajes.

Metalenguajes para la especificación semántica de lenguajes

El tratamiento de los metalenguajes de especificación semántica está fuera del alcance de este libro; tanto por el espacio que requeriría hacerlo como también por el objetivo de este capítulo, que es introductorio. Hay unanimidad en reconocer que la complejidad del tratamiento de la semántica de lenguajes es, al menos, un orden de magnitud mayor que el de la sintaxis, lo que hace imposible tratar estos temas de manera breve e introductoria, a la vez que lograr una presentación inteligible. Por lo expuesto, se optó por presentar una descripción general de estas ideas sin entrar en su esencia, temas sobre los cuales hay excelente bibliografía especializada que se recomienda consultar.

Semántica operacional

Se trata del enfoque semántico más antiguo y es muy utilizado por ser intuitivo, fácilmente aplicable y describir el comportamiento observable. La semántica operacional describe cómo interpretar un programa a través de una secuencia de pasos de cálculo u operaciones. Esto puede hacerse asociando código de máquina (de una máquina real definida o de una máquina abstracta) a cada regla sintáctica, por lo que la descripción es muy cercana a su implementación. También se han propuesto alternativas que utilizan un lenguaje de reglas de inferencia lógicas que representan el significado de cada construcción sintáctica, con lo cual puede usarse la deducción lógica (o una máquina abstracta de reducción que la implemente) para interpretar el significado de un programa. El concepto de semántica operacional se utilizó por primera vez en la definición de la semántica de Algol 68 y posteriormente para construir prototipos de procesadores de lenguajes, como en el caso de la descripción del lenguaje PL/1 (1969).

Semántica denotacional

La principal idea de la semántica denotacional es que el significado de un programa puede describirse en términos de la aplicación de entidades matemáticas (funciones) a sus argumentos (denotación). Así, a través del uso de conjuntos y funciones, se representan la mayoría de los conceptos, tales como los de memoria, variables, tipos, etcétera, alcanzándose un elevado nivel de abstracción. De esta manera, se representan todas las instrucciones del lenguaje con funciones que producen el efecto de haberlas ejecutado. Por tanto, se hace más hincapié en el resultado de la computación que en la forma en la que ésta es llevada a cabo. La semántica denotacional se ha empleado para especificar la semántica completa de lenguajes de programación tales como Ada y Pascal.

Semántica axiomática

La semántica axiomática descansa sobre una teoría formal, donde un conjunto de axiomas, junto con una descripción formal del programa, permiten la deducción del resultado de la ejecución del programa en cualquier ambiente dado, así como la inferencia de propiedades más generales, tales como la corrección, capacidad de finalizar y equivalencia entre programas. El enfoque axiomático, por estar orientado a las necesidades de demostración de propiedades de programas, no constituye un camino natural ni directo a algún método de implementación.

Semántica algebraica

Toda teoría formal descripta por un sistema axiomático (términos primitivos, axiomas, definiciones y teoremas) puede ser también descripta por una estructura algebraica (elementos, conjuntos y funciones definidas sobre ellos), pero con un sabor más matemático por las notaciones empleadas. Este método está enfocado a especificar la semántica de los tipos y de las operaciones entre los mismos. Se basa en la especificación de tipos de datos abstractos mediante un conjunto de valores posibles y operaciones efectuadas sobre ellos y se la reconoce como una forma de semántica axiomática basada en las reglas del álgebra. En algún sentido, se acerca al enfoque denotacional.

Semántica de acciones

En este caso, el tratamiento semántico del lenguaje está basado en el concepto de acciones, que son las soportadas por las operaciones habitualmente previstas en los lenguajes de programación. Con este fin, se definen primitivas para la asignación y declaración de identificadores y la combinación de instrucciones mediante control de flujo secuencial, condicional e iterativo. La finalidad fue describir la semántica de lenguajes de un modo que facilite su entendimiento y en este sentido, se acerca al enfoque operacional.

Gramáticas con atributos

Las *gramáticas con atributos* (GA) o *gramáticas atribuidas* deben su nombre a que se apoyan en la asignación de atributos (propiedades) a las distintas construcciones sintácticas de un lenguaje. Las gramáticas son de tipo 2, *independientes de contexto*, a las que se incorporan atributos a sus símbolos terminales y no terminales, las reglas para su evaluación y las condiciones que éstas deben cumplir. La muy estrecha relación con la gramática hace que el análisis semántico que se desprende de este enfoque sea denominado *dirigido por la sintaxis*. Además, cabe destacar que esta circunstancia motivó una gran difusión de las GA, lo que justifica que sean aquí tratadas con mayor detalle que el utilizado en el caso de los *metalenguajes*. Las gramáticas con atributos fueron originalmente propuestas por Donald Knuth en 1968 para definir las especificaciones semánticas de los lenguajes de programación.

Las GA no están directamente ligadas al comportamiento dinámico de los programas y por lo tanto en muchos casos no son reconocidas como una de las formas de especificar formalmente la semántica de lenguajes. Sin embargo, por ser muy versátiles, de un modo directo o indirecto están siempre presentes en cualquier implementación de procesadores de lenguajes formales.

Definición de GA

Una gramática con atributos es una gramática de contexto libre a la que se le ha incorporado un conjunto de atributos (***A***), un conjunto de reglas semánticas (***R***) y un conjunto (***C***) de condiciones, donde los elementos de ***A*** están relacionados con los símbolos terminales y no terminales, mientras que los de ***R*** y ***C*** están asociados a cada una de las reglas de producción de ***P***. Por lo expuesto, una GA es una séptupla que queda definida:

$$GA = (\Sigma_T, \Sigma_N, S, P, A, R, C)$$

y cuyas componentes tienen las siguientes características:

a) Los primeros cuatro componentes son los que corresponden a toda gramática formal, a saber: *i*) el alfabeto de símbolos terminales (Σ_T), *ii*) el alfabeto de símbolos no terminales (Σ_N), *iii*) el axioma (**S**) y *iv*) el conjunto de reglas de producción (***P***). Naturalmente, las reglas de producción deben responder a las condiciones que son propias de una gramática independiente de contexto y pueden estar expresadas en formas normales, en las que las de Greibach (FNG) y de Chomsky (FNC) son las más habituales.

b) Los atributos son variables que representan determinadas propiedades de los símbolos terminales y no terminales. Denominando $\Sigma=\Sigma_T\cup\Sigma_N$, el quinto componente de la GA es identificado como ***A***(Σ), representando al conjunto de atributos asociados a los símbolos del alfabeto Σ. Cada atributo se denota con un nombre precedido por un punto y el nombre del símbolo al que está asociado. Por ejemplo, si $a \in \Sigma$ puede haber atributos tales como ***a.tipo*** o ***a.valor***. Además, cada atributo puede tomar un valor cualquiera, que describe propiedades dentro de un rango de valores posibles.

c) A cada regla de producción del conjunto ***P*** (regla sintáctica BNF) se le asocia un número finito de acciones o reglas semánticas que especifican la forma en que se modifican los atributos con la aplicación de la regla sintáctica. Al conjunto de todas las reglas semánticas se lo define como ***R*(*P*)**, que es el sexto componente de la GA.

d) El séptimo y último componente de la GA es un conjunto ***C*(*P*)** de condiciones asociado a cada una de las reglas de producción ***P***. Estas condiciones, que deben ser cumplidas por los valores de los atributos, describen un sublenguaje del lenguaje definido por la sintaxis de la gramática. Nótese que una sentencia sintácticamente correcta también lo será semánticamente, si y solo si todos los atributos satisfacen las condiciones ***C*** del contexto.

Atributos

Como fue anticipado, los atributos representan propiedades de los símbolos terminales y no terminales de una gramática y su naturaleza varía según la información que contienen y la fase de procesamiento en la que se encuentren. También dependen del momento en el que los atributos son calculados: si lo son previo a la ejecución de la aplicación son considerados estáticos y si sus valores se obtiene en tiempo de ejecución son reconocidos como dinámicos.

Algunos de los ejemplos típicos de atributos en una gramática son: *i*) el tipo de una variable, *ii*) su valor, *iii*) su dirección asignada de memoria, *iv*) el número de argumentos de una función, *v*) los tipos de estos argumentos, *vi*) el identificador de clase, *vii*) los punteros a entradas, etcétera.

Al operarse los símbolos del alfabeto **Σ** a través de las reglas de producción, las propiedades representadas por los atributos deben ser evaluadas, es decir, asignadas, confirmadas o alteradas, lo que representa el principal problema de las gramáticas atribuidas. Dependiendo de las características que presenten las gramáticas se dispone para esta evaluación de dos mecanismos, que son la herencia y la síntesis. Las características de ambas son presentadas a continuación.

Aquí cabe acotar que cuando es posible evaluar todos los atributos de los símbolos de todas las sentencias de una gramática, se dice que es una gramática *bien definida* o *no circular*. Esto implica poder reconocer el orden en el que han de ser ejecutadas las reglas o acciones semánticas, para todas las sentencias, con el fin de poder asignar correctamente los valores a los atributos de todos sus símbolos. Resulta necesario destacar que el matemático M. Jazayeri (1975) propuso un algoritmo que permite comprobar anticipadamente si una gramática está *bien definida*, pero este algoritmo es de aplicación limitada por tener el inconveniente de que su complejidad temporal es exponencial. Es decir, las gramáticas complejas pueden conducir a considerarlo un problema intratable.

Atributos sintetizados

Conviene aquí tomar como referencia el árbol de derivación sintáctica que representa el proceso de definición de las sentencias de toda gramática. En el caso de los atributos sintetizados, las evaluaciones en cada nodo se realizan a partir de los atributos de sus nodos hijos u hojas del árbol. Esto significa que se avanza en el árbol desde abajo hacia arriba, hasta alcanzar el axioma, lo que corresponde a un proceso de reducción de una sentencia. En otras palabras, los atributos del antecedente de cada regla de producción de la gramática son calculados exclusivamente a partir de los atributos de los símbolos gramaticales del consecuente o parte derecha. Al conjunto de atributos sintetizados, se lo denomina $AS(\Sigma)$. Para comenzar, es necesario disponer de los valores de los atributos de los símbolos terminales, que representan las hojas del árbol, los que son suministrados por el analizador léxico.

Cuando todos los atributos asociados con los símbolos gramaticales son sintetizados se dice que se trata de una *gramática S-Atribuida*, y aquí son muy eficaces los analizadores ascendentes ya que permiten evaluar los atributos al mismo tiempo que se analiza la sentencia.

Considérese como ejemplo la regla de producción **Z := bDe** en la que los atributos de los símbolos **b**, **D** y **e** permitirán sintetizar los atributos del símbolo no terminal **Z**.

En resumen: *i*) resulta conveniente evaluar los atributos sintetizados con un analizador sintáctico ascendente conforme la entrada es analizada, *ii*) el analizador sintáctico puede conservar en su pila los valores de los atributos sintetizados asociados a los símbolos gramaticales y *iii*) en cada reducción se calculan los valores de los nuevos atributos sintetizados a partir de los atributos de la pila para los símbolos gramaticales del lado derecho de la producción.

Atributos heredados

Los atributos en una derivación directa son heredados, si los mismos correspondientes a los símbolos del consecuente de una regla de producción son evaluados a partir de los atributos del símbolo del antecedente o de los atributos de los demás símbolos del consecuente, siempre que esos símbolos aparezcan a la izquierda en la producción. Esto significa que, en el árbol de derivación sintáctica, los atributos son heredados si se calculan a partir de los atributos del padre de cada nodo o de los nodos hermanos, donde el orden de evaluación de los atributos se corresponde con el orden en el que se "crean" los nodos de un árbol de análisis sintáctico.

Se brinda como ejemplo el caso de la producción **Z := $b_1b_2b_3..b_n$**, donde los atributos de cada símbolo **b_k** se heredan del símbolo no terminal **Z** o de los símbolos **b_1, b_2, ..., b_{k-1}**. A su vez, los atributos de estos últimos pueden haberse obtenido por herencia o síntesis.

Al conjunto de atributos heredados, se los denomina ***AH*(Σ)** y las gramáticas que contienen atributos tanto heredados como sintetizados son denominas *L-atribuidas*. De acuerdo a esta definición, las gramáticas *S-atribuidas* son un subconjunto de las *L-atribuidas*. En efecto, toda gramática *S-atribuida* que no contenga atributos heredados es *L-atribuida.* Es importante destacar que el ya citado Donald E. Knuth demostró que toda gramática *L-atribuida* podía ser convertida a otra gramática *S-atribuida* que reconozca el mismo lenguaje, para lo cual definió un esquema de traducción de atributos heredados a atributos sintetizados.

Acciones semánticas

Dependiendo del tipo de instrucción, las acciones semánticas que están incluidas en el conjunto de reglas ***R*(*P*)** tienen distintas finalidades y pueden agruparse según se presenta en la Tabla 8.1.

TIPO DE INSTRUCCIÓN	ACCIONES SEMÁNTICAS
Declaración	obtención de tipos de la tabla de símbolos
Ejecutables	completar la definición de tipos de los símbolos
Funciones y procedimientos	comprobación del número, orden y tipo de argumentos
Identificación de variables	comprobación de identificación previo a su uso
Etiquetas	comprobación de repetición y validación
Constantes	comprobación de intentos de alteración de valores
Conversiones	verificación de equivalencias
Sobrecarga de operadores	identificación y resolución

Tabla 8.1: Acciones semánticas agrupadas por tipo de instrucción.

Ejemplo 8.2

A título de ejemplo, se citan las siguientes acciones semánticas que corresponden a sentencias ejecutables, resumidas en la Tabla 8.2:

REGLA SINTÁCTICA BNF	ACCIÓN SEMÁNTICA
A := B + C	A.valor = B.valor + C.valor
	A.tipo = mayor_tipo(B.tipo, C.tipo)
A := B * C	A.valor = B.valor * C.valor
	A.tipo = mayor_tipo(B.tipo, C.tipo)

Tabla 8.2: Acciones semánticas asociadas a ciertas reglas de producción.

Condiciones

El conjunto de condiciones que es definido sobre las producciones ***C(P)*** regulan la validez y alcance de las acciones semánticas sobre los atributos, estableciendo límites claros a la aplicación de las acciones según sea la naturaleza de la regla sintáctica. Estas condiciones están activas tanto en tiempo de compilación como de ejecución, ya que muchas de ellas pueden verificarse correctamente en forma estática y no cumplirse dinámicamente por alteración de los valores asociados a los símbolos. El conjunto de estas condiciones describen un sub-lenguaje del lenguaje definido por la sintaxis de la gramática, donde los atributos de una sentencia sintácticamente correcta deben satisfacer todas las condiciones ***C*** que le correspondan, para ser considerada semánticamente válida.

Ejemplo 8.3

En la Tabla 8.3, se presentan como ejemplo las condiciones que corresponden a los operadores de división para el caso del lenguaje Pascal, que como se sabe son diferentes según se trate de una división de enteros o de números reales:

REGLA SINTÁCTICA BNF	CONDICIÓN SEMÁNTICA
A := B / C	C.valor > 0
	A.tipo, B.tipo = real, C.tipo = real o entero
A := B div C	C.valor > 0
	A.tipo, B.tipo, C.tipo = entero

Tabla 8.3: Condiciones semánticas asociadas a las producciones de división.

Presentados ya los componentes de las gramáticas con atributos, veremos en el Ejemplo 8.4 un fragmento de una gramática de algún lenguaje de programación, correspondiente a la definición de la sintaxis y la semántica de una asignación que nos permitirá mostrar cómo se puede utilizar una GA para la determinación de algunos atributos simples.

Ejemplo 8.4

Se propone una pequeña gramática libre de contexto para definir una asignación muy simple. El alfabeto de símbolos terminales de esta gramática lo componen el operador de asignación (=), los símbolos de operaciones aritméticas de adición (+) y multiplicación (*) y los tokens *variable* y *número*. En estos últimos dos casos, se supondrá que los valores de sus atributos han sido determinados previamente por el análisis léxico, por algún anterior proceso sintáctico o en tiempo de ejecución, ya que en el lenguaje descripto el tipo de las variables es determinado en las asignaciones (no requieren declaraciones previas).

Las reglas sintácticas de este fragmento son las siguientes:

```
(1) <ASIGNACION> := variable = <EXPRESION>

(2) <EXPRESION>  := <EXPRESION> <OPERADOR> <EXPRESION>

(3) <EXPRESION>  := variable

(4) <EXPRESION>  := número

(5) <OPERADOR>   := +

(6) <OPERADOR>   := *
```

Claramente, los símbolos no terminales son los las palabras encerradas entre corchetes angulares y tomaremos como axioma de este fragmento al no terminal <ASIGNACION>.

Además, la gramática es complementada con los siguientes atributos:

`número.tipo`	Tipo del número (entero o real)
`número.valor`	Valor que representa el número
`variable.tipo`	Tipo de la variable
`variable.valor`	Valor que toma la variable
`variable.nombre`	Nombre que toma la variable
`<EXPRESION>.tipo`	Tipo de la expresión
`<EXPRESION>.valor`	Valor después de evaluar la expresión

`<OPERADOR>.tipo` Tipo del operador (entero o real)

`<OPERADOR>.clase` Clase del operador (adición o multiplicación)

A partir de aquí, los procesos de derivación de sentencias son representados con árboles sintácticos que deben incluir los atributos. Los valores de atributos de número se suponen determinados por el analizador léxico y el de las variables que se usen en el lado derecho de las asignaciones, ya estipulados por anteriores pasos del análisis sintáctico (recuerde que solo estamos analizando un fragmento de la gramática del lenguaje).

Para ilustrar el funcionamiento, se toma el caso de una expresión que representa el tiempo transcurrido desde algún evento pasado, medido en horas y se muestra en la Figura 8.2 su árbol de análisis sintáctico con información semántica asociada.

```
tiempoEnHoras = 24 * dias + horaActual,
```

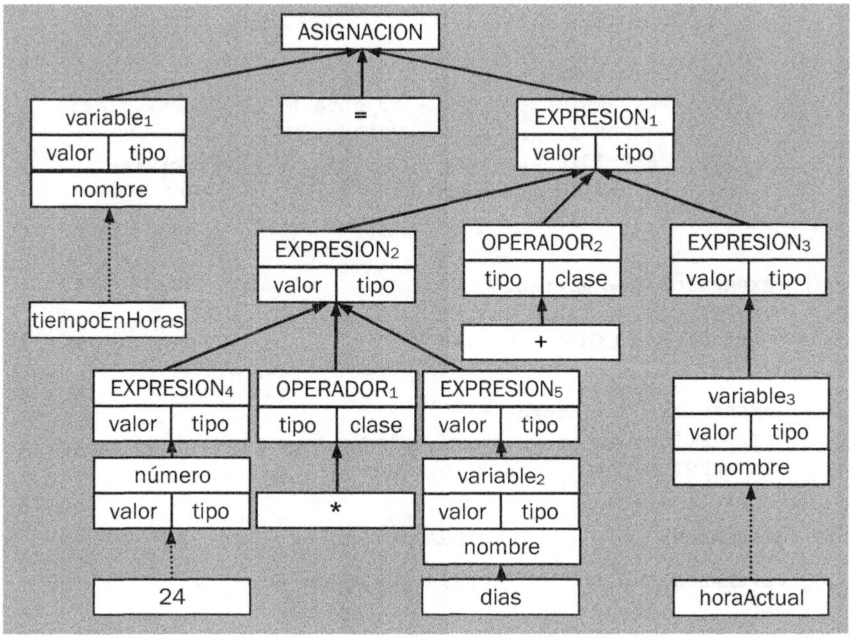

Figura 8.2: Árbol de derivación sintáctica con atributos.

Una vez definido el conjunto de los atributos, la gramática debe ser ampliada con las acciones o reglas semánticas que especifican la manera en la que se modifican los atributos, quedando expresada como se muestra a continuación:

```
(1) <ASIGNACION> := variable = <EXPRESION>
   { variable.valor = <EXPRESION>.valor
     variable.tipo  = <EXPRESION>.tipo
   }

(2) <EXPRESION>1 := <EXPRESION>2 <OPERADOR> <EXPRESION>3
   { <OPERADOR>.tipo = Mayor_Tipo(<EXPRESION>2.tipo,
                         <EXPRESION>3.tipo)
     <EXPRESION>1.tipo = <OPERADOR>.tipo
     if (<OPERADOR>.tipo=='F' && <EXPRESION>2.tipo=='I') {
         <EXPRESION>2.tipo  = 'F';
         <EXPRESION>2.valor = FLOAT(<EXPRESION>2.valor);
     }
     if (<OPERADOR>.tipo=='F' && <EXPRESION>3.tipo=='I') {
          <EXPRESION>3.tipo  = 'F';
          <EXPRESION>3.valor = FLOAT(<EXPRESION>3.valor);
     }
     switch (<OPERADOR>.tipo) {
        'I': <EXPRESION>1.valor = op_entera(<OPERADOR>.clase,
                  <EXPRESION>2.valor, <EXPRESION>3.valor); break;
        'F': <EXPRESION>1.valor = op_real(<OPERADOR>.clase,
                  <EXPRESION>2.valor, <EXPRESION>3.valor); break;
     }
   }

(3) <EXPRESION> := variable
   { <EXPRESION>.valor = variable.valor
     <EXPRESION>.tipo  = variable.tipo
   }

(4) <EXPRESION> := número
   { <EXPRESION>.valor = número.valor
     <EXPRESION>.tipo  = número.tipo
   }

(5) <OPERADOR> := +      { <OPERADOR>.clase = '+' }

(6) <OPERADOR> := *      { <OPERADOR>.clase = '*' }
```

En las reglas semánticas propuestas, se utilizó la función de librería FLOAT (que transforma números enteros en números reales) y funciones propias auxiliares, que son definidas a continuación usando sintaxis de lenguaje C:

```
char Mayor_Tipo(char tipo1, char tipo2)
{ if (tipo1 == 'F' || tipo2 == 'F') return 'F';
  else                             return 'I';
}

int op_entera(char op, int valor1, int valor2)
{
  switch (op) {
     '+': return (valor1 + valor2);
     '*': return (valor1 * valor2);
  }
}

float op_real(char op, float valor1, float valor2)
{
  switch (op) {
     '+': return (valor1 + valor2);
     '*': return (valor1 * valor2);
  }
}
```

Considerando el proceso de compilación de las asignaciones que ejemplificamos, el analizador léxico devuelve como se indicó, los *tokens* que son los terminales de la gramática y en el caso de número, el valor de sus atributos *tipo* y *valor*.

El analizador sintáctico verifica que la frase en la que intervienen esos *tokens* recibidos, esté correctamente escrita de acuerdo a la gramática, obteniendo un árbol derivación sintáctico en cuyas hojas se lee:

$$\mathbf{variable_1 = numero * variable_2 + variable_3}$$

Este árbol es tomado por el analizador semántico que determinará, para cada símbolo, el valor de sus atributos. A partir de esta información, los atributos se propagan según las reglas y acciones semánticas definidas con anterioridad, obteniéndose progresivamente los valores según se muestra en la Figura 8.3.

Nótese que el atributo valor de las variables es desconocido durante la compilación. Las variables tendrán el valor conocido recién en tiempo de ejecución y el árbol de la Figura 8.2 muestra cómo se llevará a cabo el cálculo de los atributos de la asignación.

numero.tipo = 'I' (del análisis léxico)
numero.valor = 24 (del análisis léxico)
variable$_2$.tipo = determinado en tiempo de ejecución. Sea 'F'.
variable$_2$.nombre = días (del análisis léxico)
variable$_2$.valor = determinado en tiempo de ejecución. Sea m.
variable$_3$.tipo = determinado en tiempo de ejecución. Sea 'F'.
variable$_3$.nombre = horaActual (del análisis léxico)
variable$_3$.valor = determinado en tiempo de ejecución. Sea n.
<EXPRESION>$_4$.tipo = 'I' (según semántica de la regla 4)
<EXPRESION>$_4$.valor = 24 (según semántica de la regla 4)
<OPERADOR>$_1$.clase = '*' (según semántica de la regla 6)
<EXPRESION>$_5$.tipo = 'F' (según semántica de la regla 3)
<EXPRESION>$_5$.valor = m (según semántica de la regla 3)
<OPERADOR>$_1$.tipo = 'F' (según semántica de la regla 2)
<EXPRESION>$_2$.tipo = 'F' (según semántica de la regla 2)
<EXPRESION>$_2$.valor = 24*m (según semántica de la regla 2)
<OPERADOR>$_2$.clase = '+' (según semántica de la regla 5)
<EXPRESION>$_3$.tipo = 'F' (según semántica de la regla 3)
<EXPRESION>$_3$.valor = n (según semántica de la regla 3)
<OPERADOR>$_2$.tipo = 'F' (según semántica de la regla 2)
<EXPRESION>$_1$.tipo = 'F' (según semántica de la regla 2)
<EXPRESION>$_1$.valor = 24*m+n (según semántica de la regla 2)
variable$_1$.tipo = 'F' (según semántica de la regla 1)
variable$_1$.nombre = tiempoEnHoras (del análisis léxico)
variable$_1$.valor = 24*m+n (según semántica de la regla 2)

Figura 8.3: Asignación de atributos y propagación.

Conceptos de compiladores e intérpretes

A

Consideraciones generales

Los compiladores son citados y descriptos en numerosas oportunidades a lo largo de este libro. En el Capítulo 1, son presentados como una de las más importantes aplicaciones de las máquinas abstractas (*Construcción de compiladores*). En el Capítulo 2, se hace referencia a la contribución de Noam Chomsky al desarrollo de lenguajes de programación de alto nivel (*Gramáticas formales*); en el Capítulo 4, se presentan los analizadores léxicos (*Gramáticas regulares y autómatas finitos*); en el Capítulo 5, se presentan los analizadores sintácticos (*Autómatas con pila asociados a una gramática*) y, finalmente, el Capítulo 8 está destinado a una introducción a la Semántica de Lenguajes. A pesar de ello, se considera aún necesario incluir una presentación conjunta de los conceptos generales referidos a los compiladores y ese es el motivo de este Apéndice A.

Lo expresado evidencia la importancia que se le reconoce a los compiladores y esto merece ser comentado. El proceso de desarrollo de software incluye numerosas etapas, desde la especificación de los requerimientos del sistema hasta su puesta en servicio y el posterior mantenimiento, pasando por las etapas de análisis, diseño, programación, verificación, integración y validación, por citar las más importantes. Son todas etapas fundamentales en la construcción de buen software y en todas ellas se utilizan, cada vez en mayor medida, herramientas específicas.

Sin embargo, en este proceso, hay una etapa que es central, ya que en ella se construye el producto software (*programación*). Para ello, se utiliza una herramienta, considerada principal, que es la que hace que esta tarea sea posible (*el compilador*). En efecto, el compilador permite utilizar lenguajes de alto poder expresivo, incluyendo el lenguaje visual, y su misión es convertir estos programas a un lenguaje compatible con el hardware, que es el encargado de ejecutarlos.

En resumen, el compilador es una herramienta de desarrollo de software destinada a traducir un programa escrito en un lenguaje de alto nivel (*programa fuente*) en otro programa escrito en lenguaje máquina (*programa objeto*). Nótese que, por el diferente poder expresivo de ambos lenguajes, se enfatiza que se trata de una traducción o conversión que requiere una valoración semántica y no de una mera traducción literal.

Resulta difícil aceptar que no hace mucho, apenas unas décadas atrás, los computadores debían ser programados con códigos binarios que representaban las instrucciones individuales reconocidas por la unidad central de proceso. Estos eran los denominados "*Lenguajes de Primera Generación*" y su utilización era difícil, problemática y muy susceptible a errores. Además, el mantenimiento de los programas escritos en tales lenguajes era una tarea tremendamente ardua y costosa.

Posteriormente, el código de máquina fue reemplazado por nombres simbólicos o "abreviaturas nemónicas", dando lugar así a los "*Lenguajes de Segunda Generación*" o "*Lenguajes ensambladores*". Se comenzó a observar una incipiente tendencia hacia la estructuración de los programas y el uso de estas abreviaturas nemónicas facilitaban el uso de las instrucciones y el mantenimiento de los programas. Sin embargo, se mantenían las dificultades propias de lenguajes tan elementales, como son la fuerte dependencia de la máquina y la necesidad de muy profundos conocimientos de su arquitectura. En síntesis, la programación con tales lenguajes continuaba siendo una tarea artesanal reservada para un selecto grupo de especialistas.

Para sustituir a los lenguajes ensambladores se crearon los "*Lenguajes de Tercera Generación*" o "*Lenguajes de alto nivel*". Estos lenguajes permitieron alcanzar un mayor nivel de abstracción, apropiado para la especificación de datos, funciones y su control, todo ello en forma independiente de la máquina. También hicieron posible una rápida evolución de la programación con la incorporación de técnicas orientadas a la obtención de menores tiempos de desarrollo y mayor claridad en el código. Así, progresivamente, se impusieron nuevos conceptos, tales como los de programación estructurada, diseño modular, programación orientada a objetos, programación visual, etcétera.

Al hacerse una referencia cronológica a estos Lenguajes de *alto nivel* debe comenzarse por el Fortran (***For****mula* ***Tran****slation*) que fue presentado a mediados de los años cincuenta y luego estandarizado en sucesivas oportunidades (*Fortran IV, Fortran 66, Fortran 77* y *Fortran 90*). La primera versión del Fortran tuvo la virtud de demostrar que un compilador de lenguaje de alto nivel era capaz de generar código eficiente apto para ser reconocido por una máquina. Ocurre que hasta ese momento había una controversia sobre la verdadera posibilidad de generar buen código por parte de un compilador. Debido a la popularidad que alcanzó este lenguaje en el mundo científico, y las vastas librerías existentes para todo tipo de aplicación técnica, el Fortran no solo es el lenguaje más antiguo, sino que mantiene plena vigencia y la tiene asegurada por muchos años más. El otro lenguaje casi tan antiguo como el Fortran y todavía vigente es el Cobol (***Co****mmon* ***B****usiness* ***O****riented* ***L****anguage*). Orientado a aplicaciones administrativas fue estandarizado en 1968, 1974 y 1985, convirtiéndose en la piedra angular de los desarrollos de sistemas de gestión hasta prácticamente nuestros días. Como contrapartida, tradicionalmente ha presentado una pobre capacidad de transportabilidad debido a sus diferentes implementaciones, que fueron consecuencia de variadas interpretaciones de estos estándares.

Una vez mencionados el Fortran y el Cobol, sigue una extensa lista de lenguajes de alto nivel, que incluye entre muchos otros, el Algol, Basic, APL, PL/1, Pascal, C, ADA, Modula 2, y las recientes implementaciones visuales de la mayoría de ellos. Un comentario especial merece el Algol, en el que cabe destacar su enfoque innovador con la introducción de las estructuras de bloques, declaración explícita de tipos de variables, recursividad y asignación dinámica de memoria, todo ello hace ya más de cincuenta años. Además, como ya fue anticipado en el Capítulo 1, en el *Algol60* John Backus y Peter Naur usaron por vez primera las reglas de reescritura o reglas BNF, tanto en el desarrollo del propio compilador como en su formalización.

Indudablemente, la evolución hacia lenguajes más poderosos viene estando asociada a la disponibilidad de sus correspondientes compiladores, y de allí la gran importancia que estas herramientas han adquirido en la corta historia de la informática.

Conceptos relacionados

Habiendo definido al compilador como una herramienta de conversión de programas *fuente*, escritos en lenguajes de alto nivel, a programas *objeto* expresados en lenguaje máquina, es ahora necesario conocer una serie de conceptos relacionados.

Editor de programas: Los programas fuentes son archivos de texto, no estructurados, que contienen el código expresado en un lenguaje superior. Esta información debe ser cargada por el usuario, almacenada, ordenada y presentada visualmente al programador a partir de un estructuramiento lógico que se apoya en caracteres de control, esencialmente <CR>, <LF>, <TAB> y otros comandos auxiliares, que tabulan y separan las sentencias del programa en diferentes renglones. Algunos lenguajes disponen de *Editores de Programas* específicos que reconocen variables, constantes, instrucciones del lenguaje, palabras reservadas, directivas al compilador y diagnósticos de errores, utilizando diferente simbología que incluye variados tipos de letras y colores.

Compilación: Se refiere al proceso de convertir un programa fuente en un programa objeto, para lo cual el compilador comienza por verificar la integridad y ausencia de errores del primero.

Compilación en varias pasadas: Define la cantidad de veces que un compilador debe leer el programa fuente previo a la generación del programa objeto.

Intérprete: Se denomina así a una herramienta o módulo que interpreta y ejecuta las sentencias de un programa fuente una tras otra, sin generar un programa objeto.

Preprocesador: Es un módulo que tiene la finalidad de modificar o completar al programa fuente previo a ser leído por el compilador. En algunos casos, esto se realiza insertando el contenido de otros archivos y en otras expandiendo el código a partir de macroinstrucciones o directivas ajenas al lenguaje compilado. Conceptualmente, el preprocesador es un módulo independiente del compilador, aunque es frecuente que estén implementados en forma conjunta.

Conversor Fuente-Fuente: Tienen por finalidad la conversión de un programa fuente desde un lenguaje de alto nivel a otro. Estos conversores tienen amplia difusión cuando aparecen en el mercado nuevos lenguajes, pudiendo citarse como ejemplos los conversores Pascal ⇨ C y los conversores C ⇨ Java. Su finalidad es facilitar a los nuevos usuarios la migración de un lenguaje a otro.

Ensamblador: Se denomina así a un compilador que tiene por lenguaje fuente a uno de 2ª generación, por lo que se trata de un procesador sencillo que guarda una relación 1 a 1 entre entrada y salida. La capacidad de estos compiladores es, en algunos casos, ampliada con macroinstrucciones que facilitan la definición del programa fuente.

Administrador de librerías: Es una herramienta que permite gestionar en una librería las partes de un sistema que han sido compiladas por separado y que están destinadas a integrar una aplicación.

Depurador: Llamado *debugger* en su idioma original, es un módulo usado para facilitar las pruebas y eliminar errores de los programas.

Enlazador: Llamado *task builder* o *linkeditor* en su idioma de origen, tiene la misión de construir el programa ejecutable a partir del programa objeto, las librerías que pueda tener la aplicación y la librería del sistema operativo. Esta última suele ser reconocida como *run time library*. El programa ejecutable es almacenado en un archivo cuya estructura y denominación (normalmente extensión EXE) son acordes a las exigencias específicas de cada sistema operativo.

Librería de enlace dinámico: Se trata de librerías que, en lugar de ser incorporadas al programa ejecutable por el enlazador, son incorporadas a la aplicación en tiempo de ejecución cuando son necesarias. Podrían ser consideradas una extensión del programa ejecutable y son llamadas *Dynamic Link Libraries* en su idioma de origen. La extensión de estos archivos es DLL y normalmente contienen la mayor parte de las facilidades que ofrecen los sistemas operativos. Permiten que componentes básicos sean compartidos por numerosas aplicaciones y reducen el tamaño de los archivos de los sistemas.

Tipos de compiladores

Sobre la definición básica del compilador ya enunciada se presentan diversas variantes, que dependen tanto de la naturaleza del lenguaje fuente como del tipo de código generado, las que son definidas a continuación.

Compilador cruzado: Es el compilador que genera programas fuentes que están destinados a ser ejecutados en computadores diferentes de aquél en el que se lo ha compilado. Ejemplos de compiladores cruzados son aquellos que operan en computadores personales (PC) y generan programas fuentes que están destinados a diversos microcontroladores de aplicaciones especiales, tales como balanzas, módems, teclados, etc. En el caso de los teclados de las PC, estos utilizan pequeños micros (Intel 8048 o equivalentes) cuyo programa objeto es generado con un compilador cruzado. Para poder ejecutar uno de estos programas en el computador donde fue compilado, es necesario un emulador, tal como ya fue visto en el Capítulo 7.

Autocompilador: Es un compilador en que su propio programa fuente está escrito en el mismo lenguaje que el de los programas fuentes que admite. Un ejemplo son los compiladores de lenguaje C más recientes, que normalmente han sido escritos en el mismo lenguaje.

Metacompilador: Se trata de un compilador capaz de admitir programas fuentes escritos en diversos lenguajes. Un ejemplo típico son los *MetaAssembler*, que son compiladores preparados para reconocer instrucciones de lenguajes ensambladores de diferentes procesadores y generar en consecuencia los correspondientes programas objeto. En estos casos, se debe identificar la variante del lenguaje fuente a ser utilizada.

Decompilador: Se trata de un módulo destinado a operar en el sentido inverso al de un compilador, es decir, convertir programas escritos en lenguaje máquina a programas fuente en lenguajes de alto nivel. Los desensambladores son los decompiladores más simples y usuales, que convierten lenguaje máquina en lenguaje ensamblador.

Compilador optimizador: Al generar el programa objeto se tiene en cuenta la necesidad de mejorar el rendimiento del sistema, manteniendo la funcionalidad original. Si bien puede haber distintos criterios de optimización, los objetivos principales son la reducción del tamaño del programa ejecutable, la reducción de la demanda de memoria y la rapidez de operación, los que normalmente son excluyentes entre sí. La mayoría de los compiladores modernos ya tienen incorporadas diversas opciones de optimización.

Compilador gráfico: Son aquellos que admiten programas fuente representados en forma simbólica; normalmente como esquemas lógicos o eléctricos. Pueden citarse como ejemplo los *Controladores Lógicos Programables* (PLC) usados en la industria, cuyos programas fuentes pueden ser expresados en lenguaje simbólico/gráfico. Se trata además de compiladores cruzados, ya que el programa fuente es compilado en una PC y luego transferido a la unidad de control (PLC) mediante una puerta de comunicaciones.

Compilador intérprete: Se trata de compiladores que generan los programas objeto en un lenguaje intermedio, que luego son interpretados en el momento de la ejecución. Con esto, se obtiene total transportabilidad de los programas objeto ya que las particularidades de las plataformas son incorporadas en la etapa de interpretación. El mejor ejemplo es el compilador del lenguaje Java, que convierte los programas fuentes generando un código intermedio denominado *bytecode*, que luego es, a su vez, interpretado por una Máquina Virtual de Java (JVM).

Ambiente integrado de desarrollo (IDE)*:* Son sistemas interactivos que incorporan al compilador servicios complementarios, tales como un editor de programas fuente, facilidades para interpretar los programas y ejecutarlos *paso a paso* o en forma parcial, identificar errores (depuración o *debugging*) y gestionar las librerías de los proyectos.

Los ambientes integrados de desarrollo fueron factibles a partir de la disponibilidad de suficiente capacidad de memoria y de la posibilidad del usuario de operar en forma interactiva a través de las pantallas de video, mouse y teclado. De esta manera, se convirtieron en herramientas que contribuyeron enormemente a facilitar y hacer más eficiente el desarrollo de software, al extremo que todos los lenguajes modernos disponen de su IDE.

Compiladores e intérpretes

Los intérpretes tuvieron mucha vigencia en los primeros tiempos de la computación y han vuelto a recuperarla recientemente. Una de las causas de este predominio inicial de los intérpretes fue la reducida memoria de los computadores. La ventaja que ofrecían los intérpretes era la posibilidad de leer y ejecutar los programas en forma progresiva, sin necesidad de cargar en la memoria al programa fuente completo ni la de generar luego en memoria un programa objeto. Con los compiladores, por el contrario, debían convivir en la memoria el propio compilador con ambos programas y esto se convertía en una restricción importante en el caso de grandes aplicaciones.

Para entender el problema, es necesario tener presente las severas limitaciones de memoria con las que habitualmente se trabajaba. Un ejemplo, como tantos otros, describe al problema en toda su magnitud: a mediados de los años 1970 los sistemas de cálculo estructural, que incluían varios miles de instrucciones Fortran, Algol o PL/1, debían ser compilados y ejecutados en computadores de tan solo 32 Kbytes de memoria RAM. No es un error de impresión, aunque cueste creerlo la memoria disponible era 1/32 de un megabyte. Seguramente, mucho menos que la memoria disponible en el teléfono celular más elemental de la actualidad.

Superadas las limitaciones de memoria con el avance de la tecnología, los compiladores impusieron su ventaja al revisar y tratar al programa fuente en forma integral; generando diagnósticos de errores completos que agilizaban el desarrollo de programas y evitaban que se detectaran errores de sintaxis o semántica al momento de la ejecución (clásico de las aplicaciones desarrolladas en intérpretes Basic, Fox, DBase y otros lenguajes habituales de los años ochenta). Debe, sin embargo, reconocerse lo atractivo que resultan los intérpretes en el testeo de nuevos algoritmos o en el desarrollo de pequeñas aplicaciones. La posibilidad de ejecutar progresivamente el programa, aun cuando una parte de él puede todavía no haber sido escrita o estar incompleta, ofrecía una clara ventaja frente al compilador que requiere una presentación completa y rigurosa del código fuente.

Mucho más recientemente han retomado vigencia los intérpretes y esto es debido a dos razones independientes: *i*) se consolidaron las plataformas de desarrollo híbridas, que incluyen etapas de compilación e interpretación, tal como es el caso de Java ya referido en el punto anterior. Aquí la transportabilidad del software es uno de los principales justificativos para adoptar esta solución. *ii*) las arquitecturas clientes-servidor mostraron rápidamente las ventajas de transmitir código intermedio a ser interpretado directamente en el equipo *cliente*, concepto en el que se apoyan las aplicaciones Web. En efecto, la mayoría de los servicios de Internet son tipo de cliente-servidor, donde la acción de visitar un sitio Web implica que el servidor transfiere al navegador del cliente la información para ser interpretada y desplegada localmente.

Otro aspecto que debe ser considerado es la rapidez de ejecución y ésta es la principal desventaja de los intérpretes. Por este motivo, los intérpretes nunca son utilizados en aplicaciones que incluyan el procesamiento matemático de grandes volúmenes de datos ni tampoco en aplicaciones de tiempo real.

En resumen, comenzaron teniendo primacía los compiladores, luego resultaron aconsejables los intérpretes, se regresó a los compiladores y en la actualidad ocupan un lugar destacados los lenguajes interpretados, los que alguna vez fueron considerados obsoletos. Como puede comprobarse, la evolución de la tecnología hace que en informática no sea posible hacer pronósticos definitivos.

Notación T

Tal como fue anticipado, todo compilador involucra tres lenguajes de programación: *i*) el del programa fuente "*F*", que se desea compilar, *ii*) el del programa Objeto *"O"*, que se desea generar y *iii*) el lenguaje de implantación *"I"*, que es aquél en el que el propio compilador fue escrito. Esto resulta convenientemente representado con un esquema denominado *Notación T*, propuesta por H. Bratman, que permite representar el vínculo entre los tres lenguajes, tal como se muestra en la Figura A.1:

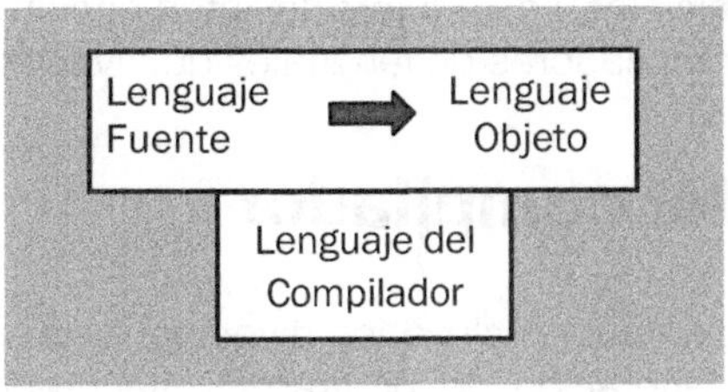

Figura A.1: Representación de un compilador en notación T.

Debe recordarse que el compilador es, a su vez, un programa y como tal debió ser compilado, para lo cual éste requirió alguna vez de un compilador. Supóngase como ejemplo un compilador Java destinado a generar programas para PC y escrito en Lenguaje C. Para desarrollar ese compilador Java, fue necesario un compilador C, que se asume fue uno de los primeros compiladores C y; por lo tanto, escrito en Modula2. Para ello, a su vez, fue necesario disponer de un compilador Modula2, y así continúa una cadena que se inicia con un compilador primitivo que habrá sido laboriosamente escrito en código máquina. Esta sucesión de compiladores puede ejemplificarse en el esquema de la Figura A.2:

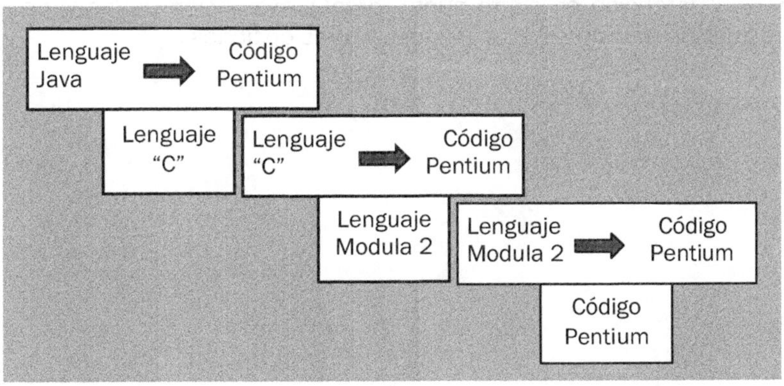

Figura A.2: Encadenamiento de compiladores en notación T.

Se deduce entonces que la hipotética aparición de una nueva máquina basada en un microcomputador incompatible con todo lo existente requeriría armar una cadena de este tipo, a partir del código propio de la máquina y hasta alcanzar los lenguajes de alto nivel deseados. Indudablemente que este es un esfuerzo progresivo, ya que para las etapas iniciales se requiere la intervención de versiones muy simplificadas de compiladores de lenguajes de nivel intermedio.

Contexto del compilador

El contexto del compilador incluye los diversos recursos necesarios para hacer posible la generación de programas ejecutables a partir de los correspondientes programas fuente.

Estos recursos, que toman la forma de módulos o herramientas de desarrollo, ya han sido descriptos anteriormente y se presentan en forma esquemática en la Figura A.3. Se recomienda al lector reconocer estos módulos, la función que cada uno cumple en el proceso de generación de programas y la interdependencia con los demás componentes del contexto.

Aquí cabe acotar que la totalidad de los componentes que están incluidos en el contexto de un compilador forman parte de los ya definidos Ambientes Integrados de Desarrollo (IDE). Es decir, los IDE son herramientas que permiten editar, compilar, corregir y ejecutar un programa. Para esto último, se dispone de facilidades de ejecución "paso a paso", detención en cierto punto (*break*), evaluación de las variables, reasignación de valores a las mismas y otras opciones.

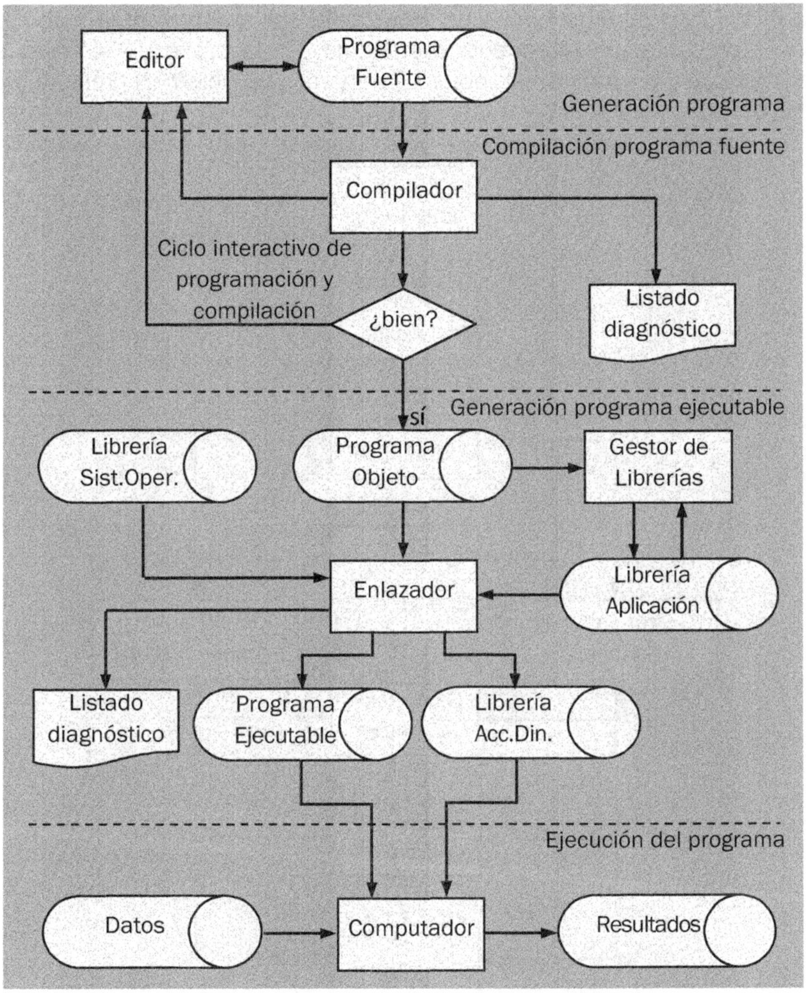

Figura A.3: Contexto de un compilador.

Estructura y componentes del compilador

En la compilación, se distinguen dos etapas principales, que son las de análisis y de síntesis mostradas en la Figura A.4. En la etapa de análisis, se divide el programa fuente en sus elementos componentes y se crea una representación intermedia del mismo. En la etapa de síntesis, se reconstruye el programa objeto a partir de esta representación intermedia.

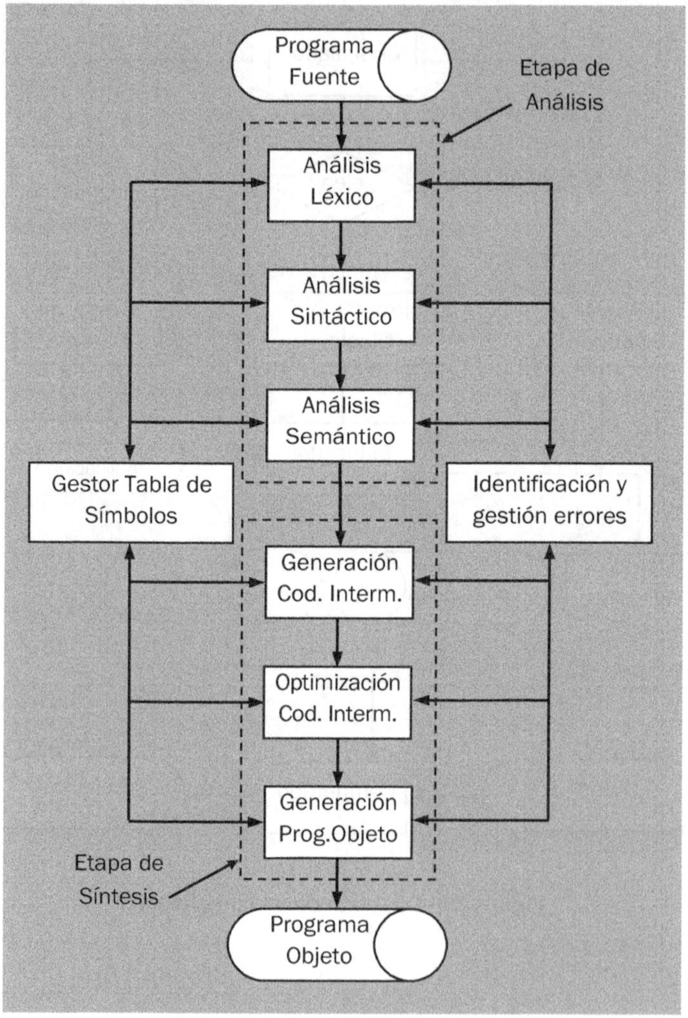

Figura A.4: Estructura conceptual de un compilador.

Tal como se muestra en el esquema anterior, las etapas de análisis y síntesis pueden ser divididas en tres fases cada una. Es decir que el proceso de compilación reconoce el cumplimiento de seis fases claramente distinguibles desde un punto de vista conceptual. Nótese que la etapa de análisis es claramente dependiente del lenguaje del programa fuente y la etapa de síntesis lo es del tipo de procesador al que está destinado el programa objeto. Por este motivo, con solo combinar distintas etapas de análisis con una misma etapa de síntesis se pueden construir compiladores para varios lenguajes fuentes destinados a un mismo procesador. En sentido inverso, combinando una etapa de análisis con diferentes etapas de síntesis se dispondrá de compiladores de un mismo lenguaje fuente destinados a diferentes procesadores. Debe observarse que para que esto sea posible la interfaz entre las etapas de análisis y síntesis debe estar normalizada.

Entrando más en detalle, en la etapa de análisis se distinguen las fases de *análisis léxico, análisis sintáctico* y *análisis semántico*. En la etapa de síntesis, las fases son las de *generación de código intermedio, optimización* y *generación del programa Objeto*. A lo largo de estas fases, dos módulos esenciales están permanentemente activos en el compilador, que son el destinado a gestionar la Tabla de símbolos y el Administrador de Errores.

Aquí cabe aclarar que, si bien los módulos aparecen encadenados secuencialmente, sus fronteras son más bien conceptuales y no son tan claras en la implementación. Además, el proceso es altamente complejo e implica avances y retrocesos entre módulos contiguos. Es necesario destacar que a la complejidad inherente del problema se le suma la necesidad de hacer mínima la demanda de recursos, tanto en tiempo de proceso como en memoria ocupada.

Análisis léxico

También se denomina análisis lineal o de exploración y el módulo destinado a esta tarea es denominado analizador lexicográfico o *scanner*. En esta fase, la cadena de caracteres que constituye el programa fuente es leída carácter a carácter, para identificar y agrupar sus componentes léxicos. Estos componentes léxicos son secuencias de caracteres (cadenas) que tienen un significado colectivo (variables, constantes, instrucciones del lenguaje, operadores aritméticos, etc.) y son denominados ***tokens***. Para identificar unívocamente un tipo de ***token***, se reconoce a la expresión regular como patrón léxico. Ésta es una expresión abstracta que permite referenciar al conjunto de todos los *tokens* que se ajustan a él. Luego, una cadena de caracteres específica que se ajuste al patrón léxico de un cierto tipo de *token* es denominada lexema. Algunos ejemplos se presentan en la Tabla A.1.

Componentes léxicos o *tokens*	Lexemas	Descripción
Identificadores	ii, total0, valor3, ...	Primer símbolo alfabético seguido de otros símbolos o dígitos
Operadores relacionales	<, <=, ==, >, >=, !=	Símbolos menor, igual o mayor y sus combinaciones
Operadores aritméticos	+, -, *, /, %	Símbolos de operaciones aritméticas básicas
Operadores de manipulación de bits	&, |, ^, ~, <<, >>	Operadores AND, OR, XOR, NOT y de desplazamiento.
Instrucciones de estructuras de control	if, else, switch, while, for, do	Instrucciones selectivas y repetitivas
Valores numéricos	125, 3.1416, 6.12E02, 0x7F, 0157	Constantes numéricas enteras, reales, octales y hexadecimales

Tabla A.1: Algunos componentes léxicos y lexemas del lenguaje C.

Para comprender la necesidad de este módulo en el proceso de análisis debe tenerse en cuenta que un programa es una cadena de caracteres carente de estructura, que incluye múltiples sentencias, donde la apariencia de estas últimas es solo un efecto visual logrado mediante caracteres de control: <CR>, <LF>, <ƀ> (espacio), <TAB>, etc. En efecto, los caracteres de control desplazan el cursor al comienzo de la línea (<CR>), lo avanzan a la siguiente línea (<LF>) o avanzan sobre la misma línea un espacio prefijado (<TAB>). El resultado que se obtiene tiene sentido estético para el observador pero carece de significado para el compilador, que necesita reconocer los componentes de todas las sentencias que forman parte de un programa.

Como ejemplo, se presenta, en la Figura A.5, una sentencia almacenada en un archivo que toma la forma de una cadena de caracteres, luego la misma sentencia tal como se la visualiza en pantalla gracias a los caracteres de control y finalmente el detalle de los componentes del lenguaje identificado por el analizador léxico:

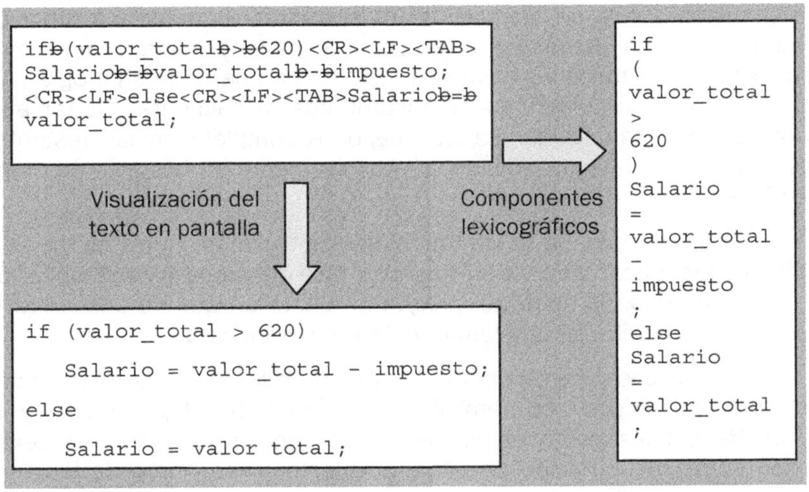

Figura A.5: Fragmento de un archivo de programa fuente (Lenguaje C), representación del mismo en pantalla y resultado de su procesamiento por un analizador léxico. Entre estos componentes léxicos se reconocen delimitadores, identificadores (variables y constantes), instrucciones, operadores, símbolos especiales y palabras reservadas, entre otros.

Se hace notar que en el Ejemplo 39 del Capítulo 3 se implementa un analizador léxico con un autómata finito con el fin de reconocer los lexemas que representan valores numéricos, es decir que forman parte de los componentes léxicos numéricos. Esto es posible porque las cadenas reconocidas son siempre elementos de un lenguaje regular, es decir, son generadas por una gramática regular y; por lo tanto, responden a expresiones regulares.

Aquí cabe acotar que, a partir de un archivo de especificaciones que describa las características léxicas de un lenguaje, se han propuesto herramientas destinadas a generar el código fuente de programas que deben ser compilados para ser utilizado como analizadores léxicos. Como ejemplos, pueden citarse Lex y Flex para la generación de analizadores léxicos de programas escritos en C y C++, así como JFlex y CookCC para hacer lo propio con Java.

Pasando ahora al aspecto operativo, debe observarse que, a medida que los componentes léxicos son identificados, se los clasifica, se los registra en la tabla de símbolos y se les asigna la dirección de la tabla de símbolos donde se almacenan los restantes atributos. La tabla de símbolos es una estructura que está destinada al almacenamiento y recuperación de todos los elementos que forman parte de un programa y cuyos registros contienen nombres y atributos. Inicialmente esta tabla es cargada por el analizador Léxico, luego se completa en las restantes fases de análisis y será empleada intensivamente en la siguiente etapa de síntesis.

Como ejemplo, la tabla de símbolos permite a través de sus atributos identificar un error en cualquier fase del proceso de compilación y relacionarlo con la línea del programa fuente en que se encuentra la sentencia causante del problema y el lexema involucrado.

Las técnicas y herramientas utilizadas en la construcción de estos analizadores léxicos son también de utilidad en otras áreas de la informática, tales como en lenguajes de consulta, editores de texto, sistemas de recuperación de información y procesamiento de lenguaje natural.

Análisis sintáctico

También se denomina análisis jerárquico y esta tarea está a cargo de los analizadores sintácticos. En esta fase, se reciben las secuencias de componentes léxicos que fueron identificadas en la fase anterior, y debido a que las combinaciones de estos componentes dan lugar a sentencias del programa fuente, es necesario comprobar que las sentencias sean sintácticamente correctas. Es decir, se debe verificar que todas las sentencias puedan haber sido generadas por la gramática del lenguaje fuente. En caso contrario, el analizador debe informar sobre los errores sintácticos detectados de manera precisa e inteligible.

Como ya es sabido, los lenguajes de programación (lenguajes fuente) son generados por gramáticas libres de contexto, y los lenguajes libres de contexto son reconocidos por los autómatas con pila. Por lo tanto, todo analizador sintáctico destinado a reconocer un lenguaje libre de contexto tiene una capacidad computacional equivalente a la de un autómata con pila. Para esclarecer lo expuesto, es útil volver al ejemplo anterior, donde un analizador léxico permitió identificar los componentes del lenguaje y ahora el analizador sintáctico debe comprobar si la sentencia, mostrada en la Figura A.6 cumple las condiciones de la gramática del lenguaje C.

```
<if><(><valor_total><>><620><)><Salario><=><valor_total><->
<impuesto><;><else><Salario><=><valor_total><;>
```

Figura A.6: Sentencia a ser validada por el analizador sintáctico.

Aquí los componentes de la sentencia están encerrados entre el par de símbolos “<” y “>” con el fin de destacar que se trata de palabras indivisibles, que componen el *alfabeto de terminales* de la gramática.

Como ya fue expuesto anteriormente, la proliferación de nuevos lenguajes de programación y la necesidad de disponer de compiladores eficientes hizo que los analizadores sintácticos fueran muy estudiados, lo que dio lugar a numerosas variantes en su implementación. Sin embargo, todas ellas son esencialmente no deterministas y pueden agruparse en dos grandes tipos: los *descendentes* y los *ascendentes*.

Como fue explicado en el Capítulo 5, los Analizadores Sintácticos Descendentes (ASD), en inglés *Top-Down-Parser*, comienzan a operar a partir del axioma de la gramática y procuran desarrollar por izquierda el árbol de derivación sintáctica a medida que las sentencias son leídas. Si este proceso permite completar la lectura de las cadenas, significa que la sentencia responde a las reglas de producción de la gramática y es aceptada. Entre los analizadores descendentes, se encuentran los denominados “LL” (*Left-Left*), donde la primera “L” se refiere a que la cadena es leída de izquierda a derecha y la segunda a que el proceso corresponde al de una derivación por izquierda. En su forma básica, estos analizadores son esencialmente no deterministas y son llamados predictivos debido al proceso de búsqueda involucrado. Con el fin de mejorar el desempeño de los procesos de validación de las sentencias, se procuró disponer de analizadores LL deterministas, para los cual se propusieron numerosas variantes a través de procesos de preanálisis, llamados LL(k). El argumento *k* representa la cantidad de símbolos de la entrada que involucra el proceso de preanálisis, que implica la observación de símbolos de entrada posteriores al símbolo efectivamente leído.

Las gramáticas cuyos lenguajes pueden ser validados por analizadores LL(k) son conocidas como *gramáticas LL(k)* y cabe acotar que estos analizadores sintácticos fueron objeto de especial atención por parte de numerosos investigadores, entre ellos Niklaus Wirth. También hay que destacar que existen lenguajes independientes de contexto que no pueden ser validados por ningún analizador sintáctico LL(k), lo que estimuló el estudio del otro tipo de analizadores más complejos, que son los ascendentes.

Para superar la dificultad señalada la alternativa fueron los Analizadores Sintácticos Ascendentes (ASA), que también fueron tratados en el Capítulo 5. Los ASA comprueban la validez de las sentencias operando de abajo hacia arriba, es decir, construyen los árboles de derivación sintáctica desde las hojas hasta su raíz, que es el axioma de la gramática. En inglés, son denominados *Bottom Up Parsers* y, en general, estos analizadores disponen de mayor poder de reconocimiento que los analizadores descendentes.

Tal como ocurre con los analizadores descendentes, hay numerosas propuestas que responden a la concepción ascendente. Una de las principales es denominada LR, cuyo nombre se debe a que las cadenas son leídas de izquierda a derecha (*Left*) y se sigue un proceso de reducción por izquierda. A una reducción por izquierda, le corresponde una derivación por derecha y de allí proviene el segundo carácter de la denominación "LR" (*Left-Right*). El analizador sintáctico LR es también no determinista y su forma básica se ve muy beneficiada con el preanálisis, dando lugar a los denominados LR(k). Las gramáticas que dan lugar a lenguajes que pueden ser validados por analizadores LR(k) son reconocidas como *gramáticas LR(k)*

En resumen, los analizadores más avanzados recurren a algoritmos que resuelven de manera determinista un problema esencialmente no determinista, lo que permite implementar los analizadores LL(k) y LR(k) eliminando o reduciendo enormemente las costosas búsquedas que se presentan en árboles sintácticos con factores de ramificación elevados. Con referencia a la comparación entre ambos, los analizadores LR(k) tienen mayor capacidad de validación que los LL(k), aunque existen lenguajes independientes de contexto que ningún analizador LR(k) puede tampoco reconocer. En el Capítulo 5, se brindan ejemplos de analizadores sintácticos descendentes y ascendentes, donde se comprueba que se tratan de autómatas no deterministas.

Por último, es necesario destacar que, al igual que en el caso de los analizadores léxicos, existe una amplia variedad de herramientas destinadas a generar analizadores sintácticos para gramáticas independientes de contexto. Entre otros, pueden citarse Byacc, Hyacc y Yacc para el lenguaje C, YooParse y Yacc++ para C++ y TPYacc para Turbo Pascal.

Análisis semántico

En el análisis semántico, se revisa al programa fuente, sintácticamente correcto, para reunir información sobre los tipos de las variables que será utilizada en la fase posterior de generación de código intermedio. Simultáneamente, se procuran identificar eventuales errores semánticos. Las comprobaciones en esta fase son denominadas estáticas (para distinguirlas de las comprobaciones realizadas en tiempo de ejecución, que son llamadas dinámicas) e incluyen la detección y comunicación de numerosos errores que corresponden a: *i*) comprobación de tipos, *ii*) comprobación de flujos de control, *iii*) comprobación de unicidad o coherencia en las denominaciones de identificadores, *iv*) coherencia en los argumentos de subprogramas y *v*) potenciales errores en tiempo de ejecución (variables no inicializadas, direccionamiento de arreglos fuera de límites, cocientes que pueden tomar valores nulos, etc.). Una de las formas más simples de implementar analizadores semánticos las brindan las gramáticas con atributos, que son estudiadas en el Capítulo 8.

Generación de código intermedio

La etapa de análisis prepara al programa fuente para ser convertido en un nuevo programa escrito en un lenguaje elemental que es normalmente denominado *lenguaje intermedio*. Tradicionalmente, fue utilizado el *código de tres direcciones*, cuyo nombre proviene del hecho que sus instrucciones incluyen tres registros, dos de ellos para operandos y el tercero para el resultado. Posteriormente, con la evolución de los lenguajes de alto nivel, se procuró normalizar este lenguaje intermedio y la tendencia fue adoptar un lenguaje universal denominado Uncol (*Universal Compiler Oriented Language*). De esta manera, se facilita la combinación de módulos destinados a interpretar diversos lenguajes fuentes (etapa de análisis) con los de la etapa de síntesis destinada a producir código para diversos lenguajes objeto. Esta normalización significa un inmenso ahorro en el esfuerzo de programación que requieren los compiladores de nuevos lenguajes y la posibilidad de acortar significativamente los tiempos requeridos para la presentación de nuevos productos y herramientas de programación.

Optimización de código

A pesar de su nombre, esta fase realiza una mejora en la calidad y eficiencia del código intermedio, pero difícilmente permita alcanzar un código óptimo. Para cumplir esta tarea, debe comenzarse por identificar las zonas críticas del programa, es decir, aquellas zonas que por ser ejecutadas reiteradamente afectan significativamente su comportamiento y donde una mejora se verá enormemente potenciada. Como ya se anticipó, es importante reconocer que en el proceso de optimización pueden perseguirse objetivos diferentes en la reducción de los recursos demandados, según la aplicación, rapidez de respuesta esperada, rapidez de los computadores, disponibilidad de memoria, etcétera.

Un aspecto a ser destacado es que, al efectuarse las mejoras requeridas por el proceso de optimización, se sigue un orden que es el siguiente: *i*) Mejoras que se refieren a la calidad de la implementación del programa desde el punto de vista lógico y *ii*) mejoras particulares para el mejor aprovechamiento global de una cierta máquina, como son la selección de las instrucciones más apropiadas, direccionamientos, etcétera.

Generación del programa objeto

Es la fase final del proceso de compilación, en la que se toma como entrada a la representación intermedia y se produce un programa objeto equivalente, que debe ser correcto, eficiente, apropiado apropiado a la máquina en la que se va a operar y apto para dar lugar a un ejecutable compatible con el entorno (sistema operativo). Algunas de las tareas de esta fase son: *i*) selección del orden de evaluación de expresiones, *ii*) selección de instrucciones de la máquina de destino, *iii*) asignación de registros, memoria y otros recursos y *iv*) administración de la memoria para datos y programa.

Gestor de la tabla de símbolos

El gestor de la tabla de símbolos es en realidad un administrador de una base de datos que contiene los identificadores del programa fuente y sus atributos. En las fases de análisis, esta base es definida y completada, para servir luego de consulta en las fases de síntesis. Esta tabla contiene un registro por cada identificador y es cargada a medida que el analizador léxico detecta nuevos elementos en el programa fuente. Posteriormente, los restantes atributos de cada identificador son definidos en las fases de análisis sintáctico y semántico. Entre los atributos pueden mencionarse los siguientes: *i*) identidad (constante, variable, arreglo, función, rótulo, etc.), *ii*) tipo (entero, real, carácter, cadena, etc.), *iii*) dimensiones (para el caso de un arreglo), *iv*) argumentos (para el caso de función o subprograma) y *v*) dirección de memoria asignada.

Identificación y gestión de errores

El gestor de errores, esencialmente activo en las fases de análisis, detecta los errores, los asocia a determinada línea del programa fuente e intenta su recuperación con la finalidad de proseguir con la tarea de compilación. Para esta última tarea, el registrador dispone de un corrector lexicográfico, un corrector sintáctico y un corrector semántico, que operan según la fase en la que fue reportada la irregularidad.

Cuando los compiladores están incorporados a Ambientes Integrados de Desarrollo (IDE) los errores son mostrados sobre el editor del programa fuente, facilitando la identificación y corrección por parte del programador. Antiguamente, se generaban listados para ser impresos con todos los detalles de los errores del programa.

Errores de programación

Al evaluarse la calidad de un producto software se lo verifica y valida. Como fue anticipado, el proceso de verificación tiene por finalidad la comprobación de que el producto ha sido construido correctamente, mientras que el objetivo de la validación es comprobar que se construyó el producto correcto, es decir que responde a las especificaciones planteadas en los requerimientos. Al hablarse de errores, se hará aquí referencia a aquellos que se incorporaron en la programación e integración del producto, que deben ser identificados en el proceso de verificación, y que en caso de no hacerse se convertirán en defectos, es decir, condiciones potenciales de falla. Los demás errores, es decir aquellos que puedan ser detectados en los procesos de validación, fueron introducidos en las etapas de análisis y diseño del sistema y no son aquí considerados. Para detectar ambos tipos de errores, los procesos de desarrollo incluyen una etapa denominada *testing*.

Como se advierte con facilidad, el proceso de verificación, que incluye la detección de errores y depuración de programas se verá enormemente beneficiado por las cualidades del compilador en particular y del IDE en general. El primero por advertir los errores incorporados en el código y el segundo por suministrar recursos para posibilitar el seguimiento de las condiciones de falla remanentes y estudiar en profundidad su contexto, hasta identificar sus causas y resolverlas.

A continuación, se enumeran las clases de errores con las que se enfrenta un programador y luego se las describe en mayor detalle.

Errores de programación:
- lexicográficos
- sintácticos
- semánticos
- por falla del compilador
- de ejecución

Las primeras tres clases de errores están al alcance de ser identificadas por las fases correspondientes de la etapa de análisis del compilador, formando parte de lo que se denomina *evaluación estática*. La última clase requiere la ejecución del programa y será más efectiva en la medida en que estén mejor planeados los casos de prueba, ya que deberían procurarse recrear todas las secuencias lógicas presentes. Esto se llama *evaluación dinámica*. Aquí debe tenerse en cuenta que solo es posible asegurar la corrección de los programas a partir de pruebas sobre todas las entradas y condiciones de operación posibles, lo que puede dar lugar a un enorme esfuerzo que en la práctica es inviable. A partir de reconocer este problema, que puede ser resumido puntualizando que la *verificación dinámica* permite identificar la presencia de errores pero nunca asegurar la ausencia de ellos, se pone claramente de manifiesto la gran importancia de las cualidades del compilador para contribuir a una *evaluación estática* tan detallada y completa como sea posible. Naturalmente, siempre habrá errores remanentes que deben ser detectados en tiempo de ejecución y el esfuerzo que estas pruebas demandarán puede ser anticipado a partir de la "complejidad ciclomática" de los módulos, que es un indicador propuesto por McCabe para evaluar la cantidad de caminos linealmente independientes presentes en una pieza de código.

Las posibles reacciones del compilador frente a la detección de un error en el código fuente dependen del tipo de compilador, siendo las más importantes las siguientes:

a) Genera el programa objeto sin advertir el error.

b) Detecta el primer error, lo señala y suspende la operación.

c) Detecta un error e intenta sin éxito su recuperación, para ingresar en un lazo infinito o terminar el proceso anticipadamente.

d) A partir del primer error, suspende la generación del código objeto, pero continúa el análisis y la búsqueda de otros posibles errores.

e) Detecta un error y lo recupera con éxito, para proseguir la compilación, y procurar completar normalmente la generación del programa objeto.

La mayoría de los compiladores modernos se comportan según lo señalado en "d" y "e", dependiendo en última instancia del tipo de error encontrado.

Volviendo a la clasificación de los errores, el significado y alcance de cada una es el siguiente.

Errores lexicográficos

Son errores identificados en la fase de análisis lexicográfico y corresponden a los siguientes casos:

a) Presencia de un símbolo que pertenece al alfabeto de terminales, pero que no puede formar parte de la cadena que está siendo reconocida. Ejemplos: operadores aritméticos en medio de una cadena, prefijo numérico en una cadena alfanumérica, símbolos alfabéticos u operadores en una cadena que representa un valor numérico, etcétera.

b) Cadena de comentarios incorrectamente delimitada. Ejemplos: falta del separador de inicio o fin de un comentario.

c) Errores en palabras reservadas por omisión o ubicación incorrecta de caracteres.

d) Componente léxico truncado como consecuencia de final inesperado del archivo fuente.

Errores sintácticos

Son errores de estructura que se originan en el incumplimiento de alguna de las reglas de producción de la gramática y corresponden a los siguientes casos principales:

a) Cadenas de paréntesis o corchetes que no están balanceadas o incorrectamente ubicados.
b) Cadenas no permitidas en estructuras sintácticas como consecuencia de la ausencia de operadores u operandos.
c) Estructuras sintácticas alteradas por exceso o ausencia de delimitadores o separadores.
d) Palabras reservadas mal formadas o usadas indebidamente.
e) Bloques indebidamente delimitados por estar mal balanceados.

En el caso del análisis sintáctico, se ha hecho un importante esfuerzo en definir estrategias de recuperación de errores. Sin embargo, la mayoría de las estrategias son heurísticas y carecen de validez general. Las principales técnicas son las siguientes:

i) *Recuperación en modo de pánico*: luego de que un error es detectado, el analizador avanza hasta completar la sentencia para volver a sincronizarse y poder reanudar el proceso.
ii) *Recuperación por reemplazo*: se realizan cambios en el código para intentar superar los errores detectados en forma temporaria y luego informarlos.
iii) *Recuperación por expansión de la gramática*: se introducen producciones especiales en la gramática para superar ciertos errores. Como en el caso anterior, el objetivo es completar el proceso de compilación para informar todos los errores una vez finalizado.

Errores semánticos

Estos errores son detectados en la fase de análisis semántico y los principales tienen que ver con:

a) Identificadores no declarados.
b) Declaraciones múltiples de un mismo identificador.
c) Incompatibilidad de tipos entre operadores y operandos.
d) Incompatibilidad de tipos entre argumentos formales y reales en subprogramas.
e) Límites inválidos en instrucciones de control de flujo.
f) Errores potenciales en tiempo de ejecución (variables no inicializadas, direccionamiento de arreglos fuera de sus límites, cocientes con posibles denominadores nulos, etcétera).

Fallas en el compilador

Se trata de errores que se presentan en tiempo de compilación, pero no tienen que ver con defectos en el programa fuente sino con haber excedido ciertos límites específicos referidos a la capacidad del compilador. Algunos de los límites que pueden ser excedidos son los siguientes:

a) Tamaño máximo de la tabla de símbolos.
b) Límite de cantidad de bloques en un programa.
c) Limite en el número de anidamientos de ejecuciones repetidas.
d) Encadenamiento de llamadas a funciones.
e) Límite en el tamaño de las pilas en el análisis sintáctico o semántico.

Errores de ejecución

Estos errores se manifiestan durante la ejecución del programa o lo hacen a través de la entrega de resultados erróneos. En el primer caso, se ponen en evidencia por la súbita interrupción del proceso, normalmente acompañados de un mensaje informativo, mientras que en el segundo caso los errores son más peligrosos, ya que durante el proceso pasan inadvertidos, y sus consecuencias pueden tener fuerte impacto, imposible de precisar. Pueden citarse como ejemplo el cálculo incorrecto de importes a ser pagados en un sistema de liquidación de sueldos o la producción de un medicamento defectuoso por un error en el dosificador se sus componentes.

Los errores de ejecución tienen su origen en acciones equivocadas u omisiones del programador al momento de escribir el programa fuente y responden a alguna de las siguientes causas: *i*) errores de lógica (ejemplo: ingreso en un ciclo infinito), *ii*) inaccesibilidad de periféricos de E/S (ejemplo: intento de operar sobre un archivo inaccesible o protegido, no habiendo verificado previamente su disponibilidad), *iii*) errores en el código (ejemplo: nombre de variables cambiadas) y *iv*) imprevisiones (ejemplo: ausencia de verificaciones que eviten el procesamiento de datos erróneos)

Los errores indicados en "*i*" y "*ii*" se pondrán claramente de manifiesto por provocar un final inesperado en la ejecución, que en general es acompañado del correspondiente mensaje indicando la causa de la falla y la dirección de la variable o procedimiento involucrado. Por el contrario, los errores incluidos en "*iii*" y "*iv*" pueden muchas veces pasar inadvertidos y afectar los resultados sin ninguna otra manifestación aparente, lo que los torna muy peligrosos.

Consecuencias de los errores

La importancia del tratamiento de los errores justifica entrar en más detalles, aún a riesgo de reiterar algunos de los conceptos ya expresados anteriormente. En este caso, se agruparán los errores según el momento en que se producen y se pondrá el foco en sus consecuencias, lo que permite reconocer la importancia de los esfuerzos orientados a reducir la posibilidad de cometer errores de programación.

Errores en tiempo de compilación

Normalmente, sus consecuencias están circunscriptas al ámbito de desarrollo y de programación de los sistemas. Estos errores afectan los rendimientos y conducen a mayores plazos de programación y a mayores costos. Sin embargo, si estos errores son apropiadamente corregidos no trascienden al usuario ni afectarán la operación del sistema.

Errores que interrumpen la ejecución

Crean incertidumbre y dudas por trascender al ámbito del usuario. Las consecuencias de este tipo de fallas podrán ser más o menos severas dependiendo de la aplicación, pudiendo provocar desde pérdida de información hasta el descontrol o detención de equipos automáticos.

Las fallas pueden ser, a su vez, sistemáticas, por repetirse ante ciertas condiciones de operación, o pseudo-aleatorias. En este último caso, las manifestaciones no parecen guardar relación entre sí, aunque es muy probable que se trate de una falla sistemática originada en una combinación compleja de condiciones, muy difíciles de advertir. En efecto, la mayoría de las fallas que tienen apariencia aleatoria son en realidad sistemáticas, lo que recién se comprueba con un análisis minucioso que permita identificar sus causas.

Las fallas verdaderamente aleatorias son aquellas que no se producen bajo circunstancias específicas y pueden darse en cualquier etapa de un proceso. Si se admite que el software es determinista, es decir cumple acciones predeterminadas, no debería nunca esperarse una falla aleatoria.

Errores que afectan los resultados

La posibilidad de que como consecuencia de errores de programación un sistema entregue resultados incorrectos y que esto pase inadvertido es altamente preocupante. Las consecuencias pueden tener una gravedad insospechada, ya que debe tenerse en cuenta que en la actualidad los programas de computación están presentes en todos los campos de la actividad humana, involucrando equipos de diagnóstico, teléfonos celulares, instrumental de laboratorios, equipos industriales, máquinas dosificadoras y envasadoras, procesamiento de movimientos y saldos de cuentas bancarias, etc. Por ello, debe considerarse la responsabilidad legal del autor del software ante este tipo de fallas.

Evolución y tendencias de los lenguajes de programación

Los lenguajes de programación y sus compiladores han venido evolucionado a partir de un equilibrio entre las necesidades del mercado, la potencialidad de los equipos de computación disponibles en cada época y los continuos progresos experimentados en el campo de la ciencia de la computación. A partir de esta consideración, pueden distinguirse dos épocas claramente diferentes:

La primera época llega hasta mediados de los años ochenta y se caracteriza por la necesidad de hacer posible las aplicaciones en un marco de escasez de los recursos de hardware: escasa memoria o memoria segmentada, discos rígidos de poca capacidad y periféricos de E/S lentos, entre otras.

La segunda incluye la época actual y el futuro cercano. Los recursos de hardware son suficientemente holgados para la mayoría de las aplicaciones convencionales y experimentan un proceso de continua mejora. En ese contexto, el esfuerzo se orienta en las siguientes direcciones: *i*) mejorar la eficiencia y aumentar la productividad de programadores, *ii*) aumentar la calidad de los productos software y *iii*) facilitar el futuro mantenimiento de los sistemas.

En este promisorio contexto, no puede dejar de mencionarse un aspecto poco favorable, que es la creciente demanda de recursos de los sistemas operativos y demás software de base, que dejan algunas dudas en cuanto a sus indicadores de calidad y que distraen recursos destinados a ofrecer funcionalidades que no son prioritarios ni demandados por el usuario, sino más bien impuestas por sus autores en un mercado claramente oligopólico. Naturalmente, este es un tema polémico que no tiene una respuesta concluyente.

Comentario final referido al tratamiento de los compiladores

Tal como fue anticipado, se consideró necesario incluir este apéndice con el fin de ofrecer una presentación conjunta de conceptos generales referidos a compiladores. Detalles específicos sobre los procesos asociados al análisis léxico, sintáctico y semántico se brindan en los capítulos correspondientes, en los que se incluyen ejemplos y ejercicios. Para tratar este tema con aún mayor profundidad, se sugiere remitirse a la excelente bibliografía disponible sobre el tema, alguna de la cual se cita en las referencias del libro.

Para cerrar este apéndice, se transcribe, con algunas leves variantes, un párrafo del prefacio del libro *Compiladores* de Aho, Sethi y Ullman que se considera muy oportuno para los propósitos de este texto: "*Aunque es probable que poca gente construya o llegue a dar mantenimiento a un compilador... el lector puede aplicar con provecho las ideas y técnicas sobre compiladores al diseño de software convencional*".

El alfabeto griego

B

El alfabeto griego tiene veinticuatro letras y es la base del lenguaje griego. Fue desarrollado alrededor del siglo IX a. C. y tiene su origen en el alfabeto fenicio. Se trata del primer alfabeto completo de la historia, capaz de expresar los sonidos individuales del idioma, tanto vocales como consonantes. Actualmente, es utilizado como alfabeto del idioma griego moderno y también fue adoptado para representar los formalismos de las ciencias, en especial las matemáticas, geometría, física, astronomía e informática.

En este libro, se utilizan las letras griegas mayúsculas para representar conjuntos de símbolos (alfabetos) y las letras minúsculas para representar cadenas de caracteres, tanto sentencias como formas sentenciales. Las letras griegas y sus denominaciones son presentadas en la Tabla B.1.

Minúscula	Mayúscula	Nombre	Minúscula	Mayúscula	Nombre
α	Α	Alfa	ν	Ν	Ni
β	Β	Beta	ξ	Ξ	Xi
γ	Γ	Gamma	ο	Ο	Omicrón
δ	Δ	Delta	π	Π	Pi
ε	Ε	Épsilon	ρ	Ρ	Rho
ζ	Ζ	Dseta	σ	Σ	Sigma
η	Η	Eta	τ	Τ	Tau
θ	Θ	Theta	υ	Υ	Ípsilon
ι	Ι	Iota	φ, ϕ	Φ	Fi
κ	Κ	Kappa	χ	Χ	Ji
λ	Λ	Lambda	ψ	Ψ	Psi
μ	Μ	Mu	ω	Ω	Omega

Tabla B.1: Alfabeto griego.

Símbolos y siglas

C

La siguiente tabla de símbolos y siglas utilizadas en este libro se organiza según las temáticas que siguen: teoría de conjuntos, lógica simbólica, lingüística matemática y máquinas abstractas.

TEORÍA DE CONJUNTOS	
SÍMBOLO	DESCRIPCIÓN
A, B, ...	Letras españolas mayúsculas denotan usualmente conjuntos.
a, b, ...	Letras españolas minúsculas denotan usualmente elementos.
$\in$, $\notin$	Pertenencia de un elemento a un conjunto: $x \in A$ se lee "x es un elemento del conjunto A" o "x pertenece al conjunto A"; $x \notin A$ es la negación de la anterior proposición.
$\subseteq$	Inclusión amplia de conjuntos: $A \subseteq B$ se lee "A está incluido en B", "B incluye a A", "A es un subconjunto de B" o "B es un superconjunto de A".
$\subset$	Inclusión estricta de conjuntos: $A \subset B$ se lee "A está estrictamente incluido en B", "B incluye estrictamente al conjunto A" o "A es un subconjunto propio de B".
A = {a, b}	Conjunto definido por extensión o enumeración: se lee "A es el conjunto formado por los elementos a y b".
A = {x/P(x)}	Conjunto definido por comprensión: se lee "A es el conjunto formado por todos los elementos x tales que P(x) (sea verdadera)".

∅	Conjunto vacío
∪	Unión: A∪B se lee "conjunto unión de A y B".
∩	Intersección: A∩B se lee "conjunto intersección de A y B".
$\overline{A}$	Complemento: se lee "complemento del conjunto A".
—	Resta: A—B se lee "conjunto resta de A y B".
LÓGICA SIMBÓLICA	
SÍMBOLO	DESCRIPCIÓN
¬, ~, —	En expresiones lógicas, negación: ~p se lee "no es cierto que p".
∧	En expresiones lógicas, conjunción: p∧q se lee "p y q".
∨	En expresiones lógicas, disyunción (o inclusiva): p∨q se lee "p o q".
→	En expresiones lógicas, implicación simple: p→q se lee "si p entonces q" o "p implica q".
↔	En expresiones lógicas, doble implicación: p↔q se lee "p si y sólo si q" o "p implica doblemente a q".
⇒	En expresiones lógicas, consecuencia lógica.
⇔ ó ≡	En expresiones lógicas, equivalencia lógica.
∀x:	Cuantificador universal: se lee "para todo x se verifica".
∃x/	Cuantificador existencial: se lee "existe al menos un x que verifica" o "existe un x tal que".
LINGÜÍSTICA MATEMÁTICA	
SÍMBOLO	DESCRIPCIÓN
Σ, Γ, ...	Letras griegas mayúsculas denotan alfabetos.
α, β, ...	Letras griegas minúsculas denotan cadenas de símbolos.
λ	Cadena vacía. De todas las letras griegas minúsculas, se reserva lambda sólo para denotar a la cadena sin símbolos.
α^{-1}	Cadena refleja de la cadena α.
a^n, α^n, Σ^n, L^n	Potencia enésima de símbolos, cadenas, alfabetos y lenguajes, respectivamente.
Σ^*, L^*	Clausura o Estrella de Kleene de alfabetos y lenguajes. L* se lee "ele estrella".

Σ^+, L^+	Cierre positivo de alfabetos y lenguajes, respectivamente: L^+ se lee "ele más".
:=	Símbolo de producción: $\alpha := \beta$ se lee "alfa produce beta".
$\rightarrow$	Derivación directa (aplicación de una producción).
$\rightarrow^*$	Derivación (aplicación de una o más producciones)
BNF	Forma Normal de Backus-Naur
|	En BNF, separador de lados derechos de un mismo lado izquierdo.
$\leftarrow$	Reducción directa (desaplicación de una producción).
$^*\leftarrow$	Reducción (desaplicación de una o más producciones).
G	Gramática formal (especificación de cómo construir cadenas del lenguaje).
Σ_T	Alfabeto de símbolos terminales de una gramática.
Σ_N	Alfabeto de símbolos no terminales o auxiliares de una gramática.
S	Símbolo inicial o axioma de una gramática.
P	Conjunto de producciones de una gramática.
L(G)	Lenguaje generado por una gramática G.
GIC	Gramáticas independientes del contexto.
LIC	Lenguajes Independientes del Contexto.
ER	Expresiones regulares
FNC	Forma Normal de Chomsky
FNG	Forma Normal de Greibach
GA	Gramática con Atributos
A(Σ)	Conjunto de atributos de símbolos gramaticales.
R(P)	Conjunto de reglas semánticas asociadas a las producciones de P.
C(P)	Conjunto de condiciones asociadas a los atributos y las producciones.
AS(Σ)	Conjunto de atributos sintetizados de los símbolos gramaticales.
AH(Σ)	Conjunto de atributos heredados de los símbolos gramaticales.

MÁQUINAS ABSTRACTAS	
SÍMBOLO	DESCRIPCIÓN
#	Marca de fondo de pila.
⊢	Símbolo de inicio de cinta.
⊣	Símbolo de fin de cinta.
ƀ	Símbolo de espacio en blanco.
ME	Máquina de Mealy.
MO	Máquina de Moore.
AF	Autómata Finito.
AFD	Autómata Finito Determinista.
AFDB	Autómata Finito Determinista Bidireccional.
AFND	Autómata Finito No Determinista.
AFND-λ	Autómata Finito No Determinista con transiciones lambda.
AP	Autómata con Pila.
APD	Autómata con Pila Determinista.
APND	Autómata con Pila No Determinista.
ASD	Analizador Sintáctico Descendente.
ASA	Analizador Sintáctico Ascendente.
ALA	Autómata Linealmente Acotado.
MT	Máquina de Turing.
MTU	Máquina de Turing Universal.
MTG	Máquina de Turing Generalizada.
MTND	Máquina de Turing No Determinista.
Q	Conjunto estados posibles de una máquina abstracta.
A	Conjunto de estados de aceptación de una máquina abstracta.
Σ_E	Alfabeto de símbolos de entrada de una máquina abstracta.
Σ_S	Alfabeto de símbolos de salida de una máquina abstracta.
Γ	En AP: alfabeto de símbolos de pila. En AFDB, ALA y MT: alfabeto de símbolos de cinta.
f	Función de transición entre estados

f^e	Función de transición entre estados extendida a palabras
g	Función de salida

Tabla C.1: Símbolos y siglas utilizadas en el libro.

Bibliografía

El material presentado en este libro refleja el conocimiento, opiniones sobre los temas tratados y experiencias vividas por los autores, a lo largo de más de veinte años del dictado de cursos universitarios de grado afines a la *Teoría de la Computación*. Los conocimientos originales se apoyaron en la bibliografía clásica de prestigiosos autores y a partir de allí vienen siendo necesariamente influenciados por los sucesivos nuevos trabajos que han sido presentados a lo largo de todos estos años.

Se adjunta, a continuación, una nómina de la principal literatura de consulta disponible, que ha sido ordenada alfabéticamente.

Aho, A.; Sethi, R.; Ullman, J. *Compiladores: Principios, técnicas y herramientas*, Addison Wesley, 1990.

Aho, A.; Lam, M; Sethi, R.; Ullman, J. *Compiladores: principios, técnicas y herramientas*, Addison Wesley, 2° edición, 2008.

Alfonseca, M.; Sancho, J.; Artínez, M. *Teoría de Lenguajes, Gramáticas y Autómatas*, Ediciones Universidad y Cultura, Facultad de Informática de Madrid, 1987.

Alfonseca, E.; Alfonseca, M.; Moriyón, R. *Teoría de Autómatas y Lenguajes Formales*, McGraw Hill, 2007.

Arbib, M.; *Brains, Machines and Mathematics*, Springer Verlag, 2° edición, 1987.

Baum, G. *Complejidad*, II Escuela Brasileño-Argentina de Informática, Editorial Kapelusz, 1986.

Brookshear, G. *Teoría de la Computación*, Addison Wesley, 1993.

Cases Muñoz, R.; Márquez Villodre, L. *Lenguajes, Gramáticas y Autómatas*, Alfaomega, 2002.

Cueva Lovelle, J. M. *Análisis semántico en procesadores de lenguaje*, Cátedra de Lenguajes y Sistemas Informáticos, Departamento de Informática, Universidad de Oviedo, España, 2000.

Dewdney, A. *Two dimensional Turing Machines and turmites make tracks on a plane*, Computer Recreations, Scientific American, pp. 124-127, septiembre 1989.

García, P.; Pérez, T.; Ruiz, J.; Segarra, E.; Sempere, J.; Vázquez de Parga, M. *Teoría de Autómatas y Lenguajes Formales*, Alfaomega, 2001.

Hopcroft, J.; Ullman, J. *Introduction to Automata Theory, Languages and Computation*, Addison Wesley, 1979.

Hopcroft, J.; Motwani, R.; Ullman, J. *Teoría de Autómatas, Lenguajes y Computación*, Pearson/Addison Wesley, 2° edición 2002 y 3° edición 2008.

Isasi, P.; Martínez, P.; Borrajo, D. *Lenguajes, Gramáticas y Autómatas, un enfoque práctico*, Addison Wesley, 1997.

Kelley, D.*Teoría de Autómatas y Lenguajes Formales*, Prentice Hall, 1995.

Lemone, K. *Fundamentos de Compiladores*, CECSA, 1999.

Martin, J. *Lenguajes Formales y Teoría de la Computación*, McGraw Hill, 3° edición, 2004.

Sagastume, M.; Baum, G. *Problemas, Lenguajes y Algoritmos*, I Escuela Brasileño-Argentina de Informática, Editorial Unicamp, Universidad de Campinas, 1985.

Sanchis Llorca, F. J.; Galán Pascual, C. *Compiladores. Teoría y construcción*, Paraninfo, 1988.

Sudkamp, T. *Languages and Machines*, Pearson / Addison Wesley, 3° edición, 2006.

Teufel, B.; Schmidt, S.; Teufel, T. *Compiladores, conceptos fundamentales*, Addison Wesley, 1995.